AF450502

684. Statuts et priviléges du corps des marchands joail-
liers de la ville de Paris, par P. Le Roy. *Paris*, 1759,
in-4, v. m.

Sommaire des Edits et ordonnances
Royaux concernans la cour des monnaies
et officiers particuliers d'icelles, ensemble
les changeurs, orfèvres et autres
répondans et justiciables de la dite
cour, par James Mettayer.
Tours 1590 in 8 et Paris 1612
en 1632
sur le même sujet, Germain Constant
voir table p. 276.
et Jacques le Clerc, idem p. 281. Briot, p. 298 et 335.

STATUTS

ET

PRIVILEGES

DU CORPS DES MARCHANDS

ORFEVRES-JOYAILLIERS

DE LA VILLE DE PARIS,

RECUEILLIS

DES TEXTES DE TOUS LES ÉDITS, ORDONNANCES, Déclarations, Lettres Patentes, Arrêts, Réglemens & autres Titres, anciens & modernes, qui conftituent les Prérogatives & la Police de l'Etat d'Orfévrerie-Joyaillerie en cette Ville :

ET JUSTIFIE'S

PAR LES AUTORITÉS MESMES DES TITRES ORIGINAUX dont les Articles font formés : Avec de courtes Obfervations fur l'origine, les motifs & l'efprit de chaque Difpofition ; pour l'ufage particulier du Corps, & le bien de fon Adminiftration.

Par PIERRE LE ROY, *ancien Garde de l'Orfévrerie-Joyaillerie de Paris.*

ÉTANT EN CHARGE

NICOLAS MARCAULT, *Gr. Garde.* ☩ A. FRANÇOIS GROUVELLE.
LEONOR LAGNEAU, *ancien Echevin.* ☩ JEAN-PIERRE LE ROY.
MICHEL COLAS. ☩ RICHARD JARRY.

Et ayant CHARLES LEVESQUE, *Conful, pour Doyen.*

A PARIS,

De l'Imprimerie de CH. EST. CHENAULT, Imprimeur-Libraire, ruë de la Vieille Draperie.

M. DCC. LIX.

Réimprimés par les soins, de Messieurs PIERRE-JEAN BRICEAU, JACQUES ROETTIERS, *Grands-Gardes.*

De Messieurs PIERRE GERMAIN, ANTOINE AUBERT, JEAN-BAPTISTE NOLIN, NICOLAS DES LIONS, *Gardes en Charge.*

Et de Monsieur CLAUDE-DOMINIQUE RONDÉ, *Doyen de l'année.*

Et finis sous Monsieur PIERRE-FRANÇOIS DE LAFONS, *Grand-Garde :*

Et Messieurs JEAN-LOUIS MOREL, LOUIS LENHENDRICK, *Gardes en Charge.*

P R E F A C E.

I. **D**E tous les Corps de Communauté que nous voyons établis dans un ſi bel ordre à Paris,& qui partagent entr'eux l'exercice des Arts & du Commerce en cette grandeVille, on peut dire que celui de l'ORFÉ-VRERIE-JOYAILLERIE a été de tout tems un des mieux reglés & des plus ſoigneuſement policés. Car ce Corps ayant pour objet la fabrique & le trafic des plus pré-cieuſes Marchandiſes, il a auſſi toujours été veillé du côté de l'Autorité publique avec une attention proportionnée à l'importance de cet Objet. Et de-là nous vient ce grand nombre de Réglemens anciens & modernes de toute eſpéce ; Edits, Déclarations, Ordonnances, Arrêts & autres Titres, dont les diverſes Diſpoſitions concédent, amplifient & fixent ſes Privileges & Exemptions ; éta-bliſſent, corrigent & perfectionnent les différentes par-ties de ſa Police , & reglent juſques aux moindres Points de ſa Diſcipline dans un détail ſurprenant.

II. Des Titres ſi intéreſſans pour nous autres Orfévres, puiſqu'ils conſtituent notre Etat, & qu'ils en preſcrivent ſi ſcrupuleuſement toutes les Loix, ont auſſi été recueillis & conſervés avec ſoin dans les Archives de notre Maiſon commune à meſure qu'ils ont été publiés, principale-

a ij

ment depuis plus de quatre cens ans : Et c'est à ce Dépôt que nous devons recourir si nous voulons nous instruire à fond de tout ce qui concerne nos Prérogatives & nos Devoirs. Mais autant qu'il seroit utile de puiser dans cette source, autant est-il difficile de le faire commodément. La multitude & la diversité des Enseignemens qui s'y trouvent ; l'excessive longueur de la plûpart des Piéces ; les matieres étrangeres qu'elles contiennent & qui ne nous intéressent pas également ; & surtout, les fréquentes contradictions qui se rencontrent entre un Titre & l'autre par les changemens successivement survenus dans leurs Dispositions, font autant d'obstacles qui rendent l'étude de tant d'Originaux ennuyeuse & rébutante.

III. Une Compilation abregée de tous ces Réglemens, & soigneusement débarassée de ce qui est hors d'usage ou étranger au sujet, ne pourroit donc manquer d'être utile ; je ne dis pas seulement aux Particuliers du Corps qui y trouveroient plus commodément leurs Devoirs rassemblés, mais principalement aux Gardes, lesquels étant chargés du soin des Affaires communes, doivent avoir des connoissances plus précises, & d'une étendue proportionnée aux diverses fonctions de leur Administration. Car il faut avouer que c'est un travail en effet, très-rébutant pour eux, que d'être ainsi obligés de feuilleter à toute occasion tant de vieux Parchemins, pour y démêler les Autorités qu'il faut employer lorsqu'il s'agit de défendre ou de maintenir les Droits, ou la Police du Corps.

IV. On a cru fans doute, faciliter ce travail & en ap-
planir les difficultés en 1688, par l'impreſſion d'un gros
Volume *in-quarto* de près de douze cens pages, que nous
avons fous le titre de *Recueil des Ordonnances &c.* de notre
Orfévrerie. Mais l'expérience fait voir que cet Imprimé
n'apporte guéres plus de facilité pour la recherche des
Matieres, que ſi l'on avoit affaire aux Manuſcrits mêmes.
Sans parler des fautes d'impreſſion qui y fourmillent, la
plûpart des Piéces n'ont aucun Sommaire qui donne le
précis de ce qu'elles contiennent; & toutes y ſont portées dans toute leur longueur, c'eſt-à-dire, avec tout
ce qu'elles ont d'inutile par rapport à nous. Une bonne
Table desMatieres pourroit ſervir à débrouiller ce cahos,
mais on l'a négligée, & il eſt augmenté par un bon nombre de Piéces qui, pour ne rien dire de plus, ne ſervent
qu'à enfler le Volume; tandis qu'on y en a obmis de très-
importantes. D'ailleurs les différentes Diſpoſitions, ſoit
de notre Police, ſoit de nos Privileges, ſont mêlées &
confuſément préſentées dans ce Recueil, ſans que les
Editeurs ayent pris ſoin d'y mettre la moindre Note pour
diſtinguer ce qui eſt maintenant en vigueur d'avec ce qui
n'eſt plus d'uſage. Deſorte que, dans cette confuſion, &
ſans un examen préliminaire à cet égard, on courreroit
riſque de fonder aujourd'hui ſur une Autorité qui auroit
été, ou corrigée en partie, ou même totalement abrogée
depuis long-tems.

V. Ce n'étoit donc pas proprement un Recueil de

Piéces, tel que cet Imprimé, qu'il auroit fallu ; mais feulement une Compilation plus fimple , moins confufe &
mieux digerée : Et ce ne fut qu'en 1723 que les Gardes
de l'Orfévrerie fongerent à fe la procurer. Pour y réuffir
nous crûmes ; je dis nous, parce que je me trouvois pour
lors en Charge ; nous crûmes qu'avant toutes chofes il
falloit revoir généralement tous les Titres , Chartes,
Regiftres ou Cartulaires, & autres Enfeignemens autentiques qui pourroient fe trouver dans nos Archives, &
même ailleurs ; & en extraire correctement tous les
Textes formels qui nous regardent : Enfuite examiner
ces Extraits pour n'en prendre que les Difpofitions qui
ont actuellement force de Statut dans le Corps ; puis en
confervant fidellement le fens, même les termes, autant
que le vieux langage des anciens Titres le pourroit permettre, compofer de ces Matériaux ainfi triés une fuite
d'Articles clairs & concis en forme de Statuts , lefquels
contiendroient tout ce qui conftitue les Privileges &
Prérogatives de notre Corps, & tout ce qui établit fa
Police, fa Difcipline & fes divers Ufages : Mais nous
convînmes furtout , qu'il falloit auffi tranfcrire fous
chacun des Articles, les Textes mêmes dont ils feroient
formés , pour en juftifier l'exactitude.

VI. Ce deffein ainfi conçu, nous conclûmes qu'il
falloit inceffamment le faire exécuter. Mais lorfqu'il fut
queftion de choifir pour cela quelque Perfonne habile &
verfée en ces Matieres, aucun de mes Collegues ne crut

devoir confentir que nos Titres fortiffent de la Maifon commune. Tous furent d'avis qu'aux rifques de réuffir moins parfaitement, ce qui ne pouvoit manquer d'arriver, il valoit mieux que l'un de nous travaillât à la Collection projettée : Et fans affez examiner lequel des Six s'en tireroit le mieux, ils s'aviferent de me choifir, uniquement parce que la fonction que j'exerçois dans l'Adminiftration fembloit me laiffer un peu plus de loifir qu'aux autres. Et ce fut ainfi que je me vis chargé de l'Ouvrage du monde le plus fec de fa nature, & d'autant plus difgracieux d'ailleurs par rapport au travail, que pour produire peut-être une vingtaine de feuilles, il ne s'agiffoit pas moins que de débrouiller un tas immenfe de Titres anciens & modernes, fucceffivement accumulés depuis plufieurs fiécles : Mais il fallut fe foumettre.

VII. Je ne le fis toutefois, qu'à condition que la Collection étant achevée de mon mieux, elle feroit vérifiée fur les Originaux, foigneufement examinée, corrigée & reconnue fidelle ; premierement, par des Sujets choifis d'entre les anciens Gardes & nommés à cet effet avec les Gardes en Charge : & enfuite par l'Affemblée générale des Anciens ; afin d'en purger les fautes que j'aurois pû y laiffer par ignorance ou inadvertance, & que l'Ouvrage fût cenfé être plus celui de la Compagnie que le mien. Or, c'eft ce qui paffa tout d'une voix : Mais comme un travail peu fatisfaifant eft d'ordinaire long à achever, furtout quand il faut d'ailleurs qu'il foit exact, celui-ci ne fut fini qu'au commencement du mois de Mars 1724.

VIII. Dès le 9 du même mois, les Anciens affemblés nommerent fix d'entr'eux pour l'examiner conjointement avec les Gardes, & pour en faire leur Rapport à la prochaine Affemblée. Elle fe tint le 10 Avril fuivant, où les Députés dirent, qu'ayant vaqué à la confrontation de certains Articles au nombre de cent quarante-cinq, fur les Textes des Titres dont ils font formés, & rédigés en forme de Statuts pour l'utilité particuliere du Corps & le bien de fon Adminiftration, ils les avoient trouvés tous fidellement exprimés ; & qu'au moyen de quelques légeres corrections qu'ils y avoient faites, ils les croyoient en état d'être jugés tels par la Compagnie : Ce qu'elle fit par une Conclufion fignée de tous, après avoir lû & examiné de nouveau chacun des Articles, en les conférant avec leurs Autorités qui y font jointes.

IX. Telles furent les mefures que nous prîmes pour la rédaction des Articles dont il s'agit; mais fur lefquels il eft important de faire quelques Obfervations. Ce ne font, comme l'on voit, que de fimples Affertions, dans lefquelles nous avons feulement prétendu raffembler en peu de mots, & exprimer en ftile convenable fur chaque Point, ce qui fe trouve contenu, ou d'une maniere plus diffufe dans les Titres, ou difperfé par parties dans plufieurs, & fouvent énoncé en un François peu intelligible aujourd'hui. D'où il s'enfuit que ces Articles n'ayant nulle autorité par eux-mêmes, n'en peuvent avoir qu'autant qu'ils font exactement conformes aux Extraits des Titres qui les accom-

pagnent

pagnent, & dont ils font formez. Et au cas que quelques-uns n'en rendiffent pas rigoureufement le vrai fens, ils doivent dès-là demeurer fans aucune confidération. Car en les rédigeant tous, nous ne nous fommes propofé autre chofe, finon feulement de mettre fous les yeux une Expofition nette & concife de nos Reglemens, à l'aide de laquelle on pût voir dans l'inftant à quoi s'en tenir fur chacun des Points de Police ou de Privilege, qui concernent notre Etat : Sauf à agir ou procéder dans l'occafion fur l'autorité même des Titres, dont les Extraits font raffemblez fous chaque Article.

X. On doit obferver de plus, qu'encore que le Droit du Corps foit actuellement contefté à l'égard de certains Articles de notre Collection, ils y font néanmoins énoncez purement & fimplement, fans faire aucune mention des Inftances pendantes à ce fujet; & nous les donnons comme ayant toute leur force & vertu : parce qu'ils doivent être cenfez l'avoir, jufqu'à ce que le contraire foit jugé, s'il doit l'être. Et enfin, nous avertirons encore, que parmi les differens Devoirs qui font prefcrits à nos Orfévres, tant pour l'exercice de leur Art, que pour celui de leur Commerce, ils n'y trouveront point ceux aufquels ils font tenus par rapport à la Ferme des Droits de Marque ou de Contrôle fur l'or & l'argent ; attendu que ces fortes de Devoirs n'appartenant point au Fait d'Orfévrerie, ni à fa Police, n'ont point dû avoir place dans la Collection des Statuts de notre Etat.

b

XI. Ayant donc ainſi rédigé cette Collection, & par-
là ſatisfait, en quelque maniere, à ce que l'on avoit exigé
de moi, j'en demeurai-là pour lors; & étant ſorti de Charge enſuite, je ne penſai nullement que je dûſſe retoucher
un jour ce petit Ouvrage. C'eſt néanmoins ce que je
viens de faire cette année 1734, en le mettant dans l'état
auquel on le voit ici. Mais les différences qu'on y trouvera ne changent abſolument rien à la ſubſtance des choſes. Il n'auroit pas même été poſſible de le faire quand
j'en aurois eû la penſée; puiſqu'on ne peut parler autrement que les Reglemens. Si donc j'ai ajouté, même re-
tranché quelque choſe, ou donné une autre diſtribution
aux Articles, ce n'a été que pour rendre l'Ouvrage encore
plus exact, plus inſtructif, & d'un uſage plus commode.

XII. Ce ſont pluſieurs Articles mieux dévelopez qu'ils
n'étoient, & plus détaillez, ſur divers Points de Police, &
principalement de Privilege, au moyen d'un bon nombre d'Autoritez importantes qui nous étoient échappées
d'abord, & qui fortifient d'autant plus les preuves de tous
ces Articles. C'en eſt d'autres, ou qui ſe répetoient inu-
tilement, ou qui ne s'étant pas trouvez également ſou-
tenus d'Autoritez ſuffiſantes en chacune de leurs parties,
ſont réduits à moins de Chefs, pour ne rien laiſſer de
foible ou d'inutile; mais dont le retranchement, ſans
aucune conſequence pour le fond, eſt avantageuſement
remplacé par de nouvelles Diſpoſitions que nous four-
niſſent des Reglemens notables ſurvenus depuis la Collection, & que je n'ai pas dû négliger.

XIII. J'ai confideré encore, qu'il ne nous fuffifoit pas de connoître feulement l'écorce, je veux dire le Texte nud de nos Reglemens, tel que nous l'avions donné d'abord ; & qu'il feroit fans comparaifon plus utile d'y joindre quelques éclairciffemens, comme j'ai fait en mettant de courtes Obfervations hiftoriques fur l'origine, les motifs & l'efprit de chaque Difpofition, avec les raifons des divers changemens qui y font furvenus ; afin de découvrir plus aifément par ce moyen, la liaifon étroite que ces Reglemens particuliers ont avec la Police générale, & comment ils concourent, plus ou moins tous, à l'Ordre public. Car de telles connoiffances conviennent, furtout à ceux qui adminiftrent le Corps : Mais j'ai affecté d'être très-court dans ces Remarques ; & fi quelques-unes font un peu plus étendues, on s'appercevra facilement que je ne pouvois pas me refferrer davantage.

XIV. J'ai cru enfin, que pour répandre encore plus de jour fur tout l'Ouvrage, les Articles y devoient être diftribuez dans un ordre plus méthodique, & qu'il ne falloit négliger aucun des autres moyens qui peuvent d'ailleurs en rendre l'ufage plus commode. C'eft dans cette vûë que j'ai rangé tous les Articles fous une fuite de Titres ou Chapitres divifez felon l'ordre naturel des Matieres ; que j'ai mis à chaque Article un petit Sommaire indicatif de ce qu'il contient ; que toutes les Autoritez font citées, non-feulement felon les Imprimez qui s'en trouvent, mais en indiquant de plus les fources

où leurs Originaux fe confervent, ou des Copies en
forme ; & que j'ai mis une Table des Sommaires à l'entrée de l'Ouvrage, outre celle des Matieres qui eft fort
ample à la fin.

XV. Telle eft donc aujourd'hui la Collection de nos
Statuts ; c'eft-à-dire, ce Recueil d'Articles formez des
Textes de tous les Titres qui compofent le Corps de nos
Statuts & Privileges. On fera au refte, de cette efpece
de Code de l'Orfévrerie fommairement expliqué, tel
jugement & tel ufage qu'on avifera bon être. Je m'en
rapporte aux Perfonnes plus éclairées. Tout ce que je
puis dire avec quelque confiance, c'eft que j'y ai appor-
té toute l'exactitude dont je fuis capable dans l'énoncé
des Autoritez & des Faits ; n'avançant jamais rien fans
citer mes garans, jufques dans les moindres Remarques :
Et qu'après avoir travaillé pour m'inftruire premierement moi-même de tout ce qui concerne les Reglemens
de notre Etat, je n'ai eu d'autre vûe en écrivant, finon
de me rendre utile à mes Confreres.

SOMMAIRES
DES TITRES
ET
DES ARTICLES.

TITRE PREMIER.

Du Corps en général, & de ses principaux Privileges.

TITRE II.

Des Apprentifs.

TITRE III.

Des Compagnons.

TITRE IV.

Des Aspirans à la Maîtrise.

TITRE V.

De la Reception.

TITRE VI.

Des Devoirs des Maîtres & Marchands Orfévres-Joyailliers dans la profession de leur Art.

TITRE VII.

Des Devoirs des Maîtres- & Marchands Orfévres - Joyailliers dans l'Exercice de leur Commerce.

TITRE VIII.

Du Privilege & des Devoirs des Veuves de Maîtres & Marchands Orfévres-Joyailliers.

ART.

c

TITRE XII.

De la Visite & Inspection des Maîtres & Gardes de l'Orfévrerie-Joyaillerie de Paris.

TITRE XIII.

Des Reglemens de l'Orfévrerie à l'égard de ceux qui ne font point Orfévres.

TITRE XIV.

Des Aydes à Gardes, & de leurs Fonctions & Devoirs.

TITRE XV.

Des Rapports faits en Justice par les Maîtres & Gardes de l'Orfévrerie.

TITRE XVI. & DERNIER.

Du Compte annuel des Gardes fortans de Charge.

Fin des Sommaires des Titres & des Articles.

STATUTS

STATUTS

ET

PRIVILEGES

DU CORPS DES MARCHANDS

ORFEVRES-JOYAILLIERS

DE LA VILLE DE PARIS.

TITRE PREMIER.

Du Corps en général, & de ses principaux Privileges.

ARTICLE PREMIER.

Nul exercice de l'Etat d'Orfévrerie-Joyaillerie dans Paris sans Maîtrise en Corps de Communauté.

L'ART & Commerce ou Etat d'Orfévrerie-Joyail-lerie à Paris, sera & demeurera Juré en cette Ville : & en conséquence, ne pourra y être exercé que par des Maîtres & Marchands ayant serment en Justice à cet effet, & formant ensemble un Corps de Communauté policé, & successivement administré par des Chefs élus d'entr'eux, sous le titre de MAISTRES & GARDES.

A

A U T O R I T E Z.

L'érection de la Profeſſion d'Or-févre en Corps policé ou Etat Juré dans Paris, eſt ſi ancienne, que le titre primordial en vertu duquel ce Privilege a pû être concedé, ne ſe trouve plus. Les plus anciens qui ſe ſoient conſervez, ſuppoſent cette érection comme déja faite & comme ſubſiſtante d'ancienneté. Tels ſont certains Articles écrits ſous le Regne de S. Louis vers l'an 1260, par Etienne Boileau, Prevôt de Paris, lorſque ce Magiſtrat travailloit à établir un meilleur ordre dans la Po-lice des Arts & du Commerce de cette Ville. Il les rédigea en forme de Statuts, dreſſez uniquement ſur les Uſages qui ſe pratiquoient actuelle-ment & de tems immémorial chez nos Orfévres, par une Tradition con-ſervée juſque-là ſans écriture; mais qui n'en étoient pas moins avouez de l'Autorité publique, comme l'é-toient alors la Coutume de Paris & les autres Coutumes locales qui ne furent écrites que long-tems après. Or, ces Articles ainſi rédigez, font voir par les Uſages ou anciennes Coutumes qu'ils tranſmettent, que les Orfévres de Paris formoient pour lors & d'ancienneté un Corps policé, jouiſſant même d'exemptions aſſez diſtinguées : Que ce Corps avoit ſon adminiſtration formée ; qu'il falloit y être Reçû ; ſe conformer à ſes Cou-tumes, & faire ſerment de les garder, pour pouvoir licitement exercer l'Etat d'Orfévrerie à Paris, comme il paroît par les Extraits qui ſuivent.

Statuts rédigez en 1260, ſur les anciennes Coutumes non-écrites du

Corps des Orfévres de Paris. Art. I. Il eſt à Paris Orfévre qui veult, " & qui faire le ſceit, pour [vû] " qu'il euvre aus Uz & aus Couſtumes " du Meſtier, qui tiex ſont. " Ces anciennes Coutumes conſervées & auſquelles il falloit ſe conformer pour être Orfévre à Paris, ſont enſuite détaillées, & contiennent les diverſes diſpoſitions de la Police du Corps ſur l'Apprentiſſage ; le Titre des Matieres d'or & d'argent ; le Travail ; le Com-merce, &c. même ſur les œuvres pies qui ſe pratiquoient annuellement par la Communauté, appellée alors *la Confrairie de Saint Eloy*, ou *le Com-mun du Meſtier* : car le nom de *Meſ-tier* étoit donné en ce tems-là, & l'a été long-tems après, ſans diſtinction, à toutes les Profeſſions, ſoit de Mar-chands, ſoit d'Artiſans. Ces divers points de Police ainſi déduits, vient le Serment de les obſerver déja prêté par les Maîtres, & qui devoit l'être par ceux qui vouloient le devenir : & c'eſt ce qui eſt exprimé en ces termes :

Art. 11 & 12. „ Tous ces Eſta-" bliſſemenz [ou Statuts] devant " ditz ont juré li Orfévres à tenir & " garder bien & loyaulment. Et ſe " eſtrange Orfévre [c'eſt-à-dire non-" appartenant au Corps] vient à Pa-" ris [pour y être admis] il jure à te-" nir tous ces Eſtabliſſemenz. " Et telle étoit la formule du ſerment de Re-ception. A l'égard des exemptions dont le Corps jouiſſoit, elles ſont portées en ces termes :

Art. 7. „ Nul Orfévre ne doit " Paage, ne Couſtume nulle, de choſe " qu'il achate ou vende appartenant "

„ à leur Meſtier. Et plus bas, *art.* 13.
„ Li Orfévres de Paris ſont quittes du
„ Guet ; mès ils doivent li autres
„ redevances que li autres Bourgeois
„ doivent au Roy. " De ces deux
Exemptions qui ne ſubſiſtent plus ,
la derniere n'étoit pas ancienne lors
de la rédaction de leurs Statuts : car
il s'agiſſoit du Guet Bourgeois , ou
Guet des Métiers que S. Louis avoit
établi peu d'années auparavant , pour
la Garde de la Ville pendant la nuit.
Les Statuts expoſent enſuite quels
étoient les anciens Uſages du Corps
ſur la forme de ſon adminiſtration , il
eſt dit :

Art. 14 *& ſuivans.* „ Et eſt aſſa-
„ voir que li Prudhommes du Meſtier
„ eſliſent deux ou trois Prudhommes
„ pour garder le Meſtier , [leur nombre fut bien-tôt après porté à ſix ,
qui priſent enſuite le titre de *Maîtres*
„ *& Gardes*] liquels Prudhommes ju-
„ rent que ils garderont le Meſtier
„ bien & loyaulment aus Us & aus
„ Couſtumes devant dites. Et quant
„ cil Prudhommes ont finé leur ſer-
„ vice [il n'étoit que d'un an] li com-
„ mun du Meſtier ne les povent mès
„ remettre à garder le Meſtier devant
„ trois ans , ſe ils n'y veulent entrer de
„ leur bonne volenté."Enfin,touchant
les Viſites des Prudhommes & le
Rapport qu'ils faiſoient en Juſtice
des contraventions trouvées auxCou-
tumes établies , il eſt dit :

Art. 17 *& dernier.* „ Et ſe li trois
„ Prudhommes treuvent un homme
„ de leur Meſtier qui euvre de mau-
„ vès or ou mauvès argent , & il ne
„ s'en veuille chaſtier , li trois Prud-
„ hommes amoinent celi au Prevoſt
„ de Paris , & li Prevoſt le pugnit , ſi
„ qu'il le bannit à quatre ans ou à ſix ,
„ ſelon qu'il a deſſervi. " Ces paroles,

& il ne s'en veuille chaſtier, c'eſt-à-dire,
corriger , font voir que les Prudhommes étoient non-ſeulement chargez
des premiers ſoins de la Police du
Corps , mais même qu'ils y exerçoient réellement par eux - mêmes
cette eſpece de Juriſdiction , que les
Legiſtes appellent *correctionnelle* &
ſommaire , envers celui qu'ils trouvoient en faute , avant que de le traduire devant le Prevôt de Paris ;
puiſqu'ils n'en venoient à ce dernier
remede , qu'après une ſorte d'incor-
rigibilité marquée ; & de plus , qu'il
ne le faiſoient que pour des fautes
graves , comme il paroît par la gravité des peines dont elles devoient
être punies.

Tels ſont les anciens Statuts qui ,
au défaut du Titre primordial , nous
montrent les premiers la jouiſſance
actuelle de ce Privilege plus anciennement concedé , en vertu duquel
les Orfévres de Paris , réunis ſous une
même Police & ſoumis à une même
Adminiſtration , forment un Corps
de Communauté , auquel il faut appartenir pour pouvoir licitement
exercer l'Etat d'Orfévrerie en cette
Ville. *Ces Statuts ſe trouvent dans un
ancien Regiſtre du Châtelet , intitulé :
Li Eſtabliſſemenz , c'eſt-à-dire , les
Ordonnances des Métiers de Paris ,
fol.* 72 *, v°. & dans les Archives de
la Maiſon commune des Orfévres de
Paris , Layette* 1 *, cotte* 1.

Au reſte , le Privilege de Corps
& Communauté qui eſt le fondement
de tous ceux dont nos Orfévres
jouiſſent , ſe trouvant ainſi tranſmis,
leur a été ſolemnellement confirmé
ſous preſque tous les Regnes depuis
S. Louis , par la même autorité qui
ſeule avoit pû l'établir originairement. Mais nous ne devons pas omet

tre que dès-lors , c'eft-à-dire , au moins dès le tems de S. Louis , il étoit doué d'une prérogative qu'on a toujours regardée comme très-diftinguée. C'eft le droit d'avoir un Sceau propre dans la Maifon commune du Corps , pour conftater les Réfultats de fes Affemblées , & les autres Actes de fon adminiftration ; tels que les Prefentations des Afpirans au Serment de Maître , les Rapports des contraventions en Juftice , la clôture du Compte annuel du maniment des deniers communs , &c.

Nous ne fçavons pas fi nos Orfévres ufoient d'un Sceau commun avant la Rédaction de leurs Coutumes ou Statuts en 1260 , comme ils ont toujours fait depuis ; mais il paroît qu'un de leurs premiers foins en cette occafion du renouvellement de leur Police , fut d'en faire graver un pour en rendre , par ce moyen , l'obfervation plus exacte. L'Empreinte qui nous refte de cet ancien Sceau de l'Orfévrerie de Paris à quelques-uns des Actes dont on vient de parler , confervez dans nos Archives , porte en effet , par le goût du travail , tous les caracteres d'un ouvrage du tems de S. Louis.

Il repréfente S. Eloy debout , en habits Pontificaux , dans une Niche couronnée d'une efpece de Baldaquin , au derriere de laquelle , fur le fond du Sceau , paroiffent des Vitraux d'Eglife , fort legers ; le tout d'ordre & de goût gothique. Le faint Patron a la Mitre fur la tête , un Marteau pour attribut à la main droite , & fa Croffe à la gauche. La Legende , qui entoure le tout , défigne le Corps fous le nom de *Confrairie* felon le ftile des Statuts ; & elle eft conçue en ces mots : S. CON-

FRARIE S. ELIGII AURIFA-BRORUM. C'eft-à-dire , *Sceau de la Confrairie de S. Eloy des Orfévres :* l'S. qui eft à la tête fignifiant SIGILLUM. Pour l'E. fimple qui termine le mot latin barbare CONFRARIE, l'on voit qu'il eft mis là pour la Diphtongue Æ, fuivant l'ortographe du tems.

Cet ancien Sceau , maintenant ignoré , & fuppléé par un autre depuis long-tems dans le Corps , nous a paru mériter qu'on en confervât la mémoire : car le peu d'empreintes qui en refte uniquement dans nos Archives, fe perdra infailliblement avec le tems. C'eft pour cela que nous en avons fait prendre correctement le trait. Le voici fort exact , avec cette différence néanmoins que l'Original eft beaucoup moins étendu , n'ayant feulement qu'onze lignes de diametre.

Les Connoiffeurs verroient aifément à la forme feule des caracteres de ce monument , qu'il eft véritablement du tems de S. Louis, quand les Enfeignemens de nos Archives n'en fourniroient pas d'autres preuves.

ARTICLE II.

Objet de l'Art & Commerce des Maîtres & Marchands formant le Corps de l'Orfévrerie-Joyaillerie.

LEs Maîtres & Marchands formant le Corps & exerçant l'Etat d'Orfévrerie-Joyaillerie à Paris, auront pour objet de leur Art & de leur Commerce la Fabrication & le trafic des Ouvrages & Matieres d'or & d'argent ; avec l'emploi & le négoce des Diamans, des Perles & de toutes sortes de Pierres fines & précieuses, sous le titre ᴅ'Oʀꜰᴇᴠʀᴇs-Jᴏʏᴀɪʟʟɪᴇʀs.

AUTORITEZ.

Ces différentes & précieuses productions de la Nature, ont toujours été l'objet fondamental & constitutif de l'Etat d'Orfévrerie. Ceux qui exercent cet état, ne doivent régulierement travailler que l'or & l'argent, d'où leur vient le nom d'Oʀꜰᴇᴠʀᴇs : comme celui de Jᴏʏᴀɪʟʟɪᴇʀs y est joint, à cause qu'ils ont seuls le droit d'employer les Pierres précieuses & les Perles sur les ouvrages d'Orfévrerie. Ainsi, le fait d'Orfévrerie a toujours renfermé celui de la Joyaillerie de Pierrerie ; & l'on peut dire que les Orfévres sont en effet, aussi essentiellement Joyailliers, qu'ils sont nécessairement Orfévres. Sans transcrire ici une infinité d'autoritez que nos Titres fournissent là-dessus dans tous les tems, voyez seulement l'Edit du Roy Jean, du mois d'Août 1355, vous y trouverez parmi les divers Réglemens qui concernent le fait d'Orfévrerie, jusqu'à huit Articles de suite, qui prescrivent dans un grand détail la maniere dont les Orfévres de Paris doivent se comporter dans le travail & l'emploi de la Pierrerie, pour éviter les fraudes qui pouvoient se glisser dans le Commerce de ces précieuses Marchandises, qu'ils faisoient encore seuls concurremment avec les Marchands Merciers. *Archives, Layette I. cott.* I bis. Item, *Recueil imprimé des Ordonnances de l'Orfévrerie de Paris, p.* 4 & 5.

De l'union constante de ces deux objets de l'Etat des Orfévres, vient le double nom qui leur est donné dans les anciennes Ordonnances, aussi-bien que dans les Reglemens modernes. Ils y sont souvent appellez cumulativement, & comme d'un seul nom *Orfévres-Joyailliers,* ou par développement *Orfévres* ᴇᴛ *Joyailliers,* sans toutefois que dans cette derniere formule, la particule copulative ᴇᴛ désigne deux Etats differens , comme il arrive quelquefois dans les mêmes Ordonnances, où par le nom de *Joyailliers* on entend les Marchands Merciers qui ont auffi cette qualité. Mais voici feulement quelques autoritez entr'autres, où cette ambiguité ne peut avoir lieu , & où le Titre de Joyailliers ne peut être entendu que des Orfévres.

Edit de François I. à Fontainebleau en Septembre 1543 , *art.* 10. „Permettons aufdits Orfévres & „Joyailliers pouvoir befongner à „tous titres au-deffus de 22 Karats, " ce qui ne peut convenir aux Marchands Merciers, aufquels il n'a jamais été permis de travailler d'Orfévrerie. Les deux Etats ne font pas moins nettement diftinguez plus bas par l'art 19 du même Edit, où on lit: „Faifons défenfes à tous Orfévres-„Joyailliers , Merciers de Joyaille-„rie , & à toutes perfonnes , &c. *Archives, Layett.* 1 , *cott.* 10. Item, *Recueil des Ordon. p.* 46 *&* 49.

Edit de Henry II. à Fontainebleau en Mars 1554 , *art.* 10. „Lefdits „Orfévres & Joyailliers feront ref-„ponfables en leurs noms de tous les „ouvrages qu'ils vendront, foit qu'ils „ayent été faits par eux-mêmes ou par „autres Maîtres, s'il s'y trouve fau-„te... auront Fourneaux à la vûe de „tout le monde... ne pourront faire „affiner leurs Lavûres, &c. " Toutes difpofitions qui s'adreffent auffi directement aux Orfévres qu'elles font étrangeres aux Merciers. *Layet.* idem, *cot.* 13. Item, *Rec. p.* 69.

Il feroit facile de raffembler ici plufieurs autoritez femblables de toute la fuite des tems. Mais il fuffit d'indiquer feulement le Reglement

général fait du propre mouvement du Roy Louis XIV. fur le fait de l'Orfévrerie de Paris le 30 Décembre 1679 , où le Titre de *Maîtres & Marchands Orfévres-Joyailliers* eft donné aux Orfévres de cette Ville par une fuite & felon l'efprit des anciennes Ordonnances. *Layet.* 3 , *cot.* 42. Item, *Rec. des Ordonn. p.* 179.

Autrefois & jufqu'à l'Erection des Lapidaires en Communauté vers la fin du XVIe. fiécle , nos Orfévres étoient même les feuls qui taillaffent les Pierres précieufes dans Paris. Les Regiftres de la Maifon commune & plufieurs Titres du tems en font foy : & fpécialement une Ordonnance du Prevôt de Paris du 18 Novembre 1387. On y voit que ceux d'entr'eux qui s'adonnoient particulierement à ce talent, étoient pour lors au nombre de quinze ou feize , tous nommez & tous qualifiez Orfévres : nos Regiftres d'alors, les appelloient *Orfévres-Pierriers.* Le Magiftrat leur défendit par cette Ordonnance de tailler dorénavant certaines Pierres *à la femblance du Diamant,* de crainte que cette imitation affeétée ne fit paffer ces Pierres , d'efpece moins précieufe, mais approchantes de la couleur du Diamant, pour des Diamans mêmes. *Layette* 11 , *cotte* L. Item, *Rec. des Ordon. p.* 534.

Il eft vrai que par la fuite, les Compagnons qu'ils employoient à ce travail, fe mirent à le faire pour leur compte particulier, & qu'enfin s'étant joints aux Cryftaliers , ils parvinrent à former cette nouvelle Communauté fous le nom de Lapidaires, avec faculté de tailler feuls la Pierrerie. Mais les Orfévres n'en font pas moins demeurez en poffef-

fion de leur ancien droit qui les conftitue Joyailliers-nez & Joyailliers néceffaires ; fçavoir , de mettre feuls
les Pierres précieufes en œuvre , &
de les vendre montées & garnies à
l'exclufion des nouveaux Lapidaires ,
comme on le dira en fon lieu. *Voyez
fur cette exclufion , Layette* 14 *, cott.*
20 *, & Lay.* 15 *, cott.* 32. Item,
Recueil des Ord. p. 628 *,* 650.

ARTICLE III.

*Poinçon commun du Corps pour la confervation du Titre
des Ouvrages d'or & d'argent.*

IL y aura dans le Bureau de la Maifon commune du
Corps, un Poinçon commun, appellé, de Contre-marque, ou, Poinçon de Paris , dont le dépôt fera confié aux
feuls Gardes en Charge : duquel Poinçon ils marqueront
tous les Ouvrages d'or & d'argent qui fe fabriquent à Paris; afin de conftater par fon empreinte la bonté du Titre
de leurs matieres.

AUTORITEZ.

Jufques vers la fin du XIIIᵉ. fiécle ,
le Public n'avoit point encore eu
d'autre garant de la fidélité du Titre
ou degré de bonté intérieure de l'or
& de l'argent employez aux ouvrages d'Orfévrerie , que celle qu'apportoient les Orfévres à fe conformer à la Loi qui leur étoit prefcrite
là-deffus. Mais alors , c'eft-à-dire ,
en 1275, Philippe le Hardy , ayant
ordonné que ce Titre feroit déformais plus fin qu'il n'avoit été par le
paffé , & tel que nous le dirons en fon
lieu , prefcrivit en même tems un
moyen efficace pour le faire obferver :
& c'eft en effet à ce moyen que l'Orfévrerie de Paris doit la confervation
de ce même Titre qu'elle garde encore aujourd'hui dans toute fa pureté.
Ce fut d'ordonner que chaque Ville
où il fe trouveroit des Orfévres formant Corps de Communauté , auroit
fon *Seing* propre ou Poinçon commun,
pour marquer les Ouvrages de chacun d'eux , ce qui fuppofe l'effai préalablement fait des Matieres ; & Philippe voulut que tous fe foumiffent à
cette Loi , comme à celle du Titre ,
fur peine de confifcation des Ouvrages contre ceux qui négligeroient de
les faire ainfi marquer. Et pour prévenir tout prétexte d'imputer aux
Orfévres d'une Ville les fautes qui
pourroient fe commettre contre la Loi
du Titre par ceux d'une autre Ville ,
comme il auroit pû arriver , fi les Ouvrages des uns & des autres avoient
été marquez avec des Poinçons qui fe
fuffent trouvez femblables , ce Prince
voulut auffi que le Seing ou Poinçon
commun d'une Ville ne pût être fait
de maniere qu'il reffemblât à celui

d'une autre Ville. Voici quels font les termes de la Loi qu'il publia pour ce nouvel établissement.

Ordonnance de Philippe le Hardy fur le fait des Monnoyes & de l'Orfévrerie, donnée à Paris au mois de Décembre 1275, art. 4. » Volumus quod in » omnibus Villis, ubi Argentarii ope- » rabuntur de argento, quod operen- » tur de argento affinato, &c. Et » quod quælibet Villa habeat Sig- » gnum fuum proprium [pro fignandis » operibus quæ operabuntur :] & quod » nullus faciat Signum alterius : Et qui- » cumque contra hoc fecerit, amittet » argentum. « *Ordonnances des Rois de France de la troifiéme Race, t. 1, p. 814.*

Ces difpofitions furent réïterées 37 ans après par Philippe le Bel, fous de plus grandes peines, & avec de nouvelles précautions, comme il s'enfuit.

Ordonnance générale de Philippe le Bel fur le fait des Monnoyes & de l'Or- févrerie, donnée à Pontoife au mois de Juin 1313, art. 10. „ Voulons & „ ordennons que en chacune Ville où „ il y aura Orfévres, ait un Seing „ propre pour feingner les ouvrages „ qui y feront faits : & fera gardé „ par deux Prudhommes eftabliz & „ efleuz à ce faire ; & que un Seing „ ne reffemble à l'autre. Et qui fera „ trouvé faifant le contraire, il per- „ dra l'argent, & fera puni de corps „ & d'avoir. " *Memorial de la Cham- bre des Comptes, cotté A. fol. 21, v°.* Item, *Ordon. de la troifiéme Race, To. 1, p. 522.*

Cette Ordonnance, qui eft une des plus célebres de ces tems-là, &

qui avoit été dreffée dans un grand Confeil de Prélats & de Barons du Royaume, fut folemnellement pu- bliée dans Paris au mois de Septem- bre de la même année 1313 : Et par un Mandement du 18 de ce mois, Pierre le Ferron, Prevôt de Paris, fut chargé de la faire exécuter en cette Ville. *Ordon. des Rois de la troi- fiéme Race, To. 1, p. 529, aux notes.*

Telle eft l'origine du Poinçon commun, dont l'Empreinte répond de la bonté du Titre des ouvrages d'Orfévrerie, fur lefquels elle eft ap- pofée. La Loi étoit générale pour toutes les Villes ; mais outre qu'on ne voit pas qu'aucune d'elles ait fui- vi fitôt l'exemple de la Capitale, en profitant d'un établissement fi utile, il eft vrai de dire que cet établisse- ment ne s'eft nulle part fi fort figna- lé qu'à Paris, où nous voyons que le Poinçon qu'il établit ainfi reçû dans l'Orfévrerie de cette Ville, & fi connu fous le nom de *Poinçon de Paris*, s'eft acquis par la fuite une confiance entiere jufques dans les Pays étrangers par la religieufe fidé- lité avec laquelle on a toujours ufé de cet inftrument inviolable de la foi publique fuivant l'efprit de fon infti- tution. Quant aux Prudhommes que Philippe le Bel veut qu'on élife en chaque Ville pour la garde de leur Poinçon, cette précaution étoit fu- perflue, par rapport à l'Orfévrerie de Paris, où il s'élifoit régulierement tous les ans des Chefs pour adminif- trer le Corps, fous ce même nom de Prudhommes. Toutefois nous croyons que l'Ordonnance de ce Prince eut auffi fon effet à cet égard. Car, comme ils n'étoient encore que trois pour lors, & qu'ils ont toujours

été

été six en Charge par la suite, tous également chargez de la Garde du Poinçon commun, il est plus que probable que c'est à cette occasion qu'il faut rapporter l'augmentation de leur nombre : comme il est visible aussi que le Titre de GARDES qui leur fut donné bien-tôt après au lieu de celui de Prudhommes, vient principalement du dépôt de ce Poinçon, dont ils furent constitués Gardes, & dont ils sont toujours demeurés en effet, les uniques Dépositaires. *Voyez sur cette augmentation des Prudhommes & sur leur qualité de Gardes, un Titre de 1333, Archives, Layet. 28, cot. 1. L'art. 27 de l'Edit du Roy Jean, de 1355, ibid. Layet. 1, cot. 1, bis.: & le plus ancien Regître conservé des Elections des Gardes, fol. 1 & suivans.*

ARTICLE IV.

Nombre des Orfévres de Paris fixe & limité.

AFIN que les Matieres d'or & d'argent ne passent point par tant de mains dans Paris, & pour empêcher les abus qui s'y peuvent commettre, le nombre des Maîtres & Marchands composans le Corps de l'Orfévrerie-Joyaillerie en cette Ville, sera limité, & demeurera fixé à Trois cens : Et lorsque des Places viendront à vacquer dans ce nombre, elles ne pourront être remplies que par des Fils de Maîtres instruits & capables, & par des Apprentifs qui auront legitimement fait leur Apprentissage.

AUTORITEZ.

L'avantage particulier que les Orfévres de Paris peuvent tirer de cette limitation, n'a point été le motif qui a déterminé à fixer ainsi leur nombre. La raison, comme l'on voit, s'en tire de l'importance des Matieres qui leur passent par les mains. Car, s'y pouvant commettre des malversations très-préjudiciables au bien public, il est du bon ordre que la fabrication & le commerce des ouvrages d'Orfévrerie ne soient confiés qu'à un certain nombre connu & limité de Particuliers instruits des regles, éprouvez, & qui puissent plus aisément être veillez & éclairez de près. Quoique le motif de cette fixation ait toujours subsisté, elle n'a cependant commencé d'être faite qu'au milieu du seiziéme siécle, à cause du grand nombre de Maîtres qui se trouvoient pour lors dans Paris. Voici de quelle maniere il fut d'abord statué là-dessus, & la suite des Autoritez que nos Titres fourniffent fur ce point.

Edit de Henry II. à Fontainebleau au mois de Mars 1554. ART. III. „ Et pour ce que le grand & exceffif nombre d'Orfévres qui eft „ aujourd'hui . . . . . en notre Ville „ de Paris, fait qu'infinis abus fe „ commettent journellement, au „ grand préjudice de Nous & de la „ chofe publique . . . . Nous, pour „ empêcher tels abus, & pour plus „ aifément découvrir ceux qui cy-„ après pourront être commis, or-„ donnons, voulons & Nous plaît, „ que deformais le nombre defdits „ Orfévres . . . . . foit réduit & reftraint à certain nombre . . . . . au „ lieu defquels Orfévres, à mefure qu'ils viendront à défaillir „ par mort ou autrement, fucce-„ deront les Apprentifs qui auront „ fait leur tems, & auront été ou „ feront examinez & trouvez fuffi-„ fans, & jugez les plus idoines & „ capables pour exercer ledit Etat.“ *Archives de l'Orfévrerie, Layette* 1. *cotte* 13, Item, *Recueil*, p. 64.

Les Gardes de l'Orfévrerie ayant fait des Remontrances fur plufieurs chefs de cet Edit, la réduction ordonnée fut un de ceux qui furent modifiez, ainfi qu'il eft dit dans la Déclaration fuivante, donnée en interprétation.

Déclaration de Henry II. à Fontainebleau le 22 *May* 1555, *regiftrée au Parlement & en la Cour des Monnoyes.* ART. II. „ Que fans faire „ autre limitation ou réduction du nombre defdits Orfévres, le nombre qui eft à prefent en notredite Ville de Paris demeurera ; & au lieu des décedez, feront autres reçus . . . . Et feront préferez les enfans de Maîtres qui feront trouvez capables & de la qualité requife. “ *Layette idem, cot.* 14, *Rec, p.* 75.

Ce nombre qui n'eft pas marqué ici, étoit de Trois cens, comme il paroît par un Arrêt de la Cour des Monnoyes du 5 Décembre 1571. *Layette* 12, *cotte* 1, & par les difpofitions qui fuivent.

Henry III. à Paris en 1586. „ Reduifons & limitons le nombre des Maîtres Orfévres de notre Ville de Paris, pour y tenir Boutique, à Trois cens . . . . pour auquel nombre entrer, vacation occurente, feront préferez les Fils de Maîtres, pourvû qu'ils foient capables, & de la qualité requife par les Ordonnances. “ *Code Henry, liv.* 15 *tit.* 35, *art.* 3.

Sentence du Prevôt de Paris du 30 *Juin* 1632. „ Vû copie collationnée . . . de deux articles du Code Henry : le premier de Henry II. à Fontainebleau en May 1555, & le deuxiéme, de Henry III. de l'année 1586, portant réduction des Maîtres Orfévres de cette Ville de Paris pour y tenir Boutique à Trois cens . . Nous avons . . fait & faifons défenfes à tous les Maîtres Orfévres de cette Ville, de prendre à l'avenir aucuns Apprentifs, s'ils ne font Fils de Maîtres, jufqu'à ce que la Communauté foit réduite au nombre de Trois cens. “

Archives, Layette 12, *cot.* 9, Item, *Recueil des Ordonnances, p.* 506.

Reucil des Ordonnances de l'Orf. de Paris, pag. 180.

Reglement général fur le Fait de l'Orfévrerie de Paris du 30 *Décembre* 1679. *art.* 1. „ Le Roy étant en fon „ Confeil, a ordonné & ordonne, „ conformement à l'Art. 3 de l'Edit „ du mois de Mars 1554, &c. que le „ nombre des Maîtres Orfévres de „ Paris demeurera pour l'avenir fixé „ & réduit à Trois cens; & jufqu'à ce „ que ladite réduction ait été faite, Sa „ Majefté fait défenfes aux Maîtres „ & Gardes de recevoir à Chef-d'œu- „ vre, ni de prefenter à la Maîtrife „ aucun Afpirant fous quelque pré- „ texte que ce foit, à peine de nul- „ lité. “ *Layette* 3, *cotte* 42, Item,

En vertu de ce Reglement qui, en toutes fes Difpofitions, eft regar- dé comme une Loi irréfragable dans le Corps, il y eut jufqu'à 43 Maî- tres caffez, comme ayant été reçûs contre les défenfes portées par un Arrêt du Confeil du premier Juillet 1675, & au préjudice du nombre prefcrit par les Ordonnances préce- dentes. Ils furent cependant prefque tous rétablis par la fuite; mais depuis ce fameux Reglement le nombre de Trois cens n'a plus été excedé, finon par des exceptions légitimes qui ne l'intereffent point, & toujours dûment autorifez, ainfi qu'il fera dit ci-après.

ARTICLE V.

Moyen établi pour n'exceder le nombre fixé des Maîtres.

AFɪɴ que le nombre de Trois cens ne puiffe defor- mais être excedé, fera fait & renouvellé tous les ans par les Gardes en Charge, une Lifte générale fignée & certifiée véritable par eux, des noms, furnoms & de- meures de tous les Maîtres, & même des Veuves tenant Boutiques ouvertes; de laquelle Lifte, un Exemplaire fera mis en Tableau dans la Salle de la Maifon commu- ne, & deux autres feront dépofés aux Greffes de la Cour des Monnoyes, & de la Chambre de Police.

AUTORITEZ.

Reglement général du 30 *Décembre* 1679, *art.* 6. „ Sera fait à l'avenir par „ chacun an, par les Gardes en Char- „ ge, une Lifte générale, dans laquelle

les noms, furnoms & demeures de « tous les Maîtres, felon l'ordre de « leur Reception, feront infcrits; « comme auffi, les noms, furnoms «

„ & demeures des Veuves tenant
„ Boutiques ouvertes : Et fera ladite
„ Lifte renouvellée par chacun an,
„ fignée & certifiée par lefdits Gar-
„ des en Charge avant l'Election de
„ ceux qui leur devront fucceder :
„ defquelles Liftes feront faits trois

Exemplaires, dont l'un fera mis "
dans un Tableau à la Chambre "
commune defdits Orfévres, & les "
deux autres feront dépofez aux "
Greffes de la Cour des Monnoyes "
& de la Chambre de Police. " *Layet.*
& cott. idem. *Rec. pag.* 181 & 182.

ARTICLE VI.

Orfévres Surnumeraires.

TOUTEFOIS feront cenfés appartenir au Corps, mais réputez Surnumeraires, ceux qui font reçûs en vertu d'Arrêts & Lettres Patentes duëment regiftrées ; ou qui parviennent à la Maîtrife par la voye des Privileges de l'Hôpital de la Trinité, des Galeries du Louvre, & de la Manufacture Royale des Gobelins : lefquels n'occupant point de Places dans les Trois cens, n'en laifferont point à remplir après leur décès : mais leurs Veuves & leurs Fils jouiront des mêmes Privileges & Droits dont joüiffent les Veuves & Fils des autres Maîtres & Marchands Orfévres fans aucune diftinction.

AUTORITEZ.

Sous le Regne de Louis XIV. le Corps a été obligé de payer en plufieurs occafions de grandes fommes dans les befoins de l'Etat, pour raifon dequoi il lui a été permis à différentes fois de recevoir certain nombre de Maîtres fans qualité : mais toujours aux conditions marquées dans le préfent Article. Il fuffira de rapporter là-deffus les deux Autoritez fuivantes.

Lettres Patentes en forme de Décla-

ration, du mois d'Avril 1703, *regiftrées où befoin a été.* Permettons aux "
Marchands Orfévres de la Ville de "
Paris, de recevoir vingt Maîtres "
fans qualité en faifant Chef-d'œu- "
vre .... lefquels feront reçûs ou- "
tre & par deffus le nombre de trois "
cens Maîtres, auquel nombre nous "
avons fixé ladite Communauté par "
notre Déclaration en forme de Re- "
glement général, fait pour l'Or- "
févrerie le 30 Décembre 1679, à "
condition que quand lefdits Maî- "

„ tres *Surnumeraires* mourront, ils ne
„ pourront être remplacez, afin que le
„ nombre puisse être réduit à celui de
„ trois cens Maîtres ; mais que les En-
„ fans desdits Maîtres pourront par-
„ venir à la Maîtrise, tout de même
„ que les Enfans des autres Maî-
„ tres. " *Archives de l'Orfévrerie,*
Layette 33, cotte I.

Edit du mois de Juin 1705, *regis-*
tré en la Cour des Monnoyes. „ Nous
„ avons permis & permettons aux
„ Gardes de l'Orfévrerie de Paris,
„ de presenter à la Cour des Mon-
„ noyes vingt Aspirans sans qualité,
„ après leur avoir fait faire Chef-
„ d'œuvre, pour y être reçûs Maî-
„ tres en la maniere ordinaire : à con-
„ dition que lorsqu'ils décederont,
„ ou qu'ils renonceront volontaire-
„ ment, il n'en sera point reçû d'au-
„ tres à leur place. Voulons néan-
„ moins que leurs Veuves & Enfans
„ jouissent des mêmes Privileges
dont jouissent les Veuves & Enfans "
des autres Orfévres. " *Archives de*
l'Orfévrerie, Layette idem.

A l'égard de ceux qui parviennent
à la Maîtrise par la voye des Privileges de l'Hôpital de la Trinité, des
Galeries du Louvre & de la Manufacture Royale des Gobelins, ou
par quelque autre voye extraordi-
naire que ce puisse être, comme pour
cause de leur réunion à l'Eglise Ca-
tholique, ils ont pareillement toujours été regardez tous comme Surnumeraires, & n'ont jamais laissé de
Place à remplir après leur décès ou
abdication. De-là vient que leurs
noms ne s'employent point dans la
Liste des Trois cens Maîtres qui se
renouvelle tous les ans pour le Greffe
de la Cour des Monnoyes, & pour
celui de la Chambre de Police, mais
seulement dans une classe distincte
& séparée des Trois cens au pied de
cette Liste.

ARTICLE VII.

Exemption de toutes Maîtrises créées pour joyeux Avenement
à la Couronne, &c.

NUL ne parviendra à l'Etat & Marchandise d'Orfévrerie-Joyaillerie à Paris, s'il n'est Fils ou Apprentif de Maître, & reçû en la maniere prescrite par les
Ordonnances : Et en conséquence ne seront créées aucunes Lettres de Maîtrise d'Orfévre en faveur du joyeux
Avenement à la Couronne, Entrées & Mariages des Rois ;
Naissance, Baptême, Mariages des Princes, ni pour
quelqu'autre sujet que ce puisse être.

AUTORITEZ.

Les Orfévres & quelques autres, comme les Apotiquaires & les Chirurgiens, ont toujours été exceptez des créations de Lettres de Maîtrise données en ces occasions aux autres Corps de Marchands & Communautez d'Artisans. C'est ce qui se voit expressément porté dans les Edits mêmes de ces Créations : d'abord dans celui de Henry II. du mois de Janvier 1548, pour le Couronnement de la Reine, où je crois qu'elles ont commencé : puis dans ceux du mois de Mars suivant pour l'Entrée de cette Reine ; & de Juillet 1550 pour l'heureuse Naissance du Duc d'Angoulesme son Fils. *Archiv. de l'Orf. Layette 7, cotte 2, 3, Recueil, pages 301, 304, 308.*

Le même Henry II. ayant depuis limité le nombre des Orfévres de Paris, comme nous l'avons vû, & prescrit là-dessus certain ordre par sa Déclaration du 22 May 1555, il prit de-là occasion de statuer plus expressément sur l'Exemption dont il s'agit en faveur des Orfévres de Paris, en ces termes.

Déclaration du 22 May 1555, art. 3. „ Et afin que ledit ordre ne soit „ corrompu & enfraint, Nous or- „ donnons & défendons très-expres- „ sément aux Generaux Maîtres de „ nos Monnoyes, & Gardes dudit „ Etat d'Orfévrerie, de ne recevoir „ aucun à être passé Maître par Let- „ tres de Don de Nous, tant à nos „ Entrées, comme Naissances de nos „ Enfans ou autrement . . . combien „ qu'ayons accoutumé élire & don-

ner droit de Maîtrise de chacun " Métier ; révoquant dès-à-present " les Lettres qui en pourroient avoir " été données, ou se pourroient don- " ner ci-après. *Layette 1, cotte 14. Recueil, pag.* 75.

En consequence, l'Exemption accoutumée en faveur des Orfévres continua d'être mise dans les Edits portant création de Maîtrise, sçavoir ; de Charles IX. du mois d'Avril 1562, en faveur de son Entrée : *Volum. des Ord. registrées au Parl. cot. AA. fol.* 164. *v°.* De Henry III. au nombre de quatre, donnez au mois de Février 1575 ; le premier, pour l'Avenement de ce Prince à la Couronne ; le second, pour son Mariage ; le troisiéme, pour l'Avenement & l'Entrée de la Reine son épouse ; & le quatriéme, pour son Mariage. *Volum.* HH. *fol.* 69, 92, 151 & 276.

Mais un autre Edit donné ensuite par ce Prince au mois de Décembre 1581 en faveur de la Princesse Marguerite sa Sœur, ayant passé sans porter l'Exemption ordinaire pour les Orfévres ; & des Particuliers s'étant pourvûs des Lettres de Maîtrise d'Orfévrerie qui se trouvoient ainsi créées, le Corps s'en plaignit au Roy, qui après avoir consulté les Officiers de la Cour des Monnoyes & le Prevôt de Paris, donna des Lettres adressées à ces Magistrats, dont voici la teneur, & où l'on voit quels ont toujours été les motifs de cette Exemption des Orfévres.

Lettres Patentes de Henry III. en

forme de Déclaration, du 19 Octobre
1584. „ Après avoir fait voir à notre
„ Conseil, tant votre Avis que les
„ Statuts & Privileges *de l'Etat d'Or-*
„ *févrerie,* specialement les Articles
„ faisant expresse mention de la Re-
„ ception desdits Maîtres, par les-
„ quels pour grandissimes considera-
„ tions, même pour éviter aux abus,
„ fautes & malversations qui se pour-
„ roient commettre en l'exercice du-
„ dit Etat, si les Maîtres d'icelui n'é-
„ toient Gens de bien & experimen-
„ tez, ainsi qu'il est contenu en votre
„ Avis : Avons, conformement à
„ icelui, & ausdits Statuts & Privi-
„ leges, dit, déclaré, statué & or-
„ donné ; disons, déclarons, sta-
„ tuons & ordonnons de nouveau,
„ & en tant que besoin est ou seroit,
„ que doresnavant ne sera reçu au-
„ cun Maître dudit Etat, sinon en
„ la forme prescrite & mentionnée
„ esdits Statuts, en vertu de quel-
„ conque Edit ou Mandement que
„ ce soit, ni même de celui dudit
„ mois de Décembre 1581, duquel,
„ & de tous autres qui se pourroient
„ ci-après faire pour la création d'au-
„ cune Maîtrise, soit pour Mariages
„ des Rois ou Enfans de France,
„ Entrées, Enfantemens d'iceux,
„ Nous avons, conformement com-
„ me dit est, excepté & reservé, ex-
„ ceptons & reservons par ces Pre-
„ sentes, que vous ferez à cette fin
„ lire, publier & enregistrer en cha-
„ cun de vos Siéges, entretenir,
„ garder & observer de point en point
„ selon leur forme & teneur, sans
„ permettre ou souffrir qu'il y soit
„ contrevenu en aucune maniere ;
„ Vous défendant de recevoir lesdits
„ Pourvûs, *en vertu du susdit Edit*
„ *du mois de Décembre 1581,* au pré-

judice de ce : Ains au contraire, "
Nous avons lesdites Provisions "
dès-à-present cassées & revoquées, "
cassons & revoquons par cesdites "
Presentes, nonobstant quelcon- "
ques Edits, Ordonnances, Man- "
demens, Défenses & Lettres con- "
traires. Car tel est notre plaisir, &c. "
Ces Lettres furent verifiées en Parlement
le dernier de May 1585, après avoir
été regiftrées en la Cour des Monnoyes,
& publiées au Châtelet les 19 & 28
Novembre 1584. Archiv. Layet. 7,
cot. 4. Item, Recueil, pag. 311.

Cependant les Pourvûs, qui sur
la foi de l'Edit de 1581, avoient
acheté la Maîtrise, & dont les Provisions venoient d'être cassées, ne laisserent pas de poursuivre au Conseil
Privé la main-levée de l'opposition
que les Gardes de l'Orfévrerie formoient à leur Reception ; mais ils furent ainsi jugez :

Arrêt du Conseil Privé du Roy, du
21 *Juin* 1585. „ Le Roy en son "
Conseil, faisant droit au fond a dit : "
Qu'à bonne & juste cause lesdits "
Maîtres & Gardes de l'Orfévrerie "
se sont opposez à la Reception des- "
dits Demandeurs : A, iceux Oppo- "
sans, maintenus & maintient en la "
possession & jouissance de leurs an- "
ciens Statuts, Exemptions & Reser- "
vations portées par iceux, confor- "
mement aux Lettres Patentes du "
19 Octobre 1584. " *Des Lettres fu-*
rent expédiées le même jour, & adres-
sées au Parlement, à la Cour des Mon-
noyes & au Châtelet, pour la publica-
tion, enregistrement & execution de cet
Arrêt. Archives, Layette 7, cotte 5.
Item, *Recueil, pag.* 314 *& suiv.*

Henry IV. étant enfuite parvenu à la Couronne donna un Edit au mois de Mars 1593, portant création de Lettres de Maîtrifes pour le titre de Sœur unique du Roy, acquis à la Princeffe Catherine. L'Exemption des Orfévres fe trouvant obmife dans cet Edit, fut expreffément rétablie par l'Arrêt de Vérification au Parlement, du 23 Juillet 1594. *Archives, même Layette, cotte 6.* Item, *Recueil des Ordonnances, pages 322 & fuivantes.*

Ce Prince voyant que l'Edit qui avoit été donné en 1581 en faveur de la Princeffe Margueritte devenue fon Epoufe dès 1572, étoit prefque toujours demeuré fans effet à l'égard de la plûpart des Maîtrifes qui y étoient créées, en donna un nouveau au mois d'Avril 1597, pour le faire executer. Comme ce dernier, nonplus que l'autre, ne portoit point d'Exemption pour les Orfévres, des Particuliers crûrent pouvoir s'en fervir pour parvenir à la Maîtrife d'Orfévrerie à Paris. Mais les mêmes Remontrances qui avoient été faites à Henry III. contre cet Edit de 1581, furent réiterées à Henry IV. fur le fien de 1597, & ce Prince accorda des Lettres à ce fujet, où après avoir reconnu combien les Ordonnances de l'Etat d'Orfévrerie touchant l'Apprentiffage & le Chef-d'œuvre des Afpirans doivent être inviolables, afin que par ces moyens, dit-il, *la fidelité & la prud'hommie de ceux qui travaillent en or & en argent foit connuë & experimentée, comme il eft requis & neceffaire, plus qu'en tous autres Etats & Métiers pour la confequence de leurs Ouvrages,* il établit de nouveau l'Exemption obmife, dans les termes qui fuivent.

Lettres Patentes de Henry IV. en forme de Déclaration du 15 Octobre 1597, regiftrées en Parlement & en la Cour des Monnoyes les 13 & 15 Novembre fuivant. ,, Avons dit & " déclaré, difons & déclarons, qu'en " nos Edits des mois de Décembre " 1581, & Avril dernier, n'avons " entendu & n'entendons que ledit " Etat d'Orfévre y foit aucune- " ment compris; ains les en avons, " en tant que befoin feroit, ex- " ceptez & refervez, exceptons & " refervons par ces Prefentes, fans " qu'ils y puiffent être compris en au- " cune forte & maniere que ce foit, " foit en vertu d'iceux Edits, ou au- " tres qui pourroient être faits ci- " après. Et où aucunes Lettres de " Provifion & Déclaration en au- " roient été ou feroient ci-après ex- " pediées au contraire, Nous les a- " vons dès-à-prefent caffées, revo- " quées & annullées, caffons, revo- " quons & annullons par ces Prefen- " tes. Et en outre, avons fait, & " faifons très-expreffes inhibitions & " défenfes à toutes perfonnes quel- " conques de s'entremettre en l'exer- " cice defdites Charges *ou Maîtrifes* " en vertu de telles Provifions, fur " peine de punition corporelle, &c. " Car tel eft notre plaifir, nonobftant " quelconques Edits, Ordonnances " & Lettres à ce contraires. " *Archiv. Layette 2, cotte 28.* Item, *Recueil, pag. 149 & fuivantes.*

Depuis ces Lettres de Henry IV. qui n'établiffent pas moins fortement l'Exemption des Orfévres, que la Déclaration de Henry II. du 22 May 1555, & celle de Henry III. du 19 Octobre 1584, il ne s'eft plus créé de Maîtrife fous les Regnes fuivans,

vans, dont ils n'ayent été exceptez par les Edits mêmes. Tels sont ceux de Louis XIII. du mois de May 1610 pour son avenement à la Couronne, *volum. des Ord. du Parl. cotté ZZ. fol. 35, v.* Des mois de Septembre 1611 en faveur de la Regence de la Reine Mere, *ibid. fol. 446,* & de Novembre suivant, pour le Titre de Monsieur, acquis au Duc d'Anjou, *vol. AAA. fol. 245, v°.* Du mois d'Octobre 1615 en faveur du Mariage de Louis XIII. *Vol. CCC. fol. 439.* Et du mois d'Août 1626 pour le Mariage de Monsieur le Duc d'Orléans, *Vol.* idem. De Louis XIV. du mois de Janvier 1646 en faveur du Titre de Reine Mere acquis à la Mere du Roi, *Vol. MMM. fol. 579 v°.* Du mois de Novembre 1650 pour la Naïssance de M. le Duc de Valois, fils de M. le Duc d'Orléans, *Vol. BBB. fol. 12.* Des mois de May, Juin & Juillet 1651, à cause du Titre de premier Prince du Sang donné à M. le Duc de Valois, & de celui de Duc d'Anjou, à Monsieur, Frere unique du Roy, &c. *ibid. fol. 345,* item, *Vol. LLL. fol. 345,* Item, *Vol. BBB. fol. 341.* Et du mois d'Avril 1668 en faveur du Baptême de M. le Dauphin, *Vol. XXX.* Enfin, les deux Déclarations de Louis XV. regnant, données, l'une au mois de Novembre 1722 en faveur de son joyeux avenement à la Couronne & de son Sacre; & l'autre, du mois de Juin 1725 pour son Mariage, portent pareillement la même Exemption en faveur des Orfévres.

Cette Exemption, si régulierement maintenue sans atteinte dans toutes les occasions, étant, comme l'on voit, générale & sans réserve,

a toujours compris aussi le cas où un Prince du Sang auroit voulu avoir un Orfévre, d'ailleurs sans qualité, attaché à son service, & employé sur l'Etat des Officiers de sa Maison. Autrement, le Privilege qui excepte les Orfévres de toutes Maîtrises créées, ainsi que les Loix qui veulent qu'aucun d'eux ne puisse être reçû qu'en la maniere prescrite par les Ordonnances, seroient éludez; & par une conséquence nécessaire, l'Ordre public, qui est l'unique motif de ce Privilege & de ces Loix, se trouveroit interverti. Aussi doit-on dire qu'un Orfévre de cette espece, retiré dans l'Hôtel du Prince qu'il sert, ne peut exercer ailleurs son Etat, ni s'ingerer de tenir Boutique à cet effet dans Paris. C'est ce qui a été contradictoirement jugé par l'Arrêt qui suit, en 1655, à l'égard d'un nommé Girard, lequel étoit employé comme Orfévre dans l'Etat des Officiers de la Maison de M. le Prince de Condé, premier Prince du Sang.

Arrêt de la Cour des Aydes du 14 Juin 1655. » La Cour ayant égard « à l'intervention du Sieur Prince de « Condé, a, sur les Demandes & « Oppositions desdits Maîtres & Gar- « des de l'Orfévrerie de Paris, mis « les Parties hors de Cour & de Pro- « cès: ce faisant, ordonne que ledit « Girard demeurera couché & em- « ployé dans l'Etat dudit Sieur pour « jouir des Privileges des autres Offi- « ciers, sans néanmoins qu'il puis- « se tenir aucune Boutique d'Orfé- « vrerie en la Ville & Fauxbourgs « de Paris, ni vendre & débiter di- « rectement ou indirectement aucune » Marchandise d'Orfévrerie, à peine « de confiscation, & de tous dépens «

» dommages & intérêts des Parties. «
Recueil, pag. 481.

Les mêmes raisons qui militent contre cette espece d'Orfévre à Brevet de Prince, n'ont pas moins de force contre ceux qui seroient pourvûs de Lettres du Prevôt de l'Hôtel, ou Grand Prevôt de France, pour exercer leur Etat dans Paris sous le titre d'Orfévres suivans la Cour : aussi n'en fut-il point question d'abord ; mais pour développer ceci en peu de mots, il faut sçavoir que Louis XII. voulant pourvoir à ce que sa Cour ne manquât de rien lorsqu'elle se trouveroit éloignée des Villes, établir un certain nombre de Marchands & d'Artisans pour être à sa suite, & pour fournir les Marchandises & les vivres dont elle auroit besoin. Des Sujets sans qualité de chaque Profession furent pourvûs de Lettres à cet effet par le Prevôt de l'Hôtel-du Roy, ou Grand Prevôt de France, comme premier Juge de la Maison du Roy. Ces Privilegiez suivans la Cour eurent même la faculté de jouir du droit de Maîtrise à Paris, & de celle de ne pouvoir être visitez par les Gardes, ou Jurez de leurs Professions, sans permission du Grand Prevôt, & sans être accompagnez d'Officiers de sa Prevôté.

Les Orfévres ne furent point d'abord compris dans cet Etablissement. Leurs Exemptions sont trop précises à tous égards & fondées sur des motifs de Bien public trop interessans. Toutefois en 1587, le Grand Prevôt ne laissa pas de donner certaines Lettres ou Provisions portant Permission d'ouvrir Boutique d'Orfévrerie dans Paris à un nommé Vimon qui, n'ayant pas achevé son Appren-

tissage, ne pouvoit parvenir à la Maîtrise. Ce Particulier sollicita de plus & obtint encore un Brevet d'Orfévre du Roy. Mais son prétendu Droit fut vivement attaqué par les Gardes, comme contraire aux Exemptions & Statuts du Corps, qui après de longues Procédures à la Prevôté de l'Hôtel & à la Cour des Monnoyes, furent définitivement maintenus au Conseil, ainsi qu'il ensuit.

Arrêt du Conseil privé du Roy du 23 Septembre 1594. » Le Roy en son «
Conseil, ayant égard à l'opposi- «
tion formée par les Maîtres & Gar- «
des de l'Orfévrerie à la vérification «
des Lettres obtenues par ledit Vi- «
mon, & faisant droit sur icelle, a «
maintenu & gardé, maintient & «
garde lesdits Opposans en la pos- «
session & jouissance de leurs Exemp- «
tions & Réservations portées par «
iceux *Statuts*, suivant les précédens «
Arrêts sur ce intervenus. Et sans «
avoir égard ausdites Lettres, a or- «
donné & ordonne que ledit Vimon «
parachevera son tems d'Appren- «
tissage, qui est de deux ans : ce «
fait, qu'il sera reçu Maître Orfé- «
vre de ladite Ville de Paris, faisant «
chef-d'œuvre en la maniere accou- «
tumée suivant les Statuts & Ordon- «
nances dudit Etat d'Orfévrerie : «
sans que ores ni à l'avenir ledit tems «
de huit ans limité pour être Ap- «
prentif & faire Chef-d'œuvre, «
puisse être racheté par aucune Let- «
tre ou autrement, pour quelque «
cause ou occasion que ce soit. « *Recueil des Ordonn. pag. 319.*

Une Déclaration donnée depuis par Henry IV. le 16 Septembre 1606, comprenoit, à la vérité, deux

Orfévres, inferez contre l'ancien Droit parmi les autres Privilegiez fuivans la Cour, dont cette Piece fait l'énumération. Mais les Exemptions de toutes Maîtrifes créées pour les Orfévres, ayant été, comme on l'a vu, perpétuellement maintenues depuis, comme avant la Déclaration dont il s'agit, le Grand Prevôt de l'Hôtel ne put jouir tranquillement de ce nouvel avantage ; & les Gardes de l'Orfévrerie ne manquoient pas de former leur Oppofition toutes les fois qu'il tentoit de pourvoir à ces Places ; comme il arriva à un Pourvû nommé de Vaux qu'ils pourfuivirent ainfi au Confeil en 1625. *Archives, Layette* 7, *cotte* 10.

Les chofes étoient encore fur le même pied avec le Grand Prevôt, lorfqu'en 1658 le Maréchal du Pleffis-Praflin obtint un Brevet de Louis XIV. par lequel il lui fut permis d'établir deux Privilegiez pour la fuite de la Cour, de chacune des Profeffions qui y font nommées, avec le Droit de leur délivrer des Provifions : Droit qui eft paffé enfuite au Grand Prevôt. Le Brevet ne parloit nullement d'Orfévres : cependant le Donataire ne laiffa pas d'en faire inferer deux dans les Lettres Patentes qu'il obtint fur fon Brevet le 25 Juillet 1660. Ce nouvel Etabliffement fouffrit beaucoup de contradiction jufqu'en 1672 qu'il commença à prendre faveur au moyen de nouvelles Lettres du 29 Février, accordées à l'Impétrant, où les deux Places d'Orfévre étoient pareillement employées. Alors les Gardes de l'Orfévrerie s'étant pourvus au Confeil contre ces Lettres pour la confervation de leurs Exemp-

tions, ils obtinrent cet Arrct fur leur Requête :

Arrêt du Confeil d'Etat du Roi, du 28 Septembre 1672. » Le Roi en « fon Confeil ayant égard à ladite « Requête, a ordonné & ordonne « que les Lettres Patentes du 25 « Juillet 1660, & 29 Février 1672 « n'auront lieu pour les deux Orfé- « vres contenus en icelles : ce faifant, « fait Sa Majefté défenfe à tous Par- « ticuliers de faire la fonction d'Or- « févre à la fuite de la Cour & ail- « leurs, fans avoir été reçû Maître « conformément aux Ordonnances, « à peine de mille livres d'amende. « *Layette* 7, *cotte* 14. Item, *Recueil pag.* 368 & *fuivantes.*

Le Donataire ne fe pourvut nullement contre cet Arrêt : auffi ne voiton pas ce qu'il auroit pû mettre en avant contre l'Exemption qui y eft confervée, tandis que nos Rois euxmêmes n'y ont jamais voulu donner la moindre atteinte, & qu'après l'avoir établie par un motif auffi preffant que celui du Bien & de l'Ordre public, l'ont perpétuellement maintenue dans leurs Edits de créations de Maîtrifes. En effet, l'idée feule d'Orfévres *fuivans la Cour*, implique une contradiction qui câdre auffi peu avec la raifon, qu'avec la bonne Police. Car on eft encore à concevoir comment des Orfévres ainfi attachez à la fuite de la Cour, pourroient exercer leur Etat en la maniere que les Reglemens l'ordonnent. Les vifites, fi indifpenfablement néceffaires pour être contenus dans le devoir, les Fourneaux, le Travail, l'Effay, la Marque des Ouvrages, tout, en un mot, exige que des Orfévres foient fédentaires & ayent un domicile fixe : ce qui ne peut avoir lieu à l'égard de Gens qui fuivent la Cour ; qui giffent où ils peuvent, & qui font toujours fans demeure certaine. Quand même, contre les vues primitives de l'établiffement des Marchands & Artifans fuivans la Cour, ils réfideroient à Paris, de tels Orfévres ne feroient pas moins en état de fe fouftraire aux Regles prefcrites, & il feroit impoffible de les y contenir par le défaut de liberté que les Gardes auroient de les vifiter comme ceux du Corps le font à toute heure de jour & de nuit ; puifque, felon leurs prétendus Privileges, les formalitez qu'il faudroit effuyer pour cela, comme l'obtention d'une Permiffion du Grand Prevôt & l'affiftance d'un des Officiers de fa Prevôté, éventeroient infailliblement le fecret fi néceffaire en ces fortes d'expéditions, & rendroient toutes les démarches des Gardes inutiles, & leurs Vifites illufoires. En forte qu'il eft vrai de dire qu'un Orfévre de cette efpece, fans fur-

veillans, & à proprement parler, fans Difcipline, feroit en état de faire plus de mal lui feul, que cent autres bien policez n'en pourroient faire quand ils en auroient la volonté. Cependant, malgré des motifs fi déterminans, & fans que les Gardes de l'Orfévrerie ayent été entendus, on n'a pas laiffé que d'inferer quatre Orfévres fuivans la Cour dans de nouvelles Lettres Patentes du 29 Octobre 1725 : deux en vertu de la Déclaration, toujours contredite, de 1606 ; & les deux autres en vertu du Brevet accordé au Maréchal du Pleffis-Praflin, où toutefois il n'étoit nulle mention d'Orfévres ; & le Grand Prevôt eft même parvenu à faire appuyer fon prétendu Droit à cet égard par un Arrêt du Confeil du 17 Août de l'année fuivante. Mais le bon ordre reclamera toujours contre cette nouveauté ; & l'on ne peut douter que tôt ou tard le Bien public qu'elle attaque, ne l'emporte fur l'interêt particulier qui eft fon unique appuy.

ARTICLE VIII.

Nul Lieu Privilegié pour l'Etat d'Orfévrerie dans Paris.

NUL Orfévre, quoique Maître, ne pourra exercer fon Etat dans Paris en aucuns Palais, Monafteres, Prieurez, Commanderies, Colleges & autres Lieux clos & Privilegiez ou prétendus tels, fi ce n'eft dans les Galeries du Louvre feulement ; à peine de cinq cens livres d'amende & même de punition corporelle.

AUTORITEZ.

Le motif de cette défense à l'égard des Maîtres, est la difficulté de faire des Visites dans ces lieux inaccessibles, & la facilité à ceux qui s'y réfugieroient de commettre impunément des malversations contre les Ordonnances de leur Etat.

Déclaration de Henry II. du 22 May 1555. ART. IV. » Nul ne » pourra exercer ledit Etat *d'Orfé-* » *vrerie,* ni tenir Boutique d'Orfévre » s'il n'est passé Maître, & ait fait » Chef-d'œuvre en la maniere accou- » tumée, soit qu'il demeure dedans » notre Palais à Paris, ou autres » Lieux y ayant Franchises, les- » quelles Franchises Nous avons, » pour le regard dudit Etat, révo- » quées & abolies, révoquons & » abolissons, sans qu'elles se puissent » étendre audit Etat, quelqu'usance » & possession qu'en ayent les Sei- » gneurs desdits Lieux, & sans pré- » judice de leurs Privileges en autres » choses. « *Archiv. de l'Orf. Layette* I, *cotte* 14. Item, *Recueil des Ordonnances, pag.* 75.

Aux termes de cette Déclaration, la défense d'exercer l'Etat d'Orfévrerie dans les Lieux de Franchise ne regardoit que les Gens sans qualité, & principalement deux Orfévres d'espece particuliere qu'il y avoit anciennement dans Paris, lesquels n'appartenant point au Corps, exerçoient néanmoins leur Profession dans la Franchise de leurs Seigneurs. L'Evêque en avoit un dans le Parvis de son Eglise, en vertu d'une Transaction passée autrefois entre Guillaume de Seignelay, l'un de ses Prédecesseurs, & Philippe-Auguste en 1222. *Du Bois, Hist. Ecclef. Parif. Tom.* 2, *pag.* 271. Et le Prieur de S. Denis de la Chartre avoit le même Droit pour l'autre, par concession de Philippes le Hardy de l'an 1270 en faveur de la Franchise de son Prieuré. *Recueil des Ordonn. de l'Orfévrerie, pag.* 463. Ces deux Orfévres qui étoient les seuls Privilegiez dans Paris, se trouverent donc enveloppez dans la Révocation générale, & il leur fut défendu comme aux autres Gens sans qualité, de travailler d'Orfévrerie dans les Lieux de Franchise. Mais cette révocation est devenue le fondement des défenses suivantes qui ont été faites aux Maîtres mêmes, comme aux Compagnons, de se retirer en ces Lieux où tout exercice de l'Etat d'Orfévrerie est également proscrit pour tous, comme on le voit par les autoritez suivantes.

Sentence du Prevôt de Paris du 18 *Février* 1634, *publiée à son de trompe & affichée dans Paris le* 22. » Faisons défenses à tous Principaux de « Colleges, Maîtres, Boursiers, Ad- « ministrateurs d'iceux, & à tous « Prieurs & autres, de retirer chez « eux ou louer aucunes Chambres, « soit à des Maîtres Orfévres, ou « Compagnons, à peine de cinq cens « livres d'amende pour la premiere « fois, applicable au profit des Pau- « vres du Corps des Orfévres : & « pour la seconde fois, de privation « pour un an de leur revenu temporel. « Et à ce que nul n'en prétende cause «

» d'ignorance , fera la préfente , lue ,
» publiée à fon de trompe & cri pu-
» blic par les Carrefours de cette
» Ville de Paris, icelle imprimée &
» affichée efdits lieux. « *Archives ,
Layette* 10 *, cotte* 6.

*Sentence du Prévôt de Paris du
23 Avril* 1661 *, publiée & affichée le
4 May fuivant.* » Faifons défenfes
» à tous Principaux de Colleges, &c.
» *mot à mot comme ci-deffus , avec cette
» addition :* Comme auffi difons que
» tous Compagnons & Maîtres
» Orfévres demeurans efdits Colle-
» ges , Prieurez & autres Maifons
» de Franchifes , vuideront lefdits
» lieux & fe retireront inceffam-
» ment , fçavoir , lefdits Compa-
» gnons chez les Maîtres , & lef-
» dits Maîtres en des Maifons fur de
» grandes rues libres & paffantes. «
Ibid. cotte 9. Item. *Recueil , p.* 485.

*Les mêmes Difpofitions ont encore
été renouvellées par autre Ordonnance
de Police du* 7 *Août* 1671 *, publiée &
affichée comme les précédentes ; mais
contenant de plus cette addition :* » Et
» fera la préfente Ordonnance exé-
» cutée nonobftant oppofitions ou
» appellations, &c. Regiftrée ès Re-
» giftres de la Communauté & Corps
» des Marchands Maîtres Orfévres
» de cette Ville de Paris, lue, pu-
» bliée , &c. & enjoint aux Gardes
» de tenir la main à l'exécution d'i-
» celle. « *Layette* idem , *cot.* 13. Item,
Recueil , p. 494, 495.

*Arrêt du Confeil d'Etat du Roy du
28 Août* 1671. » Le Roi en fon
» Confeil, a donné Acte audit de
» Gannes, *Commandeur de Saint Jean
» de Latran ,* de la reprife qu'il fait
de l'Inftance pendante au Confeil «
touchant les Orfévres réfugiez dans «
*fa Commanderie , & qu'il y vouloit
maintenir au préjudice de l'Ordonnance
précédente , & contre la pourfuite des
Gardes ;* » Ordonne qu'il fera pro- «
cedé audit Confeil entre les Par- «
ties fuivant les derniers erremens, «
fans préjudice néanmoins de l'exé- «
cution de l'Ordonnance du Pré- «
vôt de Paris , du 7 Août dernier. «
Layet. idem, *cotte* 14. Item, *Recueil ,
pag.* 498.

Le Grand Prieur de France pour
fon Prieuré du Temple, le Prieur de
S. Denis de la Chartre , & les Prieur
& Religieux du College des Ber-
nardins, qui tous refugioient des Orfévres chez eux , firent auffi diverfes
tentatives, mais fans fuccès, contre
l'Ordonnance du 7 Août. *Voyez dans
la même Layette la cotte* 15 *. & Rec.
p.* 499 *.* Et toutefois les lieux de
Franchifes ne furent évacuez que 8
ans après, en vertu de l'Arrêt de pur
mouvement qui fuit :

*Arrêt du Confeil d'Etat du Roi du
7 Mars* 1679. » Sur ce qui a été re- «
préfenté au Roi étant en fon Con- «
feil; Qu'au préjudice des défenfes «
portées par les Ordonnances & «
Reglemens, un nombre confidéra- «
ble d'Orfévres fe retirent dans «
l'Enclos du Prieuré de faint Denis «
de la Chartre, du Temple, & Com- «
manderie de faint Jean de Latran, «
où il fe commet beaucoup d'abus «
par la difficulté & la réfiftance que «
les Maîtres & Gardes trouvent , «
lorfqu'ils y vont faire leurs vifites , «
à quoi il eft important de remedier «
pour le bien public. Oui le Rap- «
port du fieur Colbert , Confeiller «

»ordinaire au Conseil Royal, Con-
»trolleur général des Finances : Sa
» Majesté étant en son Conseil, a or-
»donné & ordonne, que du jour de
» la publication du présent Arrêt &
»sans délai, les Maîtres ou Com-
»pagnons Orfévres travaillans dans
» l'Enclos du Prieuré de saint Denis
» de la Chartre, du Temple, & Com-
»manderie de saint Jean de Latran,
» seront tenus d'en sortir incessam-
»ment, à peine de cinq cens livres
»d'amende : Leur fait Sa Majesté
» défenses & à tous autres Orfévres
» de s'y établir à l'avenir, sous la
» même peine ; & de punition cor-
»porelle en cas de récidive. Enjoint
» au Lieutenant Général de Police
»de tenir la main à l'exécution du
» présent Arrêt, &c. *Layette* idem,
cotte 16. Item, *Recueil, pag.* 500.

Cet Arrêt ne parlant point des Monasteres & autres Lieux clos, une
Disposition posterieure y pourvoit
en les comprenant avec les Lieux
de Franchise, & en aggravant même la peine portée contre ceux
qui s'y réfugieroient, en ces termes :

*Déclaration du Roi Louis XV. du
23 Novembre* 1721, *regiſtrée où besoin a été.* Aʀᴛ. X. » Défendons à «
tous Orfévres, Joyailliers . . . . . & «
autres employans les matieres d'or «
& d'argent, de travailler dans les «
Monasteres & autres Lieux clos, «
ainsi que dans les Lieux Privilé- «
giez, ou prétendus tels, si ce n'est «
en nos Galleries du Louvre, sous «
peine de trois ans de Galeres. « *Archiv. de l'Orf. Layette* 3 bis, *cotte* 12.

ARTICLE IX.

Nul prétendu Maître Orfévre de Fauxbourg à Paris.

PAREILLEMENT, nul ne pourra exercer led. Etat
d'Orfévrerie, ni tenir Boutique d'Orfévre en aucun Fauxbourg de Paris sous le prétendu Titre de Maître
de Fauxbourgs ou autrement, s'il n'est reçu dans le Corps
en la maniere prescrite par les Réglemens, & en conséquence, soumis à la forme de son Adminiſtration, à sa
Police & à la Juriſdiction des Magiſtrats qui ont droit
d'en connoître.

AUTORITEZ.

L'Autorité publique n'a jamais
souffert qu'aucun Particulier pût
jouir du droit de Maîtrise dans l'E-
tat d'Orfévrerie à Paris, qu'autant
qu'il appartiendroit à l'unité du
Corps, en s'y faisant recevoir selon

toutes les regles prescrites par les Ordonnances ; afin que les Orfévres ne formant ensemble qu'une seule & même Communauté en cette Ville, y fussent tous réunis sous les mêmes Loix, & soumis à la Jurisdiction des mêmes Magistrats pour le bien de la Police. Cette maxime toujours constante, est le fondement de toutes les Exemptions accordées aux Orfévres, & la raison des Révocations de toutes Franchises au regard de leur Etat, qui par l'importance de son objet ne mérite pas moins d'attention.

Cependant, au préjudice d'un ordre si conforme au Bien public, l'Abbé de saint Germain des Prez entreprit vers la fin du XVIe. siécle d'établir de son autorité privée des Orfévres dans son Fauxbourg, avec le prétendu Titre de Maîtres qu'il croyoit pouvoir leur donner par le ministere de son Bailly, comme il faisoit pour les autres Professions. Les premiers vestiges de cette entreprise qui alloit à former une petite Communauté isolée & indépendante du Corps sous la Jurisdiction de ce Bailly, sont de l'année 1578, en faveur d'un nommé l'Echoquette Compagnon Orfévre, lequel tenoit Boutique ouverte, & travailloit dans ce Fauxbourg en vertu de la simple Permission de cet Officier de l'Abbaye. A la poursuite des Gardes de l'Orfévrerie, cette nouveauté fut d'abord réprimée par un Arrêt de la Cour des Monnoyes du 3 Décembre de la même année, portant que sans avoir égard à la prétendue Permission du Bailly de l'Abbaye de saint Germain des Prez, les Forges & Fourneaux seront abbatus, avec défense

à ce Compagnon de travailler ailleurs que chez les Maîtres, conformément aux Ordonnances. *Archives. Layette 11, cotte 13.*

Dans les premieres années du siécle suivant, un nommé Picart & cinq autres Compagnons Orfévres ne laisserent pas de s'établir dans ce Fauxbourg en vertu de Lettres du Bailly : & entendant se maintenir dans la jouissance de leur prétendue Maîtrise du Fauxbourg contre les poursuites des Gardes, ils obtinrent même pour cela une Sentence de cet Officier le 14 Novembre 1609, sur l'appel de laquelle, interjetté par les Gardes, l'affaire ayant été plaidée contradictoirement au Parlement avec les six Prétendans, joints aux Religieux de l'Abbaye, Parties intervenantes, fut jugée par Arrêt du 24 Mars 1611. Sans avoir égard à l'intervention des Religieux, ni aux Lettres de Réception délivrées par le Bailly, non plus qu'à la Sentence de cet Officier, la Cour ordonna que Picart & les cinq autres seroient & demeureroient déchus de leur prétendue Maîtrise : que les Statuts & Reglemens du Corps seroient observez ; & que pour l'exécution de l'Arrêt, les Gardes se serviroient de tels Officiers qu'il leur plairoit, autres que ceux de la Justice Seigneuriale du Fauxbourg. *Layette 10. cotte 3.*

Plus de trois mois s'étant écoulez sans que l'Arrêt pût être exécuté à cause de la protection secrette du Bailly, la Cour en donna un second le 2 Juillet, portant que dans huitaine du jour de la prononciation, Picart & consors, déclarez déchus, seront tenus d'abattre leurs Forges,

&

& de le retirer chez les Maîtres: &
à faute de ce faire, permis aux Gardes de l'Orfévrerie de les faire dé-
molir, & de procéder par voye de
saisie sur les ustensiles & outils d'Orfévres, sans pour cela demander aucune permission au Bailly, ni à autre Officier de la Justice de l'Abbaye.
Ibidem, *cotte* 4.

Néanmoins ces mêmes Ouvriers
ne se mettant point encore en devoir
d'obéir aux Arrêts du Parlement
par les empêchemens que le Bailly
apportoit à leur exécution, il en fa-
lut obtenir un troisiéme le 6 Octobre
suivant, qui fit expresses défenses à
cet Officier d'empêcher l'exécution
des précédens, *Layette & cotte* idem.
Alors chacun se soumit ; & l'on ne
voit pas que depuis cette expédition
il ait été parlé de Maîtres Orfévres
du Fauxbourg saint Germain, c'est-
à-dire, de la façon du Bailly de l'Abbaye, & comme pour être isolez du
Corps, & indépendans de sa Police.

Sans la vigilance du Parlement,
on en auroit pû voir depuis à peu
près de même espece dans les Fauxbourgs saint Honoré, Montmartre
& autres de ce côté-là. Les autres
Arts & Métiers y avoient toujours
été exercez sans Jurande & sans aucune forme de Police, jusqu'au commencement du regne de Louis XIV.

Pour empêcher desormais les abus
qui en naissoient, ces diverses Professions furent toutes érigées en
Communautés Jurées par Lettres
Patentes du mois de Janvier 1644,
avec faculté à chacune d'elles de se
dresser incessamment des Statuts, &
les faire homologuer, pour jouir à
l'avenir du droit de Maîtrise à l'instar des autres Communautez déja
établies dans les anciens Fauxbourgs
sans dépendance de celles de la Ville.
Or comme la Disposition de ces Lettres d'Erection étoit générale & sans
reserve d'aucun des Arts & Métiers,
il étoit à craindre pour le bon ordre
que des Orfévres sans qualité n'al-
lassent là s'établir, & y former une
petite Communauté indépendante du
Corps, comme auroit été celle du
Fauxbourg saint Germain, si elle
avoit été tolérée. Mais le Parlement
attentif à prévenir un tel abus, ex-
cepta nommément les Orfévres de ce
nouvel Etablissement en vérifiant
les Lettres Patentes par son Arrêt du
12 May de la même année 1644,
Regist. du Parlement. Et c'est ainsi,
comme nous l'avons dit, que l'Autorité publique a toujours veillé à
ce qu'il n'y eût aucun Maître dans
l'Etat d'Orfévrerie à Paris qui n'ap-
partînt à l'unité du Corps, & que
tous fussent réünis sous une même
Administration, & disciplinez par
une même Police.

A R T I C L E X.

Faculté aux Orfévres de Paris de s'établir dans les autres Villes.

IL sera loisible à chacun des Maîtres & Marchands Orfévres-Joyailliers de la Ville de Paris, d'aller, si bon lui semble, s'établir, & exercer son Etat dans les autres Villes du Royaume, sans pour cela être tenu de faire un nouveau serment en celle qu'il aura choisie; mais seulement de représenter l'Acte de sa réception à la Maîtrise, & de le faire enregistrer au Greffe de la Jurisdiction dont il doit dépendre.

A U T O R I T E Z.

Ce Privilege, qui est une suite des prééminences de la Capitale, n'est pas accordé aux seuls Orfévres, mais indistinctement à tous les Maîtres des Arts & Métiers de cette Ville par une disposition générale, dont la teneur est telle :

Ordonnance d'Henri III. en 1581. » Ordonnons que tous Artisans qui » auront été reçus en notre Ville de » Paris, pourront aller demeurer & » exercer leurs Métiers en toutes les » Villes, Fauxbourgs, Bourgades & » autres lieux de notre Royaume, » sans être pour ce tenus faire nou- » veau serment esdites Villes; mais

seulement faire apparoir de l'Acte « de leur Reception à ladite Maîtrise, « & faire enregistrer leur Acte au « Greffe de la Justice ordinaire du « lieu où ils iront demeurer, soit « royale, soit subalterne. « *Conférence des Ordonnances, liv. 10, tit. 5. §. 34.*

Il y a toutefois cette différence à l'égard des Orfévres pour la jouissance de ce Privilege; sçavoir, que leur nombre étant fixé & limité en chaque Ville, il faut préalablement qu'il y ait une Place vacante en celle où un Maître de Paris se proposeroit d'aller, avant qu'il puisse prétendre de s'y établir.

ARTICLE XI.

Privilege de Chapelle aux Orfévres de Paris, sous l'invo-
cation de S. Eloi, Patron de leur Corps.

LEs dits Marchands Orfévres-Joyailliers de la Ville de Paris, Proprietaires & Fondateurs de la Chapelle de S. Eloi leur Patron, en la Maison commune du Corps, auront le pouvoir d'y faire célebrer à perpétuité la Messe & les autres Offices divins à leur dévotion, soit à note ou à voix basse ; & ce, par tels Prêtres approuvez & capables, & en tel nombre que bon leur semblera de choisir.

AUTORITEZ.

Dès le xive. siécle les Orfévres de Paris étoient déja dans le pieux usage de faire célébrer fréquemment le Service divin , *& chanter plusieurs Messes par an des deniers de la Confrairie S. Eloi ,* comme parle l'Edit du Roi Jean de l'an 1355. Art. xxix. Quelques Auteurs prétendent que pour s'acquitter de ces devoirs de Religion , le même Roi leur permit de bâtir une Chapelle en l'honneur de leur saint Patron : mais ce Titre , s'il a existé , ne se trouve plus dans nos Archives ; & ce ne fut qu'à la fin du même siécle qu'ils penserent tout de bon aux moyens d'en édifier une en élevant un corps de Bâtiment qui contiendroit en même tems toutes les Piéces nécessaires à l'administration des Affaires communes , & même des logemens pour y recevoir les Pauvres du Corps, comme il sera dit ci-après.

Pour remplir ces différentes vues , ils acquirent donc une vieille maison d'assez grande étendue dans la rue des deux Portes , maintenant rue des Orfévres, au Quartier de saint Germain - l'Auxerrois ; & le Contrat en fut passé le 17 Décembre 1399. *Archiv. Lay.* 30, *cot.* 8. Ce vieux Bâtiment ayant été aussitôt démoli , on en éleva incessamment un autre sur la place , dont tout le rez-de-chaussée fut destiné à servir de Chapelle ; & cette grande Piece se trouvant achevée avec le reste, & décemment ornée en 1403 , les Gardes en Charge obtinrent de Pierre d'Orgemont lors Evêque de Paris, des Lettres en datte du 12 Novembre de la même année , par lesquelles ce Prelat leur donna pouvoir de faire celebrer la Messe dars la nouvelle Chapelle, à leur dévotion, par un ou plusieurs Prêtres approuvez & capables ; mais seulement pendant trois ans, & à voix basse, *Layette 28, cotte 11, n°. 1.* Et le Jeudi suivant, qui étoit le 15 du mois, la Chapelle ayant été benie, on y célebra la Messe pour la premiere fois. *Ancien Registre de la Maison commune, fol. 26.* Tout le Corps y assista, & il y eut grand concours à cause des Indulgences que l'Evêque avoit accordées par d'autres Lettres de même datte, aussi pour 3 ans. *Layette, idem, cotte 3.*

Avant que ce terme fût expiré, les Gardes désirant obtenir un Privilege plus ample & de plus longue durée, s'adresserent au Pape en la personne du Legat que Sa Sainteté avoit pour lors en France, lequel muni de l'autorité Apostolique leur accorda un pouvoir perpetuel, & tout ce qu'ils pouvoient désirer touchant le Service Divin de leur Chapelle, par le Décret dont la teneur s'ensuit, adressé aux Gardes & aux *Maîtres*, c'est-à-dire, à la Communauté.

Decret Apostolique donné sous l'autorité de Benoît XIII. en la xiie. année de son Pontificat, le jour des Ides d'Avril; par le Cardinal Antoine de Chalant son Legat à latere en France; tout le Royaume étant alors sous l'obedience de ce Pape. La date de ce Decret revient au 13 Avril 1406. » Antonius, miseratione divina, Sanctæ » Mariæ in viâ Latâ Diaconus Cardinalis de Chalant vulgariter nuncupatus, Apostolicæ Sedis Nuntius cum plenâ Legati à latere ad Reginam Franciæ potestate concessâ specialiter destinatus : Dilectis nobis in Christo Custodibus & Magistris operis Aurifabriæ Villæ Parisiensis, Salutem in Domino sempiternam. Exhibita si quidem Nobis pro parte vestra petitio, continebat per vos de salute propria cogitantes ac cupientes, terrena in cœlestia, & transitoria in æterna, felici commercio, commutare, de bonis vobis à Deo collatis unum Hospitale : *c'est-à-dire, la nouvelle Maison commune ainsi appellée, à cause de l'hospitalité qui y fut exercée aussi-tôt envers les Pauvres du Corps, comme on le dira ci-après :* cum quadam Capella, seu Oratorio, de novo construi & fundari fecistis in vico nuncupato *aux-deux-Portes* Paris. sit & loco ad hoc sufficienti & honesto, & sicut eadem petitio subjungebat, desideretis ibidem juxta possibilitatem vestram in Divinis facere deserviri, Nobis humiliter supplicastis ut super hoc vobis providere dignaremur. Nos igitur, qui devotis Fidelium precibusque divini cultus augmentum respiciunt, libenter annuimus, & eis quantum possumus benevolum impertimur, vestris in hac parte supplicationibus inclinati, & in Capella, seu Oratorio prædictis, Missas, & alia divina Officia, submissa & alta voce, prout duxeritis ordinandum, per quoscumque Presbyteros, seculares & religiosos, sufficientes & idoneos, cujuscumque licentia minimè requisita, juribus Parochialis Ecclesiæ, & alterius cujuslibet semper salvis, liberè & licitè valeant celebrari, devotioni vestræ, auctoritate nostra indulgemus ; quibuscumque constitutionibus Synodalibus & Statutis contrariis nequaquam obstantibus. Datum Paris. &c. *L'Original de ce Decret est dans nos Archives. Layet. 28, cotte 4.*

La concession de ce Privilege fut accompagnée d'Indulgences accordées par d'autres Lettres du même Legat & de même datte. *Layette & cotte* idem. Et ce fut apparemment en cette occasion que la Chapelle, qui n'avoit été que benie d'abord, fut DEDIÉE sous le nom & invocation de S. Eloi : car il est parlé de cette *Dédicace* quatre ans après dans un Titre original, comme étant même célebrée par une Fête tous les ans. C'est une Bulle de 1410, par laquelle Jean XXIII. concede de nouvelles Indulgences à ceux & celles qui visiteront la Chapelle de S. Eloi aux Orfévres de Paris. On y voit que ce Pape met entre les Fêtes marquées pour gagner les Pardons qu'il accorde, celle de la Dédicace de la Chapelle même de S. Eloi où il falloit les gagner, AC IPSIUS CAPELLÆ DEDICATIONIS FESTIVITATE. *Layet.* **28,** *cotte* **5.**

Telle fut la concession de ce Privilege qui subsiste encore aujourd'hui dans toute son étendue. Car ; bien qu'il ait été attaqué à diverses fois dans la suite par les Officiers de l'Eglise de S. Germain de l'Auxerrois sur la Paroisse desquels la Chapelle est située, il a toujours été maintenu contr'eux ; soit directement par des Bulles données à ce sujet, comme celle de Paul II. en 1468, *Layet.* idem. *cotte* **7.** Et par l'Evêque de Paris à chaque occasion, *Layett.* 29, cotte 19, 22, 23, 24, &c. Soit indirectement par des concessions d'Indulgences faites en divers tems en faveur de la Chapelle, comme, par Jean XXIII. en 1410, par le Legat d'Estouteville en 1452, par huit Cardinaux assemblez à Paris en

1471, & par Paul V. en 1611. *Layette* 28, *cotte* 5, 9, 10 & 11, n°. 6. Aussi a-t-on toujours eu, dans la jouissance de ce Privilege, une extrême précaution de ne jamais rien entreprendre sur les Droits Paroissiaux : encore que dans tous les tems, même dès le commencement, l'Office Divin se soit fait aussi frequemment dans cette Chapelle, & aussi solemnellement qu'en certaines Paroisses. *Voyez les anciens Calendr. des Offi. de la Chap. Layet.* 29, *cot.* 25, n°. 1, 2, 3, &c.

En vertu du Titre de concession, le Corps a toujours joui du Droit de choisir un Chapelain & les autres Ecclésiastiques nécessaires pour la desserte de sa Chapelle. Le Chapelain a été d'abord & pendant longtems à la nomination des seuls Gardes en Charge : mais cette Place s'étant trouvée quelquefois remplie par des Etrangers mal affectionnez pour le Corps, & dont la conduite peu mesurée avoit même obligé les Gardes à les destituer, on résolut de changer l'ancien usage, & de prendre de nouvelles mesures là-dessus pour l'avenir. En 1672, les Gardes en Charge & les Anciens Gardes se trouvant à l'Archevêché pour défendre le Droit du Corps contre un Chapelain qui venoit d'être destitué, & qui faisoit d'inutiles efforts pour demeurer dans son Poste, M. l'Archevêque fit ce Reglement, eux présens & de leur consentement : Qu'à l'avenir l'Election du Chapelain de l'Orfévrerie se fera, tant par les Gardes en Charge, que par les Anciens Gardes assemblez à cet effet : Qu'entre les Aspirans à cette Place, ceux qui se trouveront être

» Fils de Marchands du Corps &
» ayant d'ailleurs les qualitez necef-
» faires, feront toujours préferez;
» & que celui qui aura la pluralité
» des Suffrages demeurera élû, fans
» pouvoir être deftitué en cas de be-
» foin, que par Déliberation d'une
» pareille Affemblée. « Au refte, le
Chapelain n'a jamais eu befoin d'autres Provifions ni *Vifa* pour entrer en
poffeffion de fon Emploi que d'une
Expedition feulement de la Déliberation qui l'a élû; parce que fa Place
n'eft point un Titre Eccléfiaftique,
mais une fimple fonction amovible,
dont les Honoraires ont toujours été
payez uniquement des deniers de la
Maifon commune. *Voyez les Regiftres
des Déliberations & ceux des Comptes
de la Maifon commune.*

ARTICLE XII.

Confrairies particulieres des Orfévres de Paris, réunies à l'Adminiftration commune du Corps.

POUR établir plus d'uniformité dans le Corps à l'égard des Affociations pieufes que des Particuliers y ont anciennement formées entr'eux, fera l'Office Divin de leurs Confrairies particulieres célébré, & leurs Fondations acquittées en la Chapelle commune : defquelles Confrairies les deux derniers des Gardes en Charge feront Adminiftrateurs, fans qu'il en puiffe être élû d'autres, ni fait aucunes dépenfes au fujet defdites Confrairies que celles qui font néceffaires pour le Service divin d'icelles, conformément aux titres des Fondations.

A U T O R I T E Z.

Outre le culte que les Orfévres de Paris ont toujours rendu à S. Eloi, comme au Patron de leur Corps, avec d'autant plus de convenance, que ce Saint a exercé la même Profeffion qu'eux & dans leur Ville, plufieurs Particuliers de ce Corps ont encore établi entr'eux jufqu'à trois Confrairies particulieres en différens tems; de chacune defquelles on ne peut fe difpenfer de dire un mot ici.

Celle de S. Denis & fes Compagnons, eft la plus ancienne. Sous le regne de Philippe - Augufte, plufieurs Orfévres de Paris étoient dans l'ufage d'aller fouvent à Montmartre & d'y faire célebrer la Meffe dans la Chapelle de ces SS. Martyrs, par un Prêtre qui s'y rendoit exprès de Paris avec eux & leurs familles. Cette Dévotion prit bien-tôt le nom & la forme de Confrairie. La Chapelle même où se terminoient leurs Pelerinages fut choisie pour y faire annuellement le Service Divin de la nouvelle Confrairie ; & ce fut en l'an 1202 qu'ils commencerent d'en élire le premier Administrateur. On en joignit un second par la suite ; puis ils furent quatre , & enfin ils ont été jusqu'à huit, dont deux seulement sortoient de Charge & étoient remplacez chaque année ; mais l'exercice de tous, a toujours été de quatre ans ; car cette Confrairie est devenue fort célebre dans le cours de tant de siécles par les Fondations, la célebration frequente du Service Divin & les Indulgences. *Voyez les Registres de cette Confr. dans les Archives.* Item , *Rec. MS. de l'Orf. tom. 1 , fol. 73 , & Layette 32.*

Il y avoit 150 ans que la Confrairie des SS. Martyrs subsistoit, lorsque d'autres Particuliers du Corps voulurent aussi en établir une en l'honneur de la Sainte Vierge dans l'Eglise du Blanc - Mesnil , Village à trois lieuës de Paris. On ignore la raison du choix d'une Eglise si éloignée ; mais il paroît par l'exemple de la premiere Confrairie , que nos Anciens ne regardoient pas la dissipation toujours inséparable de ces Pelerinages , comme un obstacle au recueillement , dont une pieté plus éclairée sçait si bien profiter. Quoiqu'il en soit, ce fut en 1353 qu'ils commencerent à fréquenter l'Eglise de ce Village , dédiée à la Sainte Vierge : & leur Association fut favorisée peu après de Pardons & d'Indulgences par une Bulle d'Innocent

VI. de l'an 1355. Elle a plus solemnellement autorisée par des Lettres de Charles VI. du mois de Mars 1407, sous le Titre de *Confrairie de l'Annonciation de la Vierge* ; & depuis, les Papes Nicolas V. en 1450, Sixte V. en 1568 , & Alexandre VII. en 1660 , ont donné des Indulgences en faveur de cette Confrairie , plus communement connue sous le nom de Notre-Dame du Blanc-Mesnil. *Archives , Rec. MS. supr. fol. 77, & Sac violet, Pieces cottées 1 , 2 & 5.*

La troisiéme Confrairie fut instituée par une autre Compagnie d'Orfévres en 1447 , en l'honneur de *Sainte Anne & de Saint Marcel*, & établie dans l'une des Chapelles de la Cathedrale , du consentement de Guillaume Chartier , lors Evêque de Paris. *Sauval, tom. 1 , pag. 659.* Cette derniere , plus convenablement placée , n'a rien eu d'ailleurs d'essentiellement different des deux autres quant à la forme de son Administration , à l'Office Divin & aux Indulgences qui lui ont aussi été concedées. Mais elle peut être envisagée par deux autres endroits qui la distinguent : le Port de la Châsse de S. Marcel aux Processions, & l'Oblation annuelle du May en l'honneur de la Sainte Vierge.

Les Administrateurs de cette Confrairie paroissent avoir toujours eu le Droit de porter la Châsse de S. Marcel à toutes les Processions où elle doit sortir de la Cathedrale qui est l'Eglise où elle réside. C'est ce qui arrive régulierement tous les ans le jour de l'Ascension ; & extraordinairement aux Processions générales qui ne se font que dans les calamitez publiques , & auxquelles la

Châsse de Sainte-Geneviéve est portée : car celle de S. Marcel l'accompagne toujours en ces occasions. Et comme les deux Châsses ont chacune leurs propres Porteurs, & que chaque Compagnie cede réciproquement sa Châsse à l'autre à certains endroits dans le cours de la marche, de-là vient que nos Orfévres Administrateurs de la Confrairie & Porteurs de la Châsse de S. Marcel ont aussi toujours eu le Droit de porter ainsi celle de Sainte Geneviéve. *Voyez le Cérémonial François, tom. 2, pages 940, 961, 972, &c.*

A l'égard de l'Oblation du May, elle n'eut d'abord, & n'a eu longtems depuis aucune rélation avec la Confrairie de Sainte Anne & de Saint Marcel. Deux ans après l'érection de cette Confrairie, c'est-à-dire en 1449, d'autres Particuliers du Corps voulant signaler leur Piété par un nouveau moyen envers la Sainte Vierge, eurent la dévotion de présenter un May tous les ans à l'heure de minuit le premier jour de May, devant le grand Portail de l'Eglise de Notre-Dame; & l'on y vit le premier ainsi planté cette année là le matin de ce même jour. Ce ne fut d'abord qu'un simple Arbrisseau orné de quelques petits Tableaux avec des Vers composez à la loüange de la Sainte Vierge : & la Société élisoit tous les ans un *Prince du May* pour faire les frais de cette Oblation volontaire. Elle continua de la sorte jusqu'en 1595, qu'elle fut unie à la Confrairie de Sainte Anne & de Saint Marcel; & il n'y eut plus désormais d'autre Société du May. La Décoration changea aussi & devint d'une plus grande dépense par les augmentations qui y

furent successivement faites; & de-là viennent ces grands Tableaux donnez par les Administrateurs de cette Confrairie, & dont la Cathedrale est ornée. *Du Breul. Antiq. de Paris. Item, Rec. MS. de l'Orf. tom. 1, fol. 83.*

Telles étoient donc ces trois Confrairies particulieres. Il est aisé de juger que ces sortes de Dévotions, dont les Fêtes sont en grand nombre dans le cours de l'année, n'étoient propres qu'à causer de la dissipation, pour ne rien dire de plus, par l'éloignement des Lieux où elles se pratiquoient; & par conséquent, peu conformes au véritable esprit de l'Eglise. D'ailleurs, ces Confrairies formant comme autant de petites Communautez distinctes dans le Corps, en avoient souvent troublé la paix par l'émulation mal reglée & les intérêts particuliers de ces différentes Compagnies; sans compter que leur Administration, surtout celle de Sainte Anne & de Saint Marcel, jettoit ceux qui en étoient chargez dans des dépenses que tous ne pouvoient pas également supporter sans en être incommodez. Or, ce fut à quoi le feu Roy Louis XIV. remedia efficacement en 1679 par les Dispositions suivantes.

Réglement général fait au Conseil d'Etat le 30 Décembre 1679. ART. VIII.
„ Les deux derniers des Gardes [de"
l'Orfévrerie] feront la charge de "
Maîtres des Confrairies particu- "
lieres établies entre lesdits Orfé- "
vres; avec défenses à eux & aus- "
dits Gardes & Communauté de "
procéder ci-après à l'Election d'au- "
cuns Maîtres de Confrairie, ni de "
faire "

» faire sous ce prétexte aucune Af-
» semblée, festin ou autres dépenses
» que celles qui sont necessaires pour
» le Service Divin, conformement
» aux Titres des Fondations. « *Archives, Layet. 3, cotte* 42. Item,
Recueil, pag. 182.

*Arrêt du Conseil d'Etat du Roi du-
dit jour 30 Décembre* 1679. » Le
» Roi ayant par l'un des Articles
» du Reglement arrêté ce jourd'hui
» en son Conseil, fait défenses en-
» tr'autres choses de proceder à l'ave-
» nir à l'Election d'aucun Maître des
» Confrairies avec injonction aux
» deux Jeunes d'entre les Gardes de
» la Communauté & Corps des Mar-
» chands Orfévres-Joyailliers de
» cette Ville de faire faire le Service
» desdites Confrairies, conformement
» aux fondations : Et Sa Majesté
» voulant entierement pourvoir à la
» décharge des Maîtres & Adminif-
» trateurs desdites Confrairies, Oui
» le rapport du Sieur Colbert,
» Conseiller au Conseil Royal,
» Controlleur general des Finances ;
» Le Roi étant en son Conseil, a or-
,, donné & ordonne que les Maîtres
,, & Administrateurs comptables def-
,, dites Confrairies de Notre-Dame
,, du Blancmesnil, de Sainte Anne
,, & des SS. Martyrs, huit jours
,, après la signification du present
,, Arrêt, presenteront aux Gardes
,, des Marchands Orfévres-Joyail-
,, liers de la Ville de Paris de present
,, en Charge, les Comptes de leur
,, Administration qui seront exami-
,, nez & arrêtez en la presence de
,, deux des anciens Maîtres de cha-
,, cune des Confrairies, & payeront
,, lesdits Administrateurs le Reliqua,
,, si aucun y a, ausdits Gardes, auf-

quels ils délivreront les Pieces jui- "
tificatives de leurs Comptes, & "
leur remettront par Inventaire les "
Reliquaires, Vases sacrez, Croix, "
Chandeliers & autres Ornemens "
de quelque qualité qu'ils soient, "
destinez pour le Service desdites "
Confrairies ; ensemble, les Re- "
gistres, Titres & Papiers à eux "
donnez en garde : Quoi faisant, "
demeureront lesdits Administra- "
teurs valablement déchargez : Et "
se chargeront à l'avenir lesdits "
Gardes de l'Orfévrerie des reve- "
nus desdites Confrairies dont ils "
feront recette & dépense par cha- "
cun an dans les Comptes ordinai- "
res qu'ils rendent à la Commu- "
nauté en sortant de Charge. " *Layet.*
idem, *cotte* 42 bis.

L'Article du Reglement & cet
Arrêt donné en consequence, furent
incessamment executez de la part des
Administrateurs de la Confrairie des
Martyrs & de celle du Blancmesnil.
Ils rendirent leurs Comptes & remirent les Titres & Effets de leurs Confrairies entre les mains des Gardes
qui, de leur côté, se chargerent de
faire continuer le Service Divin &
d'acquiter les Fondations de ces deux
Confrairies. *Rec. MS. de l'Orf. tom.* 1,
fol. 75. *v°. &* 77 *v°.*

La réunion de celle de Ste. Anne
ne fut pas sitôt faite par rapport à la
Presentation du May qui y apporta
d'assez longues difficultez. On sou-
haitoit de continuer cette Dévotion
envers la Sainte Vierge ; mais comme
elle ne faisoit point partie du Service
Divin, & qu'il n'y avoit ni Fondation, ni Revenu pour en faire la Dépense, les Gardes mis deformais à la
place des Administrateurs qui l'a-

E

voient toujours volontairement faite, n'y pouvoient être tenus, ou plutôt, il leur étoit défendu de la faire, aux termes du Reglement. Auffi cette Oblation volontaire a-t-elle enfin ceffé d'être faite ; & cet obftacle à l'execution du Reglement levé, la Confrairie de Sainte Anne a été réunie à l'Adminiftration commune, comme les deux autres. Il n'a plus été queftion d'Affemblées de Confreres à Notre-Dame, ni à Montmartre, non plus qu'au Blancmefnil. Tout le Service des trois Confrairies eft maintenant célebré, & leurs Fondations régulierement acquittées dans la Chapelle du Corps fous la Direction des deux derniers des Gardes en Charge, fans autres Adminiftrateurs : en forte qu'il ne refte aucun veftige des ufages particuliers de ces anciennes Confrairies ainfi unies à l'Adminiftration commune, finon que les Gardes avec les Anciens, ou d'autres Marchands du Corps qu'ils mandent à leur place, continuent de porter la Châffe de S. Marcel aux Proceffions ordinaires & extraordinaires : mais volontairement, fans frais & fans aucune dépendance, ni redevance envers qui que ce foit.

ARTICLE XIII.

Hofpitalité exercée envers les Pauvres du Corps en fa Maifon commune.

LEs Pauvres Maîtres Orfévres & Veuves de Maîtres, feront reçus & logez par les Gardes en Charge dans la Maifon commune de l'Orfévrerie, qui eft en même tems la Maifon Hofpitaliere defdits Pauvres ; lefquels y feront régulierement & le plus abondamment affiftez que faire fe pourra par lefdits Gardes, du produit annuel des Aumônes du Corps, & des autres Fonds pieux deftinez à cette Oeuvre.

AUTORITEZ.

L'exercice de la Charité envers les Pauvres, a toujours fpecialement caractérifé le Corps des Orfévres de Paris. Dès le tems de S. Louis ils étoient dans l'ufage de donner un Repas chaque année le jour de Pâques à tous les Pauvres de l'Hôtel-Dieu, *Statuts de 1260, art.* 10 ; *Layett.* 1. *cotte* 1. Et ce pieux ufage, déja compté comme ancien pour lors s'eft continué depuis fans interruption pendant 350 ans ; & n'a ceffé en 1611, que parce que les Adminiftrateurs voulurent alors commuer le

Repas en une somme d'argent comptant. Ier. *Regist. des Délib. de l'Orf. fol.* 174. Dès le tems du Roy Jean c'étoit aussi une coutume établie & qui a duré plusieurs siécles, de visiter & d'assister tous les Prisonniers aux principales Fêtes de l'année : *Edit de 1355, art. 25, Layett. 1, cot. 1, bis.* Et l'on voit par nos Registres qu'anciennement & jusques dans le dernier siécle, les Religieux des quatre Ordres Mandians ont aussi été assistez d'aumônes reglées & même abondantes, qui ne leur auroient peut-être pas été retranchées, comme il arriva en 1674, si ces Religieux avoient eu de meilleurs procedez, & ne se fussent pas avisez de porter leurs prétentions, comme ils firent alors, jusqu'à vouloir s'en faire un droit fondé, disoient-ils, sur plusieurs siécles de possession. 4e. *Regist. des Délib. fol. 50.* Item, *Rec. MS. tom. 1. fol. 80. 81.*

Mais l'on peut dire que l'Oeuvre favorite du Corps, & pratiquée de tout tems chez lui avec une édification singuliere, est le soin qu'il a continuellement pris de ses propres Pauvres. Leur soulagement a toujours été regardé comme un des principaux devoirs des Gardes en Charge. Anciennement, & lorsque l'Administration ne se faisoit encore que dans une Maison tenue à titre de loyer, ces Confreres pauvres, Maîtres & Veuves de Maîtres, étoient seulement assistez chez-eux par des secours manuels. Mais le dessein de faire plus pour eux à l'avenir entra premierement & principalement en celui qui fut pris en 1399, de bâtir une Maison commune & Chapelle pour le Corps, & pour cela l'on construisit dans ce nouveau Bâtiment des petites Chambres dans lesquelles ceux qui se trouvoient accablez de vieillesse ou réduits à une extrême pauvreté, commencerent d'être logez, & où les Gardes en Charge continuerent de les alimenter des revenus communs destinez aux Oeuvres pies du Corps, & principalement du produit de ses aumônes. La pieuse destination de cette portion du nouveau Bâtiment avoit tellement été le motif déterminant de sa construction, que l'Edifice entier fut fondé sous le Titre *d'Hospital ou Maison hospitaliere des Orfévres de Paris,* & que la Chapelle de S. Eloi qu'il contenoit, fut d'abord appellée *l'Oratoire ou Chapelle dudit Hopital.* Tout ceci est prouvé par des Titres autentiques, donnez pour concourir à cette Fondation & la perfectionner, & dont voici plusieurs Extraits.

Des Lettres de l'Evêque de Paris adressées aux Gardes de l'Orfévrerie, du 12 Novembre 1403. » Petrus, « miseratione divina, Episcopus Pa- « risiensis : Dilectis nobis in Christo « Custodibus Operis Aurifabriæ Vil- « læ Parisiensis, Salutem in Domino. « Ut huic ad triennium, &c. *il leur* « *donne pouvoir de faire célebrer la Mes-* « *se pendant ce tems,* in Capella seu « Oratorio Hospitalis per vos de no- « vo fundati & constructi in vico nun- « cupato *aux-deux-Portes* Parif. &c. « *Archiv. Layet. 28, cot. 11. n°. 1.*

Des Lettres du même Evêque & de même datte adressées à tous les Fideles du Diocèse. » Petrus &c. Cum ita- « que prout accepimus in Domo seu « Hospitali de novo fundato & cons- « tructo per dilectos nostros Custo- « des Operis Aurifabriæ Villæ Pari- «

» fienfis in vico nuncupato *aux-deux-* » *Portes* gallicè , fituata , Aurifabri » ipfius Villæ Parifienfis fenectute » debilitati, aut paupertatis & inopiæ » farcina prægravati , recipiantur & » recolligentur, ac de fructibus, red-» ditibus & proventibus dictorum » Cuftodum, & Aurifabrorum, aut » dictæ Cuftodiæ pertinentibus, ibi-» dem reficiantur &c. « Ce Prélat accorde enfuite à ceux qui vifiteront cette Maifon & Hôpital & donneront de leurs biens pour l'entretien defdits Pauvres xl. jours d'Indul-• gences. *Layette* idem. *cotte 3.*

Du Décret du Cardinal de Chalant, Legat à latere, du 13 *Avril* 1406, *déjà rapporté, & adreffé aux Gardes & à la Communauté.* » Exhibita fiqui-• dem Nobis pro parte veftra petitio, » continebat per vos de falute pro-» pria cogitantes ac cupientes, ter-» rena in cœleftia, & tranfitoria in » æterna , felici commercio com-» mutare, de bonis vobis à Deo col-» latis unum Hofpitale cum quadam » Capella , feu Oratorio , de novo » conftrui & fundari feciftis in vico » nuncupato *aux-deux-Portes* Parii. » &c. *Layette* idem, *cotte 4.*

L'autre Décret de ce Legat & de même datte portant conceffion d'Indulgences en faveur de ceux qui vifiteront la Maifon & Hôpital des Orfévres, eft conçû mot à mot dans les mêmes termes que les fecondes Lettres de l'Evêque de Paris qu'on vient d'extraire. *Voyez Layette* 24, *cotte 4.*

De la Bulle de Jean XXIII. donnée à Boulogne en Septembre 1410, *portant auffi conceffion d'Indulgences pour*

le même fujet. » Cum itaque dudum " dilecti filii Magni Magiftri [feu " Cuftodes] Artis Aurifabriæ Civi- " tatis Parifienfis quandam Capellam " & Eleemofinariarum Domo erec- " tis, admodum Hofpitalis, in hono- " re & vocabulo Sancti Eligii devo- " tione moti, Parifiis fundaverunt , " in qua homines dicti Artis antiqua- " ti ad Artem hujufmodi exercen- " dam impotentes &c. bona propria " ad eorum vitæ fuftentationem, mi- " nime fufficiunt, honorificè & fump- " tibus Magiftrorum ipfius Artis " alimentantur &c. " Ce Pape fait mention tout de fuite des autres Aumônes du Corps qui étoient faites aux Malades de l'Hôtel-Dieu & aux Prifonniers, par les Gardes qu'il appelle *Grands Maîtres & Recteurs de la Maifon Hofpitaliere,* c'eft-à-dire, Gardes , & Adminiftrateurs de la Maifon commune des Orfévres de Paris. *Layette* idem, *cotte 5.*

C'eft ainfi que tous les Titres du tems montrent que la Maifon commune & Chapelle de l'Orfévrerie conftruite en 1400, fut fondée par la Communauté fous le titre d'Hôpital des Orfévres de Paris, & dotée de leurs Biens & Aumônes; & que ceux d'entr'eux qui étant, ou accablez de vieilleffe , ou réduits à une extrême pauvreté, ne pouvoient plus fuffire à leurs propres befoins, y étoient reçus, logez & alimentez par les Gardes en Charge, même avec une forte de diftinction , *honorificè alimentantur.*

Le Titre d'Hôpital eft demeuré à cette Maifon tant qu'elle a fubfifté. Si on l'appelloit auffi *l'Hôtel du Métier* par rapport aux Affemblées du Corps & aux affaires communes qui s'y traitoient, elle étoit beaucoup plus connuë dans l'usage commun sous le nom *d'Hôpital & Chapelle de S. Eloi aux Orfévres de Paris.* C'est ce qui se voit dans les divers enseignemens de nos Archives, & particulierement dans les Comptes de la gestion des différentes Affaires de la Communauté, où les Gardes qui les rendoient s'intituloient ordinairement *Gouverneurs de l'Hôpital de Monseigneur S. Eloi.*

La dénomination d'Hôpital commença à devenir moins d'usage au milieu du xvi. siécle, lorsque cette ancienne Maison menaçant ruine, fut démolie en 1550 pour élever en sa place la magnifique Chapelle que nous voyons. Alors nos Pauvres se trouvant déplacez, furent d'abord logez dans les Chambres d'une Maison ajacente, située au coin de la rue des deux Portes & de la rue Jean-Lointier, laquelle avoit été acquise en 1457. *Layette* 30, *cotte* 7. Cette Maison particuliere prit alors le nom d'Hôpital, comme il paroît par les Regiftres des Comptes du tems, & porte encore celui de *Maison des Pauvres,* à cause qu'ils y ont toujours été logez depuis. Elle suffisoit alors, parce que leur nombre n'étoit pas considerable : il paroît même que dans les premiers tems, il ne s'en trouvoit quelquefois que trois ou quatre, *Layette* 28, *cotte* 6, bis. Mais dans la suite leur nombre s'étant augmenté jusqu'à 20 & 25, on leur assigna de plus les Chambres des Maisons contigues qui furent successivement acquises le long de la rue Jean-lointier ; lesquelles font encore particulierement employées à ce pieux usage, *ibid. cotte* 5 & 6.

Or, en édifiant la nouvelle Cha-

pelle, on ne rebâtit point de nouvelle Maison commune. On se contenta desormais pour l'Administration d'en prendre une dans la ruë des Lavandieres, dont le fond communique au chevet de la Chapelle, & à laquelle on en a joint trois ou quatre autres de suite, qui ont été acquises depuis. *Ibid. cot.* 1, 2, 3, 4. Et comme nos Pauvres n'ont jamais été logez dans ce nouveau Bureau ou Maison commune de l'Orfévrerie, c'est la raison pourquoi l'ancien titre d'Hôpital ne lui a plus été donné & qu'il s'est oublié avec le tems (*a*).

Mais si ce Titre a cessé d'être en usage pour désigner la Maison commune des Orfévres de Paris, l'Oeuvre qu'il signifie n'y a jamais souffert la moindre interruption en aucun tems, comme il est justifié par toute la suite de nos Regiftres ; & l'on peut dire qu'elle ne se soutient pas aujourd'hui avec moins de zele que par le passé. Le nombre des Pauvres Maîtres & Veuves de Maîtres qui font logez & assistez dans les Maisons dépendantes du Bureau ou ailleurs, faute de place, est même actuellement de plus de cinquante, c'est-à-dire, beaucoup plus grand qu'il n'a jamais été. Et toutefois suivant l'ancien usage & avec la même sollicitude, les Gardes en Charge ont soin de les visiter souvent, de les assister tous les mois & aux principales Fêtes de l'année par des distributions d'argent comptant ; de leur fournir des hardes & du linge selon leurs besoins, & régulierement du bois & du charbon dans la rigueur de l'hyver : le tout par une répartition fidelle des fonds pieux destinez à cette Oeuvre. D'un autre côté il est du ministere & de la charité du

(*a*) Depuis, les maisons qui étoient dans la ruë Jean-Lointier & ruë des Orfévres, ont été achatés à cause de leur caducité, on a reconstruit la maison qui subsiste actuellement, & qui a son entrée par la ruë des Orfévres à côté de la Chapelle. On a dans cette nouvelle maison, non-seulement construit tous les lieux nécessaires pour l'administration des Gardes, mais encore un logement pour le Chapelain de l'Orfévrerie, & les chambres nécessaires pour le logement des pauvres Maîtres & Veuves, ce sont actuellement ils sont logés dans la maison même où est le Bureau.

Ces bâtimens ont été commencés en l'année 1711, & finis en 1742 que l'on a commencé à y travailler, & que l'on y a logé les pauvres Maîtres & Veuves des Orfévres ; cependant l'on n'a point donné à cette nouvelle Maison le titre d'*Hôpital,* & elle n'est connuë que sous le nom de *Bureau & Maison Commune des Orfévres.*

Chapelain de l'Orfévrerie qui occupe un Appartement voisin de ces Pauvres, de les visiter souvent aussi, pour les exhorter à vivre chrétiennement & en union les uns avec les autres, les consoler dans leurs infirmitez ; & de faire avertir les Prêtres de la Paroisse, lorsqu'ils ont besoin des Sacremens. Enfin, lorsqu'ils viennent à déceder, les Gardes prennent soin de les faire enterrer honnêtement : & c'est ainsi que depuis la Fondation d'un Hôpital faite au commencement du xve. siécle par les Orfévres de Paris en leur Maison commune, l'Hospitalité n'a pas discontinué d'être exercée avec édification dans cette Maison en faveur de leurs Confreres pauvres. *Voyez les Regist. des Compt. & ceux des Délib.*

ARTICLE XIV.

Fonds concedez & Aumônes recueillies pour les Oeuvres pies du Corps.

LE produit des Confiscations prononcées en Justice à la poursuite ou sur la dénonciation des Gardes contre les infracteurs des Reglemens de l'Orfévrerie, appartiendra à la Maison commune ; ensemble le tiers des Epaves qui se déposent au Bureau d'icelle : & sera le tout employé par lesdits Gardes, avec les Aumônes qu'ils auront soin de recueillir chaque année dans le Corps, à l'entretien du Service Divin de sa Chapelle, & au soulagement de ses Pauvres.

AUTORITEZ.

Les premiers fonds que nous sçachions avoir été mis en réserve autrefois dans le Corps & destinez pour ses Oeuvres pies, étoient *les Deniers-Dieu*, ou Arrhes de tous les Marchez que nos Orfévres concluoient dans leur Commerce ; & ce qu'ils appelloient *les Journées*, c'est-à-dire, le Gain que faisoit chaque jour celui d'entr'eux qui, à son tour, pouvoit seul ouvrir sa Boutique les Fêtes & Dimanches pour l'utilité publique. C'étoit un de ces anciens Usages pratiquez par tradition chez eux, & qui passa dans leurs Statuts rédigez en 1260, *ART. VII. IX. X.* Mais comme cet Usage n'a plus lieu depuis long-tems, nous ne faisons que l'indiquer pour passer aux Concessions des *Forfaitures* ou Confiscations, *Epaves* & *Amendes* dont le Corps jouit.

Lettres en forme d'Edit du Roy Jean du mois d'Août 1355, *à la fin.* „ Quintum Denarium Forefactura- „ rum prædictarum per dictos Auri- „ fabros Parisienses, ob causas præ- „ dictas, ut præmittitur, inventa- „ rum, eisdem ex ampliori gratiâ ad „ opus Confraterniæ Beati Eligii „ prælibatum, donantes & etiam „ concedentes. « *Archiv. Layette* 1, *cotte* 1, bis. Item, *Rec. p.* 8.

Ordonnance de Charles V. du mois de Mars 1378. „ Et de notre grace, „ ausdits Orfévres [. de Paris] & „ aux Maîtres [& Gardes] dudit „ Métier d'Orfévrerie qui sont & se- „ ront, avons donné & octroyé, „ donnons & octroyons par ces Pre- „ sentes la quinte partie de tout le „ profit qui y sera des Forfaitures & „ Epaves qui seront trouvées & „ rapportées par les Maîtres dudit „ Métier à leur diligence, pour tour- „ ner & convertir au profit de la „ Confrairie de saint Eloi de Paris, „ dont l'Aumône de Pâque est faite „ en l'Hôtel-Dieu de notre Ville de „ Paris. „ *Quelques lignes au-dessus l'emploi de cette concession se trouve plus détaillé en ces termes :* " Pour tour- „ ner & convertir à la Confrairie de „ saint Eloi des Orfévres, de laquelle „ l'Aumône de Pâque est faite à „ l'Hôtel-Dieu de Paris, & en plu- „ sieurs autres lieux, *c'est-à-dire, aux* „ *Prisons de cette Ville,* & [sont] „ chantées plusieurs Messes par an. " *Layette, idem, cotte* 2. Item, *Rec. des Ordonn. p.* 14.

Le Quint des Epaves concedé ici avec celui des Forfaitures ou Confiscations d'ouvrages défectueux saisis par les Gardes, a été touché sur ce pied jusqu'en 1508, comme il paroit par les Etats de toutes celles qui se portoient en notre Bu- reau, & qui font tous conservez dans ses Archives depuis celui de l'année 1405, *Sacs, N°.* 59 & 60. On y voit qu'en 1509 le Tiers au lieu du Quint commença d'être at- tribué, sans que j'aye encore dé- couvert le Titre de cette attribution qui, au reste, a toujours eu lieu depuis sans difficulté, comme il se voit par les Etats posterieurs. Mais l'on peut dire que le produit des Epaves a été un fort petit objet dans tous les tems.

Nous trouvons des exemples dès l'an 1411, que le Corps touchoit aussi le Quint des Amendes pronon- cées contre les infracteurs de ses Re- glemens. *Ancien Registre de l'Orf. fol.* 28. *v°.* Mais au milieu du siécle suivant, le Tiers au lieu du Quint des Amendes, aussi-bien que des Confiscations, lui fut attribué par les Officiers des Monnoyes aussi-tôt après que leur Chambre fut érigée en Cour souveraine.

Arrêt de la Cour des Monnoyes du 8 Mai 1553. " La Cour, en enterinant ladite Requête [des " Gardes de l'Orfévrerie de Paris] " & suivant les Conclusions du Pro- " cureur Géneral du Roi, a ordonné " & ordonne que de toutes & cha- " cune les Confiscations & Amendes " en quoi les Orfévres de cette Ville, " Joyailliers & autres telles Per- " sonnes auront été condamnez " pour fautes commises en leurs " Etats, au Rapport, dénonciation " & pourfuite desdits Jurez & Gar- " des, leur en sera baillé & délivré " la Tierce partie & portion par le " Receveur des Exploits & Amen- "

„ des de ladite Cour , ou par lefdits
„ Condamnez , ainfi que bon leur
„ femblera , lefquels en demeureront
„ déchargez : laquelle Tierce partie
„ fera employée à l'entretenement
„ de la Chapelle , fuftentation des
„ Pauvres , & autres œuvres pitoya-
„ bles , fuivant les anciennes Or-
„ donnances , &c. " *Archives Layette*
23 , cotte 5. Item , *Recueil , page*
1028.

Les Amendes ont auffi été attribuées par moitié pour certaines contraventions , & avec la même deftination par des Ordonnances pofte-
rieures d'Henri IV. & de Louis
XIII.

Ordonnance d'Henri IV. à Fontai-
nebleau au mois de May 1599, ART.
IV. *défendant aux Orfévres tout com-*
merce de Pierres fauffes „ fur peine
„ de confifcation & de vingt écus
„ d'amende , applicable , moitié
„ à Nous , & l'autre moitié aux
„ Pauvres Maîtres dudit Etat [d'Or-
„ févrerie] qui fera diftribuée par
„ les Maîtres & Gardes d'icelui. "
Archives de l'Orf. Layette 2 , cotte 31.
Item , *Recueil des Ordonn. pag.* 154,
155.

Arrêt de Reglement confirmé par
Lettres Patentes de Louis XIII. en for-
me d'Edit du mois de Juillet 1612. *Ce*
Reglement fixe un délai pendant le-
quel les Brevets d'Apprentiffage doi-
vent être enregiftrez au Bureau „ A
„ peine de deux cens livres d'amen-
„ de , applicable moitié au Roi , &
„ moitié au Bureau de l'Orfévrerie
„ pour l'entretenement des pauvres
Maîtres dudit Métier. " *Layette* 12,
cotte 4. Item , *Rec. pp.* 158, 161.

Nous ne déduirons pas un plus
grand nombre d'Autoritez fur ces
fortes de Conceffions , non plus que
les Sentences de Police qui ajugent
ordinairement la totalité de la confifcation des Saifies faites fur les Gens
fans qualité ou Faux Ouvriers. Nous
ajouterons feulement une Autorité
de Louis XIV. en 1679 , où le Tiers
de la Confifcation & de l'Amende
eft attribué.

Reglement général du 30 *Décembre*
1679. ART. IX. *Cet Article défend*
le commerce des Marchandifes d'Or-
févrerie du Poinçon de Paris , à tous au-
tres qu'aux Orfévres » A peine de «
confifcation & d'amende de mille li-«
vres pour chacune contravention ; «
le tout applicable , un Tiers au Roi, «
un Tiers à la Communauté defdits «
Maîtres Orfévres , & l'autre Tiers «
au Dénonciateur. « *Layette* 3 . *cotte*
42. Item , *Recueil , p.* 182.

Ces diverfes attributions qui
fembleroient devoir former tous les
ans un fonds affez confiderable ,
font néanmoins ordinairement fort
peu de chofe ; & il en eft du produit des Amendes & des Confifcations à peu près comme de celui des
Epaves. Outre que les faux frais
qui font inévitables dans la pourfuite des affaires , emportent le plus
clair de ce qui en doit revenir , c'eft
qu'il fe paffe quelquefois des années
fans qu'on n'en tire rien. Cependant
les Oeuvres pies du Corps ne fouf-
frent jamais d'interruption. Auffi a-
t-on eû de tout tems recours à un
fonds & plus affuré & plus abon-
dant pour y fatisfaire. Ce font les
Aumônes que les Gardes ont toujours pris foin de recueillir tous les
ans

ans par des Quêtes réglées chez tous les Marchands du Corps & les Veuves sans exception. Nos plus anciens Registres font mention de ces Quêtes générales, lesquelles se faisoient d'abord à la fin du Carême, comme elles se font maintenant, & depuis plus de deux cens ans, dans les jours qui précedent les deux Fêtes de saint Éloi. Nous ne voyons pas qu'on ait jamais exigé une somme fixe de chaque Particulier pour son Aumône : la bonne volonté & les besoins présens servoient de regle là-dessus. Mais comme c'étoit dès-lors sinon l'unique fonds, du moins le plus certain sur lequel on

pût compter, les Gardes ne laissoient pas d'exercer dans leurs Quêtes une espece de contrainte contre ceux qui manquoient à ce devoir, en prenant des Gages chez eux pour les obliger d'y satisfaire. On voit aussi que lorsqu'il y avoit deux Maîtres dans une même Boutique les Gardes exigeoient une double Aumône ; & c'est ainsi qu'ils en doivent user encore à ces differends égards pour ne pas laisser affoiblir un fonds si absolument neeessaire aux œuvres pies du Corps, surtout au soulagement de ses Pauvres. *Ancien Registre de l'Orfévrerie, pp.* 4 *v°.* 48. & 47 *v°.*

ARTICLE XV.

Prérogatives du Corps en tant qu'il est l'un des Six-Corps des Marchands de Paris.

LE Corps de l'Orfévrerie-Joyaillerie de Paris, étant l'un des Six-Corps des Marchands de cette Ville, joüira des Prérogatives qui leur sont attribuées & dont ils joüissent en commun : Et en consequence, ses Députez, joints aux leurs, porteront le Dais ou Ciel sur la Personne des Rois faisant leur Entrée solemnelle dans Paris, & complimenteront leurs Majestez dans les grands évenemens ; & ses Marchands seront, par leur Etat, capables des Charges Municipales & Consulaires de cette Ville,

AUTORITEZ.

Le Corps de l'Orfévrerie a toujours été compté au nombre des *Six-Corps des Marchands de Paris,* ainsi

nommez par distinction, à cause qu'ils sont en effet comme les principaux canaux par où passe tout le

F

commerce de cette grande Ville. Ils étoient déja confiderez comme les *principaux Métiers de Paris*, dès le tems de faint Louis ; & ayant toujours foutenu cette réputation fous les Regnes fuivans, les Marchands dont ils font compofez, ont toujours auffi continué d'être regardez non-feulement comme utiles au Public par le grand commerce qu'ils foutiennent, mais encore comme l'élite de la bonne Bourgeoifie. De-là vient que ces Corps ont été gratifiez de plufieurs Prérogatives honorables, pour la confervation defquelles, auffi-bien que pour le maintien des Privileges & des Loix de leur commerce, ils ont formé entr'eux cette Confédération qui les unit, & en vertu de laquelle ils font autorifez à tenir des Affemblées pour traiter de leurs affaires communes.

Une des Prérogatives dont ils font honorez, & qui n'eft attribuée uniquement qu'à eux, eft celle de porter le Dais après les Echevins fur la Perfonne des Rois, Reines, & Légats, faifant leur Entrée folemnelle dans Paris. Nous comptons jufqu'à 24 ou 25 de ces Entrées où ils ont ainfi porté le Dais, depuis celle d'Henri, Roi d'Angleterre, en 1431, où je croi que cette cérémonie fut introduite, jufqu'à l'Entrée du Légat d'Alexandre VII. en 1664. qui eft la derniere jufqu'à préfent. Mais il ne s'en trouve que 19 où le nombre des Corps qui y ont affifté, & le rang qu'ils y ont tenu entr'eux, foient expreffement marquez. Car les Mémoires du tems, le Cérémonial François, les Regiftres de l'Hôtel de Ville, ceux des Six Corps, & ceux de l'Orfévrerie en particulier,

qui parlent de ces Cérémonies éclatantes, n'entrent pas toujours dans ce détail. On y voit que pour l'ordinaire les Corps étoient tous Six appellez : quelquefois on n'en mandoit que cinq, ou feulement quatre, ou même que trois, comme il arriva à l'Entrée de Louis XI. en 1461. Mais en ces occafions mêmes où ils n'ont pas tous affifté, celui de l'Epicerie & le nôtre n'ont jamais été obmis, & font les feuls qui ayent toujours été appellez.

Le Rang entre les Six a fouvent varié ; & l'on ne voit que le Corps de la Draperie qui ait toujours marché fans conteftation le 1er. lorfqu'il s'eft trouvé préfent. La plûpart des autres ont fouvent difputé la préférence dans le refte des Rangs jufqu'à ce qu'ils ayent été fixez fur le pied qu'ils font maintenant. On a vû le Corps de l'Orfévrerie préceder d'abord les Merciers & les Pelletiers, comme en 1431 : quelquefois les Changeurs, & plus fouvent les Bonnetiers qui n'ont été aggregez au Collège des Six-Corps qu'en 1514 à la place des Changeurs ; & il a marché affez fréquemment le cinquiéme entre les Six ; le Quatriéme entre cinq, & le Second entre trois : de forte que la pénultiéme rang a été plufieurs fois le fien. C'eft ainfi qu'il fut reglé fur la poffeffion actuelle par le Bureau de la Ville, & contre la proteftation des Bonnetiers en 1625 pour l'Entrée du Légat Barberin, & maintenu pour celle de la Reine Chriftine de Suéde en 1656. Mais les Bonnetiers ayant appellé du Reglement pour l'Entrée de Louis XIV. & fait valoir au Parlement le droit des Changeurs à la place defquels ils étoient entrez, ils parvinrent à se faire ajuger ce penultiéme rang par Arrêt du 24 Janvier 1660.

Au reste, les Députez des Corps qui doivent porter le Dais, & qui sont ordinairement les Gardes en Charge, paroissent à la cérémonie vêtus de robbes à collet & manches pendantes, semblables à celles qu'ils portent dans les principales fonctions de leur Administration ordinaire; sinon que celles-ci sont seulement de drap noir, bordées & parmentées de velours de même couleur, au lieu que celles-là sont de velours, & que chaque Corps a sa couleur différente. Celui de l'Orfévrerie a pour la sienne le Rouge ou Cramoisi depuis plus de deux cens ans. *Voyez sur tout ceci, Journal de Charles XII. p. 515, Chronique de Louis XI. p. 14 Cérémonial François, tome 1 depuis la page 687, & tome 2, p. 824 & suiv.* Item, *Registre de l'Hôtel de Ville depuis 1501. Registre des Six-Corps an. 1625, 1656, 1660, 1664. 1er. Registre des Délib. de l'Orf. fol. 3. &c. & Archiv. Sac, No. 64.*

Une autre Prérogative, non moins distinguée, dont les Six-Corps jouissent, est celle de complimenter nos Rois dans les grands évenemens, comme représentans la principale portion de l'Etat populaire après le Corps de Ville. Cet honneur, qui n'avoit toujours appartenu qu'à des Compagnies telles que les Cours Souveraines, l'Hôtel de Ville, l'Université, &c. leur fut aussi deferé en 1643 à l'avenement de Louis XIV. à la Couronne. Huit jours après la mort de Louis XIII. ils reçurent Mandement du Duc de Montbazon, Gouverneur de Paris, portant qu'ils se rendissent au Louvre, & qu'ils y

seroient admis à complimenter le Roi. Leurs trente-six Députez, c'est-à-dire, les six Gardes en Charge de chaque Corps introduits par ce Seigneur, se rendirent aussi-tôt aux pieds de Sa Majesté, & le Grand Garde de la Draperie parlant pour tous, dit : *Ce sont, Sire, les Six-Corps des Marchands, la plus grande & saine partie des Notables Bourgeois & Marchands de votre bonne Ville de Paris, qui offrent à votre Majesté leurs vœux & leurs services.*

Ils ont joui de cette Prérogative depuis dans toutes les occasions marquées du regne de Louis XIV. & ce fut pour en constater le Droit, qu'ayant félicité Louis XV. sur sa Majorité, ils firent frapper une Medaille en mémoire de cet évenement, avec cette Inscription : Les Six-Corps des Marchands ont complimenté le Roi sur sa Majorité, étans presentez par le Duc de Gesvres, Gouverneur de Paris, le xxiii. Fevrier M. dcc. xxiii. Ils ont eû le même honneur au Sacre de Sa Majesté; à son Mariage, & enfin à l'occasion du rétablissement de sa santé en 1728 *. *Voy. les Registres des Six-Corps, an. 1643 21 Mai. 1649, 7 Avril, 31 Juillet, & 20 Août. 1651, 9 Février & 12 Septembre. 1652, 3 Mai, 30 Août & 29 Septembre. 1653, 30 Décembre. 1660, 30 Août. 1723, 23 Février. 1724, 1725 & 1728, 2 Décembre. Item 2e. Registre des Déliberations de l'Orfévrerie depuis le folio 90 v°. pour ce qui concerne les Députations des Six-Corps au Roi durant les Guerres de Paris.*

La faculté de remplir les Charges municipales de la Ville de Paris, est

* Ainsi qu'en 1744, à son retour de Metz.

encore une autre Prérogative qui a toujours été particulierement affectée aux Marchands des Six-Corps ; & c'eft peut-être pour cette raifon que le Chef des Echevins de cette Ville conferve encore le Titre de Prevôt *des Marchands.* Un Edit de Henry II. du mois d'Octobre 1547, exclud généralement de l'Echevinage, non-feulement les Procureurs & Avocats, mais auffi tous les Officiers des Cours Souveraines & des Jurifdictions fubalternes. Il eft vrai que cet Edit a toujours été affez mal obfervé ; mais nos Marchands ont auffi toujours eu foin de fe faire maintenir dans leur Droit, lorfqu'on a paru le negliger ; comme il arriva en 1615 & en 1671, où par des Arrêts du Confeil il fut dit que des Quatre Echevins, il y en auroit toujours deux pris d'entre les Marchands exerçans, ou qui auront exercé honorablement la Marchandife. D'où il s'enfuit par confequent, que les Places de Confeillers & de Quartiniers qui conduifent à l'Echevinage & forment avec lui le Corps Municipal, leur font pareillement affectées.

Or, le Corps de l'Orfévrerie n'eft pas celui des Six qui ait fourni le moins de Sujets pour remplir ces differentes Places. Des Quatre de l'Echevinage, on en a quelquefois vû deux occupées en même tems par deux Marchands de ce Corps : & il eft même le feul, au moins depuis plus de trois cens ans, chez lequel on ait pris un Prevôt des Marchands. C'étoit Claude Marcel, né vers l'an 1520, d'ancienne famille du Corps où il fut reçu Maître le 18 Novembre 1544, & avoit fa Boutique fur le Pont au Change. En 1553 il fut élu Garde de l'Orfévrerie, & en-

fuite Echevin en 1557, Charge qu'il accepta une feconde fois en 1562. Il fe fit recevoir Confeiller de Ville en 1564, puis ayant exercé la Judicature Confulaire en même tems qu'il rempliffoit la Place de Doyen du Corps en 1566, il fut enfin élu Prevôt des Marchands en 1570. *Voyez les Regiftres des Six-Corps, ann. 1671, & ceux de l'Hôtel de Ville depuis 1557.* Item, *Regiftre des Receptions de Maîtres en la Maifon commune, ann. 1544. Ancien Regiftre de l'Orfévr. fol. 55, r°. & v°.* Item, *Mémoires de la Reine Marguerite &c.*

Charles IX. ayant créé par fon Edit du mois de Novembre 1563, un Juge & quatre Confuls pour adminiftrer la Juftice dans les matieres de Commerce à Paris, voulut que les Places de ce nouveau Siege fuffent fucceffivement remplies par des Sujets Elûs d'entre les Marchands & par les Marchands mêmes. En forte que ceux des Six-Corps qu'une telle Difpofition défignoit naturellement fe trouverent auffi plus particulierement chargez dès-lors de l'Adminiftration de cette Jurifdiction ; & ce fut pour eux une nouvelle Prérogative ajoutée aux anciennes. En effet, ce font les Six-Corps qui ont toujours donné prefque tous les Sujets au Confulat dès-lors & par la fuite ; & celui de l'Orfévrerie en compte jufqu'à cinquante-trois qu'il a fournis jufqu'à préfent, tant pour la Place de Juge, que pour celles de Confuls. * *Regiftres du Confulat de Paris.*

---

* Il y en a eu depuis. *Vide* à la fin de ces Statuts.

TITRE II.

Des Apprentifs.

ARTICLE PREMIER.

Un seul Apprentif à chaque Maître.

CHACUN des Maîtres & Marchands Orfévres-Joyailliers de la Ville de Paris n'aura qu'un seul Apprentif; & n'en pourra prendre un second, que le tems de l'Apprentissage du premier ne soit entierement parachevé.

AUTORITEZ.

Nos Statuts de l'an 1260 ne prescrivoient cette unité d'Apprentifs qu'à l'égard des Sujets qui ne se feroient point trouvez être Parens ou Alliez du Maître. ,, Nul Orfévre, ,, y est-il dit, *Art. iv.* ne puet avoir ,, que un Apprentiz estrange, mès ,, de son lignage, ou du lignage sa ,, Fame, soit de loing, soit de près, ,, en puet il avoir tant comme il li ,, pleze. " *Archiv. Layett. 1, cot. 1.*

L'Edit du Roy Jean du mois d'Août 1355, en confirmant ces anciens Statuts, restraignit cette faculté illimitée de prendre des Apprentifs parens à un du côté du Mari & un du côté de la Femme avec l'Etrange, ou à deux Etranges pour tout, lorsqu'il n'y avoit point de Parens, *Art. xix.* Et l'Ordonnance de Charles V. de l'an 1378, réduisit les deux Apprentifs Parens à un seul avec l'Etrange. Ibidem *Lay.* 1, *cot.* 1, bis, & 2. Item, *Rec. des Ord. p. 6 & 12.*

Mais dans le cours de moins d'un siécle depuis on vit cette pluralité d'Apprentifs réduite enfin à un seul pour chaque Maître, sans distinction de Parens, ni d'Etranges. On trouve dans la dépense du Compte rendu par les Gardes en 1475, qu'un Maître nommé Milan de Bressy fut poursuivi par eux au Châtelet pour avoir pris plusieurs Apprentifs en même tems ; & l'Amende en laquelle ils le firent condamner, marque qu'il contrevenoit en cela à un point de Police déja établi dans le Corps. Quoiqu'aucune de nos anciennes Ordonnances n'eût encore statué de la sorte sur ce Point, on ne laissoit pas de le supposer dans le siécle suivant, où l'on voit que les Gardes ne fouf-froient pas plus d'un Apprentif chez un Maitre, même fous prétexte de charité, comme il paroit par la Sentence, dont la teneur s'enfuit.

Sentence du Prevôt de Paris du 19 Mars 1544. ,, A tous ceux &c. Ni-
» voifin Procureur des Maitres Ju-
» rez & Gardes de l'Orfévrerie de
» Paris, a dit, que Michel Boulan-
» ger, Maitre Orfévre, a, par deux
» fois affirmé qu'il n'avoit qu'un Ap-
» prentif, & qu'il étoit nommé
» Pierre le Marre, & enregiftré au
» Regiftre defdits Orfévres fuivant
» l'Ordonnance; [que] néanmoins
» outre ledit le Marre fon premier
» Apprentif, s'en eft trouvé un au-
» tre en fa Maifon qu'il a pris de-
» puis quatre ou cinq mois ou envi-
» ron, qui eft contre l'Ordonnance;
» requerant & concluant par ledit
» Nivoifin à ce que ledit Boulanger
» foit condamné à mettre hors ledit
» fecond & dernier Apprentif, & en
» l'amende envers lefdits Jurez, &
» dépens. Et oüi ledit Boulanger pré-
» fent en perfonne, qui a dit que
» fon Apprentif a fini à Pâques pro-
» chain venant, & qu'il a en fa Mai-
» fon un petit Garçon qu'il nourrit
» pour l'honneur de Dieu, en atten-
» dant qu'il lui trouvera Maitre, &
» dénie que ledit Garçon foit fon
» obligé. Et les Gens du Roy &c.
» Par déliberation de Confeil, avons
» fait & faifons défenfes audit Boulan-
» ger de tenir qu'un Apprentif, fuivant
» l'Ordonnance, qui eft ledit le Mar-
» re, & enjoint de mettre l'autre de-
» hors, & fi le condamnons ès dé-
» pens, fans amende pour cette
» fois. " *Archives de l'Orf. Layet.* 12, *cotte* 1. Item, *Rec. des Ord. p. 505.*

La raifon qui fit abroger ainfi le premier Ufage, fut que plufieurs de ce grand nombre d'Apprentifs qu'il produifoit, ne pouvant parvenir à la Maitrife, demeuroient fans qualité toute leur vie, & n'étoient propres, pour la plûpart, qu'à faire ce que nous appellons de *Faux Ouvriers.* Mais ce motif devint encore plus preffant depuis que le nombre des Maitres fut limité: car dès-lors il convint moins que jamais de multiplier celui des Apprentifs. Et cependant, la défenfe d'en prendre plufieurs à la fois, n'étoit encore appuyée que fur de fimples Jugemens qui n'étoient point rendus en forme de Reglemens. Mais pour donner deformais force de Statut à cette Défenfe dans le Corps, les Gardes préfenterent leur Requête à la Cour des Monnoyes, où pour lors ils s'a-dreffoient volontiers pour ce qui concernoit le Fait d'Apprentiffage, & obtinrent cet Arrêt fur les Conclufions du Procureur Général:

Arrêt de la Cour des Monnoyes du 9 Décembre 1581. ,, La Cour, en "
enterinant la Requête defdits Mai- "
tres & Gardes, a ordonné & ordon- "
ne que fuivant l'ancienne Ufance "
[qui avoit alors plus de cent ans] "
chacun Maître Orfévre ne pourra "
tenir & avoir en fa Maifon & Bou- "
tique, ni autres lieux qu'un feul Ap- "
prentif.... fans que pendant ledit "
tems [de fon Apprentiffage] il en "
puiffe prendre d'autre, encore qu'il "
foit de fa parenté & lignage ... Et "
enjoint ladite Cour aufdits Gardes "
de faire comparoir pardevant eux "
au premier jour en l'Hôtel de leur "
Métier tous lefdits Maîtres Orfé- "
vres de cette Ville de Paris, & leur "

„ notifier & faire entendre le préfent
„ Arrêt à ce qu’ils n’en prétendent
„ caufe d’ignorance. " *Layet.* fupr.
cotte 3. Ce Reglement ayant été publié dans l’Affemblée , eft toujours
demeuré en vigueur depuis. Il n’y
a que les Orfévres des Galeries du
Louvre qui n’y foient pas affujettis.

Car en vertu des Priviléges dont ils
joüiffent , ils peuvent prendre un
fecond Apprentif à la feptiéme année de l’Apprentiffage du premier.
*Voyez l’Arrêt de la Cour des Mon-
noyes du 24 Février 1672 dans la
VIIIᶜ. Layet. cotte 6 , & au Recueil
imprimé pag. 415.*

ARTICLE II.

Maîtres fans Boutique n’auront Apprentifs.

L Es Maîtres qui ne tiendront pas actuellement
Boutique ouverte, ne pourront prendre ni garder
d’Apprentifs : & fi aucuns Apprentifs fe trouvent obligez fous de tels Maîtres, l’obligation demeurera nulle,
& il leur fera pourvû d’autres Maîtres.

AUTORITEZ.

Cette Difpofition eft une confequence neceffaire de l’Inftruction qui
eft dûe à l’Apprentif , laquelle ne
lui peut être donnée que par l’exercice actuel du travail. Car , tout
travail d’Orfévrerie étant profcrit
ailleurs qu’en Boutique ouverte ,
comme on le vera ci-après, il s’enfuit qu’un Maître qui n’a point de
Boutique ne peut licitement travailler ; & par confequent ne peut faire
d’Apprentif. Ce fut pour commencer à établir ce point de notre Police
auquel il n’avoit point encore été
pourvû, que les anciens Gardes affemblez en la Maifon commune le 2
Décembre 1627, arrêterent „ Qu’à
„ l’avenir les Gardes en Charge n’en-
„ regiftreroient aucuns Brevets d’Ap-
„ prentifs obligez à des Maîtres qui
„ ne tiendroient pas actuellement Bou-

tique ouverte. " 2ᶜ. *Regiftre des Déliberations , fol.* 21. Ce qui étoit , à
proprement parler, rendre ces Brevets nuls faute d’enregiftrement. Et
dès le commencement de l’année fuivante ils obtinrent ce Jugement en
conformité de leur Réfultat :

Sentence de Police du 10 *Mars*
1627. „ Attendu que ledit de la "
Barre, Maître Orfévre , ne travail- "
le en Boutique ouverte au defir des "
Ordonnances, ains s’eft retiré [dans "
un Appartement] aux Galeries du "
Louvre , avons le Brevet d’Ap- "
prentiffage de Noël Remi avec le- "
dit de la Barre, déclaré nul ; & or- "
donnons qu’il fera pourvû d’un "
autre Maître audit Apprentif. " *Archiv. Layet.* 12. *cot.* 5.

ARTICLE III.

Age des Apprentifs pour commencer l'Apprentiffage.

LEs Apprentifs Orfévres à Paris n'entreront point en Apprentiffage avant l'âge de dix ans commencez; & ne pourront pareillement iceux Apprentifs commencer ledit Apprentiffage après l'âge de feize ans révolus.

AUTORITEZ.

Dans une Affemblée des Anciens tenue le 10 Juin 1598, les Gardes reprefenterent que fous le nom d'Apprentifs, des Gens âgez de 25 & 30 ans, même mariez, fe préfentoient journellement au Bureau pour y faire enregiftrer leurs Brevets d'Apprentiffage ; ce qui ne pouvoit leur être refufé : qu'enfuite les uns fe rachetoient de leurs Maîtres & les quittoient au préjudice des Regles prefcrites pour l'Apprentiffage ; que d'autres à la verité, demeuroient chez leurs Maîtres, mais travailloient pour leur propre compte ; & que prefque tous abufoient ainfi de leur Etat par des conventions fecrettes & défenduës par nos Ordonnances.

L'Affemblée jugeant que le défordre venoit principalement de ce que l'âge auquel les jeunes Gens auroient legitimement dû entrer en Apprentiffage, ne fe trouvoit marqué par aucun Reglement, il fut refolu d'y pourvoir, auffi-bien qu'aux abus qui en étoient les fuites, & ce fut furquoi on dreffa inceffamment certains Articles : Mais par rapport au tems où les Apprentifs commenceroient deformais leur Apprentiffage, ce ne fut que par une nouvelle Conclufion prife le 12 Janvier de l'année fuivante 1599, que l'on convint de le placer entre l'âge de dix ans commencez & celui de feize accomplis. 1er. *Regift. des Délib. fol.* 108 *v°.* & 112 *v°.*

Les Articles dreffez par les Anciens furent enfuite approuvez dans une Affemblée générale du Corps, *Recueil des Ordonn. pages* 153, 154. Et ayant été préfentez à Henry IV. ce Prince les autorifa après avoir pris l'Avis du Prevôt de Paris, & ordonna qu'ils feroient ajoutez aux anciens Statuts de l'Etat d'Orfévrerie par fes Lettres du mois de May fuivant, où, fur le Point dont il s'agit, il eft ftatué en ces termes :

Lettres Patentes de Henry IV. à Fontainebleau au mois de May 1599. Avons dit, déclaré & ordonné, " Difons, déclarons & ordonnons ... " Premierement : Que aucun ne fera " reçû Apprentif audit Etat [d'Or- " févrerie "

„ févrerie à Paris] au-deſſous de
„ l'âge de 10 ans, & au-deſſus de l'âge
„ de 16 ans. « On a toujours reconnu
par la ſuite , en effet, que ces limites
étoient convenables, tant pour prévenir les abus dont on s'étoit plaint
& qui ſont l'objet des autres Articles , deſquels nous parlerons dans
l'occaſion , que pour l'avantage propre des Apprentifs. Car, un Enfant
au-deſſous de dix ans ne ſeroit pas
encore en état de profiter des inſ-
tructions qu'on lui donneroit ; & il
y auroit à craindre qu'au-deſſus de
ſeize , il n'eût plus la ſoûmiſſion &
la docilité neceſſaires , & qu'il ne ſe
dégoutât dans le cours d'un long Apprentiſſage , dont il ne verroit la fin
que lorſqu'il ſeroit lui-même parvenu à l'âge d'un homme fait. Tel eſt
l'eſprit de ce Statut, dont les Lettres furent regiſtrées au Parlement
le 5 Juin de la même année 1599.
Archiv. de l'Orf. Layet. 2 , *cot.* 31.
Item , *Rec. pag.* 153 *& ſuivantes.*

ARTICLE IV.

Durée de l'Apprentiſſage.

LESDITS Apprentifs feront leur Apprentiſſage durant huit années entieres, ſans qu'ils puiſſent s'obliger à leurs Maîtres pour moins de tems ; ni qu'iceux
Maîtres puiſſent leur quitter ou remettre partie de ce
tems.

AUTORITEZ.

Ce tems , qui paroît long, n'eſt
pas ordonné ſeulement , afin qu'un
jeune homme puiſſe acquerir une capacité ſuffiſante dans les differentes
parties de ſon Art; mais c'eſt principalement auſſi , comme dit Henry
IV. dans des Lettres Patentes du
15 Octobre 1597. „ A ce que par tel
„ Apprentiſſage la fidelité & pru-
„ dhommie de ceux qui travaillent
„ en or & argent ſoit connue & expé-
„ rimentée, comme il eſt très requis
„ & neceſſaire plus qu'en tous autres
„ Etats & Métiers pour la conſe-
„ quence de leurs Ouvrages. « *Arch.*
Layet. 2 , *cot.* 28. Item, *Rec.* 149.

Nos premiers Statuts écrits ſous
S. Louis preſcrivoient même un tems
encore plus long. „ Nul Orfévre , «
dit l'Article V. ne puet avoir Ap- «
prentiz à moins de dix ans. « *Layet.*
1 , *cot.* 1. Il a été fixé à huit ans
par toutes les Autoritez qui ſuivent ;
mais le ſoin qu'on a pris de le faire
tant de fois ſi ſolemnellement, &
avec des précautions ſi attentives ,
marque bien l'impreſſion que l'importance du motif, dont on vient de
parler, a toujours faite pour le bien
public dans le Conſeil de nos Rois.

Lettres Patentes en forme d'Edit du
G

Roy Jean, du mois d'Août 1355, Art. 20. „ Item, Nul Orfévre [à „ Paris] ne puet avoir Apprentif „ eftrange ne privé à moins de huit „ ans. " *Archiv.* ibid. *cot.* 1 , bis. Item , *Rec. pag.* 6.

Ordonnance de Charles V. du mois de Mars 1378. „ Quant aux Ap-„ prentifs dudit Artifice d'Orfévre-„ rie , lefdits Orfévres [de Paris] „ n'en pourront avoir à moins de „ huit ans. " *Layet.* idem , *cotte* 2. Item, *Rec. p.* 11 , 12.

Edit de François I. à fainte Mene-houd en Septembre 1543 , *regiftré au Parlement le* 23 *Octobre fuivant.* Art. xv. *&* xvi. „ Les Apprentifs Orfévres „ feront obligez de fervir leurs Maîtres „ durant le tems de huit ans entiers „ fans difcontinuation dudit fervi-„ ce .... Et ne feront lefdits Ap-„ prentifs reçus à Chefs-d'œuvres ... „ S'ils n'ont entierement fervi le „ tems defdits huit ans, duquel tems „ de huit ans ils ne fe pourront ra-„ cheter de leurfdits Maîtres , fur „ peine d'amende arbitraire à Nous „ à appliquer , tant de la part du „ Maître Orfévre, que de l'Appren-„ tif. " *Layet.* idem , *cotte* 10. Item, *Recueil des Ordonn. pag.* 48.

Edit de Henry II. à Fontainebleau en Mars 1554, *regiftré en la Cour des Monnoyes le* 8 *Avril fuivant.* Art. 11. „ Aucun ne pourra être reçû au-„ dit Meftier [d'Orfévre] finon „ qu'il ait fervi un Maître l'efpace „ de huit ans pour le moins; duquel „ tems il ne fe pourra racheter. " *Layet.* idem , *cotte* 13. Item, *Recueil des Ordon. pag.* 64.

Lettres Patentes de Henry IV. à Fontainebleau en May 1599 , *regiftrées au Parlement le* 5 *Juin fuivant.* Art. 1. „ Les Apprentifs Orfévres " de Paris feront Apprentiffage de " huit années entieres & confécuti- " ves, fans que les Maîtres dudit " Etat puiffent obliger leurs Appren- " tifs pour moindre tems, remettre " ou quitter partie ni portion d'icelui. " *Lay.* idem , *cotte* 31. Item, *Recueil des Ordonn. pag.* 154.

Nonobftant des Difpofitions fi précifes , quelques-uns de nos Or-févres crurent en 1633 pouvoir pren-dre des Apprentifs fous le prétendu Titre de *Serviteurs*, & fe les obliger pour moins de tems que les huit an-nées prefcrites par les Reglemens ; ne comptant pas au refte leur faire acquerir la Franchife par ce moyen. Mais comme cette nouveauté ten-doit à produire de faux Ouvriers pour l'avenir en la perfonne de ces *Allouez* fans qualité , les Gardes ob-tinrent cette Sentence contre leurs Maîtres :

Sentence du Prevôt de Paris du 3 *Décembre* 1633. „ Avons lefdits " Brevets d'Apprentiffage paffez par " les Apprentifs defdits Défendeurs " fous le Titre de Serviteur, décla- " ré & déclarons nuls : Défenfes " aufdits Défendeurs & à tous Maî- " tres Orfévres, de plus paffer tels " Brevets, foit de fix, cinq, quatre, " trois, deux , voire d'un an , à peine " de l'amende : & fi les condamnons " ès dépens. " *Archiv. Layet.* 12, *cotte* 10. Item, *Rec. pag.* 509.

Les huit années d'Apprentiffage font également prefcrites pour les deux Enfans qui, en vertu des Privileges de la Trinité, font inftruits en l'Art d'Orfévrerie dans cet Hopital : & les deux Ouvriers fans qualité fous lefquels ils font leur Apprentiſſage ne peuvent non plus parvenir à la Maîtrife qu'après avoir vacqué tout ce tems à l'inftruction de leurs Apprentifs. *Voyez les Arrêts du Parlem. des 6 Juin* 1576 *, & 8 Octobre* 1621. *Layet.* 9 *, cot.* 2 *&* 5. *Item, Rec. pag.* 456 *& fuivantes.*

Il en eſt de même des Apprentifs Orfévres des Galleries du Louvre, *Layet.* 8 *, cot.* 6 *&* 10. *Item, Rec. p.* 414 *& fuiv.* Il n'y a uniquement que ceux des Gobelins qui, par le Privilege de cette Manufacture, ne font tenus qu'à fix années d'Apprentiſſage : mais leur tems fini, ils doivent encore fervir quatre ans les Maîtres en qualité de Compagnons. *Layet.* 9 *, cot.* 9. *Item, Rec. p.* 469.

A R T I C L E V.

Apprentifs obligez par Brevets en bonne forme.

SERONT tenus lefdits Maîtres en prenant Apprentifs de les faire obliger à eux pour les fufdites huit années d'Apprentiſſage, par Acte ou Brevet en bonne forme, paſſé devant deux Notaires; & ce, fans aucunes Contre-Lettres, à peine de nullité d'icelles, & d'amende arbitraire contre le Maître qui les auroit données.

A U T O R I T E Z.

Il paroît que cette obligation des Apprentifs à leurs Maîtres par Acte en bonne forme étoit pratiquée dans l'Orfévrerie de Paris dès le xve. fiécle : car on trouve dans nos Regiftres un Ordre du Procureur du Roy au Châtelet obtenu par les Gardes en 1474, qui enjoignit pour lors „ A tous les Maîtres Orfévres „ de cette Ville ayant Apprentifs „ d'en reprefenter les LETTRES par- „ devant lefdits Gardes en l'Hôtel „ du Métier. " *Voyez le Regiſtre des Comptes de l'année* [illegible] *p.* [illegible] ce ne fur que dans [illegible] être fur le modele [illegible]

tiquoit à Paris, que François I. ordonna à tous les Orfévres du Royaume de s'obliger ainfi leurs Apprentifs, en marquant en même tems le motif de cette précaution, en ces termes :

Edit de François I. à fainte Menenoud le 21 *Septembre* 1543 *,* ART. XIV. *&* XV. „ Pour ce que plufieurs " Apprentifs Orfévres ..... n'ayant " égard à l'obligation de Service " qu'ils doivent faire à leurs Maîtres, " quand bon leur femble, ou qu'ils " fentent qu'ils pourront faire leur " profit de ce qu'ils peuvent avoir "

,, appris & compris au Mestier, s'en-
,, fuient ou délaissent le plus souvent
,, leurs Maîtres, ne voulant para-
,, chever le tems de leur Apprentis-
,, sage ; à quoi est bien requis de
,, pourvoir pour l'avenir : Nous, à
,, cette cause, Avons ordonné &
,, statué , statuons & ordonnons,
,, Que tous Maîtres Orfévres des
,, Villes de notre Royaume où ledit
,, Mestier d'Orfévrerie est, & sera
,, Juré, seront dorefnavant tenus en
,, prenant Apprentifs efdites Villes,
,, iceux faire obliger pardevant No-
,, taires & Tabellions, les fervir du-
,, rant le tems de huit ans, &c. " *Ar-*
chives de l'Orf. Layette 1 , *cotte* 10.
Item , *Rec. des Ord. p.* 47 , 48.

Comme les Contre-Lettres qui
pourroient se donner pour abreger
le tems prefcrit pour l'Apprentissage
rendroient les Brevets illusoires ,
aussi ce moyen fecret d'éluder les
Reglemens a-t-il toujours été féverement reprimé lorfqu'il a été découvert ; & les Gardes n'ont pas manqué de faire prononcer la nullité des
Contre-Lettres & l'amende contre
les Maîtres qui les avoient données.
En voici feulement un Exemple.

Arrêt de la Cour des Monnoyes du
27 *Novembre* 1582. ,,Vû par la Cour
,, la Requête [des Maîtres & Gar-
,, des de l'Orfévrerie de Paris] Bre-
,, vet d'apprentissage dudit Lucas
avec ledit Chaperon, passé parde- "
vant Herbin & Bizeu, Notaires "
au Châtelet de Paris le 10 May "
1581 , Contre-lettres passées par- "
devant lefdits Notaires ledit jour, "
par lefquelles ledit Chaperon pro- "
met audit Lucas fon Apprentif, "
de lui rendre fon Brevet d'Ap- "
prentissage, dudit jour en cinq ans, "
fans qu'il foit tenu le fervir outre "
& plus long-tems que lefdits cinq "
ans, pour les caufes & ainfi qu'il "
est plus à plein contenu par ladite "
Contre-lettre. Interrogatoire , ré- "
ponfes & confeffions defdits Cha- "
peron & Lucas &c. Conclufions "
du Procureur Général du Roy au- "
quel le tout a été communiqué ; le "
tout confideré : La Cour a ordon- "
né & ordonne , fans avoir égard à "
ladite Contre-lettre, que le Bre- "
vet d'Apprentissage dudit Lucas "
ne commencera que du 10 May "
1581 , qu'il a été obligé, & de- "
puis fervir continuellement [juf- "
qu'à la fin des huit années portées "
audit Brevet.] Et pour avoir par "
ledit Chaperon fait ladite Contre- "
lettre, l'a condamné & condamne "
en deux écus d'amende , &c. & ès "
dépens , &c. Et font faites inhibi- "
tions & défenfes audit Chaperon "
de plus faire de femblables Contre- "
lettres, fur peine d'être privé du- "
dit Etat & Métier , & d'amende "
arbitraire. " *Layet.* 12 , *cot.* 3.

ARTICLE VI.

Enregiftrement des Brevets au Bureau de la Maifon commune.

LEs Actes ou Brevets de ladite obligation, feront
enregiftrez dans trois jours, ou dans huitaine au

plus tard après la datte d'iceux, par les Maîtres & Gardes de l'Orfévrerie au Bureau de la Maison commune ; à peine contre les Maîtres qui les auront passez de tous dépens, dommages & interêts de leurs Apprentifs, & de deux cens livres d'amende, applicable moitié au Roy & moitié aux Pauvres dudit Bureau.

AUTORITEZ.

La raison du peu de délai accordé pour cet Enregiftrement, & des peines prononcées contre ceux qui négligeroient de prefenter à cet effet les Brevets aux Gardes, eft que le tems de l'Apprentiffage ne commence à courir que du jour que cette Infinuation eft portée fur le Regiftre : en forte que s'il arrivoit qu'elle ne fût point faite, l'Apprentif n'acquerreroit point la Franchife, & fon Apprentiffage ne lui donneroit nul droit de prétendre à la Maîtrife ; comme il arriva en 1595 à un Afpirant qui par Déliberation de l'Affemblée des Anciens tenue le 10 Juin, fut exclus du Chef-d'œuvre, parce que fon Brevet n'avoit point été Enregiftré au Bureau. Iᵉʳ. *Regiftre des Délib. de l'Orf. fol.* 100 *ro. & vo.*

L'Ufage d'enregiftrer le nom des Apprentifs à mefure que les Maîtres en prenoient, étoit déja établi dans l'Orfévrerie de Paris dès l'an 1370, comme il paroît par les Regiftres mêmes qui fervoient à cet ufage dès lors & qui font confervez dans nos Archives. Ce fut peut-être encore fur cette Coutume des Orfévres de la Capitale, que par une fuite des précautions prifes depuis par François I. touchant la paffation des Bre-

vets devant Notaires, ce Prince fit auffi, & en même tems une Loy générale de leur Enregiftrement en ces termes :

Edit de François I. du 21 *Septembre* 1543. Aʀᴛ. xv. ,, Ordonnons que " tous Maîtres Orfévres des Villes de " notre Royaume .... feront tenus, " en prenant Apprentifs, iceux faire " obliger &c. Et les Lettres de ladite " obligation feront tenus lefdits Maî- " tres dedans le jour qu'elles feront " paffées, ou dedans trois jours après " pour le plus tard, mettre ès mains " des Jurez [& Gardes] dudit Mé- " tier des Villes où ils feront demeu- " rans, pour être enregiftrées par lef- " dits Jurez &c. " *Archiv. Layette* 1, *cot.* 10. Item, *Rec. p.* 48.

Le délai de huit jours au lieu de trois n'eut lieu, & les peines portées en notre Statut ne furent prononcées qu'en 1612 dans un Reglement, dont voici l'Extrait :

Reglement fait en la Cour des Monoyes le 2 *Juillet* 1612, *confirmé par Lettres Patentes de Louis XIII. des mêmes mois & an.* ,, Les Maîtres Or- " févres [de la Ville de Paris] pre- " nans Apprentifs, feront tenus de- "

,, dans trois jours , ou dedans hui-
,, taine au plus tard après les obliga-
,, tions de leurs Apprentifs paſſées,
,, icelles mettre ès mains des Maî-
,, tres & Gardes dudit Métier, pour
,, être par eux regiſtrées en la ma-
,, niere accoutumée , & y avoir re-
,, cours , ſi beſoin eſt ; à peine contre
,, leſdits Maîtres , à faute de ce faire
,, dans ledit tems, de tous dépens,
,, dommages & interêts de l'Appren-
,, tif, & de deux cens livres d'amen-
,, de , applicable moitié au Roi , &
,, moitié au Bureau de l'Orfévrerie
,, pour l'entretenement & nourriture
,, des Pauvres Maîtres dudit Mé-
,, tier. " Ce Reglement, à l'obſer-
vation duquel les Gardes furent chargez de tenir la main , fut publié,
ainſi que les Lettres Patentes qui le
confirment, en preſence de tout le
Corps aſſemblé dans la Maiſon commune. *Layette* 12 , *cotte* 4. Item,
Rec. des Ord. de l'Orf. p. 158 & 161.

Comme l'Enregiſtrement des Brevets eſt de rigueur en tant qu'il doit
conſtater l'Etat & le droit des Apprentifs , & que depuis l'Ordonnance de 1599 , qui fixe leur âge, il
demandoit encore plus de précaution qu'auparavant , on prit là-deſſus certaines meſures en notre Bureau dès l'année 1605. Par une concluſion priſe dans l'Aſſemblée des
Anciens, tenue cette année-là le 26
Octobre , il fut arrêté : ,, Qu'à l'a-
venir l'Acte d'Enregiſtrement des "
Brevets d'Apprentiſſage feroit ſi-
gné de chacun des ſix Gardes en "
Charge , ou de quatre d'entr'eux "
pour le moins. " 1er. *Regiſt. des Dé-* "
lib. fol. 144 , v°. Et c'eſt ce Reſultat
qui a formé notre Diſcipline ſur ce
point , à laquelle il n'a été rien
ajouté depuis , ſinon que par une
Sentence de Police du 25 Octobre
1697, il eſt enjoint aux Gardes de
ſe faire repreſenter l'Extrait-Bapti-
ſtaire de l'Apprentif avant que d'en-
regiſtrer ſon Brevet ; afin qu'il ne
puiſſe leur en impoſer ſur ſon âge:
& leur précaution va là-deſſus juſqu'à retenir pardevers eux l'Extrait
même, & à l'annexer à l'Acte d'Inſinuation dans le Regiſtre après l'a-
voir viſé dans cet Acte.

ARTICLE VII.

Apprentifs travailleront chez leurs Maîtres,
& ſans Gages.

LES DITS Apprentifs travailleront chez leurs Maîtres , & non ailleurs ; & ſans que leurſdits Maîtres
puiſſent leur donner ni promettre aucuns ſalaires directement ni indirectement, ſous prétexte de leurs bons
Services, pendant le tems de leur Apprentiſſage ; à peine
d'amende contre les Contrevenans.

AUTORITEZ.

L'Apprentif une fois obligé à son Maître, lui doit & son tems & ses services. Telle est la nature de son engagement, & la condition sous laquelle il peut acquerir la Franchise. Un nombre d'Apprentifs ayant quitté leurs Maîtres en 1671, il fut enjoint à ceux-ci de les rappeller chez eux, & de les y faire travailler comme il s'ensuit :

Sentence du Prevôt de Paris du 6 Février 1671. „ Disons que les Or-„ donnances, Statuts, Arrêts & Re-„ glemens sur le Fait de l'Orfévre-„ rie seront executez selon leur for-„ me & teneur ; & que dans quin-„ zaine tous Maîtres Orfévres de „ cette Ville qui ont des Apprentifs „ à eux obligez, seront tenus de les „ faire travailler dans leurs maisons „ en Boutiques ouvertes. " Ce Reglement fut publié & enregistré au Bureau de l'Orfévrerie, signifié aux Maîtres dont les Apprentifs étoient absens, & affiché dans Paris. *Archiv. Lay.* 10. Item, *Rec. p.* 513.

Nos anciens Statuts n'empêchoient pas à un Maître de donner quelques salaires à son Apprentif : & lorsque celui-ci se trouvoit capable de travailler, il pouvoit même passer une partie du tems de son Apprentissage en *servant comme Valet,* c'est-à-dire, Compagnon, *gagnant argent.* Mais par succession de tems cette liberté qui affoiblissoit l'autorité du Maître, & favorisoit l'indocilité de l'Apprentif, dégenera en un abus auquel Henri IV. remedia en ces termes:

Ordonnance d'Henri IV. à Fontainebleau en May 1599. Art. 11. „ Ne pourront les Maîtres Oriévres [de " Paris] donner Gages, argent, ou " récompense aucune durant ou " après les huit années finies & ac- " complies pour le tems d'Appren- " tissage, à leurs Apprentifs, de " quelque âge, Nation, ou condi- " tion qu'ils soient, sur peine aux " contrevenans de cinquante écus " d'amende. " *Layet.* 2, *cot.* 31. Item, *Rec. des Ordon. p.* 154. Cette Disposition fut un des points de la Réforme projettée dans l'Assemblée des Anciens du 10 Juin 1598 dont nous avons parlé sur le III. Statut de ce Titre II.

ARTICLE VIII.

• *Brevets des Apprentifs fugitifs rapportez aux Gardes.*

LEs Maîtres, dont les Apprentifs seront absens & fugitifs, rapporteront incessamment leurs Brevets d'apprentissage aux Gardes ; lesquels Gardes feront mention dudit rapport sur le Registre ; & ce fait, pourront lefdits Maîtres fe pourvoir d'autres Apprentifs, fi bon leur femble.

AUTORITEZ.

Cette rigueur apparente envers l'Apprentif, lui eft très-falutaire en effet, pour le contenir dans le devoir, & l'empêcher de perdre avec fon tems, le fruit de fon Apprentiffage, en quittant fon Maître par une legereté naturelle à cet âge. Que fi néanmoins il le fait, il eft jufte qu'un Maître ne demeure pas lié par un Brevet qui ne fert plus de frein à un Apprentif indocile & fugitif; & qu'en remettant ce Brevet entre les mains des Gardes, il rentre dans fa premiere liberté, avec la faculté de prendre, fi bon lui femble, un autre Apprentif. Et c'eft fur quoi François I. a difertement ftatue.

Edit de François I. à Sainte Menehoud en Septembre 1543, Art. xv. ,, Statuons & ordonnons que .,.s'il ,, advient que lefdits Apprentifs ,, [Orfévres] s'enfuient [ou au- ,, trement] delaiffent le Service de ,, leurs Maîtres, iceux Maîtres fe- ,, ront tenus rapporter lefdites Let- ,, tres de leurs Apprentifs, & icelles ,, remettre ès mains defdits Jurez ,, [& Gardes] & leur déclarer le ,, jour que leurfdits Apprentifs s'en ,, feront fuis, pour en être fait bon & ,, loyal Regiftre: Et ce fait, fe pour- ,, ront lefdits Maîtres Orfévres pour- ,, voir d'autres Apprentifs au lieu des ,, fugitifs, fi bon leur femble. " *Lay.* 1. *cot.* 10. Item, *Rec. des Ord. p.* 48.

Mais comme on abufe des Regle-mens les plus fages & les mieux con-

certez, il s'eft vû, par la fuite, des Maîtres qui ont fait un mauvais ufage de la faculté que celui-ci leur donne. Les Gardes informez de leur procedé, s'en plaignirent dans une Affemblée des Anciens, tenue à ce fujet le 13 Février 1626. Ils y expo-ferent que ces Maîtres trouvant des Apprentifs dont ils pouvoient tirer des conditions plus avantageufes à leurs intérèts que celles qu'ils avoient eues de leurs propres Apprentifs, fe dégoutoient de ceux-ci; qu'ils en ufoient durement avec eux, & que même ils les maltraitoient de fait, pour les porter à fortir de chez eux, afin qu'eux-mêmes pûffent remet-tre leurs Brevets au Bureau, & fe voir par-là en état de prendre les autres.

Sur cet expofé, il fut déliberé & conclu: *Que tout Maître, dont l'Ap-prentif fe fera retiré avant la fin de fon tems, n'en pourra prendre un autre qu'après une année révoluë depuis la fortie du premier.* Ce Refultat, qui ne pourroit fe foutenir dans fa gé-néralité, eft bon en le renfermant dans l'efpece dont il s'agiffoit; & c'eft ainfi qu'il doit être entendu. Il déconcerte en effet les mefures d'in-terêt qui font l'unique motif d'une conduite fi injufte & fi méprifable; & c'eft le moyen le plus convena-ble dont on fe puiffe fervir pour la corriger fans éclat par le feul refus d'enregiftrer un nouveau Brevet: car un Maître qui n'a point de caufe legitime pour renvoyer fon Ap-

prentif

prentif , n'en peut avoir pour en faire enregiftrer un autre au préju- dice du premier. *Voyez* 2e. *Regiftre des Délibérations ,* fol. 19.

A R T I C L E   IX.

Tems des fugitifs ceffe de courir jufqu'à leur retour.

LE tems qui reftera à parachever de l'Apprentiffage lors de la fuite des Apprentifs , ceffera de courir jufqu'à ce qu'ils foient retournez chez leurs Maîtres, ou chez d'autres Maîtres Orfévres de la Ville de Paris, où ils feront tenus d'achever entierement ledit tems.

A U T O R I T E Z.

L'efpace de tems qui s'écoule durant l'abfence de l'Apprentif , ne peut être compté comme faifant partie de celui de fon Apprentiffage ; & c'eft pour cela que François I. veut qu'en rapportant fon Brevet aux Gardes , le Maître leur déclare *le jour* de fa fuite, & qu'ils en tiennent bon & fidele Regiftre. Mais afin que le tems déja fait avant la fuite, ne foit pas perdu pour l'Apprentif, au cas qu'il revienne , & qu'il fe range à fon devoir, le même Prince ajoute :

Edit de François I. à Sainte Menehoud au mois de Septembre 1543 , Art. xvi. „ Et pour ce que lefdits „ Apprentifs fugitifs pourroient „ quelquefois retourner pour fervir „ & parachever le tems qui reftoit „ de leur Apprentiffage lors de „ leur fuite ; ordonnons que fi lef- „ dits Apprentifs retournent vers „ leurfdits Maîtres, ils feront tenus „ parachever entierement de fervir „ leurfdits Maîtres , ou autres Maî- tres en ladite Ville le tems qui " reftoit lors de ladite fuite. " *Lay. & cot.* fupr. *Rec.* ibid.

Il y a lieu d'admirer fans doute l'attention , non-feulement de François I. qui defcend ici jufques dans ces menus détails , mais auffi celle de plufieurs autres Rois , lefquels , comme on l'a vû jufqu'ici , ont voulu prendre eux-mêmes le foin de regler dans des Edits publics , & autres Lettres de fouveraine autorité , jufqu'aux moindres circonftances de nos Apprentiffages. Il en eft de même de prefque tout le refte de notre Police. C'eft ce qui a fait dire à Conftans , dans fon Traité de la Cour des Monnoyes , *p.* 383 , que l'Orfévrerie eft en effet la feule Profeffion qui ait mérité une attention fi finguliere de la part de nos Rois : & la raifon qu'il en donne , eft que la Profeffion des Orfévres , ou plutôt la bonne Police qui eft requife dans l'exercice de cette Profeffion , a toujours été jugée d'une extrême importance pour l'ordre public.

H

ARTICLE X.

Apprentifs pourvûs d'autres Maîtres après le décès
de leurs premiers Maîtres.

EN cas de décès des Maîtres, leurs Apprentifs feront tenus de faire inceſſamment remettre les Brevets de leur Apprentiſſage entre les mains des Gardes; & leur fera pourvû d'autres Maîtres, auſquels leſdits Brevets feront tranſportez pour le tems qui reſtera à achever dudit Apprentiſſage: ſinon demeureront iceux Brevets nuls & réſolus.

AUTORITEZ.

Autrefois l'Apprentif d'un Maître qui venoit à déceder, ne s'obligeoit point ſous un autre, & finiſſoit le tems de ſon Apprentiſſage dans la Boutique de la Veuve, qui achevoit de le faire inſtruire par ſes Compagnons. Mais cet uſage n'étoit pas ſans inconvénient. Si le Défunt ne laiſſoit point de Veuve, ou que la Veuve ne continuât pas de faire travailler chez elle, l'Apprentif perdoit ſon tems, & demeuroit ſans inſtruction. Si d'un autre côté l'Apprentif ſe retiroit ailleurs & travailloit pour ſon compte, ou comme Compagnon à gages, il agiſſoit contre les Reglemens. Ces inconvéniens ayant été examinez en 1670 dans une Aſſemblée des Gardes & Anciens tenue le 10 Avril, on convint de ce qui devoit être ſtatué pour y remedier, 3ᵉ. *Regiſt. des Délib. fol.* 156, *v°.* & le Réſultat de l'Aſſemblée fut inſeré dans un Reglement obtenu l'année ſuivante, où il eſt dit ſur le point dont il s'agit:

Sentence du Prevôt de Paris rendue en forme de Reglement le 6 Février 1670. publiée & enregiſtrée au Bureau de l'Orfévrerie, & affichée dans Paris. » Seront ceux des Apprentifs Orfévres [de cette Ville] dont les Maîtres ſeront décedez, tenus de faire remettre inceſſamment les Brevets de leur Apprentiſſage entre les mains des Maîtres & Gardes pour leur être pourvû d'autres Maîtres; ſinon demeureront iceux Brevets nuls & réſolus. « *Archiv. Layet.* 10. Item, *Rec. des Ordonn.* pages 513, 514.

En ce cas, le Brevet de l'Apprentif eſt tranſporté à ſon nouveau Maître par Acte en bonne forme; duquel Tranſport les Gardes font mention ſur le Regiſtre, en marge de l'Inſinuation du Brevet.

ARTICLE XI.

Fils de Maîtres non-affujettis aux Loix de l'Apprentiffage.

NE feront les Fils de Maîtres & Marchands Orfé-vres-Joyailliers de la Ville de Paris affujettis à aucune des Loix ci-deffus prefcrites pour l'Apprentif-fage d'Orfévrerie en cette Ville ; mais parviendront à la Maîtrife en conféquence de leur Chef-d'œuvre feu-lement, fans être tenus de rapporter aucuns Actes ou Brevets de leur Apprentiffage.

A U T O R I T E Z.

Les Fils de Maîtres & les Ap-prentifs, font deux fortes d'Eleves dans l'Orfévrerie, dont la condition différente a toujours été réellement diftinguée en ce que les premiers ont par leur Filiation un Droit à la Maîtrife que les autres n'acquerent que par un Apprentiffage en forme, dont les Loix ne regardent point les Fils de Maîtres. Car ceux-ci ne font point tenus de paffer ni faire enre-giftrer des Brevets de huit ans, non-plus que de fervir durant ce tems fous un Maître, comme les Appren-tifs, pour parvenir à la Maitrife. Etant nez dans l'Etat qu'ils veulent embraffer, ils font cenfez en avoir été inftruits dans la Maifon pater-nelle : & d'ailleurs il eft jufte que des Peres qui ont fervi le Public dans l'exercice des Arts & du Commerce ayent ce moyen facile pour établir leurs Enfans. C eft la Difpofition de l'Ordonnance générale du Commerce du mois de Mars 1673 à l'égard de tous les Fils de Marchands, com-me font nos Fils d'Orfévres. *Titre I. Article I.*

Toutefois, comme cet affranchif-fement des Loix de l'Apprentiffage ne les difpenfe pas de la néceffité d'être réellement inftruits de leur Art, puifqu'ils ne peuvent être ad-mis à la Maîtrife fans faire preuve de leur capacité à cet égard, & que d'ailleurs il pourroit arriver que leurs propres Peres ne feroient pas en état de leur donner par eux-mêmes cette inftruction ; de-là vient que tous les Maîtres ont toujours eu la liberté de prendre chez-eux les Enfans les uns des autres fans limi-tation de nombre, pour les inftruire, tandis qu'ils font fixez à un feul Ap-prentif : c'eft ce qui s'eft toujours pratiqué dans le Corps, & ce qui n'a pas été interrompu même lorfque la faculté d'y faire des Apprentifs a été totalement fufpendue dans des tems où il s'y trouvoit trop de Sujets pour aspirer aux Places vacantes : car ces suspensions ont toujours été ordonnées *sans préjudice aux Enfans des Maîtres qui peuvent aller demeurer ès Maisons desdits Maîtres* pour y être instruits *en la maniere accoutumée.* Voyez *l'Arrêt de Reglement & Lettres Patentes du mois de Juillet* 1612, *la Sentence de Police du* 30 *Juin* 1632 *&c. Layette* 12, *cotte* 4, 10 *&c.* Item, *Recueil, pages* 158, 161, 508, *&c.*

Cependant la possession immémoriale du Droit où sont les Fils de Maîtres Orfévres de Paris de parvenir à la Maîtrise sans être assujettis aux formalitez de l'Apprentissage & en faisant seulement Chef-d'œuvre, pensa être interrompue en 1697, par un Arrêt rendu en la Cour des Monnoyes le 20 Juillet. Il portoit : „ Que nul Aspirant, tant Fils „ de Maître qu'Apprentif, ne pour- „ ra déformais être reçû à la Mai- „ trise qu'en rapportant des Brevets d'Apprentissage en bonne & dûe " forme. " *Layette* 12, *cotte* 14. Mais la contestation que cette nouvelle Disposition fit naître entre la Cour & notre Corps ayant été portée au Conseil, y fut contradictoirement jugée par cet Arrêt, l'année suivante, le Procureur du Roy au Châtelet intervenant :

Arrêt du Conseil Privé du Roy du premier Septembre 1698. „ Le Roy " étant en son Conseil, sans s'arrêter " à l'Arrêt de la Cour des Monoyes " du 20 Juillet 1697, que Sa Ma- " jesté a cassé & annullé... en ce qui " concerne l'Apprentissage des Fils " de Maîtres Orfévres de Paris, a " ordonné & ordonne que... tous " les Fils de Maîtres Orfévres de la- " dite Ville de Paris seront reçûs " [Maîtres] en la maniere accoutu- " mée suivant les Réglemens, & en " conséquence de leurs Chefs-d'œu- " vres, & sans faire d'Apprentissage. " *Layette* 24, *cotte* 56.

ARTICLE XII.

Fait des Brevets d'Apprentissage soumis au Châtelet.

EN cas de contestation sur la matiere des Brevets des Apprentifs Orfévres de la Ville de Paris, les Parties seront tenues de se pourvoir pardevant le Prevôt de Paris, ou son Lieutenant Général de Police au Châtelet.

AUTORITEZ.

Le Tribunal ordinaire & celui de la Cour des Monoyes, partagent la connoissance de ce qui concerne l'Etat d'Orfévrerie ; & les limites de leur Competence respective, ont souvent été marquées, comme on pourra le voir par toute la suite, & principalement à l'occasion des Rapports que les Gardes doivent faire en l'un ou en l'autre de ces Tribunaux felon la nature des contraventions. Mais pour ne toucher ici que le Point dont il s'agit , la connoiffance du Fait des Brevets de nos Apprentifs a toujours appartenu ou dû appartenir de droit au Prevôt de Paris, ou à fon Lieutenant Général de Police ; tant parce que ces Actes font paffez fous le Sceau du Châtelet qui eft attributif de Jurifdiction , que parce que l'Apprentiffage en foi, eft un Fait de Police ordinaire. C'eft ce qui a été jugé par les Arrêts fuivans.

Arrêt du Confeil Privé du Roy du 1 5 *Juin* 1701. „ Le Roy en fon „ Confeil faifant droit fur le tout , „ a ordonné & ordonne que fur les „ conteftations qui furviendront au „ fujet des Brevets d'Apprentiffage , „ les Parties feront tenues de fe pour- „ voir pardevant le Lieutenant Géné- „ ral de Police du Châtelet de Paris , „ &c. " *Archiv. Layette* 24 *, cotte* 5 7.

Arrêt du Confeil Privé du Roy du 2 *Janvier* 1702, *fur un conflit de Jurifdiction entre la Cour des Monoyes & le Châtelet touchant la validité d'un Brevet & un Fait d'Apprentiffage.* „ Le Roy en fon Confeil , faifant „ droit fur l'Inftance, fans avoir é- „ gard aux Arrêts de la Cour des „ Monoyes des 20 Avril 1697, & „ 19 Août 1699, a ordonné & „ ordonne que les Parties procédé- „ ront au Châtelet de Paris & de- „ vant le Lieutenant Général de „ Police , tant fur la demande de

l'Apprenti pour être reçû Maître " Orfévre , que fur l'Oppofition des " Maîtres & Gardes de l'Orfévrerie. " *Layette* idem , *cotte* 5 4.

Arrêt du Confeil Privé du Roy du 1 5 *Février* 1704. „ Le Roy en fon " Confeil , ayant aucunement égard " à la Requête des Maîtres & Gardes " Orfévres & à l'intervention du " Procureur de Sa Majefté au Châ- " telet, a caffé & caffe l'Arrêt de la " Cour des Monoyes du 20 Juin " 1702, en ce qu'il a ordonné que " les Brevets d'Apprentiffage des " Afpirans [Apprentifs] Orfévres " feront repréfentez en ladite Cour " des Monoyes avant que de procé- " der à leurs Receptions à la Maitrife, " &c. " *Layet.* idem , *cotte* 5 8.

Arrêt du Confeil d'Etat du Roy du 2 3 *Avril* 1730. „ Le Roy en fon " Confeil , a ordonné & ordonne " que les Edits , Arrêts & Regle- " mens concernant l'Orfévrerie, & " notamment ... les Arrêts du Con- " feil des 1 5 Juin 1701 , 2 Janvier " 1702 , & 1 5 Février 1704 , feront " executez felon leur forme & teneur ; " & en conféquence .... en cas de " conteftations au fujet des Brevets " d'Apprentiffage , & fur les deman- " des qui feront faites par les Afpi- " rans pour être reçus Maîtres & " Marchands Orfévres, ordonne Sa " Majefté , que les Parties feront te- " nues de fe pourvoir pardevant le " Lieutenant Général de Police du " Châtelet de Paris, &c. " *Layette* 3 , bis, *cotte* 2 5.

TITRE III.

Des Compagnons.

ARTICLE PREMIER.

Service des Apprentifs en qualité de Compagnons après leur Apprentiſſage.

TOus Apprentifs Orfévres de la Ville de Paris qui auront achevé les huit années de leur Apprentiſſage, feront en outre tenus de ſervir les Maîtres de cette Ville pendant trois autres années en qualité de Compagnons, avant qu'ils puiſſent être reçus Maîtres.

A U T O R I T E Z.

Ce Service exigé des Apprentifs Orfévres après avoir fini leur Apprentiſſage, eſt une ſuite de la fixation du nombre des Maîtres faite par Henry II. en 1555, & un moyen propre à la faire obſerver en éloignant par ce délai le trop grand nombre des Apprentifs Aſpirans qui ſe preſenteroient pour remplir les Places vacantes. Ce fut pour cela que les Gardes & Anciens, aſſemblez le 2 Juillet 1571, réſolurent d'obliger tous les Apprentifs qui auroient fait leur tems de travailler encore pendant quelques années chez les Maîtres en qualité de Compagnons, avant que de lés admettre à faire le Chef-d'œuvre ordonné pour la Reception:

& ils réglerent pour lors le tems de ce Service à cinq ans. 1er. *Regiſtre des Délibérations, fol.* 129.

Dix ans après, Henry III. ordonna par l'Article XIII. d'une Ordonnance générale de 1581. ,, Que " tous Apprentifs feroient tenus de " ſervir leurs Maîtres d'Apprentiſ- " ſage, leurs Veuves, ou autres de " pareil Art & Mêtier, durant trois " ans [après leur Apprentiſſage fini] " ſi ce n'eſt que leurs Statuts ne les " obligeaſſent à ſervir plus ou moins " de tems. " *Bornier, tome* 2, *in* 4°. *p.* 488. Et c'eſt ce qui paſſa en Statut particulier pour notre Corps en 1612, en ces termes :

Réglement sur le Fait de l'Orfévrerie de Paris du 2 Juillet 1612, confirmé par Lettres Patentes des mêmes mois & an. „ Tous lesquels Apprentifs „ [Orfévres de Paris] ayant para-„ chevé le tems de leur Apprentif-„ fage, ne pourront être reçus ni ad-„ mis à la Maitrife, finon après avoir „ fervi les Maîtres [de cette Ville] „ en qualité de Compagnons pen-„ dant le tems de trois ans entiers . . . „ Enjoint aux Maîtres & Gardes „ [de l'Orfévrerie] de tenir la main „ à l'obfervation & exécution du pre-„ fent Réglement ; & à ce qu'aucun „ n'en prétende caufe d'ignorance, „ fera ledit Reglement lû en l'Hôtel „ de l'Orfévrerie par lefdits Maîtres „ & Gardes en préfence defdits Maî-„ tres. " *Archiv. de l'Orf. Layette 12, cotte 4.* Item, *Recueil impr. de nos Ord. p. 158 & 161.*

Ce nouveau Statut ayant donné aux Apprentifs qui avoient achevé leur Apprentiffage une confiftance fixe pour un tems, & comme une forte d'Etat fous le nom de *Compagnons attendans Maitrife*, nous croyons pouvoir dire en paffant, qu'ils établirent entr'eux une Confrairie, dont les Gardes permirent que le Service fe fit dans la Chapelle de S. Eloi de la Maifon commune : Mais elle ne fubfifta que jufqu'en 1644. Peut-être fut-elle abolie par les mêmes raifons qui nous ont portez à empécher l'érection de celle que les Compagnons de ce tems voulurent établir en 1723 à S. Denis du Pas. Nous étions bien informez qu'à l'abri de cette prétendue Affociation pieu-fe pour laquelle ils avoient déjà pris toutes leurs mefures, ils s'affembloient & tramoient des pratiques contraires au bien du Service des Maîtres par le complot concerté entr'eux de demander tous en même-tems à rencherir leurs Services. Cette efpece de Monopole concertée, & capable de caufer un furhauffement dans le prix des Ouvrages d'Orfévrerie, nous détermina à faire nos Remontrances au Chapitre de Notre-Dame fous la Jurifdiction duquel eft cette Eglife, & où ils devoient s'affembler le lendemain pour les premieres Vêpres de S. Eloi, Patron de leur nouvelle Confrairie. Le Chapitre nous accorda volontiers & fur le champ une Conclufion le même jour 29 Novembre 1723, laquelle ayant été affichée aux Portes de S. Denis du Pas, ferma l'entrée de cette Eglife à nos Compagnons, & fit évanoüir leurs projets avec leur Confrairie. Nous rapportons ce fait, afin qu'en pareil cas les Gardes en Charge puiffent avoir la même attention. *La Conclufion capitulaire eft dans la Layette 10 de nos Archives, cotte 22.*

ARTICLE II.

Compagnons travailleront chez les Maîtres, & à leurs gages.

TOus Compagnons Orfévres, attendant Maitrife & autres, travailleront chez les Maîtres, & aux

Gages des Maîtres, à la journée ou au mois; & défenfe à eux de travailler à leurs piéces ou à leur tâche, à peine de confifcation de leurs Outils & Ouvrages, d'amende & de punition exemplaire : comme auffi aux Maîtres de les employer chez eux à d'autres conditions que celles qui font ici prefcrites.

AUTORITEZ.

Deux devoirs des Compagnons, d'où dérivent tous ceux qui font déduits dans la fuite des Articles de ce IIIe. Titre. Soit que ces Compagnons faffent leur Service de trois ans ou autrement ; ils doivent, premierement, travailler *dans la Boutique d'un Maître* ; & en fecond lieu, ils y doivent travailler *à fes Gages.* Le premier de ces devoirs les empêche de fe retirer en leur particulier dans des Chambres & autres lieux cachez où il n'eft jamais permis de travailler d'Orfévrerie; & le fecond, leur défend d'avoir autre interêt, ni prendre autre profit, que leurs feuls Gages dans les Ouvrages qui leur font donnez à faire. C'eft ce qui leur eft d'abord prefcrit fous diverfes peines par plufieurs Réglemens, dont les autoritez s'enfuivent.

Ordonnance de Police du 1 Août 1614. „ Nous faifant droit fur les „ Remontrances du Procureur du „ Roy, avons enjoint aufdits Com- „ pagnons [Orfévres] d'aller tra- „ vailler chez leurs Maîtres au mois „ & non à la tâche, à peine de „ confifcation de leurs Outils & Ou- „ vrages, & de trois cens livres pa- „ rifis d'amende pour la premiere „ fois, & de punition corporelle

pour la feconde... & fera la pre-" fente Ordonnance lûe, publiée," affichée, &c. " Elle le fut le lende-main. *Layette* 10. Item, *Recueil des Ordonnances, pag.* 475.

Sentence du Prevôt de Paris du 26 *Juin* 1630. „ Défenfes font faites" à tous Compagnons Orfévres, tant" François, qu'Etrangers, de tra-" vailler dudit Art d'Orfévrerie [à" Paris] ailleurs qu'ès Boutiques des " Maîtres, au mois ou à la femaine," & non à leurs pieces, ni à leurs" tâches, à peine de punition : &" aufdits Maîtres de les employer" autrement. " *Layet.* 13 bis, *cotte* 1. Item, *Rec. p.* 277.

Arrêt du Parlement du 7 *Septembre* 1630. „ Défenfes à tous Compa-" gnons Orfévres, tant de notre" Royaume, qu'Etrangers, de tra-" vailler dudit Art d'Orfévrerie ail-" leurs qu'ès Boutiques defdits Maî-" tres, au mois ou à la femaine, &" non à leurs Pieces ou à leurs Tâches," à peine de punition, &c. " *Layet.* idem, *cotte* 2. *& Recueil, p.* 281.

Arrêt de la Cour des Monoyes du 29 *Novembre* 1630. „ La Cour..." a fait & fait défenfes..... à tous" Compagnons"

„ Compagnons Orfévres , tant de „ ce Royaume, qu'Etrangers , de „ travailler dudit Art , ailleurs qu'ès „ Boutiques defdits Maîtres, au mois „ ou à la femaine , & non à leurs „ Pieces ou Tâche , &c. " *Layette,* idem , *cot.* 4 *, & Rec. p.* 285.

Arrêt du Parlement du 11 *Janvier* 1661. „ La Cour . . . . fur l'appel „ interjetté par ledit Poujaud [Com- „ pagnon Orfévre] de la Sentence „ du 17 Décembre 1658, a mis & „ met lefdites Appellation & Sen- „ tence au néant , en ce qui lui eft en- „ joint de fe retirer de cette Ville „ de Paris dans deux mois : Emen- „ dant quant à ce, a permis & per- „ met audit Poujaud d'y demeurer , „ & y travailler en Orfévrerie en „ [fa] qualité de Compagnon en „ Boutique des Maîtres, au mois & à „ la femaine , & non à fes Pieces & à „ fa Tâche : & défenfes aux Maîtres „ de le recevoir chez eux , à autre „ condition , à peine d'amende arbi- „ traire , fuivant l'Arrêt du 7 Sep- „ tembre 1630, qui fera exécuté fe- „ lon fa forme & teneur. " *Lay.* 10, *cot.* 8. Item , *Rec. pp.* 489 , 490.

Sentence du Prevôt de Paris du 7 *Août* 1671. „ Nous , faifant droit „ fur les Remontrances & Requifi- „ toire du Procureur du Roi, & con- „ formément aux Ordonnances, Ar- „ rêts & Reglemens qui feront exé- „ cutez, ordonnons que dans quin- „ zaine pour tout délai, du jour de „ la publication des Préfentes, tous „ Compagnons Orfévres qui font „ en Chambre, &c. fe retireront ès „ Maifons & Boutiques des Maîtres „ pour y travailler au mois ou à la „ femaine , & non à la Tâche ; avec

défenfe de travailler à leurs Pie- " ces , à peine de confifcation de " leurs outils & ouvrages, & de trois " cens liv. d'amende pour la pre- " miere fois,& de punition exemplaire " pour la feconde. . . . Et fera la pre- " fente Ordonnance executée, &c. " regiftrée ès Regiftres de la Com- " munauté & Corps des Marchands " Maîtres Orfévres de cette Ville de " Paris : Lûe , publiée & affichée , " &c. Et enjoint aux Gardes [de " l'Orfévrerie] de tenir la main à " l'execution d'icelle. " *Lay.* idem , *cot.* 13. Item, *Rec. p.* 493 , & *fuiv.*

Sentence du Prevôt de Paris du 8 *Janvier* 1734. „ Nous difons que " les Sentences des 1 Août 1614, " 7 Août 1671, & l'Arrêt du Par- " lement du 7 Septembre 1630 fe- " ront executez felon leur forme & " teneur : Et en conféquence , ordon- " nons que dans un mois pour toute " préfixion & délai , à compter du " jour de la publication des Préfen- " tes , tous Compagnons Orfévres, " tant de cette Ville qu'Etrangers, " feront tenus de fe retirer chez les " Maîtres & Marchands Orfévres " de cette Ville & Veuves de Maî- " tres, & d'y travailler au mois ou à " la femaine , & non à leurs Pieces " ou à leurs Tâches , à peine de trois " cens livres d'amende , & de con- " fifcation de leurs ouvrages & ou- " tils pour la premiere fois ; & de " punition exemplaire en cas de ré- " cidive : Et faifons défenfes aufdits " Maîtres & Veuves de Maîtres de " les recevoir chez eux fous d'autres " conditions. . . . Et fera notre pre- " fente Sentence imprimée , lûe , pu- " bliée & affichée au Bureau du " Corps [de l'Orfévrerie] & par- "

,, tout où befoin fera ; & regiftrée ,, fur les Regiftres d'icelui, à la di- ,, ligence des Gardes 'en Charge ; ,, aufquels, & à ceux qui leur fucce- deront , enjoignons de tenir la " main à l'exécution d'icelle. " *Arch.- ves de l'Orfévrerie, Layette 3 , bis , cotte 31.*

ARTICLE III.

Compagnons ne quitteront leurs Maîtres fans caufe légitime.

IL eft pareillement défendu aufdits Compagnons de quitter leurs Maîtres fans congé ou caufe légitime ; & ne pourront les autres Maîtres recevoir chez eux aucun Compagnon qu'ils ne fe foient informez fi le Maître d'où il fort a confenti qu'il le quittât : autrement tous Compagnons feront tenus de retourner chez leurs précédens Maîtres ; à moins que les Gardes ne jugeaffent qu'ils ont eu légitime fujet d'en fortir.

AUTORITEZ.

La bienféance autant que le devoir, oblige à ne pas recevoir chez foi le Serviteur d'autrui fans cette précaution, furtout entre Confreres demeurans dans une même Ville. L'attention de nos Anciens fur ce point, s'étendoit même jufqu'à ménager en cela les intérêts des autres Orfévres établis dans les Villes de Province. Un Réfultat de leur Affemblée du 25 Août 1548 porte: ,, Seront faites défenfes à tous Maî- ,, tres Orfévres de Paris de bailler à ,, befogner à aucun Serviteur [c'eft-à- ,, dire Compagnon] s'il ne leur eft ,, apparu de fes Lettres d'Appren- ,, tiffage ; eû égard [ajoûtent-ils] ,, aux abus lefquels journellement ,, fe commettent par aucuns Appren- ,, tifs fugitifs des autres Villes de ce Royaume , n'ayant fervi [leurs " Maîtres] le tems & efpace de huit " ans fuivant l'Ordonnance. " 1er. *Regiftre des Délib.* fol. 4.

Cette Difcipline déja établie dans le Corps, n'y paffa en Statut à l'égard des Compagnons qui quittent leurs Maîtres , que dans des Lettres de 1564, dont la Difpofition fur ce point s'enfuit , & aufquelles le libertinage outré de nos Compagnons donna lieu.

Ordonnance de Charles IX. à Troyes le 16 Avril 1564. ,, Et afin de ren- " dre iceux Compagnons & Servi- " teurs fujets au fervice de leurs Maî- " tres , & obvier aufdites débauches : " Que tous lefdits Maîtres Orfévres "

„ [de Paris] chacun en son regard,
„ n'ayent dorefnavant à recevoir au-
„ cun Compagnon ou Serviteur du-
„ dit Etat en leur Maifon, que préa-
„ lablement ils n'ayent fçu du der-
„ nier Maître d'avec lequel il fera
„ parti, l'occafion pour laquelle il
„ l'aura laiffé ; & où il n'y aura occa-
„ fion, leur défendons très-étroite-
„ ment de le recevoir ; ains enjoi-
„ gnons aufdits Compagnons & Ser-
„ viteurs de retourner fervir leurdit
„ dernier Maître, finon que les Maî-
„ tres & Gardes d'Orfévrerie trou-
„ vaffent que lefdits Compagnons
„ ou Serviteurs euffent legitime oc-
„ cafion d'avoir laiffé leurfdits Maî-
„ tres. " *Lay.* 1, cotte 15. Item, *Rec.*
des Ordonn. de l'Orf. p. 83.

En conformité de cette Ordonnance, également, dans un Arrêt
de Parlement du 7 Septembre 1630
a fait auffi défenfes aux Maîtres
Orfévres de la Ville de Paris de recevoir aucun Compagnon chez eux
fans voir le congé de leur précedent Maître, ou fçavoir dudit Maître les occafions pour lefquelles ils
feront fortis ; [ajoutant même] fous
peine d'amende arbitraire. *Lay.* 13,
bis, *cot.* 2. Item, *Rec. des Ord. p.* 281.

La Cour des Monoyes a prononcé la même défenfe dans un pareil Arrêt de Réglement du 29 Novembre de la même année, fous la
même peine de l'amende arbitraire,
tant contre les Maîtres, que con- "
tre les Compagnons. " *Lay.* idem,
cot. 4, & *Recueil imprimé des Ordon.*
p. 285.

ARTICLE IV.

Compagnons ne travailleront en Chambre ni en Lieux Privilégiez.

LESDITS Compagnons, & tous autres Ouvriers d'Orfévrerie de quelque condition ou Nation qu'ils foient, ni fous quelque prétexte que ce puiffe être, ne pourront fe retirer, & travailler en Chambre, ou autres lieux fecrets, ni dans les Colleges, Monafteres, & Lieux prétendus Privilegiez ; à peine de confifcation de leurs ouvrages & outils ; d'amende & de prifon, même de punition corporelle.

AUTORITEZ.

Deux maux naîtroient de ce défordre, fi les Réglemens n'y avoient
pourvu. Ces faux Ouvriers enleve-
roient la fubftance des Maîtres en

leur enlevant ainſi leur travail ; & le Public ſeroit journellement trompé par des ouvrages fabriquez à bas titre par des gens qui n'ont ni ſerment, ni regle à garder dans ces lieux où ils ſeroient à couvert de toute inſpection de Police. C'eſt auſſi ce qui a été le plus ſéverement & le plus fréquemment défendu dans tous les tems, comme il paroît entr'autres par les Autoritez ſuivantes.

Edit du Roi Jean, confirmant nos anciens Statuts au mois d'Août 1355, ART. XXVIII. „ *Item.* Que nuls Tre-„montains [Ultramontains, Lom-„bards] ne puiſſent ouvrer, ne faire „ouvrer [d'Orfévrerie] ſecrete-„ment, ne en appert en leurs Hof-„tiex.... & s'il étoit trouvé qu'il „ouvraſt ou feiſt ouvrer en ſon Hof-„tel, qu'il ſoit à la volonté du Roi „notre Seigneur, de prendre ſon „Joyel, ou ſi comme bon conſeil „en ordonnera.... qu'il ſoit banni „un an & un jour, ou plus, de la „Ville de Paris, ſelon la qualité du „meffait & des œuvres, &c. " *Lay.* 1, cot. 1, bis. Item, *Rec. p.* 7.

Cette défenſe de travailler en Chambre, ſe trouvant mal obſervée en 1493, il fut délibéré dans une Aſſemblée générale du Corps, qu'il y ſeroit inceſſamment pourvu. Et le 28 Décembre de l'année 1495, le Prevôt de Paris fit un Réglement où cette même défenſe fut renouvellée. *Cartulaire de l'Orfévrerie de Paris, cotte* A. fol. 16 v°.

Ordonnance de Charles IX. du 16 *Avril* 1564, *adreſſée au Prevôt de Paris.* „ Vous mandons, & de l'a-„vis des Gens de notre privé Con-

ſeil, commandons, & très-expreſ-" ſement enjoignons par ces Préſen-" tes, que vous ayiez incontinent à " faire faire inhibitions & défenſes" de par Nous, à ſon de trompe &" cri public par les Carrefours de no-" tre Ville de Paris, & autres lieux" d'icelle accoutumez à faire pro-" clamations, à tous Orfévres, Com-" pagnons & Serviteurs dudit Art," de beſongner doreſnavant d'au-" cuns ouvrages d'Orfévrerie en" Chambre & autres lieux ſecrets &" cachez, ſinon en la Maiſon d'un" des Maîtres Orfévres de notredite" Ville, tenant Boutique ouverte" en rue publique ; ſur peine de" confiſcation des ouvrages & outils" qui ſe trouveront en la poſſeſſion" deſdits Orfévres, Compagnons" & Serviteurs qui beſogneront eſ-" dites Chambres & lieux ſuſdits ; de" Priſon, & d'Amende arbitraire. " La défenſe fut proclamée le 24 du même mois à la diligence des Gardes de l'Orfévrerie. *Layette* 1, cotte 15. Item, *Rec. des Ordonn. p.* 82 & ſuivantes.

Ordonnance de Louis XIII. à Chantilly le 8 Juillet 1633. „ De par le " Roi : Sa Majeſté étant avertie, " qu'aucuns des Artiſans demeurans " dans ſa Gallerie du Louvre, & qui " ne ſont point Orfévres, tiennent " chez eux des Compagnons Orfé-" vres qu'ils font travailler en ſecret " au grand préjudice des Maîtres " Orfévres qui y ſont logez, a fait " très-expreſſes inhibitions & dé-" fenſes à tous Artiſans logeans dans " ſadite Gallerie, n'étant point Or-" févres, de tenir chez eux, ni faire " travailler aucuns Compagnons du-" dit Art, à peine d'amende & de "

„ confifcation des ouvrages , &c. "
Layette 8 , *cotte* 4.

Il a été fait depuis plufieurs autres
Reglemens portant pareilles défenfes
aux Compagnons Orfévres , même
aux Maîtres de travailler ainfi en
Chambre & lieux fecrets , non-feulement des Maifons particulieres , mais
principalement encore dans les Colleges , Monafteres & lieux prétendus Privilegiez ; toujours fur des
peines plus féveres les unes que les
autres , & enfin jufqu'à celle de trois
ans de Galeres contre ceux qui fe re-
fugieroient dans ces lieux où tout
travail d'Orfévrerie eft prohibé. Re-
voyez-en les Autoritez déja employées fous l'Article VIII. du Titre I. de ces Statuts. Voici d'autres
mefures prifes avec non moins de
précaution contre ce travail illicite
de nos Compagnons.

ARTICLE V.

Propriétaires de Maifons ne loüeront aux Compagnons.

LE s Propriétaires ou principaux Locataires de Maifons à Paris , ne loueront aucune des Chambres ,
ni autres lieux d'icelles aufdits Compagnons pour s'y retirer & y travailler d'Orfévrerie ; fur peine de perdre le
loyer d'une année de la totalité defdites Maifons.

A U T O R I T E Z.

Ordonnance de Charles IX. du 16
Avril 1564. „ Défenfe à tous Pro-
„ prietaires de Maifons [à Paris]
„ de fouffrir & permettre aucuns def-
„ dits Compagnons & Serviteurs be-
„ fongner defdits ouvrages [d'Orfé-
„ vrerie] en aucune des Chambres
„ d'icelles , fur peine de perdre le
„ revenu du loüage d'une année en-
„ tiere de leurdite Maifon. " *Layette*
1 , *cotte* 15. Item , *Rec. p.* 83.

Ordonnance du Prevôt de Paris du
1 *Août* 1614. „ Sur ce qui nous a
„ été remontré par le Procureur du
„ Roi .... qu'aucuns Compagnons
Orfévres , au lieu de fervir les Maî- "
tres , ainfi qu'ils doivent , logent à "
part eux en Chambres & lieux ca- "
chez , tant dans cette Ville qu'aux "
Fauxbourgs , lefquels ... commet- "
tent infinies méchancetez ... ce qui "
tourne au grand préjudice du Pu- "
blic & des Maîtres Orfévres qui ne "
peuvent en façon quelconque être "
fervis. Nous, faifant droit... avons... "
fait défenfes à tous Propriétaires & "
principaux Locataires des Mai- "
fons , tant de la Ville que des Faux- "
bourgs , de louer partie ou portion "
de leurfdites Maifons aufdits "
Compagnons Orfévres , à peine "

„ de perdre le loyer de leurs Mai-
„ fons par une année. " *Layette* 10.
Item, *Rec. p.* 475.

Sentence du Prevôt de Paris du 7
Août 1671. „ Faifons très-expreffes
„ & itératives inhibitions & défen-

les à tous Propriétaires & principaux Locataires de Maifons, de
donner retraite, ni loüer aucuns
lieux aufdits Compagnons Orfévres fur peine d'amende & de perte
des loyers. " *Layette* 10. *cotte* 13.
Item, *Rec. p.* 494.

ARTICLE VI.

Principaux de Colleges, &c. ne donneront retraite aux Compagnons.

COMME auffi tous Principaux, Maîtres, Bourfiers, Adminiftrateurs de Colleges, Prieurs, Comman-
deurs & autres, poffedans Lieux clos, Privilegiez ou non
Privilegiez, ne pourront y retirer & fouffrir travailler
aucun defdits Compagnons Orfévres, à peine pour la
premiere fois, de cinq cens liv. d'amende applicable au
profit des Pauvres du Corps de l'Orfévrerie, & pour la
feconde, de privation d'une année de leur revenu temporel.

AUTORITEZ.

Sentence du Prevôt de Paris du 18
Février 1634. „ Faifons défenfes à
„ tous Principaux de Colleges, Maî-
„ tres, Bourfiers, Adminiftrateurs
„ d'iceux, & à tous Prieurs & au-
„ tres, de retirer chez eux, ou louer
„ aucune Chambre, foit à des Maî-
„ tres Orfévres ou Compagnons; à
„ peine de cinq cens livres d'amende
„ pour la premiere fois, applicable
„ au profit des Pauvres du Corps
„ des Orfévres; & pour la feconde
„ fois, de privation pour un an de
„ leur revenu temporel. " Publiée &
affichée le 22. *Layette* 10. *cotte* 6.

Sentence du Prevôt de Paris du 23
Avril 1661. „ Faifons défenfes à
tous Principaux de Colleges, Maîtres, Bourfiers, Adminiftrateurs
d'iceux, & à tous Prieurs & autres, de retirer chez eux, ni louer
aucunes Chambres, foit à des Maîtres, Orfévres ou Compagnons; à
peine de cinq cens livres d'amende
applicable au profit des Pauvres
du Corps des Orfévres; & pour
la feconde fois, de privation pour
un an du revenu de leur temporel. "
Lay. idem. *cot.* 9. *& Rec. des Ordon.
p.* 485.

Sentence du Prevôt de Paris du 7 Août 1671. „ Faisons défenses à „ tous Principaux de Colleges , „ Maîtres , Boursiers , Administra- „ teurs d'iceux , Prieurs & autres, de „ retirer chez eux , ni louer à l'ave- „ nir aucunes Chambres & lieux auf- dits Compagnons ou Maîtres Or- " févres ... à peine de cinq cens liv. " d'amende pour la premiere fois, " & de privation d'une année de leur " revenu pour la feconde. " *Layette* idem , *cot.* 13 , *& Rec. des Ordonn. de l'Orf. p.* 494.

ARTICLE VII.

Compagnons travaillans en lieux prohibe, feront arrête dans les Rues.

PERMIS aux Gardes de l'Orfévrerie de faire arrê- ter dans les rues de Paris ceux defdits Compagnons qu'ils fçauront travailler dans lefdits Colleges, Prieurez & autres lieux clos & Privilegiez, & de les conftituer Prifonniers pour être interrogez fur leurs contraven- tions aux Reglemens, & leur être le Procès fait & par- fait, ainfi que de raifon.

AUTORITEZ.

Sentence du Prevôt de Paris du 12 *Novembre* 1551. „ Nous , par dé- „ libération de Confeil , avons per- „ mis & permettons aux Jurez & „ Gardes dudit Meftier d'Orfévrerie „ appellé avec eux l'un des Com- „ miffaires au Châtelet , de faire „ prendre au corps, & amener Pri- „ fonniers ès Prifons dudit Châtelet „ de Paris les Compagnons Orfé- „ vres , & autres perfonnes qui fe- „ ront trouvées befongnans dudit „ Meftier & Etat d'Orfévre en Cham- „ bre, contre les Statuts & Ordon- „ nances dudit Meftier d'Orfévre , „ pour leur être fait & parfait leur Procès fur ladite contravention. " *Layette* 10 , *cotte* 1.

Ordonnance de Police du 1 *Août* 1614. „ Permis aux Maîtres & " Gardes de l'Orfévrerie , faifant " leurs Vifitations , d'emprifonner " lefdits Compagnons [qu'ils trou- " veront travaillans en lieux prohi- " bez.] *Lay.* idem, *& Rec. p.* 475.]

Sentence du Prevôt de Paris du 18 *Février* 1634. „ Oüi le Procureur " du Roi, avons permis & permet- " tons aufdits Gardes de l'Orfé- " vrerie , d'arrêter & faire arrêter "

„ par les rues lefdits Compagnons „ Orfévres demeurans ès Colleges „ & Prieurez , & iceux conftituer „ Prifonniers ès Prifons du Châtelet, „ pour être oüis & interrogez fur la „ plainte defdits Gardes & contra-„ ventions aux Ordonnances, Arrêts „ & Reglemens , & leur être le Pro-„ cès fait & parfait, ainfi que de rai-„ fon. " *Layette* idem, *cotte 6.*

actuellement efdits Colleges, Prieu-" rez & autres lieux fufnommez, & " iceux conftituer ès Prifons du Châ-" telet, pour être oüis & interrogez " fur les Plaintes defdits Gardes, & " contraventions aufdites Ordonnan-" ces , Arrêts & Reglemens, pour " leur être le Procès fait & parfait, " ainfi que de raifon. " *Layette* idem, *cotte 9, & Rec. p. 484.*

Sentence du Prevôt de Paris du 23 Avril 1661. „ Nous , faifant droit „ fur les Conclufions du fieur Pro-„ cureur du Roi : Difons que la „ Sentence du 18 Février 1634 „ fera exécutée , & fuivant icelle, „ qu'il eft permis aufdits Maîtres & „ Gardes de l'Orfévrerie , d'arrêter „ & faire arrêter par les rues les „ Compagnons Orfévres demeurans

Ordonnance du Prevôt de Paris, du 7 *Août* 1671. „ Permis aufdits " Gardes de l'Orfévrerie d'arrêter " & faire arrêter par les rues les " Compagnons Orfévres réfugiez " efdits Colleges & Prieurez .... & " iceux conftituer Prifonniers ès Pri-" fons du Châtelet, &c. " *Lay.* idem, *cotte* 13, *& Rec. impr. des Ordonn. de l'Orf. p.* 494.

ARTICLE VIII.

Compagnons ne feront ni travail ni commerce pour leur compte fous la prétendue Protection des Maîtres.

IL eft défendu à tous Compagnons Orfévres & gens fans qualité , travaillans ès Boutiques des Maîtres & des Veuves de Maîtres , de faire aucun travail, ni commerce pour leur compte particulier : Et aux Maîtres & Veuves de Maîtres , fous quelque prétexte que ce foit , de les proteger , aider de leurs Poinçons , ni fouffrir que fous leurs noms lefdits Compagnons entreprennent, travaillent, faffent travailler, achetent, vendent & livrent aucuns ouvrages d'Orfévrerie & de Joyaillerie , ni matiere d'or & d'argent, Pierreries & Perles ; à peine, fçavoir : contre lefdits Compagnons, de confifcation &

d'amende

d'amende, & de ne pouvoir afpirer à la Maîtrife : contre les Maîtres, de privation de leurs Poinçons & de déchéance de la Maitrife en cas de récidive ; & contre les Veuves, de perte de leur Privilege de Viduité.

A U T O R I T E Z.

La rigueur des peines portées par ce Statut, n'a rien que ne mérite l'abus qui y eft réprimé. Des Maîtres & des Veuves qui s'y prêtent par des Pactions, toujours illicites, avec des Compagnons, & le plus fouvent pour un interét de néant, ne méritent gueres en effet de conferver un Poinçon qu'ils proftituent de la forte, ni un Etat dont ils ne gardent pour eux que le nom, & qu'ils eftiment affez peu, pour en abandonner ainfi la réalité & les avantages à des Gens fans qualité, lefquels par ce moyen & fous leur nom, tiennent Boutique ouverte, travaillent, font travailler, & commercent d'Orfévrerie, comme s'ils étoient Maîtres, au préjudice de toutes nos Loix. Ce defordre peut d'ailleurs être la fource d'une infinité de prévarications au Titre des Matieres de la part de ces fortes de gens, qui ne fe trouvent point retenus par la religion du ferment dans l'ufage du Poinçon d'un Maître, qui leur eft fi témerairement confié. Et tels font les motifs qui ont porté l'Autorité publique à ftatuer contre cet abus, dès qu'il a commencé à paroître, & à prononcer des peines proportionnées à fes progrès par la fuite, comme on le voit par les Difpofitions fuivantes.

Edit d'Henry II. à Fontainebleau le 22 *May* 1555, Art. x. „ Dé-" fendons très-expreffément aufdits " Orfévres & Veuves d'Orfévres de " tranfporter [c'eft-à-dire, louer, " prêter, confier] leur Poinçon, fi " ce n'eft pour befongner en leur " Maifon [fous leurs yeux & pour " leur propre compte] dont ils feront refponfables. " *Layette* 1, *cotte* 14. Item, *Rec. de nos Ord. p.* 77.

Ordonnance d'Henry IV. à Fontainebleau au mois de May 1599. Art. III. „ Ne pourront les Maîtres dudit Etat d'Orfévrerie à Paris, prê-" ter ni louer leur Poinçon à aucune " perfonne de quelque qualité ou condition qu'elle foit, à peine de cin-" quante écus d'amende, &c. « *Lay.* idem, *cotte* 31, *& Rec. p.* 154.

Ordonnance du Prevôt de Paris du 7 *Août* 1671, *publiée dans Paris, & enregiftrée au Bureau de l'Orfévrerie.* » Faifons très-expreffes défenfes à " tous Compagnons Orfévres de tra-" vailler pour leur compte, entre-" prendre ni livrer aucuns ouvrages " d'Orfévrerie, acheter, ni vendre " aucune matiere d'or ou d'argent, " Pierreries & Perles, quoique ce foit " fous le nom de Maîtres ou Veuves " de Maîtres où ils pourroient de-" meurer, fur peine d'amende, & " confifcation des Marchandifes. Se-" ront tenues les Veuves des Maîtres "

„ de marquer elles-mêmes de leur „ Poinçon, qui aura été renouvellé „ depuis leur Veuvage, tous les Ou-„ vrages qu'elles font obligées d'en-„ voyer à la Marque [au Bureau de „ la Maifon commune,] fans qu'elles „ puiffent laiffer leurs Poinçons ès „ mains defdits Compagnons, ni auf-„ fi leur permettre d'entreprendre ou „ livrer aucunes Marchandifes, ven-„ dre ou acheter des matieres d'or & „ d'argent, Pierreries ou Perles, à „ peine de privation de leurdit Poin-„ çon, qu'elles feront tenues en cas „ qu'elles ne veulent s'en fervir, de „ remettre entre les mains des Gar-„ des [de l'Orfévrerie] pour être „ difformez... Enjoint aufdits Gar-„ des de tenir la main à l'execution „ de la préfente Ordonnance. « *Layet.* 10, *cot.* 13. Item. *Recueil des Ordon.* P. 494. 495.

Arrêt de la Cour des Monnoyes du 10 *Février* 1679. „ La Cour fait très-„ expreffes inhibitions & défenfes à „ tous Maîtres Orfévres & Veuves „ de Maîtres de louer ou prêter leurs „ Poinçons, à peine d'être déchus „ de la Maîtrife &c. " *Archiv. Sac* n°. 12. Les Poinçons, dont ces Au-toritez parlent à l'égard des Veuves, leur ont été ôtez par le Reglement général du 30 Décembre 1679, & l'on peut dire que l'abus des Protec-tions a eu beaucoup de part à cette privation. Elle ne l'a cependant pas totalement déraciné : Et fans parler des Arrêts de la Cour des Monoyes des 21 Juin 1729, 29 & 30 Mars 1730, qui ont févi contre les Pro-tections, il a fallu y revenir encore cette année 1734, comme il s'enfuit.

Sentence du Prevôt de Paris du 8

Janvier 1734. „ Ordonnons que... tous Compagnons Orfévres.... " feront tenus de fe retirer chez les " Maîtres & Marchands Orfévres " & Veuves de Maîtres, & d'y tra-" vailler &c. Faifons défenfes auf-" dits Compagnons d'avoir, ni pren-" dre avec eux aucuns autres Com-" pagnons, Apprentifs ou Allouez : " de les faire travailler, ni travailler " [eux-mêmes], entreprendre, a-" cheter, vendre & livrer pour leur " compte aucunes matieres d'or, " d'argent, Pierreries, Perles, ni " Ouvrages d'Orfévrerie : & aux " Maîtres & Veuves de Maîtres, " fous quelque prétexte que ce puif-" fe être de les proteger, aider de " leurs Poinçons, ni fouffrir que " fous leurs noms lefdits Compa-" gnons entreprennent, faffent tra-" vailler, achetent, vendent & li-" vrent aucune matiere, ni Ouvrage " d'Orfévrerie, à peine de confifca-" tion defdits Ouvrages & d'amende " contre lefdits Compagnons : & con-" tre les Maîtres & Veuves de Maî-" tres, de déchéance de la Maîtrife " en cas de récidive ; & de ne pou-" voir par lefdites Veuves exercer le " Commerce d'Orfévrerie, &c. Et " fera notre préfente Sentence im-" primée, lûe, publiée &c. & re-" giftrée fur les Regiftres du Bu-" reau du Corps de l'Orfévrerie à la " diligence des Gardes en Charge, " aufquels, & à ceux qui leur fuc-" cederont, enjoignons de tenir la " main à l'execution d'icelle. *Layette* 3, bis, *cotte* 31.

Arrêt de la Cour des Monoyes ren-du fur le Requifitoire du Procureur Gé-néral du Roy, le 17 *Février* 1734. » La Cour a ordonné & ordonne "

,, que les .... Ordonnances, Regle-
,, mens & Arrêts de la Cour .... &
,, notamment ceux des 21 Juin 1729,
,, 29 & 30 Mars 1730, fur le Fait
,, des Protections, feront executez
,, felon leur forme & teneur; en con-
,, fequence, fait défenfes à tous Com-
,, pagnons Orfévres de travailler pour
,, leur compte .... ni de vendre &
,, débiter à leur profit aucunes ma-
,, tieres, ni Ouvrages d'or & d'ar-
,, gent : Et aux Maîtres Orfévres &
,, Veuves de Maîtres, de les prote-
,, ger directement, ni indirectement,
,, fous quelque prétexte que ce puiffe
,, être ; les aider de leurs Poinçons,
,, en marquer leurs Ouvrages, ni
,, fouffrir que fous leurs noms & leurs
,, Poinçons, lefdits Compagnons ou
Ouvriers fans qualité, faffent, tra- "
vaillent, vendent & débitent pour "
leur compte particulier aucunes ma-"
tieres ni Ouvrages d'or & d'ar-"
gent, à peine de confifcation & d'a-"
mende, tant contre lefdits Com-"
pagnons & Ouvriers, que contre "
les Maîtres ou Veuves ; & de ne "
pouvoir par les Compagnons, "
afpirer à la Maîtrife : & contre les "
Maîtres ou Veuves, à peine d'in-"
terdiction, privation de leurs Poin-"
çons, même de déchéance de la "
Maîtrife ou du Privilege de Vidui-"
té, & de plus grandes peines fi le "
cas y échet. Enjoint aux Gardes "
de l'Orfévrerie de veiller & tenir "
la main à l'execution du prefent "
Arrêt &c. " *Layet.* 3, bis, *cotte* 32,

TITRE IV.

Des Aspirans à la Maîtrise.

ARTICLE PREMIER.

Age prescrit pour la Réception des Aspirans.

AUCUN Aspirant ne sera reçû Maître & Marchand dans le Corps de l'Orfévrerie-Joyaillerie de Paris, qu'il n'ait atteint l'âge de vingt ans accomplis, soit qu'il prétende à la Maîtrise en qualité de Fils de Maître, ou qu'il ait gagné la Franchise par la voye de l'Apprentissage.

AUTORITEZ.

Les Ordonnances & Reglemens propres de l'Etat d'Orfévrerie, ne statuent nullement sur l'âge qu'un Aspirant, Fils de Maître ou Apprentif, doit avoir, avant qu'il puisse aspirer à la Maîtrise de cet État. Mais il y a sur ce point des Dispositions dans les Ordonnances générales qui suppléent au défaut des Reglemens particuliers & qui nous servent de Regle. Telles sont celles de Henry III. en 1581, & de Louis XIV. en 1673.

Ordonnance de Henry III. en 1581. ART. XVII. „ Voulons qu'aucun des „ Artisans ne puisse être reçû à la Maî-„ trise qu'il n'ait atteint l'âge de vingt „ ans, ou [même] plus, si leurs Sta-„ tuts le portent. " *Conference des Or-donnances, tom. 1, p. 956.*

Ordonnance générale de Louis XIV. du mois de Mars 1673. „ Aucun ne " sera reçû Marchand qu'il n'ait vingt " ans accomplis. " *Titre I. Article III.*

Cette Regle étoit déja suivie dans notre Corps avant la derniere de ces deux Ordonnances, & en consequence de la premiere, comme on le voit par quelques exemples portés sur nos Registres, tels que celui-ci. En 1653, un Fils de Maître ayant été presenté au Bureau pour être reçu, & n'ayant pas encore atteint l'âge prescrit, il fut refusé : & quoique sur ce refus son Pere voulût intenter action contre les Gardes pour les contraindre, il fut conclu par les Anciens, assemblez à ce sujet le 3 Septembre, qu'on s'en tiendroit à la Regle : *Et que l'Aspirant ne se-*

foit point reçu, attendu fon bas âge.
Voyez 3. *Regift. des Délib. fol.* 101.
v°. En effet, dans l'État d'Orfévrerie, autant qu'en aucun autre, il
convient qu'un Afpirant foit parvenu
à certain degré de maturité pour être

reçû, quand ce ne feroit que par rapport au Poinçon qui lui eft confié, &
dont il ne doit ufer qu'avec un dif-
cernement qui demande neceffaire-
ment un jugement déja formé.

ARTICLE II.

Brevets & Certificats rapportez par les Afpirans Apprentifs.

TOUS Apprentifs Afpirans à la Maîtrife, feront préalablement tenus de rapporter aux Maîtres & Gardes, les Brevets de leur Apprentiffage duement quit- tancez, avec les Certificats en bonne forme du Service par eux fait chez les Maîtres en qualité de Compagnons depuis leur Apprentiffage.

AUTORITEZ.

C'eft la fuite du Texte des Ordonnances que nous venons de citer. Celle de 1581 qui ordonne Art.
XIII. & XIV. que les Brevets & le
tems du Service fait par l'Afpirant
depuis fon Apprentiffage foient duement certifiez, veut que les Maîtres
ou Veuves *baillent ladite Certification
fans par icelle augmenter ou diminuer
le tems du Service de leurs Apprentifs,
fur peine de faux* &c. *Conférence des Ordonn. tom.* I. *pag.* 935. Et celle de
1673, qui prononce auffi des peines
en pareil cas, ordonne qu'aucun Afpirant ne fera reçû Marchand, *qu'il ne
rapporte le Brevet & les Certificats
d'Apprentiffage & du Service fait depuis. Tit.* I. *Art.* III.

Nous avons vû fur le V. Article
du Titre II. de ces Statuts, que dès
l'an 1474, il avoit été enjoint à nos

Orfévres de reprefenter aux Gardes
les Brevets, ou Lettres d'Apprentiffage de leurs Apprentifs ; & c'étoit
fans dóute lorfque ceux-ci fe préfentoient au Bureau pour être admis à
la Maîtrife. Henry II. prefcrivant
depuis par fon Edit du mois de May
1555, les differens chefs fur lefquels
nos Gardes doivent examiner les
Afpirans avant que de les recevoir
au Chef-d'œuvre, met en ce rang la
reprefentation de leurs Lettres d'Apprentiffage. „ Ceux qui fe préfente- "
ront [dit-il, Art. I.] pour être "
paffez & reçûs Maîtres audit État "
[d'Orfévrerie à Paris] feront bien "
& duement examinez par les Six "
Gardes dudit Mêtier, lefquels, "
après avoir vû leurs Lettres d'Ap- "
prentiffage &c. leur feront faire "
Chef-d'œuvre &c. " *Arch. Layet.*
I, *cotte* 14. Item, *Rec. p.* 74.

Cette repréſentation des Lettres ou Brevets d'Apprentiſſage, eſt le but de toutes les précautions priſes par ces Actes ; & c'eſt pour cela qu'ils ſont enregiſtrez au Bureau. Elle n'eſt ordonnée qu'à l'égard des Gardes , & ne doit régulierement être faite qu'à eux. Comme ils ont ſeuls le droit d'inſinuer les Brevets pour conſtater le commencement de l'Apprentiſſage , ce n'eſt qu'à eux qu'ils doivent être repréſentez lorſqu'il eſt fini, pour les examiner alors & voir s'ils ont été effectivement enregiſtrez ; ſi les conditions en ont été gardées ; s'ils ſont duement certifiez & quittancez des Maîtres ; en un mot, ſi l'Apprentiſſage a été fait dans toutes les Regles preſcrites. Il en eſt de même à proportion des Certificats du Service fait par les Apprentifs en qualité de Compagnons après leur Apprentiſſage. Et la raiſon de tout ceci , eſt que les Aſpirans n'étant admis au Serment de Maîtres que ſur la ſimple certification des ſeuls Gardes, comme nous le dirons en ſon lieu, & ſans repréſentation d'aucuns Actes , c'eſt auſſi aux Gardes ſeuls que ces éclairciſſemens ſont dûs pour les mettre en état de certifier la vérité des choſes.

ARTICLE III.

Aſpirans n'entreront qu'ès Places vacantes.

LE s Aſpirans, tant Fils de Maîtres, qu'Apprentifs, ne pourront venir à la Maîtriſe qu'à meſure qu'il y aura des Places vacantes dans le nombre des Trois cens Maîtres , ſoit par décès, ſoit par abdication ou renonciation d'aucuns d'iceux, par Acte en bonne forme , ſoit que quelques-uns des Maîtres ſe ſoient retirés du Commerce & ayent remis leurs Poinçons au Bureau , ou qu'ils s'abſentent, & aillent demeurer dans quelque Province.

AUTORITEZ.

Le nombre des Orfévres de Paris étant borné & limité, comme nous l'avons dit ci-deſſus, il n'eſt pas permis de l'excéder; de ſorte qu'on ne peut régulierement entrer dans le Corps qu'à meſure qu'il s'y trouve des Places vacantes par les divers accidens qui peuvent arriver à ceux qui les rempliſſent. C'eſt l'ordre qui s'obſerve depuis que cette fixation a été faite en 1554, & qui eſt établi par les Autoritez qui ſuivent.

Edit de Henry II. à Fontainebleau en Mars 1554. ART. 1. „Voulons & nous plaît que le nombre des “ Orfévres .... de Paris .... ſoit ré- “ duit & reſtraint &c. au lieu deſquels “ Orfévres , à meſure qu'ils vien- “ dront à défaillir par mort ou autre- “ ment, ſuccederont les Apprentifs “ qui auront fait leur tems, & auront “ été ou ſeront examinez & trouvez “ ſuffiſans, & jugez les plus idoines “ & capables pour exercer led. Etat. “

Layette 1 , *cotte* 13. Item, *Recueil ,* *page* 65.

Le même Henry II. confirma cette Disposition dans un autre Edit du mois de May de l'année suivante. *Layet. idem. cotte* 15 , & *Recueil , pag.* 75. Et Henry III. l'a renouvellée en 1586. *Cod. Henry , Livre* 15 , *Titre* 35 *. Article* 3.

Reglement général du 30 *Décembre* 1679. Art. II. „ Seront admis par „ chacun an au Chef-d'œuvre, & re-„ çus en la maniere ordinaire, autant „ de Personnes qu'il conviendra pour „ remplir le nombre de ceux qui fe-„ ront décedez, ou qui auront vo-„ lontairement renoncé à la Maîtrise „ & Commerce de l'Orfévrerie par „ Acte en bonne forme. " *Layette* 3 *. cotte* 42. Item, *Recueil , pag.* 180.

L'on avoit fuivi très-exactement ces Loix ; mais plufieurs de nos Maîtres fe retiroient du Commerce , & dépofoient leurs Poinçons, d'autres fe retiroient en Province, s'y établiffoient en y faifant le Commerce de l'Orfévrerie , ou même fans y rien faire, ils ne vouloient pas renoncer parce qu'ils vouloient fe réferver le droit de reprendre le Commerce s'ils le jugeoient à propos, ou fi quelques circonftances les y obligeoient , cela faifoit autant de places vacantes ; mais les Gardes ne vouloient pas enfraindre la Loi. Cependant le nombre des Afpirans tant Fils de Maîtres qu'Apprentifs, étoit confidérable ; plufieurs fe pourvurent pour être admis , & prétendirent que l'efprit de la Loi en fixant à trois cens, étoit qu'il y eût toujours dans Paris trois cens Boutiques de Maîtres Orfévres, que la place étoit vacante dès que l'Orfévre ne faifoit plus aucun Com-

merce & qu'il avoit abdiqué volontairement l'état, quoiqu'il n'y eût pas renoncé par acte. Ces raifons ont paru juftes,& l'on préfentoit à la place de ceux qui avoient quitté le Commerce ou qui étoient abfens.

Un feul inconvenient paroiffoit , c'eft que le Maître qui étoit abfent pouvoit revenir , & tant lui que celui qui avoit quitté le Commerce , pouvoient reprendre Boutique d'un moment à l'autre, & dans ce cas le nombre fixé par les Réglemens , de trois cens Orfévres, auroit pû exceder ; mais l'on a foin d'y parer, parce que cela arrivant, le Maître qui reprend le Commerce eft cenfé remplir la premiere place vacante, & les Gardes en préfentant de nouveaux Maîtres à la Cour des Monnoyes, ont foin de l'annoncer dans leur certificat & d'y déclarer qu'ils ne préfentent que tel nombre de Maîtres, quoiqu'il y ait plus de places vacantes, parce que les autres fe trouvent remplies par tel & tel qui avoient ci-devant quitté ou s'étoient abfenté, & qui ont repris le Commerce.

Cet ufage qui étoit fondé fur l'efprit des Réglemens a été depuis autorifé par une Loi précife, c'eft la Déclaration du Roy du 2 Septembre 1747, regiftrée en la Cour des Monnoyes le 11 Octobre audit an, qui porte : Art. I. „ Que conformé- « ment aux Réglemens fur le fait de « l'Orfévrerie, & notamment à celui « du 30 Décembre 1679, ledit « Corps de l'Orfévrerie foit com- « pofé de trois cens Maîtres travail- « lans ou faifans le Commerce de « l'Orfévrerie-Joyaillerie, à l'effet de « quoi les Maîtres & Gardes dudit « Corps feront autorifés de préfen- « ter à la Cour des Monnoyes des Fils « de Maîtres & des Apprentifs à tour «

„ de rôle, pour remplir les places de „ ceux des trois cens Maîtres dont „ l'abfence fera conftatée ou qui au- „ ront remis leurs Poinçons à la Mai- „ fon Commune, foit en qualité de „ Penfionnaires du Bureau, ou com- me ayant abandonné le travail & " le commerce de l'Orfévrerie, & ce " en donnant par lefd. Maîtres & Gar- " des, leur certificat, en la maniere " accoutumée. "

ARTICLE IV.

Partage des Places égal entre les Fils de Maîtres & les Apprentifs.

SERONT les Afpirans, Fils de Maîtres & Apprentifs, admis à la Maîtrife en nombre égal, à commencer par les Fils de Maîtres : & au cas que l'une de ces deux claffes d'Afpirans ne fournît pas fuffifamment de Sujets pour remplir la moitié des Places qui fe trouveroient actuellement vacantes, le reftant defdites Places fera rempli par des Sujets pris de l'autre Claffe.

AUTORITEZ.

Henry II. par fon Edit de 1555, avoit femblé donner la préférence aux Apprentifs dans la diftribution des Places vacantes, en difant : *Au lieu defquels Orfévres à mefure qu'ils viendront à défaillir &c. fuccederont les Apprentifs qui auront fait leur tems &c.* Préférence qu'il voulut donner enfuite aux Fils de Maîtres dans l'Edit de l'année fuivante, où il eft dit : *A ce que lefdits Orfévres de Paris foient plus enclins à bien & fidellement s'acquitter de leurs Charges, c'eft-à-dire,* des devoirs de leur Etat, *feront préferez leurs Enfans qui feront trouvez capables & de la qualité requife.* De forte, qu'à proprement parler, il n'y avoit rien de reglé fur le partage des Places vacantes entre les deux Claffes d'Afpirans. Mais c'eft ce qui le fut en 1679, en cette maniere :

Reglement général du 30 Décembre 1679. ART. II. » Seront les Ap- " prentifs & Fils de Maîtres admis à " la Maîtrife en nombre égal, à com- " mencer par les Fils de Maîtres… " Et en cas que les Fils de Maî- " tres… ne foient en nombre fuffi- " fant pour remplir la moitié des Pla- " ces vacantes, le furplus de ce qui " en manquera, fera pris du nombre " des Apprentifs : ce qui aura lieu " en faveur des Fils de Maîtres, fi " le nombre des Apprentifs afpirans " n'eft fuffifant. " *Layette 3, cotte 42, & Rec. pag. 180.*

Ce

Ce Texte, qui femble avoir regle toutes chofes fur ce point avec affez d'attention, n'a cependant pas prévû le cas où il fe trouveroit plus d'Afpirans, tant Fils de Maîtres, qu'Apprentifs, qu'il n'y auroit de Places à leur donner : Car alors, il faut choifir d'entr'eux ; admettre les uns & retarder les autres : Et il faut en même-tems, que ce choix ne foit pas déterminé par la faveur, mais qu'il foit reglé fur l'équité & la juftice. Sur cette difficulté les Gardes ayant été affemblés, Déliberation du 19 Octobre 1745: „ Que pour éviter tous „ inconvéniens, & ôter tous fujets „ de plainte, l'on conduiroit & pré- „ fenteroit à la Maîtrife par rapport „ aux Fils de Maîtres, ceux qui fe „ trouveroient les plus âgés, & par rapport aux Apprentifs ceux dont " les Brevets feroient les plus an- " ciens, & qu'on ne conduiroit & " préfenteroit les plus nouveaux qu'- " au refus des plus anciens pour rem- " plir les places vacantes. "

Cette Déliberation a été homologuée par Sentence de Police du 24 Novembre 1745, & cette Loi fe fuit très-exactement. L'on préfente les plus anciens, foit Fils de Maîtres, foit Apprentifs, toujours en nombre égal, en commençant par les Fils de Maîtres ; & l'on a foin de mettre fur les certificats qui fe donnent à la Cour des Monnoyes, la datte des extraits baptiftaires à côté des noms des Fils de Maîtres, & les dattes des Brevets d'Apprentiffage à côté des noms des Apprentifs.

ARTICLE V.

Afpirans examinez par les Gardes.

LEs Afpirans feront duement examinez par les Six Gardes en Charge, tant fur la divifion du Poids de Marc, que fur le Prix & l'Aloy des Matieres d'or & d'argent, & fur la maniere d'allayer le Bas & le Fin pour être mis au Titre à ouvrer felon les Ordonnances : & en outre lefdits Gardes s'informeront diligemment des mœurs & de la conduite defdits Afpirans ; lefquels ne pourront d'ailleurs être admis s'ils ne fçavent lire & écrire.

A U T O R I T E Z.

La capacité & la probité requifes pour exercer l'Etat d'Orfévrerie avec honneur, font les deux objets de cet Examen. Il a toujours été fubi dans notre Corps par les Afpirans avant qu'ils ayent pû être admis à la Maitrife ; & originairement il n'y avoit que les Gardes qui euffent droit de le faire. Mais les différens chefs fur lefquels il doit être fait, n'étoient pas d'abord fi détaillez, ni même fi étendus. Ils ne l'ont été qu'avec le tems, comme on le voit par les Textes qui ont fucceffivement ordonné cet Examen.

Edit du Roy Jean du mois d'Août 1355, qui confirme & amplifie nos anciens Statuts, ART. I. ,, Il eft à Pa-,, ris Orfévre.... qui faire le fceit ,, pourtant.... qu'il foit approuvé ,, par les Maîtres [& Gardes].... ,, du Meftier être fuffifant d'être Or-,, févre, &c. Et encore, ART. XVI. ,, Nul ne pourra tenir ne lever Forge [à Paris, c'eft-à-dire, avoir Boutique ouverte en cette Ville & travailler d'Orfévrerie comme Maî-tre] ,, s'il ne s'appert devant lefdits ,, Maîtres [& Gardes] du Meftier ,, foit approuvé être témoigné fuffi-,, fant, &c. " Ce qu'ils ne pouvoient certifier qu'en vertu de l'Examen dont il s'agit, préalablement fait, & de l'épreuve du Chef-d'œuvre dont nous parlerons enfuite. *Archives, Layette* I, *cotte* I, bis. Item, *Rec. imprimé, pag.* 4 & 5.

Un nombre d'Afpirans ayant été reçus dans la fuite, fans avoir fubi cet Examen devant les Gardes, le Corps fe pourvut au Parlement en 1429, contre cet abus, & obtint l'Arrêt qui fuit, où l'on voit fes anciens Ufages fur ce point mieux développez.

Arrêt de la Cour de Parlement du 7 *May* 1429. ,, Sur la Requête bail-,, lée céans par écrit par les Orfévres ,, de Paris, fur l'interprétation & dé-,, claration de certaines Ordonnances ,, touchant le Meftier d'Orfaverie... ,, Ordonné eft que les Orfévres qui ,, n'ont été approuvez ne témoignez ,, fuffifans par les Gardes dudit Mef-,, tier d'Orfaverie aux Généraux Maî-

tres des Monnoyes .... avant " qu'ils puiffent ouvrer comme Maî- " tres dudit Meftier d'Orfaverie, fe- " ront par lefdits Gardes examinez " tant fur la matiere dont ils doivent " ouvrer, que fur la façon [ou ca- " pacité pour l'employer] : C'eft à " fçavoir à quants Deniers & quants " Grains ils doivent ouvrer, & s'ils " favent Allayer leur Argent & en " faire Effai, & qu'ils fachent faire " un Chef-d'œuvre : Et lefquels " Gardes s'informeront duement de " la loyauté & prudhommie d'iceux " Orfévres, & s'ils font bien ref- " feans ou non " c'eft-à-dire, d'une part, s'ils font gens de bien & fans reproche; & de l'autre, fi leurs facultez promettent une indemnité fuffifante envers le Public pour les fautes qu'ils pourroient commettre au Titre des Matieres dans l'exercice de leur Etat : car fans cela il y avoit d'autres mefures à prendre, dont nous parlerons en fon lieu. *Lay.* I, *cotte* 3. Item, *Rec. de nos Ordonnances, p.* 18.

Cet Arrêt nous fait connoître que *la loyauté & la prudhommie*, c'eft-à-dire, la probité & les bonnes mœurs ont toujours été requifes comme une condition néceffaire dans ceux qui afpirent à l'Etat d'Orfévrerie, & ont toujours fait un des principaux chefs de l'Examen des Afpirans. Ce fut pour s'acquitter de ce devoir, qu'entr'autres exemples couchez fur nos Regiftres, les Gardes examinant en 1587 un Compagnon nommé Claude Cartier, qui d'ailleurs avoit exactement fait fon Apprentiffage, & ayant reconnu dans la perquifition qu'ils firent de fes mœurs, que depuis il avoit été repris de Juftice, refuferent de l'admettre à Chef-d'œuvre ; & par Délibération de l'Assemblée des Anciens tenue à ce sujet le 10 Décembre il fut exclus de la Maitrise. L'Assemblée du 5 May 1594 en usa de même à l'égard d'un Fils de Maître, qui fut rejetté du Chef-d'œuvre, & par conséquent de la Maitrise, pour le dérangement de ses mœurs, & les fautes qu'il avoit commises contre les Ordonnances dans l'Etat de Compagnon.

Lors de l'Arrêt de 1429, qui transmet nos anciens usages touchant l'Examen des Aspirans, il ne s'agissoit point encore d'exiger d'eux qu'ils sçussent lire & écrire. Quelque utile qu'il leur eût été de le sçavoir, ç'auroit été leur trop demander : car alors on étoit encore dans ces tems d'ignorance, qui duroient depuis plusieurs siécles, pendant lesquels il n'y avoit gueres que les Clercs, c'est-à-dire, les Ecclésiastiques & les Moines qui sçussent écrire. Si l'on excepte les Notaires, Greffiers, &c. tous les Laïcs, même les plus distinguez, souvent ne sçavoient pas tracer leur nom sur les Actes où il étoit nécessaire qu'il parût ; & pour toute signature, ils apposoient leurs sceaux. Cet usage a même subsisté encore un tems depuis que l'on a commencé à sçavoir plus communément écrire. Nous trouvons que les Comptes qui se rendoient alors dans notre Maison commune, n'ont commencé d'être signez des Anciens qui y assistoient qu'en 1547. Avant cela l'Acte de clôture de tous ces Comptes étoit seulement scellé du sceau commun du Corps. La faculté d'écrire étant devenue alors plus commune chez les Particuliers, Henri II. voulut bientôt après que nos Aspirans en fussent capables ; & c'est ce qu'il prescrivit en ces termes :

Edit d'Henri II. du mois de Mars 1554, Art. II. „ Les Apprentifs, " [c'est-à-dire tous Aspirans] ne se- " ront reçus au Serment de Maîtres " dudit Métier [d'Orfévrerie] s'ils " ne sçavent lire & écrire. " *Layette,* 1, *cotte* 13. Item, *Rec. p.* 64. On ne voit pas en effet comment sans cela les Orfévres auroient pû tenir des Registres, donner des Bordereaux, &c. comme le même Edit leur ordonne de faire.

Cependant, comme les Gardes firent leurs Remontrances sur plusieurs dispositions de cet Edit, la nécessité de sçavoir écrire pour être reçu Maître, fut une de celles dont ils demanderent la modification ; fondez sur ce qu'il pouvoit y avoir des Sujets très-capables d'ailleurs, & qui toutefois par des empêchemens légitimes ne se trouveroient pas en état de pouvoir écrire. Leurs Remontrances furent écoutées sur ce point comme sur les autres ; & ils obtinrent l'année suivante cette modification touchant la faculté d'écrire.

Edit de Henri II. du mois de Mai 1554, Art. I. „ Ceux qui se pré- " senteront pour être passez & re- " çus Maîtres audit Etat [d'Orfé- " vrerie à Paris] seront bien & dûe- " ment examinez par les six Gardes " dudit Métier, lesquels après avoir " vû les Lettres d'Apprentissage, & " qu'ils sçauront lire & écrire, s'il " n'y a cause légitime de quelque " tremblement qui les puisse empê- " cher [d'écrire] leur feront faire " Chef-d'œuvre. " *Layette* 1, *cotte* 14. Item, *Rec. p.* 74. On a pû agir pourlors en conséquence de cette modification dans les cas où elle avoit lieu ; & l'on pourroit sans doute le faire encore à préfent : mais ce cas eft fi rare, qu'elle eft comme oubliée aujourd'hui.

A l'égard de la divifion du Poids de Marc fur laquelle il faut que nos Afpirans répondent dans leur examen devant les Gardes , nous n'en trouvons rien dans les Réglemens qui nous font propres. Mais l'Ordonnance générale du Commerce du mois de Mars 1673 , voulant que tous Afpirans à la Maitrife de Marchand , foient interrogez fur ce point, les nôtres y font également tenus : fans doute même que l'ufage en étoit établi par rapport à ceux-ci, long-tems avant cette Ordonnance, à caufe que le Poids de Marc eft plus particulierement propre au Commerce d'Orfévrerie , qu'à tout autre. *Tit. 1, Art. 4.*

ARTICLE VI.

Chef-d'œuvre des Afpirans.

L ESDITS Afpirans ayant fubi l'Examen , & ayant été trouvez capables à ces différens égards, feront tenus enfuite de faire preuve de leur capacité dans les ouvrages de l'Art d'Orfévrerie par le Chef-d'œuvre qui leur fera ordonné par les Gardes , & qu'ils feront en prefence defdits Gardes dans la Maifon commune.

A U T O R I T E Z.

Le Chef-d'œuvre fait partie de l'Examen que les Afpirans doivent fubir devant les Gardes : c'en eft même la principale. Toutes les Autoritez qui les obligent à cet Examen , les foumettent donc en même tems à faire Chef-d'œuvre devant les Gardes. Si, felon l'Edit de 1355, & l'Ordonnance de 1378 , un Afpirant ne pouvoit lever Forge, qu'il ne fût préalablement *approuvé & témoigné fuffifant* par les Gardes, c'étoit principalement par cette Epreuve qu'ils fe mettoient en état de le certifier capable. C'eft pour cela , comme nous venons de le voir, que l'Arrêt de 1429, veut que nos Afpirans *fçachent faire un Chef-d'œuvre.* François I. dans fon Edit du mois de Septembre 1543 , parle auffi de cette Expérience comme de l'*Epreuve* néceffaire pour juger de la *fuffifance* des Sujets qui afpirent à la Maitrife dans notre Corps. *Layet. 1, cot. 10 , & Rec. p. 47.* On vient de voir auffi qu'Henry II. en 1555 ordonne que les *Six Gardes leur feront faire Chef-d'œuvre* pour cela. Et enfin , le Réglement général du 30 Décembre 1679 , porte que le *Chef-d'œuvre leur fera donné par les Gardes , & qu'ils le feront en leur préfence. Lay. 3, cotte 42 , & Rec. p. 180.*

En effet , les Chefs-d'œuvres fe font toujours faits anciennement comme aujourd'hui, non-feulement en la préfence des Gardes , par leurs

ordres, & fur les deffeins qu'ils a-
voient donnés ou agréés; mais encore dans la Maifon commune où de
tout tems il y a eu une Piéce appellée *la Chambre du Chef-d'œuvre,*
uniquement deftinée à cet ufage, &
garnie des outils néceffaires. Les
Gardes feuls pouvoient y entrer
dans le tems que le Chef-d'œuvrier
travailloit : car la preuve qu'il y devoit donner de fa capacité, étoit
traitée très-férieufement; & l'on évi-
toit avec grand foin qu'il pût être
aidé ou confeillé de qui que ce fût
dans fon travail. On trouve dans un
Etat des Devoirs du Clerc de l'Orfévrerie, dreffé il y a près de trois
cens ans, que ce Clerc, qui a toujours été en même tems Concierge
de la Maifon commune, prêtoit ferment aux Gardes après fon élection,
de n'enfeigner, ni aider en façon
quelconque les Chef-d'œuvriers
dans leur travail; de ne pas même
laiffer entrer avec eux leur propre
Pere, & de ne jamais fouffrir que
les Chef-d'œuvres fuffent tranfpor-
tés hors de la Chambre; le tout *fur
peine d'être deftitué de fon Office. Cet
Etat eft à la fin du Regift.* 1. *des
Comptes.*

Les Chef-d'œuvres faits avec de
telles précautions, n'étoient pas examinés avec moins d'attention lorfqu'ils étoient achevés. Nous voyons
par nos Regiftres qu'on les expo-
foit publiquement dans la Salle commune pour être vifités par tous les
Maîtres qui venoient au Bureau;
& l'on prenoit pour cela certaines
occafions marquées, où ils s'y rendoient en plus grand nombre, comme
lorfqu'on leur rendoit les *Gages* ou
Prifes faites chez eux dans les Vifites générales ou particulieres des
Gardes. Tous examinoient les Chef-
d'œuvres, & difoient librement ce
qu'ils penfoient de la perfection ou
des défauts de l'ouvrage de chacun;
& quoique les Gardes en Charge
ayent toujours été les feuls Juges
compétens des Chef-d'œuvres, il
femble qu'ils conformoient volontiers leur jugement au plus grand
nombre des avis, foit pour recevoir
ou pour rejetter les Chef-d'œuvres.
On peut dire qu'un examen fi févere,
& auquel tous nos Eleves devoient
s'attendre à leur tour, caufoit une
émulation dans le Corps, qui n'étoit
pas indifférente au progrès de notre
Art.

ARTICLE VII.

Tous Aspirans feront Chef-d'œuvre.

SERONT les Fils de Maîtres, auffi-bien que les Apprentifs également tenus de faire ledit Chef-d'œuvre pour parvenir à la Maitrife; fans qu'ils en puiffent
être difpenfés fur quelque prétexte que ce foit, à peine
de nullité de leurs Réceptions.

AUTORITEZ.

Nos Réglemens n'ont jamais fait là-deffus aucune diftinction entre les

Fils de Maîtres & les Apprentifs. Tous ont toujours été également affujettis à l'épreuve du Chef-d'œuvre, & à la féverité de l'Examen qui s'en faifoit. Une Défenfe de faire des Apprentifs furvenue en 1632, & qui fubfifta jufqu'en 1669, introduifit à la vérité quelque relâchement fur ce point à l'égard des Fils de Maîtres ; mais la vigueur de l'ancienne Difcipline fut bien-tôt rétablie. Comme durant cet intervalle les Fils de Maîtres fe voyoient feuls en état de parvenir à la Maitrife, & que les Places qui venoient à vacquer, ne pouvoient plus leur être difputées par des Apprentifs ; ils eurent aufli moins de foin de fe rendre capables de les remporter, comme auparavant, par la perfection du Chef-d'œuvre. Il y en eut même quelques-uns qui furent reçus fans le faire. Mais Louis XIV. qui vouloit l'avancement & la perfection des Arts, étant informé de ce relâchement qui pouvoit intéreffer le progrès du nôtre, rétablit la faculté de faire des Apprentifs, & il ftatua en même tems fur le Chef-d'œuvre négligé des Fils de Maîtres, en ces termes :

Arrêt du Confeil d'Etat du Roi du 31 Janvier 1669. » Fait Sa Majefté » défenfes d'admettre & recevoir les » Fils de Maîtres [Orfévres] à la » Maitrife, qu'après ayoir fait le » Chef-d'œuvre accoutumé, à peine » de nullité de leur Réception. « *Lay. 12, cot. 12 & Rec. p. 512.*

Le Réglement général qui fut fait dix ans après, ordonne de même, ART. II. » Que les Fils de Maîtres, » aufli-bien que les Apprentifs, fe- » ront tenus de faire le Chef-d'œu-

vre qui leur fera donné, en pré- « fence des Gardes. « *Layette 3. cotte 42.* Item, *Rec. p. 180.* En effet, fi les Fils de Maîtres étoient difpenfés de cette Epreuve, il ne refteroit plus de moyen de s'affurer de leur capacité ; eux qui ne font pas tenus de faire Apprentiffage dans les Regles.

Il faut toutefois obferver que les Fils de Maîtres, & même les Apprentifs des Galleries du Louvre & ceux de la Manufacture Royale des Gobelins, font difpenfés de faire Chef-d'œuvre. Mais cette difpenfe eft un effet des Privileges dont ils jouiffent, & fondée fur ce que de tels Eleves font cenfés avoir été formés fous d'excellens Maîtres dans ces Manufactures, & qu'ils n'ont pas befoin de faire preuve de leur capacité par l'expérience du Chef-d'œuvre. *Voy. Lay. 8, cotte 2, & Lay. 9, cot. 9.* Item, *Rec. pp. 401, & 469.*

Les deux Enfans qui font Apprentiffage d'Orfévrerie dans l'Hôpital de la Trinité, ne jouiffent pas de la même difpenfe, parce qu'il n'y a pas eu la même raifon de la leur accorder : & quoique par les Privileges de cette Maifon il foit dit que les deux Ouvriers fous lefquels ils font leur Apprentiffage, *ne feront tenus de faire Chef-d'œuvre* pour être reçus Maîtres après les huit années d'inftruction, c'eft moins une difpenfe de le faire qu'une précaution prife pour empêcher qu'ils ne fuffent obligés de le faire deux fois. Car avant que ces Ouvriers foient admis pour inftruire les Enfans dont on les charge, ils doivent *préalablement faire Expérience pardevant les Maîtres & Gardes* de l'Orfévrerie,

à l'effet d'être par lesdits Gardes cer- | réellement un Chef-d'œuvre , mais
tifiés suffisans & capables pour enfei- | anticipé de huit ans. *Lay. 9 , cot. 2 ,*
gner lesdits Enfans : ce qui est bien | *& 5.* Item, *Rec. p. 438 . 457 & 459.*

ARTICLE VIII. ᐧ

Gardes , seuls Arbitres compétens des Chef-d'œuvres.

SELON les Ordonnances & Réglemens de l'Etat
d'Orfévrerie , les Gardes en Charge feront feuls
Arbitres compétens de la capacité des Aspirans en l'Art
d'Orfévrerie : En conféquence nul Officier de Juftice
ne fera appellé , ni fa préfence réquife à l'opération &
à l'examen des Chef-d'œuvres d'iceux Aspirans.

AUTORITEZ.

On vient de voir que le Chef-d'œuvre étant une Expérience de l'Art pour juger de la capacité des Aspirans , les Gardes en Charge en ont toujours été les Arbitres compétens , & même les feuls Arbitres néceffaires ; & que toutes nos Ordonnances leur attribuent perpétuellement cette connoiffance. Tel a toujours été leur Droit : & s'il a été attaqué à l'occafion qu'on va dire , elle ne fervit qu'à les y affermir davantage pour la fuite.

Vers la fin de l'année 1577, les Gardes ayant admis quelques Afpirans au Chef-d'œuvre , les prefenterent enfuite pour être reçus en la Cour des Monnoyes , à laquelle il appartient de connoître du Fait de nos Maitrifes , comme nous allons le voir dans le Titre fuivant. Mais au lieu de prêter le ferment , ils furent renvoyez fous prétexte que la Cour n'avoit pas pris connoiffance de leurs

Chef-d'œuvres : & le 14 Février fuivant , elle donna Arrêt portant » Défenfes aux Gardes de recevoir « [à l'avenir] aucun à faire Chef- « d'œuvre fans en avertir la Cour , « fur peine de nullité defdits Chef- « d'œuvres.« *Rec. pag.* 139 , 140.

L'Arrêt ayant été fignifié & prononcé aux Gardes en la Maifon commune le 18 en préfence de deux Confeillers Généraux des Monoyes , députés de la Cour , nos Anciens s'affemblerent à ce fujet le 21 , & il fut arrêté qu'on feroit des remontrances au Roy au fujet de cet Arrêt : ce que les Gardes firent inceffamment ; & ils obtinrent les Lettres dont la teneur s'enfuit.

Lettres Patentes de Henry III. du 8 Août 1578 *, adreffées au Parlement.* Nos bien amés les Maîtres Jurés « Gardes de l'Orfévrerie de notre « bonne Ville & Cité de Paris , nous «

» ont fait remontrer que combien que » par les Statuts & Ordonnances de » leurdit Etat.... vérifiés par vous » purement & fimplement.... il foit » expreffément porté que ceux qui » fe préfenteront pour être reçus & » paffez Maîtres en icelui feront bien » & duement examinés par lefdits » Gardes ; lefquels après avoir vû » leurs Lettres d'Apprentiffage &c. » leur feront faire Chef-d'œuvre ; » & ce fait, les préfenteront en notre » Cour des Monoyes, en laquelle » &c. ils feront reçus &c. Et néan- » moins notredite Cour des Mo- » noyes contrariant directement auf- » dits Statuts & Ordonnances, à » vofdits Arrêts de vérification, & à » l'invétérée coutume & obfervation » d'iceux, par fon Jugement du 14 » Février dernier, auroit fait défen- » fes aufdits Jurés & Gardes de rece- » voir aucun à faire Chef-d'œuvre » fans les avertir, fur peine de nulli- » té dudit Chef-d'œuvre : à quoi » ayant égard, & au trouble qu'ap- » porteroient lefdites défenfes audit » Etat, lefdits Expofans Nous ont » très-humblement requis & fupplié

leur pourvoir. Pourquoi, Nous, ce « confidéré, défirant maintenir & « conferver lefdits Expofans efdits « Statuts & Ordonnances de leurdit « Etat, confirmés, tant par Nous, « que vofdits Arrêts, fans permettre « qu'il y foit contrevenu pour quel- « que caufe & occafion que ce foit: « Vous mandons & commettons, & « très-expreffément enjoignons par « ces Préfentes, que vous les faffiez, « fouffriez & laiffiez jouir & ufer « du contenu en iceux Statuts & Or « donnances pleinement & paifible- « ment, ainfi que par ci-devant ils « en ont toujours bien & duement « joui & ufé, jouiffent & ufent de « préfent ; nonobftant les fufdites « défenfes portées par ledit Juge- « ment de notredite Cour des Mo- « noyes ; lefquelles, comme con- « traires aufdits Statuts & Ordon- « nances dudit Etat, & à vos Arrêts « de vérification, Nous avons le- « vées & ôtées, levons & ôtons par « cefdites Préfentes: Car tel eft notre « plaifir, nonobftant &c. " *Layette* 2, *cotte* 23. Item, *Recueil, pages* 138, 139.

TITRE V.

De la Reception.

ARTICLE PREMIER.

*Aſpirans preſentez par les Gardes à la Cour des Monoyes
pour leur Reception.*

LEs Aſpirans à l'Etat d'Orfévrerie qui auront été duement examinez, & dont les Chef-d'œuvres auront été agréez, feront enfuite preſentez par les Maîtres & Gardes à la Cour des Monoyes, pour être par ladite Cour, reçus Maîtres & Marchands Orfévres, ſi faire ſe doit.

AUTORITEZ.

Dès le tems de Philippe le Bel & ſous les Regnes ſuivans, les Orfévres de Paris reconnoiſſoient déjà en quelque choſe l'autorité des Officiers prépoſez ſur le Fait des Monoyes. Ces Princes ayant commencé d'interdire la liberté d'affiner les Matieres, & celle de fabriquer pendant certain tems des Ouvrages d'Or & d'argent au-deſſus d'un poids limité, ſans en avoir préalablement obtenu des Permiſſions expreſſes, voulurent que nos Orfévres s'adreſſaſſent à ces Officiers pour les obtenir. Et tels ont été les premiers veſtiges d'inſpection ſur l'Etat d'Orfévrerie à Paris de la part des Officiers des Monoyes, dans ces tems où n'ayant point encore de Siege qui leur fût propre & particulier, ils étoient unis, auſſi-bién que les Tréſoriers des Finances, aux Magiſtrats de la Chambre des Comptes, avec leſquels ils ne formoient tous qu'un même Corps.

Mais en 1358, ces Officiers qui étoient connus ſous le Titre de *Généraux Maîtres des Monoyes du Roy,* ayant commencé à former une Chambre particuliere, appellée *la Chambre des Monoyes,* nos Rois commen-

M

cerent auſſi à leur attribuer la connoiſſance de Points plus importans dans la Police de l'Orfévrerie, & ſpécialement de ceux qui ont rapport à l'emploi des Matieres d'or & d'argent, à cauſe de l'étroite relation qu'il y a de ce Fait à celui des Monoyes. Or, comme la faculté de travailler ces Métaux ne s'acquiert qu'en prêtant le ſerment de Maître, le droit de recevoir les Aſpirans à la Maîtriſe d'Orfévrerie, fut auſſi une des premieres de ces attributions; & nous croyons qu'elle leur fut faite par Charles V. dans ſon Ordonnance du mois de Mars 1378; car encore qu'il n'y ſoit pas expreſſément porté que nos Aſpirans ſeront deſormais reçus par les Généraux Maîtres des Monoyes, il eſt viſible que le pouvoir qui y eſt donné à ces Officiers de recevoir les Cautions & de regler le fait des Poinçons des Aſpirans ou Récipiendaires, emporte naturellement celui de les recevoir à la Maîtriſe, puiſque ces circonſtances ſont inſéparables de la Réception, & qu'elles en ſont des parties eſſentielles. Auſſi voyons-nous par toute la ſuite, que depuis l'Ordonnance de 1378, les Gardes de l'Orfévrerie de Paris ont toujours été tenus de preſenter nos Aſpirans aux Généraux des Monoyes pour être reçûs Maîtres; ſoit durant la minorité de la Chambre des Monoyes, ſoit après l'érection de cette Chambre en Cour Souveraine. Le Reglement publié au Parlement le 23 Mars 1428, un Arrêt qui y fut rendu le 7 May de l'année ſuivante : des Lettres Patentes de Henry II. du 14 Janvier 1549, & ſon Edit du mois de May 1555, ſont autant de Titres qui reconnoiſſent en la perſonne des Généraux des Monoyes, le droit de recevoir nos Aſpirans à la Maîtriſe, & qui par conſequent font un devoir aux Gardes de l'Orfévrerie de les leur preſenter à cet effet. *Archiv. de l'Orf. Layette 1, cotte 3, 12, 14, Item, Recueil impr. des Ordonnances pag. 18, 59, 74.*

Nous nous diſpenſons de tranſcrire ici toutes ces Autoritez : on les va voir ſous les Articles ſuivans où elles ſont plus naturellement placées, à cauſe des obligations reſpectives qu'elles preſcrivent d'ailleurs, & qui ſont l'objet de ces Articles.

ARTICLE II.

Certification des Gardes à la Cour des Monoyes.

A Cet effet, leſdits Gardes certifieront à la Cour des Monoyes, que les Apprentiſſages & Chef-d'œuvres des Aſpirans qu'ils lui preſentent, ont été bien & duement faits, & que les Brevets ſont en bonne forme; ſans qu'iceux Gardes, ni Aſpirans ſoient tenus de repreſenter leſdits Brevets.

AUTORITEZ.

La certification des Gardes a toujours été neceffaire pour la Reception des Afpirans ; & nul n'a pû être licitement reçû, qu'ils ne l'ayent préalablement *approuvé* & *témoigné fuffifant*, comme parlent les anciennes Ordonnances.

Anciens Statuts de l'Orfévrerie de Paris, confirmez par Edit du Roy Jean au mois d'Août 1355. Art. xvi. » Item, Nul Orfévre ne pourra tenir » ne lever Forge.... fe il ne s'appert » devant les Maîtres [& Gardes] » du Meftier foi approuvé eftre te» moigné fuffifant .... autrement, » non. « *Lay.* 1. *cot.* 1, bis. Item, *Rec.* p. 5. Même Difpofition dans l'Ordonnance de Charles V. du mois de Mars 1378. *Layette* idem, *cotte* 2, *& Recueil,* p. 10.

Ordonnances fur le Fait de l'Orfévrerie de Paris, publiées en Parlement le 23 *Mars* 1428. Art. ix. » Item, » La Cour enjoint aux Généraux » Maîtres des Monoyes du Roy, »que felon les Ordonnances Royaux » faits fur le Fait d'Orfaverie, ils » ne reçoivent dorefnavant aucun à » être Maître dudit Meftier d'Orfa» verie, foit Groffier ou Menuyer, » s'il n'eft approuvé & témoigné fuf» fifant par les Maîtres & Gardes du» dit Meftier. « *Layet.* idem, *cot.* 3, *& Rec.p.* 18.

Arrêt du Parlement du 7 *May* 1429. » Ordonné eft que les Orfé» vres qui n'ont été approuvez ne » temoignez fuffifans par les Gardes » dudit Meftier d'Orfaverie aux Gé-

néraux Maîtres des Monoyes....« avant qu'ils puiffent ouvrer comme » Maîtres dudit Meftier, feront par lef-« dits Gardes examinez...& ce fait,« ceux qui par lefdits Gardes feront » approuvez & témoignez loyaux & « fuffifans .... feront reçus par lefdits Généraux Maîtres des Monoyes. *Ibid. fuprà.*

Cette *Approbation* des Gardes & ce *Témoignage* qu'ils rendoient de la *fuffifance* des Afpirans, étoient portez dans un Acte qui s'appelloit alors, comme aujourd'hui, *Certification.* Voici la formule de celle que les Gardes donnerent cette même année 1429 aux Généraux des Monoyes en prefentant les Afpirans à leur Chambre pour y prêter le Serment.

Nous Simon du Martray, Pierre Barthelemi, Jehan de Villeneufve, Pierre de S. Dizier, Jehan le Fourbeur & Jehan Daniel, tous Gardes & Jurez du Meftier de l'Orfaverie de Paris pour cette prefente année 1429 *, Certifions à Noffeigneurs les Generaulx Maîtres des Monoyes du Roy notre Sire, que tous les Orfévres Afpirans, ci-deffus nommez, ont été par Nous bien & duement examinez, tant fur la Matiere que fur les façons, & auffi fur le fait des Grains & Deniers de Fin, & d'allayer l'argent, & avec ce de faire l'Effai à la main, c'eft-à-dire, de l'or à la Touche, & de l'argent à la Rature : Et ont, lefdits Orfévres Afpirans, fait Chef-d'œuvre chacun à part foi. Et les relattons foufifeans & loyaulx & exparts oudit Meftier. En tefmoing* *de ce, Nous avons fcellé ces Prefentes du Scel dudit Meftier, duquel on a accoutumé d'ufer. Ce fut fait le 18°. jour de Novembre 1429. Voyez 2°. Regift. des Recept. fol. 9.*

Cette Certification, dreffée apparemment felon une formule déjà paffée en ufage, fut alors tranfcrite fur le Regiftre courant des Receptions de Maîtres, afin, fans doute, qu'elle fervît de modelle pour l'avenir. En effet, celle que nous donnons encore aujourd'hui en pareil cas, eft en fubftance la même chofe. Il a toujours fuffi que les Gardes ayent certifié qu'ils ont trouvé les Afpirans capables par l'Examen & l'épreuve du Chef-d'œuvre ; que l'Apprentiffage a été fait dans les regles, & que les Brevets font en bonne forme. Il eft vrai qu'outre cette Certification & contre l'ufage perpetuel, on a voulu exiger dans ces derniers tems, la reprefentation des Brevets d'Apprentiffage avant que de proceder à la Reception des Apprentifs Afpirans : Mais la nouvelle prétention ayant été examinée au Confeil, ne fut point admife ; & la fimplicité de l'ancien Ufage y fut contradictoirement maintenue comme il s'enfuit :

Arrêt du Confeil Privé du Roy du 15 Février 1704. » Le Roy en fon Confeil ayant aucunement égard à « la Requête des Maîtres & Gardes « Orfévres, & à l'Intervention du « Procureur de Sa Majefté au Châte- « let, a caffé & caffe l'Arrêt de la « Cour des Monoyes du 20 Juin « 1702, en ce qu'il ordonne que les « Brevets d'Apprentiffage des Afpi- « rans Orfévres feront reprefentez « en ladite Cour des Monoyes , « avant que de proceder à leurs Re- « ceptions à la Maîtrife. Ordonne Sa « Majefté que, quand les Afpirans à « la Maitrife feront prefentez à ladite « Cour, lefdits Maîtres & Gardes « Orfévres feront tenus feulement « de certifier à ladite Cour que lefdits « Afpirans ont bien & duement fait « leurs Apprentiffages conformément « aux Ordonnances, & que leursBre- « vets font en bonne forme. » *Layette 24, cotte 58.*

De ce qu'il n'eft point parlé ici du Chef-d'œuvre, il ne s'enfuit pas que les Gardes puiffent obmettre dans leur Certification, qu'il a été bien & duement fait, auffi-bien que l'Apprentiffage : Mais c'eft que ce Point, auquel ils ne manquent jamais, n'étoit pas en conteftation. En tout cas, cet ancien devoir fe trouve renouvellé dans un Arrêt pofterieur, dont la Difpofition eft rapportée fous l'Article qui fuit.

ARTICLE III.

Nul Afpirant reçû à la Cour, s'il n'eft prefenté & certifié par les Gardes.

LA Cour des Monoyes ne pourra admettre au Serment, ni recevoir aucun Afpirant Maître & Marchand Orfévre pour la Ville de Paris, que ceux qui lui feront prefentez & certifiez par les Maîtres & Gardes de l'Orfévrerie de cette Ville en la forme ci-deffus prefcrite ; à peine de nullité des Receptions.

AUTORITEZ.

Relifez les trois premieres Autoritez que nous venons de mettre fous l'Article précedent, & principalement celle du 23 Mars 1428. Vous y verrez, que fi tout Afpirant à la Maîtrife d'Orfévrerie à Paris ne peut être reçu, qu'il n'ait préalablement été *approuvé & témoigné fuffifant* par les Gardes, au Tribunal qui doit le recevoir, il eft pareillement défendu à ce Tribunal de le faire autrement que fur cette approbation & fur ce témoignage ou certification des Gardes. La raifon en eft, que par la difpofition & l'œconomie, tant des anciennes Ordonnances, que des Reglemens modernes en ce qui concerne l'Apprentiffage, les Brevets & le Chef-d'œuvre des Afpirans, il n'y a que les Gardes feuls qui foient en état d'informer la Cour des Monoyes, fi le Sujet prefenté a fatisfait à tout ce qui lui eft prefcrit, & fi en le recevant, les Regles feront exactement gardées : fans compter d'ailleurs, que s'il furvenoit là-deffus quelque conteftation entre l'Afpirant & les Gardes, ce feroit au Tribunal ordinaire à en connoître. C'eft en conformité de ces anciennes maximes, toujours fuivies, qu'il a été ftatué de nouveau en ces termes :

Arrêt du Confeil d'Etat du Roy, rendu *du propre mouvement de Sa Majefté le 23 Avril 1730.* » Le Roy étant « en fon Confeil, a ordonné & or- « donne que les Edits, Arrêts & Re- « glemens, concernant l'Orfévrerie... « feront executez felon leur forme & « teneur ; & en confequence... Fait « Sa Majefté défenfes à la Cour des « Monoyes de recevoir aucun Maître « Orfévre [pour la Ville de Paris] « autrement que fur la Prefentation « qui lui fera faite des Afpirans par « les Maîtres & Gardes de l'Orfévre- « rie [de cette Ville] & fur leur Cer- « tification que les Brevets d'Appren- « tiffage feront dans les formes pref- « crites par les Reglemens, & qu'ils « auront bien & duement fait Chef- « d'œuvre devant les Gardes &c. le « tout, conformement aux Regle- « mens ; & ce, à peine de nullité des « Receptions de Maîtres que ladite « Cour des Monoyes aura faites au- « trement que fur la Prefentation & « Certification des Gardes de l'Orfé- « vrerie : Et en cas de conteftations « au fujet des Brevets d'Apprentiffa- « ge & fur les demandes qui feront « faites par les Afpirans pour être re- « çus Maîtres & Marchands Orfé- « vres, ordonne Sa Majefté, que « les Parties feront tenues de fe pour- « voir pardevant le Lieutenant Géné- « ral de Police &c. *Lay. 3, bis, cot.* 25.

ARTICLE IV.

Reception des Aspirans à la Cour.

LEs Aspirans feront examinez de nouveau fur les devoirs de l'Etat d'Orfévrerie par la Cour des Monoyes ; & en confequence ladite Cour les recevra Maîtres & Marchands Orfévres s'ils en font trouvez capables, en leur faifant prêter le Serment de garder & obferver les Ordonnances, Arrêts & Reglemens, concernant ledit Etat d'Orfévrerie.

AUTORITEZ.

Originairement il n'y avoit que les Gardes qui examinaient nos Afpirans : & il ne paroît pas que dans les commencemens la Chambre des Monoyes fût dans l'ufage de leur faire fubir un fecond Examen. L'Ordonnance de 1378, qui lui a attribué le droit de les recevoir à la Maîtrife, ni le Reglement publié au Parlement en 1428, ne parlent point de ce double Examen. Celui des Gardes y eft toujours regardé comme l'unique auquel ils fuffent tenus. Mais il eft certain que trente ans après ce dernier Reglement, les Généraux des Monoyes étoient actuellement dans l'ufage d'examiner les Afpirans, comme il paroît par une Sentence de leur Chambre du 3 Septembre 1459 rapportée dans Conftans, *Traité de la Cour des Monoyes*, pag. 161, où l'on voit, qu'après avoir interrogé le Sujet fur les devoirs de fon état, & particulierement fur les Alleages d'or & d'argent, ces Officiers le renvoyerent, parce qu'ils ne le trouverent pas capable d'être Maître Orfévre de Paris. Mais ce ne fut que dans le fiécle fuivant que Henry II. leur fit un devoir de cet Examen.

Lettres Patentes de Henry II. du 14 *Janvier* 1549. » Défendons très-« expreffement, aufdits Généraux des « Monoyes de recevoir aucun Apprentif au Serment de Maître Orfévre, qu'il n'ait été préalablement « par eux examiné fur la bonté & ex-« périence, tant d'or que d'argent ; « fur les Alleages d'iceux, & autres « chofes contenues ès Ordonnances « dudit Métier, & que iceux Apprentifs ayent été par eux trouvez « fuffifans & capables, & des qualitez « requifes par lefdites Ordonnances. « *Layet.* 1, *cotte* 12, Item, *Rec. p.* 59.

Edit de Henry II. à Fontainebleau en May 1555. ART. I. » Ceux qui « fe prefenteront pour être paffez & «

» reçus Maîtres audit Etat [d'Orfé-
» vrerie] feront bien & duement
» examinez par les Six Gardes du
» Métier … & ce fait, feront pre-
» fentez en notre Cour des Mo-
» noyes, en laquelle, après avoir
» été examinez de nouveau, feront
» reçus fi faire fe doit. « Ibid. *cotte*
14, & pag. 74. 75.

A l'égard de la Reception & du
Serment, nos Afpirans ont toujours
été tenus de fe pourvoir pour cela,
d'abord en la Chambre, & enfuite,
en la Cour des Monoyes, depuis
l'Ordonnance de 1378 ; comme il
paroît par ces Autoritez.

Ordonnances fur le Fait de l'Orfé-
vrerie, publiées en Parlement le 23
Mars 1428. » Si aucuns [Orfé-
» vres] y a [à Paris] qui n'ayent
» fait le Serment accoutumé, … que
» les *Généraux Maîtres des Mo-*
» noyes [le] leur faffent faire. «
Layet. idem, *cotte 3, & Rec. p.* 18.

Arrêt du Parlement du 7 *May*
1429. » Ceux qui par lefd. Gardes
» feront approuvez & témoignez
» loyaux & fuffifans …. feront re-
» çus par lefdits Généraux Maîtres
» des Monoyes. « *Ibidem.*

Du Code Henry, Livre xv. *Titre*
37, *Art.* 8 & 9., „ Les Maîtres Or-
„ févres de notre Ville de Paris fe-
„ ront établis [c'eft-à-dire, Reçus]
„ par notre Cour des Monoyes : par-
„ devant lefquels Juges feront te-
„ nus lefdits Maîtres Orfévres, ju-
„ rer qu'ils obferveront tous & cha-
„ cun les Articles & Reglemens con-
„ tenus en nos Ordonnances de point
„ en point felon leur forme & teneur,
„ fur les peines y contenues. «

Telle en effet a toujours été la
formule du Serment prêté par nos
Afpirans à leur Reception : c'eft-à-
dire, qu'ils ont toujours juré de
garder les Ordonnances, Arrêts &
Reglemens qui concernent l'Etat
d'Orfévrerie en général & fans autre détail. Mais depuis l'Arrêt du
Confeil d'Etat du 17 Janvier 1696.
la Cour des Monoyes fait ajouter à
cette Formule : *Et de fouffrir les Vifi-*
tes des Commiffaires de la Cour ; parce qu'une des Difpofitions de cet
Arrêt porte : „ Que ladite Cour "
pourra commettre toutes les fois "
qu'elle le jugera neceffaire, des "
Commiffaires pour fe faire repre- "
fenter les Regiftres des Orfévres, "
Merciers & autres, & vifiter les "
Ouvrages d'or & d'argent dans "
les Boutiques defdits Orfévres, "
Merciers, & autres travaillans ou "
trafiquans en or ou en argent ; pren- "
dre connoiffance du Titre defd. Ou- "
vrages, enfemble, des Poinçons & "
Balances qu'ils y trouveront, dont "
il fera dreffé des Procès-verbaux par "
lefdits Commiffaires …. pour iceux "
rapportez être ordonné par ladite "
Cour ce qu'il appartiendra. "

Au refte, nous trouvons dans
nos Regiftres qu'anciennement nos
Orfévres prêtoient le Serment de
leur Reception, foit à la Chambre
foit à la Cour des Monoyes, fur
un petit Tableau que les Gardes
y faifoient apporter à chaque fois,
& qui fe voyoit encore dans la
Maifon commune à la fin du xvie.
fiecle. Il étoit apparemment femblable à celui de l'Hôtel de Ville, qu'on
appelle *Scrutin,* & fur lequel les nouveaux Echevins font le ferment de
fidelité au Roi, après leur Election.

ARTICLE V.

Cautions des nouveaux Maîtres.

LE s nouveaux Reçus à la Maîtrise donneront chacun bonne & suffisante Caution de la somme de mille livres à la Cour des Monoyes ; lesquelles Cautions, les Maîtres & Gardes de l'Orfévrerie pourront contester, s'il y échet, après avoir pris communication des Actes de Cautionnement, & autres.

AUTORITEZ.

Avant l'Ordonnance de 1378, il ne s'agissoit point encore de ces Cautions. Jusques-là les Orfévres avoient été à cet égard comme les autres Marchands & Artisans sont encore aujourd'hui. Mais l'importance des Matieres qui leur passent par les mains, & dont la pureté ne doit point être alterée, exigeant d'eux quelque chose de plus, Charles V. pensa pour-lors à y pourvoir ; & la sureté publique fut l'unique motif de cette nouvelle précaution. Les Cautions ne furent cependant pas exigées d'abord indistinctement de tous les Sujets qui se faisoient recevoir ; mais seulement de ceux *qui n'estoient pas bien resséans*, comme on disoit alors ; c'est-à-dire, ceux dont les facultez ne promettoient pas une sureté entiere au Public, en cas qu'ils vinssent à prévariquer au Titre de leurs Ouvrages, & desquels on ne pouvoit esperer un dédommagement certain des pertes qu'il y auroit à supporter. Toutefois pour affermir davantage la confiance publique, cette

distinction disparut par la suite, & tous les Orfévres de Paris furent également tenus de fournir bonne & suffisante Caution à leur Reception. Par la même raison cette Loi qui ne regardoit d'abord qu'eux, devint générale pour tous les Orfévres du Royaume ; avec cette difference seulement que la somme à laquelle le cautionnement a été differemment fixé par succession de tems, a toujours été plus forte pour les Orfévres de Paris, que pour ceux des autres Villes. Voici les Autoritez qui ont établi, & successivement prescrit une précaution par laquelle on peut dire que l'Etat d'Orfévrerie est avantageusement distingué de tous les autres, dont la Police n'établit pas les mêmes suretez, & ne fournit pas les mêmes sujets de confiance au Public.

Ordonnance de Charles V. du mois de Mars 1378.,, Quelconques Or- " févres ne pourront tenir, ne lever " Forge [à Paris] .... s'ils ne sont " très-bien resséans ..., [à moins "
,, qu']

,, qu'] ils ne baillent Pleiges de dix ,, marcs d'argent aux Généraux Maî- ,, tres des Monoyes, qui prendront ,, les meilleurs Pleiges que bonne- ,, ment en pourront avoir." *Layette* 1, *cotte* 2. Item. *Rec. p.* 10 De-là vient que pour s'assurer de la solvabilité de ces Pleiges ou Cautions, l'usage s'introduisit bien-tôt après d'exiger deux Contre-Pleiges ou Certificateurs à caution, lesquels *témoignoient que le Pleige estoit souffisant pour les dix marcs d'argent payer,* comme il paroît par nos Regiftres du tems. *Voyez* 2e. *Regift. des Recept. fol.* 11 *& fuiv.*

Ordonnances publiées au Parlement le 23 *Mars* 1428. *Art.* IX. ,, Que ,, les Généraux Maîtres des Monoyes ,, du Roi … ne reçoivent doreína,, vant aucun à être Maître dud. Me,, ftier d'Orfaverie [à Paris] …. s'il ,, n'eft approuvé …. par les Maîtres ,, & Gardes dudit Meftier, & qu'ils ,, leur baillent Pleiges de dix marcs ,, d'argent, s'il n'eft de foi bien ref,, féant. Et fi aucuns y en a qui ,, n'ayent … baillé ladite Caution ,, aufdits Généraux Maîtres, qu'iceux ,, Généraux Maîtres [la] leur faf,, fent bailler. " *Ibidem, cotte* 3, *&* *Rec. page* 18.

Arrêt du Parlement du 7 *Mai* 1429. ,, Ceux qui par lefdits Gardes feront ,, approuvez…. feront reçus par lef,, dits Généraux Maîtres des Mo,, noyes, en leur baillant Pleiges cha,, cun de dix marcs d'argent, s'ils ne ,, font trouvez être très-bien ref,, féans. " *Ibidem.*

Edit de Henri II. *à Fontainebleau au mois de Mars* 1554. **A**RT. V. ,, Sta,, tuons & ordonnons …. Que tous

les Orfevres, avant que d'être re" çus, bailleront Caution ; à fçavoir " ceux de notre Ville de Paris, de " vingt marcs d'argent en notre Cour " des Monoyes ; & ceux des autres " [Villes] de dix marcs, ès mains " du premier Général de lad. Cour , " qui fe trouvera fur les lieux, &c. " *Layet. idem, cot.* 13, *& Rec. p.* 65, 66.

L'Arrêt du Parlement du 6 *Juin* 1576, affujettit auffi à cette Loi ceux qui parviennent à la Maîtrife par la voye des Privileges de l'Hôpital de la Trinité. *Layette* 9, *cotte* 2. Item, *Rec. p.* 475.

Reglement général du 30 *Decembre* 1679. **A**RT. III. ,, Les Maîtres Or" févres de la Ville & Fauxbourgs " de Paris feront tenus de donner " bonne & fuffifante Caution de la " fomme de mille livres, au lieu de " vingt marcs d'argent portez par le " Reglement de 1554 : lefquelles " Cautions les Gardes en Charge " pourront contefter, s'il y échet, " après avoir pris communication " des Actes de cautionnement & au" tres. " *Layette* 3 , *cotte* 42. Item, *Recueil, pag.* 180. 181.

C'eft ainfi qu'à proportion que la Police de notre Etat s'eft perfectionnée en général par la fuite des tems, la fureté du Public a fucceffivement auffi été plus affermie en particulier fur le fait du Cautionnement. Pour ce qui eft des Actes qui font fournis à cet effet à la Cour des Monoyes par les Cautions, ils n'ont jamais fait de difficulté par rapport aux Gardes: parce que de tout tems ceux-ci ont examiné & agréé préalablement les Cautions, & ont toujours reçu leurs fou-

N

missions sur des Registres destinez à cet effet dans la Maison commune, avant que de paroître à la Chambre ou à la Cour des Monoyes pour les donner. *Voyez ces Registres qui sont les mêmes que ceux des Receptions.*

ARTICLE VI.

Poinçon donné à chaque Maître pour marquer ses Ouvrages.

CHAQUE nouveau Maître fera graver, & recevra de la Cour des Monoyes un Poinçon à la Fleur-de-lys couronnée, & à son Nom & Devise, pour marquer ses propres Ouvrages ; l'Empreinte duquel Poinçon particulier de Maître ne pourra avoir, compris le champ, que deux lignes de hauteur sur une ligne un quart de largeur.

AUTORITEZ.

Autres mesures, mais encore plus anciennement prises pour la sureté publique dans la fabrication des Ouvrages d'or & d'argent, & pour concourir à la conservation de la pureté du Titre de ces Ouvrages. Tout Maître est tenu d'avoir un Poinçon qui lui soit propre & particulier pour marquer ses Ouvrages ; c'est-à-dire, comme nous le verrons en son lieu, pour le rendre responsable des fautes qui pourroient être trouvées à leur Titre, & pour établir contre lui un recours certain en dédommagement. Car le Poinçon d'un Maître est proprement son Sceau, & comme son Seing manuel qui le lie, & qu'il ne peut méconnoître. Il est donc évident que la Loi qui oblige les Orfévres d'avoir des Poinçons pour marquer leurs propres Ouvrages, doit être aussi ancienne que celle qui fixe les Titres ou Degrez de Fin, ausquels ils doivent travailler l'or & l'argent. Autrement celle-ci seroit demeurée sans force contre ceux qui l'auroient voulu violer. Car un Ouvrage défectueux, non poinçonné, étant une fois sorti des mains du Maître, il lui auroit été facile de le desavouer, & de rendre ainsi la Loi du Titre inutile à son égard.

Cependant nos Coutumes écrites en 1260 ne parlent nullement de ces Poinçons, tandis que les Degrez de bonté ausquels l'or & l'argent devoient être employez par les Orfévres de Paris y sont soigneusement décrits. Mais ce qui persuade que c'est une pure omission dans ces premiers Statuts, c'est qu'il est fait mention de nos Poinçons de Maîtres dans les Registres tenus en la Maison commune dès le commencement du fiécle fuivant, comme d'un ufage actuellement établi dans le Corps, & comme venant de longue main. On y voit même qu'ils reprefentoient uniformément une Fleur-de-lys, comme ceux d'aujourd'hui. La Devife particuliere du Maître, ou petite marque finguliere qu'il choififfoit, telle qu'un Cœur, une Flamme, un Croiffant, une Etoile, &c. & qu'on appelloit alors le *Contre-feing*, y étoit auffi introduite pour fervir de *Different*; c'eft-à-dire, pour diftinguer le Poinçon d'un Maître de celui d'un autre Maître, & empêcher qu'on ne confondît leurs empreintes. Or tout cela étoit univerfellement pratiqué dans le Corps, avant qu'on eût publié aucun des Reglemens qui fuivent, dont les premiers fuppofent en effet cet ufage établi; & les autres ne font que regler les differentes Difpofitions fur lefquelles notre Article eft formé.

Anciens Statuts des Orfévres de Paris confirmez par Edit du Roi Jean au mois d'Août 1355. ART. I. „ Il eft „ à Paris Orfévre qui veult, &c. pour-„ tant, &c. qu'il foit tel approuvé, „ &c. fuffifant d'être Orfévre, & de „ tenir, & lever Forge, & d'avoir „ Poinçon à Contre-feing. " *Layette* I, *cotte* I, bis. Item, *Rec, p,* 4. La faculté d'avoir un *Poinçon à Contre-feing* eft regardée ici comme auffi effentielle à un Maître, que celle de *tenir Forge*, c'eft-à-dire, de travailler comme Maître : auffi l'une doit-elle être auffi ancienne que l'autre pour les raifons qu'on vient de marquer.

Ordonnance de Charles V. du mois de Mars 1378. „ Les Généraux Maîtres des Monoyes feront de-" pecer tous les Poinçons qu'ont à " prefent tous lefdits Orfévres [de " Paris] qui auront autres Poin-" çons nouveaux, plus larges, & tels " qu'ils leur feront ordonnez par lef-" dits Généraux Maîtres des Mo-" noyes. " *Ibid. cotte* 2, *& Rec. p.* 11.

· Depuis cette Ordonnance nos Orfévres n'ont plus tenu leur Poinçon que des Officiers des Monoyes, defquels ils l'ont toujours reçu, après avoir prêté le ferment de Maître devant eux. Et en général la connoiffance du Fait des Poinçons appartient privativement à la Cour des Monoyes. Il femble que cette premiere réforme connue de nos Poinçons, & felon laquelle ils devoient être *plus larges*, ne fut faite que pour y graver la Devife ou le Contre-feing de chaque Maître d'une maniere plus vifible & plus diftincte qu'auparavant : car ce ne pouvoit être pour y mettre les Lettres initiales du nom du Maître, puifqu'il paroît par nos Regiftres que l'ufage ne s'en eft introduit que fort long-tems après.

Arrêt du Parlement du 7 Mai 1429. Et leur fera baillé [aux nouveaux " Reçus] le Poinçon de Paris à la " Fleur-de-lys couronnée & au " Contre-feing d'iceux Orfévres. " *Layet.* I, *cotte* 3, *& Rec. p.* 18. 19. Ceci fait voir que le caractere propre des Poinçons particuliers des Orfévres de la Ville Capitale a toujours été, comme c'eft encore, une *Fleur-de-lys couronnée.*

Ordonnance de Louis XII. à Blois le 22 Novembre 1506. ART. X. „ Que

„ tous Orfévres [de Paris & au-
„ tres] ayent nouveaux Poinçons
„ & Contre-feings , tant pour les
„ fautes qui font en leurs Ouvrages,
„ que pour connoître le nouvel
„ Ouvrage ; auffi parce que plu-
„ fieurs Maîtres font allez en Pays
„ étranger contre les Ordonnances,
„ emportans les Poinçons dont ils
„ marquent chacun jour. Et [que]
„ les Orfévres de Paris rapportent
„ en la Chambre des Monoyes les
„ autres Poinçons, &c. " *Layet.* 1,
cotte 5. Item , *Rec. p.* 24.

Cette réforme fut ordonnée, comme l'on voit, pour deux raifons. 1º.
Pour diftinguer les nouveaux Ouvrages des anciens où il s'étoit gliffé
des fautes au Titre. 2º. A caufe que
plufieurs Maîtres avoient emporté
avec eux leurs Poinçons en Pays
étrangers , où ils continuoient de
s'en fervir, & où travaillans arbitrairement , ils ne pouvoient que multiplier les fautes dont on fe plaignoit.
Delà vient que dès le commencement du fiécle precedent l'ufage étoit
établi que lorfque les Orfévres de
Paris prêtoient le ferment de Reception à la Chambre des Monoyes ,
chaque nouveau Reçu y laiffoit un
Acte de cette teneur : *N. affarme
que . . . . les Generaulx Maîtres des
Monoyes du Roy notre Sire lui ont baillé
ung Poinçon à la Fleur-de-lys couronnée. . . . Et que s'il va demourer hors
de Paris, il promet rapporter led. Poinçon en la Chambre des Monoyes ; & en
icelle le delaiffer jufqu'à fon retour fous
l'obligation de tous fes biens, &c.* 2ᵉ. Regiftre des Receptions, ann. 1429,
fol. 10. vº. & 11. *Voyez l'ufage prefent
fur ce Depôt, Art.* 17 *du Titre fuiv.*

Mais cette réforme générale des
Poinçons de Maître ordonnée par

Louis XII. avoit encore un autre
motif par rapport aux Orfévres de
Paris en particulier. Charles VIII.
ayant ordonné en 1493 que ceux
des Provinces euffent également
comme eux des Poinçons à Contre-
feing, *Livre bleu, Regift. du Châtelet,*
ils s'y conformerent. Or cette ref-
femblance de Poinçons pouvant caufer une confufion peu avantageufe
aux Orfévres de la Capitale , où la
Loi du Titre a toujours été fans
comparaifon mieux gardée ; ils a-
voient donc interêt qu'il fût mis dans
leurs Poinçons un caractere diftinctif
ou Different fenfible, qui ne convînt
qu'à eux. En effet , nous trouvons
fur le Regiftre de l'année que pour
convenir de ce nouveau caractere diftinctif, & le faire autorifer quand il
feroit choifi, les Gardes & quelques
Anciens du Corps fe rendirent chez
M. de Gannai Premier Préfident au
Parlement, où fe trouverent en prefence de ce Magiftrat, Mᵉ. Jacques
Olivier, Avocat Général , &. Me.
Charles le Cocq , Général des Monoyes; & que là il fut arrêté que l'on
ajouteroit dans les nouveaux Poinçons de Maîtres de Paris *deux Grains*
placez uniformément en chaque
Poinçon *entre le Pied de la Fleur-de-
lys & le Contre-feing* ou Devife propre
de l'Orfévre. C'eft ce que nous appellons *Grains de Remede* : Et telles furent l'origine & la raifon de ce double Different que nous avons toujours confervé depuis, & qui eft propre aux Poinçons de Maître de Paris.

Reglement général du 30 *Décembre*
1679. A R T. xv. » Chacun defdits Maîtres Orfévres [de Paris] "
fera tenu dans huitaine de faire re- "
nouveller fon Poinçon." L'ART. xiv.

en marque, l'étenduë en ces termes :
„ L'Empreinte duquel Poinçon ,
„ compris le champ , ne pourra en
„ tout être que de deux lignes en
„ hauteur, & d'une ligne un quart de
„ largeur. *Puis* Art. xv. „ En-
„ joint à cet effet à tous lesdits Maî-
„ tres Orfévres de rapporter aux
„ Gardes leurs anciens Poinçons
„ pour être rompus en leur présence."
Layette 3, *cotte* 42. Item, *Recueil* 185.

Le motif de cette dernière réforme de nos Poinçons fut leur trop
grande étenduë, qui faisoit que la
plûpart des Pieces d'aplique & Garnisons des Ouvrages, n'en pouvoient
porter l'Empreinte sans être difformées. En effet , depuis l'Ordonnance
de 1378 , suivant laquelle ils devoient être *plus larges* que les prece-
dens, ils ne firent qu'augmenter en
étenduë, & l'usage s'étant introduit
depuis l'Ordonnance de 1506 d'y
mettre les Lettres initiales du nom
du Maître, cette addition contribua
encore à les aggrandir : jusques-là
qu'il s'en est vû quelques-uns qui
avoient jusqu'à 4 lignes & demie de
hauteur. D'ailleurs ils étoient tous

de differentes grandeurs ; & l'uniformité prescrite à cet égard par le Reglement général , & qui fixe la forme
presente de nos Poinçons, fut encore une raison d'en ordonner le renouvellement.

Au reste les nouveaux Reçus dont
le talent est de travailler aux menus
Ouvrages d'or ou d'argent , doivent
faire graver , & recevoir de la Cour
des Monoyes , des Poinçons encore
moins étendus & proportionnez à la
petitesse des Ouvrages qu'ils fabriquent ; mais en y conservant les mêmes caractères & la même forme que
s'ils étoient gravez sur les dimen-
sions des autres. Ces petits Poinçons
qui n'étoient point ci-devant en usage , sont devenus necessaires depuis
la Déclaration du Roi du 23 Novembre 1721 , qui ordonne que les
menus Ouvrages d'or seront desormais marquez & contre-marquez ; &
les Lettres Patentes du 12 Novembre 1733 , qui prescrivent la même
chose à l'égard des menus Ouvrages
d'argent : ce qui ne se faisoit point
auparavant. *Layette* 3, bis, *cot.* 12
& 25.

ARTICLE VII.

Insculpation des Poinçons de Maîtres.

LEs Poinçons des nouveaux Maîtres seront insculpez, & les noms de chacun de ceux qui en doivent user, gravez à côté de leurs Empreintes ; tant sur la
Table de cuivre de la Cour des Monoyes, que sur celle
du Bureau de l'Orfévrerie de Paris, avant qu'il puisse être
fait aucun usage desdits Poinçons.

AUTORITEZ.

L'Insculpation dont il s'agit, est encore un moyen établi pour concourir à l'observation exacte de la Loi, qui ordonne aux Orfévres de travailler les Matieres d'or & d'argent à certains degrez de pureté : car il ne suffiroit pas pour la faire garder, de leur avoir ordonné d'avoir des Poinçons, & d'en marquer leurs Ouvrages, si l'on n'avoit pas établi en même tems un moyen suivant lequel aucun d'eux ne pût changer ou déguiser le Poinçon qui lui a été une fois donné, ni méconnoître son Empreinte sur des Ouvrages qui seroient trouvez défectueux & foibles de Loi : Sans compter d'ailleurs que les Maîtres n'auroient pas été à couvert du risque de voir leurs Poinçons contrefaits par des Fausfaires pour s'en servir à marquer clandestinement des Ouvrages à bas Titre au préjudice de leur réputation.

Or c'est à quoi l'Insculpation sert & remedie efficacement. Elle constate la forme & les differences speciales de chaque Poinçon ; & son Empreinte originale ainsi conservée sur des Tables de cuivre, sert à verifier toutes celles qu'on pourroit soupçonner être de lui par voye de *Comparaison*, & à justifier par voye de *Rengrénement*, si le Poinçon representé par le Maître est veritablement celui qui a été insculpé en le lui donnant. Aussi voyons-nous que cette précaution a toujours été prise depuis l'Ordonnance du mois de Mars 1378, qui a attribué à la Chambre des Monoyes la connoissance du Fait de nos Poinçons ; encore que cette Ordonnance n'en fasse pas expresse mention. Mais il paroît par nos Registres du tems, que l'Insculpation du Poinçon des Maîtres nouvellement reçus, se faisoit réellement dès-lors, non-seulement en cette Chambre, mais aussi au Bureau de la Maison commune, pour la connoissance que les Gardes doivent prendre de l'Empreinte originale des Poinçons, comme premiers promoteurs des affaires qui peuvent naître de cet objet. On y voit même qu'un des devoirs du Clerc de l'Orfévrerie étoit d'accompagner les Gardes lorsqu'ils presentoient un Aspirant à la Chambre des Monoyes pour y prêter le serment, & faire insculper son Poinçon, afin de *Tailler*, c'est-à-dire, graver *le nom d'icelui en la Table de cuivre* de cette Chambre ; ce qu'il faisoit *pareillement en celle de l'Hôtel du Mestier.* Voyez 1er. *Registre des Comptes de l'Orf. à la fin.* C'est ainsi qu'en l'une & l'autre Table le nom du nouveau Maître a toujours été gravé à côté de l'Empreinte de son Poinçon pour la faire plus aisément reconnoître dans le besoin ; quoique cette circonstance n'ait point été marquée dans les Reglemens intervenus depuis sur le fait de l'Insculpation, & dont voici les Textes.

Ordonnance de Louis XII. à Blois le 22 Novembre 1506. ART. XII. „ Que les Poinçons des Maîtres " [Orfévres de Paris] soient enre- " gistrez en la Chambre des Mo- " noyes, & empreints à la Table de "

,, cuivre [de cette Chambre.] « *Lay.*
1 *, cotte* 5. Item, *Rec. p.* 24.

*Edit de Henry II. à Fontainebleau
au mois de Mars* 1554. Art. iv.
,, Les Orfévres [de Paris] porteront
,, leurs Poinçons .... en notre Cour
,, des Monoyes, pour être frappez en
,, la Table de cuivre étant en ladite
,, Cour ; ainfi que de tout tems lef-
,, dits Orfévres de Paris....l'ont fait.«
Layette idem, *cotte* 13 , *& Rec. p.* 65.

Edit du même au même lieu, du 22
Mai 1555. Art. 1. ,, Sera le Poin-
,, çon, duquel lefdits nouvellement
,, Reçus à la Maîtrife [d'Orfévrerie
,, à Paris] s'entendront ayder à l'a-
,, venir , marqué avec les autres
,, Poinçons qui font en notre Cour
,, des Monoyes. « Ibid. *cotte* 14, *&
Recueil, p.* 75.

Réglement général du 30 *Décembre*
1679, Art. xv. ,, Chacun defd.
,, Maîtres Orfévres [de Paris] fera
,, tenu ....de faire renouveller fon
,, Poinçon .... Enjoint à tous ... de
,, faire infculper les nouveaux, tant
,, à la Cour des Monoyes, qu'au Bu-
,, reau de leur Communauté. « *Lay.*
3 *, cotte* 42, Item, *Rec. p.* 185.

En ordonnant ainfi que les nouveaux Poinçons foient infculpez au
Bureau de l'Orfévrerie également
comme à la Cour des Monoyes, le
Reglement ne fait qu'exprimer &
confirmer l'ancien ufage : Et voici
comment les chofes fe font paffées,
& fe paffent encore aujourd'hui à cet
égard depuis plus de trois cens ans.
Lorfqu'un nouveau Maître étoit
de retour de la preftation du Serment, il fe prefentoit au Bureau de
la Maifon commune ; & là fon Poinçon étoit infculpé, & fon nom gravé fur la Table de cuivre de ce Bureau, comme nous l'avons dit. En
même tems on dreffoit un Acte fur le
Regiftre des Matricules ou Receptions des nouveaux Maîtres ; & cet
Acte contenoit fon nom, la qualité
de Fils de Maître ou d'Apprentif,
en vertu de laquelle il étoit parvenu
à la Maîtrife, après avoir fait le Chef-
d'œuvre ordonné ; le jour qu'il a-
voit été reçu à la Chambre ou à la
Cour des Monoyes, & que fon Poinçon y avoit été infculpé. Le même
Acte contenoit l'infculpation qui venoit de s'en faire au Bureau, & la
defcription des parties qui compo-
foient l'Empreinte de ce Poinçon,
comme la Fleur-de-lys couronnée,
la Devife ou Contre-feing &c. & l'on
imprimoit ce Poinçon fur le Regiftre même , en marge de fa defcription. Mais on n'a commencé de
marquer ainfi l'Empreinte du Poinçon fur le Regiftre qu'en 1486, d'a-
bord en blanc , puis au noir de la fumée de chandelle en 1499 : ce qui
s'eft toujours fait depuis. Et c'eft
ainfi que les nouveaux Maîtres é-
toient & font encore immatriculez en
notre Bureau, pour être reconnus
comme membres du Corps, jouif-
fans de fes Privileges, & foumis à la
Difcipline de fon Adminiftration.
Voyez la fuite des Regift. des Receptions.

Mais nous devons obferver encore que, comme il n'a jamais été
permis à un nouveau Reçu, ni à
tout autre Maître de faire aucun
ufage de fon Poinçon , après l'a-
voir fait graver, qu'il n'ait été préalablement Infculpé aux termes des
Ordonnances qu'on vient de rappor-

ter , c'eſt ſur quoi la Cour des Monoyes a pourvû en 1727, en prenant de nouvelles meſures touchant la gravûre des Poinçons , & le lieu où ceux des nouveaux Maîtres doivent être dépoſez en attendant l'Inſculpation , par un Reglement de cette teneur , qui a été publié en notre Bureau pour avoir force de Statut dans le Corps.

Arrêt de la Cour des Monoyes rendu en forme de Reglement , le 11 Janvier 1727. „ La Cour faiſant droit „ ſur le Requiſitoire des Gens du „ Roi , fait défenſes à tous Maîtres „ Orfévres de graver à l'avenir au- „ cuns Poinçons .... pour les Maî- tres particuliers qui ſeront en poſ- „ ſeſſion de la Maîtriſe , qu'en ſe „ faiſant repreſenter les anciens „ Poinçons dont ils ſe ſeront ſervis. ..„ Et à l'égard des Aſpirans à la Maî- „ triſe , les Poinçons qu'ils feront „ graver , ſeront mis par ceux qui les „ auront gravez entre les mains des „ Gardes de l'Orfévrerie , qui ne „ pourront s'en deſſaiſir qu'après „ leur Reception en la Cour : Et fait „ défenſe au Greffier d'en Inſculper „ aucun , qu'aux termes du preſent „ Arrêt , qui ſera lû & publié au Bu- „ reau de la Communauté aſſemblée „ en la maniere accoutumée , & en- „ regiſtré ſur le Regiſtre de ladite „ Communauté. „ *Lay.* 3 bis , *cot.* 22,

TITRE VI.

Des Devoirs des Maîtres & Marchands Orfévres-Joyailliers dans la profession de leur Art.

ARTICLE PREMIER.

Déclaration de Domicile au Bureau.

TO u s Maîtres & Marchands Orfévres-Joyailliers de la Ville & Fauxbourgs de Paris, ainsi que les Veuves de Maîtres, feront tenus, dans trois jours après leur Etablissement, ou changement de demeure, de déclarer leur Domicile aux Maîtres & Gardes; à peine de deux cens livres d'amende en cas de contravention.

AUTORITEZ.

Quelque necessité qu'il y ait toujours eu de connoître la Demeure de chaque Particulier du Corps pour l'assujettir à sa Police, puisque sans cela plusieurs d'entr'eux pourroient se souftraire à la vigilance des Gardes, & échapper à differens Devoirs pour l'observation desquels il faut qu'on sçache où les trouver sur le champ ; nous ne voyons pas néanmoins que la Déclaration de Domicile ait été ordonnée à nos Orfévres par aucun des anciens Reglemens. Mais en 1679 Louis XIV. pourvut à ce point si essentiel à la bonne Administration du Corps, en ces termes :

Reglement général sur le Fait de l'Orfévrerie, du 30 Décembre 1679. A RT. v I. » Seront tenus les Maî- « tres [Orfévres de Paris] & Veu- « ves de Maîtres, en cas de change- « ment de Domicile, de le déclarer « aux Gardes en Charge trois jours « après ledit changement, à peine de « deux cens livres d'amende en cas « de contravention. « *Archiv. de l'Orf. Lay.* 3, *cotte* 42. Item, *Rec. des Ordonn. de l'Orf. p.* 182. Cette Amende

O

fait affez connoître l'importance du devoir prefcrit par le Reglement : Et c'eft pour s'en acquitter de leur part que les Gardes ont commencé auffi-tôt après à tenir Regiftre exact des Déclarations de Domicile.

ARTICLE II.

Situation des Boutiques, Forges & Fourneaux des Orfévres.

ILs tiendront leurs Boutiques en lieux publics & apparens, & fur rue publique ; dans lefquelles ils auront leurs Forges & Fourneaux fcellez en plâtre, & non en Arriere-Boutiques, Salles, ou Chambres fecrettes, ni autres lieux.

AUTORITEZ.

C'eft ainfi que dès le Regne de Philippe - Augufte, & affez long-tems après, nos Orfévres n'étant point encore en fi grand nombre, demeuroient tous, ou prefque tous, fur le Grand Pont de Paris, maintenant le Pont au Change : Quartier qui dès-lors étoit le plus ouvert & le plus frequenté de la Ville. Ils y tenoient leurs *Forges*, c'eft-à-dire, leurs Ouvroirs ou Boutiques : Et de-là vient que les Maifons de ce Pont furent dès leur origine appellées Forges, qui eft le nom qu'elles ont toujours confervé & qu'on leur donne encore dans les Titres modernes. Car encore que ce Pont ait pris enfuite le nom de Pont au Change, ce n'eft pas que les Changeurs l'occupaffent dès-lors. Un Titre pofterieur de l'an 1304 fait voir qu'ils occupoient, non les Forges du Pont, qui ne pouvoient leur convenir, puifqu'ils n'ont jamais eû la faculté de travailler d'Orfévrerie, mais feulement les Maifons qui couvroient la défcente de ce Pont du côté du Châtelet depuis la grande Arche qui joignoit la culée, jufqu'à l'Eglife de S. Leuffroi : *Solummodo, à parte Gravia inter Ecclefiam Beati Leofredi & majorem Archam, five deffectum ipfius Pontis.* Ordonn. des Rois de la troifiéme Race, *Tom. 1. pag. 426.* Or, comme le même Titre leur défend de tenir leur Change en aucun autre endroit dans Paris, il eft clair qu'eux & les Orfévres, dont l'objet eft encore plus important au Bien public, étoient ainfi raffemblez dans le Quartier le plus frequenté de la Ville, afin que les uns & les autres étant expofez de la forte à la vûë du Public, ne puffent abufer de leur Etat, comme ils auroient pû faire s'il leur eût été permis de l'exercer dans des endroits détournez, obfcurs, & propres à favorifer les fraudes.

Ce motif de Police eft en effet difertement exprimé dans des Lettres données depuis par Charles-le-Bel en 1325, au sujet des Orfévres & des Changeurs de Rouen, qui a-voient quitté la rue de la *Cornoiserie* leur ancien Quartier en cette Ville, pour se retirer dans des endroits plus couverts & moins frequentez. Ce Prince les rappellant à l'exemple de ceux de Paris, veut que doresna-vant ils fassent leur commerce d'Or-févrerie & de Change dans cette rue, comme ils avoient accoutumé de faire anciennement; & qu'ils en usent à cet égard, *tout ainsi, comme il a été,* dit-il, & comme il étoit actuelle-ment pratiqué *en la Ville de Paris sur le Grand Pont de Paris.* Ibid. supr. *pag.* 790.

Telle a donc été l'ancienne forme de Police en ce Point à l'égard de nos Orfévres en particulier. Mais par succession de tems leur nombre s'é-tant fort augmenté, cette unité de Quartier ne put plus avoir lieu. Plu-sieurs se répandirent en differens en-droits de la Ville, comme ils sont aujourd'hui ; & il a suffi pour le maintien du bon ordre, de leur en-joindre à tous, comme on va le voir, de tenir leurs Boutiques ouvertes en lieux publics & rues passantes, & de leur défendre d'avoir leurs Forges & Fourneaux ailleurs qu'en leurs Bou-tiques.

Ordonnance de Louis XII. à Blois le 22 Novembre 1506. Art. viii. „ Les Orfévres.... feront leurs ou-„ vrages en leurs Forges & Ou-„ vroirs, [c'est-à-dire, publiquement „ & à découvert dans leurs Bouti-„ ques] & non à leurs Maisons, Ar-„ rieres-Forges, ne ailleurs. *Archiv. Layette* 1, *cotte* 5. Item, *Recueil, page* 24.

Edit de Henry II. à Fontainebleau au mois de Mars 1554. Art. x. ″ Lesdits Orfévres & Joyailliers... " tiendront leurs Boutiques en lieux " publics & apparens; sur le devant " desquelles, & à la vûe de tout le " monde, ils auront [leurs] Four- " neaux, & non ès Arrieres-Bouti- " ques, Chambres secrettes, & au- " tres lieux... *Layette* idem, *cotte* 13. Item, *Recueil pag.* 69.

En conformité de ces Ordonnan-ces il a été souvent enjoint aux Or-févres par des Reglemens posterieurs de tenir ainsi leurs Boutiques *en lieux publics & apparens, & sur grandes rues libres & passantes :* Avec défen-se *d'avoir aucunes Forges & Fourneaux ailleurs qu'en leurs Boutiques.* Tels sont entr'autres, les Reglemens de Police des 23 Avril 1661, 6 Février & 7 Août 1671. *Layet.* 10, *cot.* 9, *Layet.* 4, *cotte* 25, *Layette* 10, *cotte* 13. Item, *Recueil, pages* 485, 513 & 494. Et c'est encore de cette ancien-ne Police que viennent les défenses si severes & si souvent réiterées aux Orfévres de se réfugier dans les Lieux Privilegiez , & autres Mai-sons & Enclos dont l'accès n'est pas entierement libre. Relisez ce que nous en avons rapporté ci-dessus sous le viii. Article du Titre I.

A l'égard de la défense des For-ges & Fourneaux ailleurs qu'en Boutique , il paroît néanmoins que dès la fin du xve. Siécle les Gardes de l'Orfévrerie étoient en droit d'en dispenser, ou, ce qui revient au même, de permettre de travailler en Cham-bre, lorsqu'il y avoit quelque raison de le faire : Et l'on voit qu'ils u-soient de ce droit en vertu d'une Ordonnance du Prevôt de Paris du 23 Décembre 1495. *Cartulaire de l'Orfévrerie, cotte A. fol. 16. v°.* En effet le même pouvoir est reconnu en eux dans les deux derniers Reglemens de Police qu'on vient de citer, c'est-à-dire, ceux des 6 Février & 7 Août 1671. Après que le Magistrat y a défendu aux Orfévres d'avoir des Forges & Fourneaux ailleurs qu'en leurs Boutiques, il ajoute : » Et en » cas qu'ils soient obligez d'en avoir » dans des Arrieres-Boutiques ou » Salles basses, pour des Ouvrages » délicats, & qui ne peuvent être » travaillez au grand jour, ils seront » tenus de prendre sur ce la permis- » sion des Maîtres & Gardes, sur » peine, &c. « *Rec. pag.* 494. &

513. Mais il n'a plus été question d'exception à la Regle, ni d'aucunes Permissions, depuis que le Reglement général a statué de nouveau sur ce Point, & rappellé la Disposition des anciennes Ordonnances en ces termes :

Reglement général du 30 Décembre 1679. Art. xviii. » Seront lesdits " Orfévres [& autres] qui emploient " les Matieres [d'or & d'argent] te- " nus, suivant l'Article viii. de " l'Ordonnance de 1506, & l'Ar- " ticle x. du Reglement du mois de " Mars 1554, d'avoir leurs Forges " & Fourneaux scellez en plâtre dans " leur Boutique & sur rue, &c. « *Lay.* 1, cot. 42. Item, *Rec. pag.* 186.

ARTICLE III.

Lieu marqué & heures prescrites pour le Travail d'Orfévrerie.

D'E'FENSE à eux de fondre les Matieres d'or & d'argent, ni de faire aucun travail de leur Art ailleurs que dans leursdites Boutiques, sous quelque prétexte que ce soit ; sur peine de punition exemplaire : Comme aussi, de fondre & de travailler hors les heures prescrites à cet effet par les Ordonnances.

AUTORITEZ.

Les Orfévres ne peuvent donc fondre, ni travailler, uniquement que dans leurs Boutiques ; c'est pour cela qu'ils y doivent avoir leurs Forges & Fourneaux : Et ils ne peuvent le faire qu'aux heures portées par les Ordonnances, c'est-à-dire, depuis cinq ou six heures du matin, jusqu'à huit ou neuf heures du soir, & non durant la nuit, où, renfermez chez eux & à couvert de toute inspection, ils pourroient plus aisément s'écarter des Regles. Ces devoirs sont gênans, à la verité : Mais le bien public, qui est le mobile univerſel de tous nos Reglemens, l'exige ainſi pour la bonne Police du Fait d'Orfévrerie : Et il eſt viſible encore qu'outre cette premiere vûe, celle d'empêcher le Billonage & la Fonte illicite des Eſpeces y entre auſſi, à cauſe de la facilité que les Orfévres auroient de les fondre ainſi clandeſtinement, & d'en employer la matiere à leurs Ouvrages. C'eſt ce qu'en effet Louis XII. réunit par les deux Diſpoſitions ſuivantes de ſon Ordonnance.

Ordonnance de Louis XII. à Blois le 22 Novembre 1506. Aʀᴛ. ᴠɪɪ. *&* ᴠɪɪɪ. „ Les Orfévres n'acheteront „ aucunes Matieres d'or ne d'argent „ monoyé, ne tout autre Billon „ pour convertir ès Ouvrages de „ Vaiſſelle, Moulure ou Menuierie; „ ne autrement ne fondront, trébu- „ cheront, ne difformeront les Mo- „ noyes auſquelles nous avons don- „ né cours.... Et feront leſdits Ou- „ vrages en leurs Forges & Ou- „ vroirs ᴀ ʜᴇᴜʀᴇ ᴅᴜᴇ, & non à „ leurs Maiſons, Arrieres-Forges, „ ne ailleurs. “ *Layette* 1, *cotte* 5. Item, *Rec. pages 23, 24.*

La même défenſe d'acheter, fondre, ni difformer aucunes eſpeces ayant cours ou même décriées pour employer à leurs Ouvrages, a encore été réiterée aux Orfévres par la ſuite; notamment par Henry II. dans ſes Lettres Patentes du 14 Janvier 1549. *Layet.* idem, *cot.* 12, *& Rec. pag.* 58. Cependant la défenſe du travail de nuit, laquelle étoit faite en partie pour ôter toute occaſion à cette Fonte criminelle, n'étoit pas ſi abſolue qu'il n'y eût des exceptions; comme lorſqu'il s'agiſ-

ſoit d'Ouvrages pour le Roy, la Reine &c. C'eſt même une Diſpoſition de nos anciennes Coutumes écrites en 1260. *Nul Orfévre, y eſt-il dit,* Aʀᴛ. ᴠɪ. *ne puet œuvrer de nuitz ſe ce n'eſt à l'œuvre le Roy, la Roine, leurs Enfans, leurs Freres & l'Evêque de Paris.* Layette 1, cotte 1.

Le Roy Jean confirmant cet Article avec les autres en 1355, ajoute: *Ou ſe ce n'eſt du congié ou licence des Maîtres [& Gardes] du Meſtier.* Ils le permettoient en effet à ceux qui par une neceſſité marquée, ou pour d'autres cauſes légitimes, ne pouvoient ſe diſpenſer de travailler la nuit : Et l'on peut dire que la bonne Police ne ſouffroit aucune atteinte de ces ſortes de Permiſſions; car en les accordant, les Gardes étoient ſuffiſamment avertis de veiller ſur ceux qui les obtenoient, de crainte qu'ils n'en abuſaſſent : Et d'ailleurs ceux-ci devoient leur ouvrir à toute heure de nuit pour ſouffrir leurs Viſites. Nos anciens Regiſtres font ſouvent mention de ces Viſites nocturnes, qu'ils appellent, *Viſitations de nuit à la chandelle.* Et l'on y voit que tous les Particuliers que les Gardes ſurprenoient travaillans ſans en avoir obtenu d'eux la Permiſſion, étoient toujours mulctez d'amende, quand même tout auroit été trouvé d'ailleurs en regle. Mais il eſt arrivé de ces Permiſſions de travailler la nuit, comme de celles d'avoir des Forges en Chambre. Il n'en a plus été mention depuis le Reglement général qui a prononcé ſans aucune reſtriction, tant ſur la neceſſité de ne fondre & travailler qu'en Boutique que ſur celle de ne le faire qu'aux heures preſcrites, en ces termes:

Reglement général du 30 Décembre 1679. ART. XVIII. » Défenses aux „ Orfévres [& autres qui employent „ les matieres d'or & d'argent] à „ peine de punition exemplaire, de Fondre & de Travailler ailleurs " qu'en leurs Boutiques, fous quel- " que prétexte que ce foit, & aux " heures portées par les Ordonnances. « *Lay.* 1, *cotte* 42, *& Rec. p. 186.*

ARTICLE IV.

Loi ou Titre des Matieres à ouvrer.

DANS la fabrication de leurs Ouvrages, ils feront tenus d'employer les Matieres aux Titres, & dans les Remedes de Loi prefcrits par les Ordonnances ; fça- voir, l'or à vingt-deux Karats de Fin, au Remede d'un quart de Karat : Et l'argent à onze Deniers douze Grains de Fin, au Remede de deux Grains.

AUTORITEZ.

L'or & l'argent ne s'emploient point, abfolument parlant, dans leur fouverain & dernier degré de pureté, tel que l'or à XXIV. Karats, & l'argent à XII. Deniers. Ils feroient trop flexi- bles, & peu propres au fervice faute de confiftance. Pour leur en donner, il convient d'y mettre une legere por- tion d'Alliage, c'eft-à-dire, d'argent ou de cuivre dans l'or, & de cuivre dans l'argent. Or, c'eft cette por- tion fixe & limitée en l'un & en l'au- tre qui fait l'objet de la Loi dont il s'agit, & que les Orfévres font te- nus de garder. Car le Public qui n'eft pas à portée de diftinguer le plus ou le moins de cet Alliage y pourroit être trompé : Et c'eft à quoi les Or- donnances ont foigneufement pour- vû dans tous les tems. Mais comme les Titres ou Degrez de bonté inte- rieure de l'or & de l'argent prefcrits aux Ouvrages des Orfévres n'ont pas toujours été les mêmes dans l'Orfévrerie de Paris, nous allons voir par quels degrez notre Police eft parvenue à fa perfection fur ce Point, en rapportant la fuite des Au- toritez qui le concernent.

Anciennes Coutumes des Orfévres de Paris, rédigées en 1260. ART. II. » Nul Orfévre ne puet euvrer d'or « à Paris, qui ne foit à la Touche de « Paris au meindre, laquelle Touche « paffe tous les ors de quoi l'en euvre « en nulle terre. « *Lay.* 1, *cot.* 1. Le Titre de cet or n'eft defigné que par le nom de *Touche de Paris,* parce que ceux de *Karats* & de *Deniers,* dont nous nous fervons pour exprimer les divers degrez de Fin, n'étoient pas encore connus , & n'ont commencé à l'être que dans le ſiécle ſuivant. Mais il eſt clair par l'Edit de 1355 que cette *Touche de Paris*, vantée ici comme la meilleure de toutes celles auſquelles on travailloit l'or partout ailleurs, n'étoit cependant qu'à *Dix-neuf Karats un Quint de Fin.*

Mêmes Coutumes. Aʀᴛ. ɪɪɪ. " Nul ,, Orfévre ne puet euvrer à Paris ,, d'argent qui ne ſoit auſſi bon ,, qu'Eſtellins , ou meilleur. « Les *Eſtellins*, ou Eſterlings dont il s'agit, étoient une Monoye d'Angleterre ou d'Ecoſſe, qui avoit alors grand cours en France ; & nous connoiſ-fons par un des plus anciens Regiſ-tres de la Chambre des Comptes , *cott. Noſter*, *fol.* 105, que cette Monoye étrangere étoit à *Onze Deniers de Loi.*

Ordonnance de Philippe-le-Hardy à Paris , au mois de Décembre 1275. Aʀᴛ. ɪᴠ. " Volumus, quod in omni-" bus Villis, ubi Argentarii opera-" buntur de argento, quod operen-" tur de argento affinato ; ſcilicet " quemadmodum operatur apud Tu-" ron. « *Ordonnances de la troiſié-me Race , Tome* ɪ *, pag.* 814. C'eſt-à-dire, que les Orfévres devoient employer deſormais l'argent à la Loi de *Onze Deniers douze Grains de Fin.* Car Philippe veut parler-là des *Gros* que S. Louis avoit fait fabriquer dans la Monoye de Tours, & qu'il continuoit lui-même d'y faire fabri-quer, leſquels étoient inconteſtable-ment à ce Titre, & qui pour raiſon du lieu de leur Fabrique s'appel-loient *Gros Tournois.* Telle eſt l'ori-gine du Titre que nous avons tou-jours ſuivi depuis & que nous ſui-

vons encore dans l'Orfévrerie de Pa-ris pour les Ouvrages d'argent. Ce fut l'argent de ce Titre qu'on nom-ma bien-tôt après *Argent-le-Roy*, à cauſe de ſa pureté, & auquel l'uſage a donné par la ſuite le nom d'*Argent de Paris*, pour la religieuſe fidelité avec laquelle on a toujours travaillé l'argent à ce Titre en cette Ville.

Ordonnance de Philippe-le-Bel à Pontoiſe, au mois de Juin 1313. Aʀᴛ. x. " Que nul ne puiſſe ouvrer d'ar-gent qu'il ne ſoit auſſi bon que celi que l'en dit Argent-le-Roi. « *Or-donnances de la troiſieme Race , Tom.* I. *pag.* 522.

Edit du Roy Jean au Palais de S. Ouen, en Août 1355. Aʀᴛ. ɪɪɪ. " Nul Orfévre ne peut ouvrer d'or à Pa-ris, qu'il ne ſoit à la Touche de Pa-ris , ou meilleur, laquelle Touche paſſe tous les ors dont l'en euvre en nulle terre, lequel eſt à Dix-neuf Karats un Quint. « C'eſt toujours l'ancien Titre. *Et* Aʀᴛ. xɪɪ. " Nul Orfévre ne peut ouvrer d'argent qui ne ſe revienne auſſi bon comme Argent-le-Roy ſans les Soudûres, lequel eſt dit Argent de Gros. « *Lay.* I , *cotte* I , bis. Item , *Rec. pag.* 4 *&* 5. Ce mot ajouté *ſans les Soudûres*, qui ne ſe trouve point dans l'Ordon-nance de Philippe-le-Hardy , ni dans celle de Philippe-le-Bel, en preſcri-vant ce Titre , ſemble accorder quel-ques Remedes ſur ce même Titre , c'eſt-à-dire, la faculté de s'en écar-ter un peu en faveur des Ouvrages ſoudez ; parce que la Soudûre l'af-foiblit neceſſairement ; & même auſſi en vûë de la variété du feu dans l'o-peration de l'Eſſai des matieres. C'eſt en effet ce que Charles V. accorda depuis à nos Orfévres, comme il s'enfuit.

Ordonnance de Charles V. à Paris, au mois de Mars 1378. » Tous Or- ,, févres qui ouvreront d'argent en ,, Vaiffelle & autres Joyaux, comme ,, Pots , Plats, Ecuelles , Hanaps, ,, Gobelets, Calices , Cuilliers, Cein- ,, tures, &c. ouvreront d'argent qui ,, foit auffi bon, & fe revienne fans ,, les foudûres, comme l'argent ap- ,, pellé l'Argent-le-Roy, lequel Ar- ,, gent-le-Roy eft à Onze Deniers ,, douze Grains Fin, & auront re- ,, mede de trois Grains au marc d'ar- ,, gent, & non plus ; & leur doit bien ,, fuffire de cette Loi. Car entre la ,, Vaiffelle que l'on a n'aguerre prife ,, chez plufieurs Orfévres de Paris, ,, l'on [en] a trouvé grande quantité ,, à onze Deniers neuf Grains Fin, & ,, au-deffus. «

,, Et en tous petits [ornemens ,, comme] Images, Feuilles, Lions, ,, Gargouilles & autres chofes de ,, femblable façon qu'il convient ,, être moulées & affifes en autres ,, Joyaux qu'efdits ouvrages, Plan- ,, ches, Boutons, & femblables cho- ,, fes ferues en Tas, [c'eft-à-dire, Eftampées à la maniere de nos co- quilles de Boutons fur Bois] lef- dits Orfévres ouvreront dudit ar- ,, gent à Onze Deniers douze Grains, ,, & auront Remede de cinq Grains ,, Fin au Marc, & non plus. " *Lay.* idem, *cotte* 2. & *Rec. p.* 13. Voilà donc deux Claffes d'ouvrages d'ar- gent que l'on diftinguoit fous les noms de *Grofferie* & de *Menuierie,* dont la premiere a *Trois* Grains de Remede , & l'autre *Cinq.* Ce pre- mier Reglement touchant les Reme- des n'en accorde point fur le Titre

de l'or , qui fubfiftoit toujours le même ; & qui en effet n'étoit déja que trop foible.

Ordonnance de Louis XII. à Blois, le 22 *Novembre* 1506. Art. viii. Les Orfévres feront leur Ouvra- " ge d'argent de Grofferie & Me- " nuierie d'argent à Onze Deniers " douze Grains Fin, à deux Grains " de Remede fur les Grofferies, & " quatre Grains fur les petites Ima- " ges , Lions , Gargouilles & au- " tres befongnes de Mouflûre , " [c'eft-à-dire Moulées.] " *Lay.* idem, *cotte* 5 , & *Rec. p.* 24. Les Remedes accordez par Charles V. font ici re- tranchez d'un Grain en chaque claffe par Louis XII. & le Titre des Ou- vrages d'or refte encore fur l'ancien pied. Mais il y furvint bientôt après de grands changemens.

Ce Titre fi foible, de dix-neuf Karats un Quint, ne regardoit , à proprement parler, que les menus Ouvrages d'or du Commerce ordi- naire , tels que ceux qui s'expo- foient journellement en vente dans les Boutiques des Orfévres ; & nul- lement des Ouvrages extraordinai- res qui pouvoient leur être com- mandez ; lefquels étoient faits à tous Titres au-deffus , & même d'or fin , felon que les Particuliers qui les faifoient faire , en étoient conve- nus avec eux. Et tel fut l'ufage juf- qu'à la fin du Regne de Louis XII. Mais bientôt après nous trouvons les premiers veftiges de l'améliora- tion du Titre de l'or pour les Ouvra- ges du Commerce ordinaire ; & cette amélioration qui s'introduifit infen- fiblement , paroît être due au zele des Gardes de l'Orféyrerie.

Dans

Dans le cours de leurs Viſites en 1519 ils prirent dans la Boutique de Jean de Ruſſange , Orfévre ſur le Pont Notre-Dame, pluſieurs petites Bordûres d'or , faites pour être expoſées en vente à l'ordinaire ; & en ayant fait eſſai au Bureau ſuivant la coutume , elles rapporterent environ à vingt-un Karats. Ce Titre qui excedoit de beaucoup celui qui avoit toujours été preſcrit pour ces ſortes d'Ouvrages , fut néanmoins regardé d'eux comme répréhenſible ; & la maniere dont ils agirent en cette occaſion, fait voir qu'ils étoient actuellement dans l'uſage d'exiger le Titre de vingt-deux Karats tel que nous l'avons toujours gardé depuis , & que cet uſage commençoit même à s'affermir par leurs ſoins , quoiqu'il ne fût pas encore autoriſé. Pour y parvenir, ils profiterent de cette occaſion. Les Bordûres ſaiſies furent portées au Châtelet, où ils ſe pourvoyoient encore alors , même pour le fait du Faux & du Fin. Et ayant fait leur Rapport de la contravention à l'uſage , le Prevôt de Paris entra dans leurs vûes , & ſeconda leur zèle. Il ordonna par ſa Sentence du 28 Février de la même année que les Bordûres ſeroient rompues ; & par forme de Reglement, fit défenſes, non-ſeulement à Ruſſange , mais auſſi *à tous Orfévres de Paris de beſongner ne faire beſongner doreſnavant d'or pour Marchands,* c'eſt-à-dire pour le Commerce ordinaire de l'Orfévrerie , *ſi l'or n'eſt à vingt-deux Karats & au-deſſus :* avec injonction aux Gardes de tenir la main à l'exécution. *Cartulaire , cotte A. fol. 23, v°,* Item , *Ancien Regiſtre fol. 50.*

Les Gardes omirent , comme l'on voit, de ſe faire accorder quelques Remedes ſur ce Titre , ſans leſquels il eſt moralement impoſſible de le garder, à cauſe des ſoudûres qui l'affoibliſſent néceſſairement : & cette omiſſion eut les ſuites qu'on va dire tant pour le Titre de vingt-deux Karats , que pour celui des Ouvrages d'or fin ; car il fut bientôt après ſolemnellement ſtatué ſur l'un & ſur l'autre.

Ordonnance de François I. à Blois, au mois de Mars 1540. » *Item,* Pour « ce que chacun ne peut avoir la con- « noiſſance de la vraie valeur de « l'or appliqué en Ouvrages d'Or- « févreries & de Joyailleries..... " Avons inhibé & deffendu , inhi- " bons & deffendons à tous Orfévres- " Joyailliers & autres qu'il appartien- " dra , que en tels Ouvrages ne " uſent doreſnavant, vendent ni dé- " bitent or qu'à vingt-deux Karats " ſans Remede [c'étoit le Titre porté par le Reglement du Prevôt de Paris qui ne faiſoit aucune mention de Remedes] ou or fin à un « quart de Karat de Remede [c'eſt- à-dire à vingt-trois Karats trois quarts ;] enſorte que l'Ouvrage " fondu revienne auſdits Titres. " *Rec. pag. 35, 36.*

L'Ordonnance étant publiée à Paris, nos Orfévres ſentirent qu'elle leur ſeroit impraticable en ce que le Titre de vingt-deux Karats pour les Ouvrages du Commerce ordinaire y étoit preſcrit ſans aucun Remede ; & que ceux des differens Ouvrages d'or fin y étoient tous portez & réduits à l'unique Titre de vingt-trois Karats trois quarts, auquel il étoit d'ailleurs comme impoſſible d'atteindre. Des Remontrances furent donc dreſſées à ce ſujet ; & Richard Toutin, Philippe le Roy, avec les autres Gardes lors en Charge, s'étant rendus à Fontainebleau où étoit François I. ils les lui préſenterent.

Sur le Titre de vingt-deux Karats ordonné ſans aucun Remede, ils remontrerent que les Maîtres des Monoyes en ayant bien ſur les Eſpeces qu'ils fabriquent, encore qu'elles ſoient *Or net*, il étoit juſte auſſi d'en accorder aux Orfévres ; ſçavoir, un Quart de Karat pour leurs Ouvrages où il n'entre point de ſoudûre, & en vue de la varieté des Eſſais ; & un Demi Karat pour ceux qui ſont ſoudez : Que c'eſt ainſi que les Reglemens leur en avoient accordé à proportion pour les Ouvrages d'argent ; & que l'or n'eſt pas d'autre condition à cet égard que l'argent.

Sur les Ouvrages d'or fin ils demanderent les mêmes Remedes & pour les mêmes raiſons ; faiſant voir de plus, qu'il étoit impoſſible que ces Ouvrages revinſſent tout fondus avec les ſoudûres à vingt-trois Karats trois quarts, comme la nouvelle Ordonnance l'exigeoit ; attendu que les Affineurs les plus experts qu'il y eût alors, ne chaſſoient l'or qu'à ce Titre, & que celui de Départ ne l'excedoit pas non plus.

Puis ſur le Titre unique auquel tous les Ouvrages de cette Claſſe étoient ramenez, ils firent voir qu'il n'y avoit nul inconvenient à laiſſer aux Perſonnes de condition, & même aux ſimples Particuliers, la faculté qu'ils avoient toujours eue de les faire fabriquer à tous Titres audeſſus de vingt-deux Karats ; & qu'en fixant comme l'on faiſoit, tous ces Ouvrages au ſeul Titre de vingt-

trois Karats trois quarts, c'étoit gêner la liberté publique, & cauſer un grand dommage aux Orfévres, ſans aucune utilité. Les Remontrances ne furent pas ſans effet ; & il fut ſtatué de nouveau ſur le Titre, en ces termes :

Edit de François I. à Sainte-Menehould le 21 Septembre 1543. A R T. I. ,, Quant à l'Ouvrage d'or fin les " Maîtres Orfévres... feront tenus " faire les Ouvrages d'or auquel il " n'y aura ſoudûre à vingt-trois Ka- " rats trois quarts de Karat. "

A R T. II. ,, Et quant à l'Ouvrage d'or fin qui eſt à vingt-trois " Karats trois quarts, auquel il y aura " ſoudûre, auront leſdits Orfévres " un Quart de Karat de Remede : " tellement qu'ils feront tenus faire " ledit Ouvrage à vingt-trois Ka- " rats & demi pour le moins. "

A R T. III. ,, Et quant à l'Ouvrage d'or [du Commerce ordi- " naire] à vingt-deux Karats, au- " quel il n'y aura ſoudûre, n'au- " ront leſdits Orfévres aucun Reme- " de : mais à l'Ouvrage plein & maſ- " ſif, auquel entrera ſoudûre, au- " ront un Quart de Karat de Remede, " & en Ouvrages creux & chargez de " filets & de rapports, pourront avoir " Demi Karat d'or fin de Remede. "

A R T. X. ,, Et outre avons per- " mis & permettons auſdits Orfévres " & Joyailliers pouvoir beſongner " à tous Titres au-deſſus de vingt- " deux Karats pour ceux qui leur li- " vreront l'or duquel ils voudront " leur Ouvrage être fait : pourquoi " ils auront les Remedes deſſuſdits en " Groſſerie & Menuierie. " *Layette* I. *cotte* 10. Item, *Rec. p.* 44, 45, 46.

Ces differentes Diſpoſitions qui

reglent les Titres & Remedes des Ouvrages d'or excedans la Loi de vingt-deux Karats, n'ont jamais été changées, & ſubſiſtent encore : mais elles ſont de peu d'uſage aujourd'hui, parce qu'il n'eſt preſque plus queſtion de ces ſortes d'Ouvrages de Titres extraordinaires. Toutefois nous les mettons ici afin de nous y conformer ſi l'occaſion s'en preſentoit.

François I. ayant donc reglé auſſi le Titre des Ouvrages d'or du Commerce ordinaire qu'il diſtribue en trois Claſſes, comme on vient de le rapporter, ſtatua en même tems ſur celui des Ouvrages d'argent en conformité de l'Ordonnance de Louis XII. mais ſeulement à l'occaſion des Orfévres de Province, en ces termes :

Même Edit, A R T. XVIII. „ Et „ quant à l'argent, ils feront tenus „ beſongner à l'Alloy du Poinçon „ de Paris, qui eſt à onze Deniers „ douze Grains fin, au Remede de „ deux Grains fin, quant à la Groſ- „ ſerie : & quant à la Menuierie, au „ Remede de quatre Grains fin pour „ Marc. " *Ibid. ſup. & Rec. p.* 49.

Lettres Patentes de Henri II. à Fontainebleau le 14 *Janvier* 1549. „ Seront tenus leſdits Orfévres de „ faire leur Ouvrage de Fin or, ou „ d'or à vingt-deux Karats, aux Re- „ medes contenus en l'Ordonnance „ de l'an 1543. Et feront auſſi tenus „ d'ouvrer d'argent à onze Deniers, „ douze Grains fin, aux Remedes „ de deux Grains fin. " *Layette* 1, *cotte* 12. Item, *Rec. p.* 58. Ici commence à diſparoître la diſtinction des deux Claſſes d'Ouvrages d'ar-

gent, la *Groſſerie* & la *Menuierie*, qui depuis Charles V. avoient eu chacune leurs Remedes propres. Il n'eſt plus queſtion non plus des *Quatre Grains* laiſſez à la derniere par Louis XII. & par François I. Tout eſt réduit à Deux Grains de Remedes ſeulement, ſans aucune diſtinction d'Ouvrages. C'eſt ce qui va être réiteré par le même Henri II. en aboliſſant auſſi les trois Claſſes d'Ouvrages d'or du Commerce ordinaire, établies par François I. & réduiſant leurs differens Remedes à un ſeul Quart de Karat, pareillement ſans aucune diſtinction d'Ouvrage d'or net ou ſoudé.

Edit de Henri II. à Fontainebleau en Mars 1554. Art. VII. „ Vou- " lons & ordonnons que tous leſd. " Orfévres. ... faſſent & dreſſent en " telle ſorte l'Alloy de leurs Ouvra- " ges, tant d'or que d'argent, que, " ſoit Groſſerie, ou Menuierie ; l'or " ſe trouve à vingt-deux Karats, à " un Quart de Karat de Remede : & " l'argent, à onze Deniers douze " Grains fin, à deux Grains de Re- " mede dudit argent. " *Layette* 1, *cotte* 13, *& Rec. p.* 67.

Telle eſt la Loi que nous avons toujours ſuivie depuis. Il eſt vrai qu'elle a ſemblé devoir ſouffrir quelque atteinte par la ſuite, & principalement à l'occaſion de deux Edits donnez par Henri III. l'un en 1577, & l'autre en 1579, par leſquels ce Prince voulut rétablir les differentes Claſſes de Remedes, tant ſur l'or que ſur l'argent, éteintes par l'Edit de 1554. Mais comme il ne le faiſoit uniquement qu'en vue de groſſir le prétendu produit de certains droits de Remedes qu'on lui propoſoit de faire lever à ion proit ; l'établiſſement de ces nouveaux droits n'ayant pû paſſer au Parlement, les Edits furent retirez, & la Loi de nos Ouvrages reſta ſans atteinte ſur le pied qu'elle avoit été reglée par l'Edit de 1554. Elle fut même inſérée depuis par Henry III. lui-même dans le Code qui porte ſon nom, & qui fut dreſſé en 1586. *Voyez Liv. XV. Titre 38, Art. 6.*

Ainſi la Diſpoſition de l'Edit de Henry II. du mois de Mars 1554, renouvellée par Henry III. en 1586 touchant les Titres & Remedes des Ouvrages d'Orfévrerie, eſt demeurée la Regle des Orfévres de Paris : & en conſequence de cette Regle ils ont toujours depuis été tenus d'employer les Matieres, ſçavoir, *l'or, à vingt-deux Karats de Fin, au Remede d'un Quart de Karat; & l'argent, à onze Deniers douze Grains de Fin, au Remede de deux Grains,* comme porte notre Article. Car depuis ces dernieres Ordonnances, il n'en a plus été fait de nouvelles ſur ce ſujet juſqu'à ces derniers tems ; & ce ſont celles-là que Louis XIV. a rappellées dans le Reglement général du 30 Décembre 1679, Article XVII. quand il y ordonne, *Que les Orfévres de Paris ſeront tenus de faire leurs Ouvrages au Titre, & dans les Remedes portez par les Ordonnances.* Layette 3, cotte 42. *Item,* Rec. p. 185.

ARTICLE V.

Titre des menus Ouvrages d'or.

IL leur ſera néanmoins permis de fabriquer des menus Ouvrages & Bijoux d'or, comme Croix, Tabatieres, Etuis, Boucles, Boutons & autres, au Titre ſeulement de Vingt Karats un Quart de Fin, au Remede d'un Quart de Karat.

A U T O R I T E Z.

Les anciennes Ordonnances n'avoient jamais mis de difference entre les gros & les menus Ouvrages d'or, quant au Titre auquel ils devoient être travaillez : ſeulement, comme on l'a vû, quelques-unes avoient accordé de plus grands Remedes à ceux-ci. Mais une longue expérience a montré que la Loi de vingt-deux Karats, preſcrite pour tous en général, ne convenoit qu'aux Ouvrages ſolides ; & que l'or à ce Titre n'avoit pas aſſez d'Alliage, ni par conſequent de conſiſtance pour réſiſter au ſervice continuel auquel ſont expoſez les menus Ouvrages &

Bijoux de grand ufage , comme Boëtes de Montres, Etuis de poche, Tabatieres & autres. Or cet inconvenient ayant fervi de prétexte , on avoit donné dans l'excès oppofé ; & le relâchement avoit été porté fi loin dans ces dernieres années , qu'il s'eft trouvé de ces mêmes Bijoux qui n'étoient pas même à quatorze Karats. Il eft vrai que la plûpart avoient été introduits dans le Royaume par des Brocanteurs & Colporteurs étrangers : mais c'eft ce qui augmentoit d'autant plus le defordre en cette partie de notre Police. Il falloit donc , en s'écartant convenablement de la rigueur des Ordonnances en faveur de ces fortes d'Ouvrages, leur prefcrire deformais un Titre auffi éloigné du relâchement auquel on s'étoit laiffé aller , que propre à leur donner une confiftance fuffifante pour les rendre de bon fervice. Or c'eft ce qui a été fait en 1721, & à quoi le Roi a pourvu en ces termes :

Déclaration du Roi , du 23 Novembre 1721. Art. vi. „ Permettons « aux Orfévres & Horlogers [en ce « qui concerne ceux-ci] de fabri- « quer & vendre des menus Ouvra- « ges d'or fujets à foudûres , comme « Croix , Tabatieres, Etuis, Bou- « cles, Boutons, Boëtes de Montres , « & autres au Titre feulement de « vingt Karats un Quart, au Remede « d'un Quart de Karat : Leur défen- « dons, fous quelque prétexte que « ce foit, d'en fabriquer & vendre « au-deffous du Titre ci-deffus pref- « crit. « *Layette* 3 , bis , *cotte* 12.

ARTICLE VI.

Peines contre les Délinquans au Titre.

LEs Délinquans aux fufdits Titres prefcrits, tant pour l'or que pour l'argent , feront condamnez en cinquante livres d'amende pour la premiere fois, outre la confifcation des Ouvrages défectueux : En cent livres pour la feconde fois : Et feront interdits de la Maîtrife à la troifiéme fois ; fans que lefdites peines puiffent être remifes , ni moderées fous quelque prétexte que ce foit.

AUTORITEZ.

Quoique depuis l'Ordonnance de 1378 nos Orfévres ayent toujours fourni des Cautions à leur Recep-tion pour fervir de fureté au Public en cas qu'ils vinffent à faillir au Titre de leurs Ouvrages, il y a néanmoins toujours eu auſſi des peines portées par les Ordonnances contre ceux qui tomberoient dans cette faute : Parce qu'indépendamment du dédommagement des Particuliers, aſſuré par le cautionnement, la Loi du Titre qui appartient ſi intimement à l'ordre public, doit d'ailleurs être religieuſement reſpectée. Entre les différentes peines qui ont été prononcées à ce ſujet dans toute la ſuite des tems, celles qui ont été portées par l'Edit de 1554, ſont des plus ſéveres : Et il ſemble que Louis XIV. les ait voulu rappeller preſque mot à mot dans le Reglement de 1679, par la Diſpoſition ſuivante qui forme notre Article.

Reglement général du 30 Décembre 1679. Art. xvii. „ Seront les Dé-«linquans au Titre [de leurs Ouvra-«ges] condamnez en cinquante li-«vres d'amende pour la premiere «fois, outre la confiſcation des Ou-«vrages : en cent livres pour la ſe-«conde fois ; & ſeront interdits de «la Maîtriſe à la troiſiéme fois ; ſans «que leſdites peines puiſſent être re-«miſes, ni moderées ſous quelque «prétexte que ce ſoit.“ *Layette 3, cot.* 42. Item, *Recueil, pag.* 185, 186.

ARTICLE VII.

Ouvrages duement Poinçonnez du Maître.

LEsdits Orſévres appoſeront leur Poinçon ſur tous leurs Ouvrages, tant au Corps & principales Pieces d'applique, que ſur les Garniſons d'iceux qui pourront porter l'Empreinte dudit Poinçon ſans en être difformées : Et chacun d'eux demeurera reſponſable en ſon nom des fautes qui ſe trouveront aux Ouvrages marquez de ſon Poinçon, tant au Titre qu'autrement.

AUTORITEZ.

Il ne ſuffit pas que les principales Pieces d'un Ouvrage compoſé, ſoient Poinçonnées du Maître : Il faut encore, & autant qu'il eſt poſſible, que les ſimples Garniſons, ainſi que les menus Ouvrages qui ſortent de ſa main, le ſoient auſſi. Car ſans cela, il pourroit les méconnoître en cas de faute au Titre, & prétendre échapper à la garantie de leur bonté qu'il doit au Public. Ce n'eſt que pour cela que le Poinçon lui eſt donné à ſa Reception, & que ce Poinçon eſt ſi ſoigneuſement inſculpé : Et c'eſt à ce Devoir que tous les Reglemens qui ſuivent le rappellent.

Ordonnance de Charles V. à Paris

au mois de Mars 1578. » De leurs
» Poinçons iceux Orfévres [de Paris]
» ſigneront toutes Vaiſſelles & groſ-
» ſes Oeuvres ; & auſſi tous les
» Joyaux & Ceintures qui bonne-
» ment ſe pourront ſigner, ſelon
» leurs bonnes conſciences & profit
» de la choſe publique. " *Layette* 1.
cot. 2. Item, *Rec. pag.* 11.

Ordonnances publiées au Parlement
le 23 *Mars* 1428. Aʀᴛ. II. » Que
» dorſnavant tous Orfévres [de Pa-
» ris] ſignent de leur Poinçon avant
» la bruniſſure, toutes Ceintures d'or
» & d'argent, & autres Ouvrages
» d'Orfévrerie qu'ils feront, & les
» Pieces d'icelles qui bonnement ſe
» pourront ſigner, & où leur Poin-
» çon ſe pourra aſſeoir, en telle ma-
» niere que l'on puiſſe reconnoître
leur Seing. « *Layette* idem, *cot.* 3,
& *Rec. pag.* 16.

Ordonnance de Louis XII. à Blois
le 22 *Novembre* 1506. Aʀᴛ. xɪ.
» Que les Ouvrages deſdits Orfé-
» vres ſoient [chacun] Poinçonnez
» de l'Orfévre particulier [qui les a
faits.] *Layette* idem, *cotte* 5, & *Re-*
cueil, *page* 24.

Edit de François I. à Sainte Mene-
houd, le 21 *Septembre* 1543. Aʀᴛ.
xvɪɪɪ. » Leſquels Ouvrages......
» leſdits Orfévres ſeront tenus ſigner
» & marquer de leur Poinçon, &c. "
Ibid. *cot.* 10, & *Rec. p.* 49.

Edit de Henry II. à Fontainebleau
en Mars 1554. Aʀᴛ. ɪv. »Leſdits
» Orfévres marqueront de leurs Poin-
» çons tous les Ouvrages qu'ils fe-
» ront, tant d'or que d'argent, & qui
» bonnement ſe pourront marquer.

Ibidem, cotte 13, & *Recueil des Or-*
donnances, pag. 65.

Edit du même au même lieu, le 22
May 1555. Aʀᴛ. x. » Et afin que «
l'on puiſſe diſtinguer & connoître «
[qui ſont ceux qui ont fait & Poinçonné] leſdits Ouvrages, défen- «
dons très-expreſſément auſdits Or- «
févres ou Veuves d'Orfévres, de «
tranſporter [à d'autres] leur Poin- «
çon, ſi ce n'eſt pour beſongner en «
leur Maiſon, dont ils ſeront reſpon- «
ſables. « *Ibidem*, *cot.* 14, & *Recueil*,
pag. 77.

Ceci regarde ceux qui par un abus
qu'on a depuis appellé *Protection*,
prêtoient ou loüoient leur Poinçon
à des gens ſans qualité, & qui ſous
prétexte de ce qu'ils n'avoient fait,
ni marqué eux-mêmes les Ouvrages
de ces ſortes de Gens, prétendoient
n'être pas reſponſables des fautes qui
pourroient s'y trouver. C'eſt-à-dire,
qu'ils croyoient pouvoir ſe diſpenſer d'un Devoir par cela même
qu'ils en avoient violé un autre. C'eſt
ſurquoi il fut ſtatué plus diſertement
& avec plus de ſéverité par Henry
IV. ainſi qu'il s'enſuit.

Ordonnance de Henry IV. à Fon-
tainebleau, en May 1599. Aʀᴛ. ɪɪɪ.
Tous les Maîtres dudit Etat [d'Or-«
févrerie à Paris] ſeront tenus & «
reſponſables des malverſations, «
fautes & abus qui ſe trouveront «
aux Ouvrages marquez de leur «
Poinçon ; & ne pourront icelui «
prêter, louer à aucune perſonne. «
de quelque qualité ou condition «
qu'elle ſoit, à peine de cinquante «
écus d'amende : Et ne ſeront leſdits «
Maîtres reçus à s'excuſer ſous cou- «
leur & prétexte de dire qu'ils n'au- «

,, ront que prêté leurdit Poinçon, &
,, n'avoir fait, ni fait faire ledit Ou-
,, vrage ; ains payeront ladite amen-
,, de, outre la réparation civile, de
,, laquelle ils feront tenus avec ceux
,, qui auroient fait & fabriqué l'Ou-
,, vrage &c. « *Lay.* 2, *cotte* 31. Item,
Recueil, pag. 154.

*Arrêt de la Cour des Monoyes du
4 Décembre 1658.* » La Cour a or-
,, donné & ordonne que … tous les
,, Ouvrages d'Orfévrerie feront mar-
,, quez du Poinçon particulier du
,, Maître Orfévre qui les aura faits &
,, fabriquez, [& ce] en lieu visible &
,, apparent ; tant au Corps & prin-
,, cipales Pieces d'applique, qu'aux
,, Garnifons, pour être reconnues
,, quand befoin fera ; fçavoir, les
,, Aiguieres, au Corps, Couvercle,
,, Pied, Anfe, & Bec, « [Et ainfi de
tous les autres Ouvrages en chacune de leurs parties.] *Lay.* 5. *cot.*
2. Item, *Recueil, pag.* 1072, 1073.
Ce Reglement, plus détaillé qu'aucun des précedens, ne put avoir fon
entiere exécution, attendu la grandeur des Poinçons de Maître, dont
l'Empreinte ne pouvoit être mife fur
les menues Garnifons & petits Ou-

vtages fans les diftormer. Mais en
levant cet obftacle par la réforme
des Poinçons, le Reglement général
de 1679 prefcrivit de nouveau leur
appofition, en ces termes :

*Reglement général du 30 Décembre
1679.* ART. XII. » Et afin d'éviter "
plufieurs abus difficiles à découvrir, "
par le moyen defquels plufieurs "
perfonnes ont été trompées, les "
Maîtres Orfévres feront tenus de "
marquer chacun de leurs Poin- "
çons …. tous les Ouvrages d'or "
& d'argent [qu'ils feront,] & ce, "
tant au Corps, qu'aux principales "
Pieces d'applique & Garnifons "
mentionnées en l'Etat qui en a été "
ce jourd'hui artêté au Confeil. « *Lay.*
1., *cot.* 42, & *Rec. pag.* 183, 184.

Cet Etat qui defcend dans un très-
grand détail des differens Ouvrages
d'Orfévrerie & de toutes leurs Pieces
d'applique & Garnifons qui doivent
être ainfi marquées du Poinçon du
Maître, eft la Regle que nous fui-
vons. Il eft fous le Contre-Scel du
Reglement & des Lettres Patentes.
Layet. & *cotte* idem, & *Rec. pag.* 188
& *fuivantes.*

ARTICLE VIII.

Ouvrages envoyez à la Contre-marque.

ILs feront en outre tenus d'envoyer tous leurs Ouvrages, tant d'or, que d'argent, ainfi marquez de
leur Poinçon, au Bureau de la Maifon commune, pour y
être Effayez, & enfuite Contre-marquez du Poinçon
commun par les Gardes, en toutes les Pieces defdits Ou-

vrages,

vrages, qui par leur grandeur, poias, figures & formes pourront bonnement & facilement porter leſdites Marque & Contre-marque ſans difformité.

AUTORITEZ.

Le Poinçon commun ou de Contre-marque, lequel ne s'appoſe qu'après un rigoureux examen du Titre des matieres, eſt une double ſureté de leur bonté envers le Public; & nos Orfévres ont toujours été tenus de faire ainſi contre-marquer leurs Ouvrages depuis l'origine de ce Poinçon, comme il paroît par toutes les Autoritez ſuivantes.

Ordonnance de Philippe-le-Hardy, à Paris, au mois de Décembre 1275. Art. iv. » Volumus quod ...... » quælibet Villa habeat Signum ſuum » proprium [pro ſignandis operibus » aureis vel argenteis quæ operabun- » tur] : Et quicumque contra hoc » fecerit, amittet argentum. « *Ordon. des Rois de la troiſiéme Race, Tom. I. p. 814 & 529, ès notes.*

Ordonnance de Philippe-le-Bel, à Pontoiſe, au mois de Juin 1313. Art. x. » Voulons & ordonnons que en » chacune Ville où y aura Orfévres, » ait un Seing propre pour Seingner » les Ouvrages qui y ſeront faits .... » & qui ſera trouvé faiſant le con- » traire [c'eſt-à-dire, ne faiſant pas » marquer ſes Ouvrages de ce Poin- » çon,] il perdra l'argent, & ſera » puni de Corps & d'avoir. « *Ibidem page 522.*

Cette Loi de Marquer les Ouvrages, étoit ſi régulierement obſervée dans l'Orfévrerie de Paris, que les Gardes veilloient même à la faire obſerver par certains Marchands qui, ſans être du Corps, ſe mêloient de faire quelque portion de ſon Commerce. Nous trouvons là-deſſus dans nos Regiſtres du ſiécle ſuivant, que faiſant leurs Viſites chez pluſieurs de ces Marchands en 1433, ils leur firent défenſes à tous d'avoir aucune Piece d'Orfévrerie qui ne fût duement *marquée du Poinçon de Paris.* Ancien Regiſt. de l'Orf. *fol.* 34 *v°.*

Ordonnance de Louis XII. à Blois, le 22 Novembre 1506. Ce Prince ayant ordonné par l'Article X. le renouvellement des Poinçons de Maîtres, ajoute, Art. xi. » Qu'il y ait « un autre Contre-Poinçon ès mains « des Maîtres [& Gardes] dudit Mé- « tier [d'Orfévrerie] ..... dont ils « marqueront les Ouvrages deſdits « Orfévres ... après qu'ils en auront « fait Eſſai, & qu'ils auront été Poin- « çonnez de l'Orfévre particulier. « *Layette* 1, *cotte* 5. Item, *Recueil, pag.* 24.

Edit de François I. à Sainte Menehoud, le 21 Septembre 1543. Art, xviii. » Leſquels Ouvrages d'ar- « gent, les Orfévres ſeront tenus « ſigner & marquer de leur Poinçon, « & du Contre-Poinçon baillé aux « Jurez [Gardes], ... avant qu'iceux « expoſer en vente. Ibidem, *cotte* 10, *& Rec. pag.* 49.

Q

Edit de Henry III. à Poitiers, au mois de Septembre 1577. » Les Or- » févres ne feront & acheveront en » perfection les Besongnes d'or & » d'argent avant que de les faire » Contre-marquer : ains feront tenus, » dès qu'ils les auront forgées & don- » né leurs premieres formes, les por- „ ter toutes brutes à la Marque &c. " *Lay.* 2, *cotte* 22. *Item, Rec. pag.* 103. A la vérité cet Edit n'a point été vérifié pour d'autres Dispositions qu'il contient : Mais comme celle-ci avoit été sans doute formée sur l'usage qui étoit déja établi dans l'Orfévrerie de Paris, cet usage s'y est toujours maintenu par sa propre utilité jusqu'au Reglement général de 1679 qui l'a autorisé, comme on le dira en son lieu.

Lettres Patentes de Henry IV. du 22 *Décembre* 1608, touchant les Privileges des Galeries du Louvre. „ Les Maîtres Orfévres d'icelle Ga- „ leries feront tenus d'apporter les „ Besongnes qu'ils feront pour le Pu- „ blic, marquées de leur Poinçon, „ pour celles qui le peuvent & doi- „ vent être, soit en or ou argent, en „ la Maison des Gardes de l'Orfé- „ vrerie ; pour être marquées de la „ Marque desdits Gardes, à l'instar „ de tous les autres Maîtres Orfévres „ de notre Ville de Paris. " *Lay.* 8, *cotte* 2. *Item, Rec. p.* 401. Les Or- févres de l'Hôpital de la Trinité, & ceux de la Manufacture Royale des Gobelins, ont aussi toujours été assujettis à ce Devoir.

Reglement général du 30 *Décembre* 1679. ART. XII. „ Les Maîtres „ Orfévres [de la Ville de Paris] fe- „ ront tenus de marquer chacun de leurs Poinçons, & de faire contre- " marquer du Poinçon commun en " lieu visible, le plus près l'un de " l'autre que faire se pourra, tous les " Ouvrages d'or & d'argent [qu'ils " feront] ; & ce, tant au Corps, " qu'aux principales Pieces d'appli- " que & Garnisons mentionnées en " l'Etat qui en a été ce jourd'hui ar- " rêté au Conseil. Et à cet effet, se- " ront lesdits Maîtres tenus d'envoyer " en même tems au Bureau lesdites " Pieces d'applique & Garnisons avec " les Corps & Pieces principales, pour " du tout en être fait Essai, & iceux " Contre - marquez. Défenses aux " Gardes de marquer l'un sans l'autre." *Layette* 1, *cotte* 42. *Item, Rec. pag,* 183, 184.

Etat arrêté au Conseil & attaché sous le Contre-Scel du Reglement géné- ral. Après y avoir déduit tous les Ouvrages, & distingué les Pieces qui les composent, & qui doivent être Marquées & Contre-marquées, ou seulement marquées du Poinçon du Maître, en spécifiant leur Poids, il est dit : „ Et généralement toutes " autres Pieces d'or ou d'argent des " Poids susdits, [sçavoir, d'une " once & au-dessus pour l'or, & d'une " once & demie & au-dessus pour " l'argent] soit d'assemblage ou d'ap- " plique par Charnieres, Coulisses, " Goupilles, Vis, &c. qui pour- " ront par leur grandeur, poids, " figures & formes, bonnement & " facilement porter les Marques & " Contre-marques sans difformité, " feront marquées & contre-mar- " quées. " *Ibidem, & Rec. pag.* 195.

Toutefois le relâchement s'étant glissé, comme nous l'avons dit ci-deffus, dans le Titre des menus Ouvrages d'or que cet Etat difpenfoit de la Contre-marque, il a fallu y pourvoir de nouveau; & c'eft ce qui a été fait en 1721 par une Loi générale qui affujettit indiftinctement tous les Ouvrages d'or à la Contre-marque, en ces termes :

Déclaration du Roy du 23 Novembre 1721. Art. vii. ,, Tous les ,, Ouvrages d'or feront marquez du ,, Poinçon du Maître qui les aura fa- ,, briquez; & Effayez & Contre-mar- ,, quez par les Jurez & Gardes aux ,, Bureaux des Maifons communes ,, des Orfévres, ainfi qu'il fe prati- ,, que pour les Ouvrages d'argent. " *Layette 3, bis, cotte* 12.

Le même relâchement s'étant introduit dans la Fabrique de la plûpart des menus Ouvrages d'argent, lefquels étoient pareillement difpenfez de la Contre-marque, aux termes du même Etat arrêté fous le Contre-Scel du Reglement général, il a fallu auffi en venir au même remede ; non pas cependant pour tous, comme à l'égard de ceux d'or ; car la chofe feroit impraticable, mais pour les efpeces qui étant le plus d'ufage, peuvent en même-tems plus facilement porter l'Empreinte des Poinçons. Voici ce qui a été ftatué là-deffus l'année derniere fur les Remontrances des Gardes de l'Orfévrerie.

Lettres Patentes du 12 *Novembre* 1733 *, fur Arrêt du 8 Septembre précédent.* ,, Nous avons par ces Préfen- ,, tes fignées de notre main, en inter- ,, prêtant en tant que befoin feroit ,, notre Réglement général fur le

fait de l'Orfévrerie du 30 Décembre 1679, &c. Ordonné & ordonnons que tous Maîtres & Marchands Orfévres... & autres, travaillans & fabriquans en Ouvrages d'or & d'argent, feront tenus de porter à la Maifon commune de l'Orfévrerie pour y être Effayez & Marquez d'un Poinçon [de Contre-marque] à ce deftiné, les Manches de Couteaux, Cuillieres à Caffé, Boucles, Boëtes de Montres, Etuis, toutes fortes de Crochets, Poignées d'Epées pleines & Flacons pleins. " *Layette 3, bis, cotte* 29, *n°. 3.*

Les Gardes de l'Orfévrerie ne trouvant pas que ce détail exprimât fuffifamment toutes les Efpeces de menus Ouvrages d'argent qui, felon l'efprit du nouveau Reglement, devoient être Contre-marquez, ont préfenté leur Requête au mois de Mars de l'année 1734, à la Cour des Monnoyes où ce Reglement avoit été regiftré, & qui connoît privativement de ces Matieres ; & ils ont obtenu l'Arrêt qui s'enfuit :

Arrêt de la Cour des Monnoyes du 24 *Mars* 1734. ,, Notredite Cour a ordonné & ordonne... Que tous Maîtres & Marchands Orfévres-Joyailliers de la Ville de Paris, feront tenus de porter au Bureau de la Maifon commune de l'Orfévrerie pour y être Effayez & Marquez du Poinçon commun, ordonné par lefdits Arrêt de notre Confeil [du 8 Septembre 1733] & Lettres Patentes [du 12 Novemb. enfuivant] fçavoir, les Manches de Couteaux, les Cuillieres à Caffé, les Boucles, les Boëtes de Mon-

„ tres, les Etuis, les Crochets de
„ toutes fortes, les Poignées d'Epées
„ pleines, les Flacons pleins, les
„ deffus & fonds de Tabatieres,
„ tant d'or que d'argent, [parce
„ qu'on fe contentoit d'apporter feu-
„ lement les Baftes,] les Éteignoirs,
„ les Binets, les Bougeoirs de Tric-
„ trac, les Broffes à Peignes, les
„ Cornets d'Ecritoires, les Pommes
„ de Canne d'argent d'une once &
„ au-deffus, les Boffettes de Brides,
„ & les Tire-Moëles d'une once &
„ au-deffus. " *Lay. 3, bis, cotte 33.*

C'eft ainfi que les menus Ouvrages d'argent, qui ne font point Pieces d'applique, ni Garnifons d'autres Ouvrages, mais ifolez & fubfiftans par eux-mêmes fous une dénomination particuliere, ont été affujettis à la regle déja preferite pour ceux d'or de même efpece par la Déclaration du 23 Novembre 1721 : Et que nos Orfévres font tenus de porter les uns & les autres en la Maifon commune pour y être Effayez & Contre-marquez comme ceux d'un plus grand poids. C'eft ce qui fe fait actuellement avec une exactitude qui ne laiffe rien à défirer de plus en ce point, pour la perfection de notre Police.

ARTICLE IX.

Ne confondre les Ouvrages de differentes Fontes.

LEs Ouvrages provenans de differentes Fontes, feront envoyez à la Contre-marque dans des Sacs féparez, afin qu'il en foit fait Effai féparément : Et ne pourront être confondus, à peine de confifcation defdits Ouvrages en cas qu'il s'en trouve de divers Titres hors les Remedes, & d'amende contre le Maître.

AUTORITEZ.

Il ne feroit pas néceffaire de féparer ainfi les Ouvrages qui font de différentes fontes, fi l'on faifoit Effay de chacune des piéces en particulier. Mais cela n'eft pas praticable, non pas tant à caufe que les Gardes feroient accablez de la grandeur du travail, que parce que les Effais ainfi multipliez à l'infini augmenteroient prodigieufement les frais des Ouvrages. On s'eft donc toujours reftraint à un feul Effai pour toutes les Piéces qui proviennent d'une même Fonte ; & nous le faifons en coupant de chaque Piéce une legere particule de Matiere le plus également qu'il eft poffible, pour du tout compofer cet unique Effai. L'Ufage étant ainfi établi & fixé, comme l'on voit, par l'impoffibilité abfolue de faire autrement , il feroit aifé à un Maître de furprendre la religion des Gardes en leur envoyant confufé-ment dans un même Sac des Pieces de bas Titre avec d'autres propor-tionnellement fupérieures au Titre prefcrit ; d'où il arriveroit que les unes & les autres fe trouveroient in-diftinctement Contre-marquées au préjudice de nos Reglemens ; puif-que l'Effai qui en réfulteroit ne pour-roit manquer de rapporter dans les Remedes de l'Ordonnance.

Les premieres mefures que nous fçachions avoir été prifes contre cet inconvenient , font de l'an 1548. C'eft un Refultat de l'Affemblée des Gardes &·Anciens du 21 Mars , par lequel il fut arrêté : *Que tous les Orfévres de Paris feroient doréna-vant tenus , en apportant leurs Ou-vrages à la Marque , de déclarer aux Gardes les Pieces qui feront de Fontes différentes , & de les diftinguer afin qu'il en foit fait autant d'Effais fépa-rez.* 1er. Regift. des Délib. f. 2 , v°.

Cette Conclufion n'empêcha pas que bien-tôt après quelques Maîtres , par facilité & fans mauvais deffein , ne reçuffent dans leurs Sacs une ou deux Pieces d'autres Maîtres parmi les leurs en beaucoup plus grand nombre , & qu'ils ne les envoyaffent ainfi à la Marque fous leur nom fans le déclarer aux Gardes. Dès le mois de Novembre de l'année fuivante 1549 , il fut découvert que trois Pieces avoient été mifes de la forte dans trois Sacs différens , dont une avoit même été Contre-marquée , quoique hors des Remedes. Sur quoi nouvelle Conclufion prife auf-fi-tôt contre ce nouvel inconvenient dans l'Affemblée tenue à ce fujet le

18 du même mois , portant que *Com-mandement fera fait à tous Orfévres de n'apporter à la Marque que leurs propres befongnes fans en recevoir d'aucuns autres Orfévres pour les méler enfemble dedans leurs Sacs , & ce , pour obvier aux abus qui pourroient fe commettre. Ibid. fol. 5.*

Dès l'année même , ces deux ma-nieres de furprendre la religion des Gardes , furent reprimées par deux Jugemens , dont l'un menace de *pu-nition corporelle en cas de récidive ,* l'Orfévre qui avoit mis de deux for-tes d'argent dans fon propre Sac ; & l'autre condamne feulement aux dé-pens celui qui avoit mis fa Piece dans le Sac d'un autre Maître & qui avoit été Contre-marquée , comme nous l'avons dit , laquelle fut rapportée & rompue fans confifcation ; parce qu'il protefta l'avoir fait fans malice , & uniquement parce qu'une feule Piece lui avoit paru trop peu de chofe pour en faire un Sac. *Lay.* 5 , *Liaffe* 2. On peut voir ce qui a été jugé par la fuite , lorfque l'un ou l'autre cas eft arrivé , *Ibidem.* Mais il fuffit de rapporter ici l'Arrêt de Re-glement rendu fur cette matiere , & qui a force de Statut dans le Corps.

Arrêt de la Cour des Monnoyes du 27 Juillet 1658. » La Cour ... en- « joint à tous Maîtres Orfévres [de « la Ville de Paris] portant ou en- « voyant leurs Ouvrages [au Bureau « de l'Orfévrerie] pour être Effayez « & Marquez du Poinçon public , « de déclarer & marquer aux Gardes « les Fontes différentes qu'il y aura « pour en faire les différens Effais ; à « peine , en cas qu'il fe trouve dans « un même Sac , de l'argent de divers «

„ Titres hors les Remedes, de confif-
„ cation defdits Ouvrages , & de
„ cent livres d'amende , & de plus
„ grande peine , s'il y échet : le tiers
„ applicable aufdits Maîtres & Gar-
„ des. Et faifant droit fur le Requi-
„ fitoire du Procureur Général du
„ Roy , à ce qu'aucun ne prétende
„ caufe d'ignorance du [préfent]
„ Reglement , a ordonné & ordon-
„ ne , qu'à la diligence des Gardes
„ qui font en Charge , l'Extrait des
„ Arrêts du 28 Août 1610 , 17 Fé-
„ vrier 1615 , 8 Août 1637 , [qui
„ tous avoient prononcé en confor-
„ mité fur cette matiere] & le pré-
„ fent feront lûs par le Greffier de
„ ladite Cour en la Chambre com-
„ mune de l'Orfévrerie , tous les
„ Maîtres pour ce convoquez , en pré-
„ fence du Confeiller Rapporteur ;
„ dudit Procureur Général , & defdits
„ Maîtres & Gardes : & tranfcrits
„ avec l'Acte de Publication dans le
„ Regiftre de la Communauté dudit
„ Métier ; dont fera dreffé Procès
„ verbal : Que l'Extrait defdits Ar-
„ rêts fera ajouté par Articles aux
„ Statuts de l'Orfévrerie de cette
„ Ville ; lefquels [Extraits] fe-
„ ront imprimez , & Copie d'iceux
„ fignée & collationnée par ledit

Greffier , donnée à chaque Maî- "
tre dudit Métier par le Clerc "
d'icelui , à la diligence defdits Gar- "
des, dont ils certifieront la Cour. "
Layette ibidem , *& Recueil des Or-*
donnances , page 1154.

Arrêt de la Cour des Monnoyes du
17 *Mai* 1738. Par cet Arrêt , après
avoir prononcé la confifcation des
Ouvrages faifis & l'amende : „ La
Cour ordonne que les Arrêts & Ré- "
glemens , & notamment celui du 27 "
Juillet 1658 , feront exécutez ; en "
conféquence , fait défenfes à tous "
Maîtres & Marchands Orfévres- "
Joyailliers , Fourbiffeurs , Horlo- "
gers , portans & envoyans leurs Ou- "
vrages d'or & d'argent au Bureau "
de la Maifon Commune pour y "
être effayez & contre-marquez, d'en "
mettre dans un même fac de diffé- "
rentes fontes & de différens titres; "
leur enjoint de les féparer , & de dé- "
clarer & fpécifier aux Gardes les "
différentes fontes qu'il y aura , pour "
en être par eux fait différens Effais, "
à peine contre les contrevenans de "
confifcation de la totalité des Ou- "
vrages & de 100 livres d'amende , "
même de plus grande peine s'il y "
échet. "

ARTICLE X.

N'avancer les Ouvrages avant l'appofition du Poinçon de Contre-marque.

LEsDITS Orfévres n'auront en leurs Maifons & Boutiques aucuns Ouvrages montez & affemblez ,
frappez en bord , Planez , ou autrement trop avancez ,
que lefdits Ouvrages n'ayent été préalablement Mar-

quez & Contre-marquez, comme dit eſt ; ſur peine de confiſcation d'iceux Ouvrages & d'amende.

AUTORITEZ.

Il paroît par l'Ordonnance de Louis XII. du 22 Novembre 1506, qu'anciennement il ſuffiſoit que les Ouvrages d'Orfévrerie fuſſent préſentez à l'Eſſai & à la Contre-marque, *auparavant la derniere bruniſ-ſure & perfection d'iceux ,* ou même ſeulement *avant que d'être délivrez :* c'eſt-à-dire, étant achevez ou preſqu'achevez. Mais cet uſage étoit ſujet à divers inconveniens. Il étoit difficile que des Ouvrages ſi avancez ne fuſſent endommagez par la petite portion qu'il en faut couper pour les eſſayer. D'ailleurs, la perte étoit plus grande pour le Maître, lorſqu'étant trouvez hors des Remedes, il falloit les rompre en cet état. Mais un inconvenient plus conſidérable encore, étoit qu'en permettant d'avancer ainſi des Ouvrages ſi près de leur perfection, ſans être préalablement contre-marquez, c'étoit viſiblement s'expoſer au riſque de les laiſſer finir & livrer ſans Contre-marque. Auſſi avons-nous vû que dès

le même ſiécle l'uſage étoit établi dans l'Orfévrerie de Paris de les porter bruts & ſeulement dégroſſis à la Marque : Uſage qui s'eſt maintenu par la ſuite, & qui enfin a été preſcrit comme une Loi à nos Orfévres, en vue du dernier des inconveniens que nous venons de marquer.

Réglement général du 30 *Décembre* 1679. Aʀᴛ. xɪɪ. » Défenſes auſ- " dits Orfévres d'avoir dans leurs " Maiſons & Boutiques aucuns Ou- " vrages montez & aſſemblez, frap- " pez en bord ou planez .... qu'ils " n'ayent été préalablement marquez " & contre-marquez ... à peine de " confiſcation des Ouvrages & d'a- " mende. " L'ᴀʀᴛ. xvɪɪ. de ce Réglement prononce même pour le défaut de Marque & de Contre-marque des Ouvrages, les mêmes peines que pour le défaut de Titre. *Archiv. de l'Orf. Layet.* 3 *, cott.* 42. Item, *Recueil imprimé des Ordonn.* *pag.* 184, 185.

ARTICLE XI.

Ne fabriquer Ouvrages compoſez de Parties de différens Métaux.

Nᴇ pourront fabriquer aucuns Ouvrages compoſez de Parties, dont les unes ſeroient d'or ou d'argent, & les autres de cuivre doré ou argenté ; ni même d'or & d'argent, enſorte que ces deux Métaux ne puffent être pefez , & eftimez féparément ; fur les fufdites peines de confifcation & d'amende.

A U T O R I T E Z.

Les Orfévres ne peuvent faire des Ouvrages partie d'or ou d'argent , & partie de cuivre doré ou argenté; parce que ne devant régulierement travailler que l'or & l'argent , le Public ne s'attend point à recevoir le Faux de leur main , & qu'il y pourroit être trompé. Ils ne peuvent pas même faire des Ouvrages ainfi compofez , dont les Parties feroient d'or & d'argent, foudées, ou autrement jointes les unes aux autres pour ne faire qu'un tout ; parce qu'étant tenus de vendre & livrer leurs Ouvrages au Poids, le Public ne pourroit fçavoir au jufte le Poids de l'or & celui de l'argent féparément. Tel eft l'efprit des Défenfes portées par notre Article , lequel eft formé des divers Réglemens qui fuivent.

Arrêt du Parlement du 29 Janvier 1395. Cet Arrêt qui eft latin, felon l'ufage du tems, fut contradictoirement rendu entre les Gardes de l'Orfévrerie ; un de nos Orfévres nommé Albert le Grand, & l'Evêque de Paris revendiquant fes Droits fur cet Orfévre , parce qu'il étoit Clerc. Il s'agiffoit d'une Coupe que les Gardes lui avoient faifie , & qu'il venoit d'achever pour M. le Duc d'Orleans. Il paroît que c'étoit un fort bel ouvrage pour le tems ; mais d'ailleurs fi artificieufement travaillé que cette Coupe étoit réellement doublée d'argent, & n'étoit que de ce Métal dans l'intérieur de toutes fes parties , tandis que depuis le

pied jufqu'au fommet du couvercle ; tout ce qui s'en pouvoit découvrir à l'œil, tant dehors que dedans , étoit couvert d'or, adroitement appliqué fans foûdure fur l'argent, & arrêté feulement haut & bas par certaines clavettes imperceptibles , au moyen defquelles l'Ouvrage pouvoit être démonté & reconnu pour ce qu'il étoit, c'eft-à-dire intérieurement d'argent , & extérieurement d'or. Mais comme il pouvoit aifément être pris pour or en fon entier, les Gardes l'avoient faifi, & en pourfuivoient la rupture & la confifcation , avec défenfe à tous Orfévres de faire des Ouvrages ainfi mêlez. Le Procureur Général qui parla dans la Caufe, conclut de même : Mais il ne fe contenta pas de montrer que le Bien public étoit intéreffé à ce qu'il fût défendu de faire des ouvrages fi capables de féduire ; il foutint de plus que celui-ci étoit très-préjudiciable à la renommée de la Ville de Paris, qui excelle , dit-il , non-feulement en beaux , mais encore en *loyaux* Ouvrages , fur-tout , ajouta-t-il , en ceux d'Orfévrerie, dont la réputation eft univerfellement répandue : *Præfertim in argenteis & aureis operibus* [*quorum*] *publica vox & fama loquuntur.* Cependant la Coupe en queftion échappa à la rupture & à la confifcation pour la curiofité de fon travail : Et du refte faifant droit fur le Réglement demandé, la Cour prononça que dorefnavant il ne feroit plus fait de Vafes ou autres Ouvrages

ges de telle Matiere, c'est-à-dire de Parties mêlées, les unes d'or, les autres d'argent; avec défenses à qui que ce soit d'en faire de semblables : *Curia nostra per suum Arrestum ordinavit & ordinat, quod de cetero talia Vasa, vel alia, talis Materiæ non fiant ; eaque de cetero fieri quibuscumque prohibuit & prohibet.* Layette 4, cotte 2.

. *Sentence du Prevôt de Paris, du* 23 *Décembre* 1495. „ Nous en la „ présence des Avocat & Procureur „ du Roi notre Seigneur au Châte- „ let, en entérinant & accomplissant „ le contenu en ladite Requête [des „ Gardes de l'Orfévrerie] & par „ l'avis & délibération de Conseil „ pour le bien & utilité de la chose „ publique, avons ordonné, statué „ & établi, ordonnons, statuons & „ établissons par ces Présentes, Que „ dorésnavant aucun Maître, ne „ Ouvrier dudit Mestier [d'Orfé- „ vrerie] ne se ingere de faire, ne „ faire faire Ceintures, Anneaulx, „ Chaynes, Esmaulx, Coliers, Ta- „ bleaux, Bracelets, Templettes, „ Fermeillets, Croix, Targettes & „ autres Bagues [c'est-à-dire Joyaux] „ tant à mettre au col, que à met- „ tre aux Chapeaux [& Chaperons] „ & généralement tous autres Ou- „ vrages d'Orfaverie [qui seroient] „ d'or & d'argent Brazez ensem- „ ble, en telle maniere que l'or ne „ se puisse peser à part, & l'argent „ à part, & sçavoir combien il y a „ de l'un & de l'autre..... & leur „ avons fait inhibitions & défenses „ de ne faire, ne faire faire, ne ex- „ poser en vente les choses dessus- „ dites, ne autres dépendantes d'icel- „ les, en telle sorte & maniere que „ l'en ne puisse sçavoir, peser &

cognoître combien il y aura d'or " & d'argent esdits Ouvrages, & " peser chacun à part soy.... & ce " sur peine de confication desdits " Ouvrages, & d'amende arbitraire. " Et outre, avons ordonné & or- " donnons que tous & chacuns les " Ouvrages de la qualité dessusdite, " quelque part qu'ils soient ou puis- " sent être sceuz & trouvez, seront " cassez & rompus.... Et avec ce... " que les Jurés & Gardes dudit Mes- " tier & Marchandise de l'Orfave- " rie feront sçavoir & signifier le " contenu en ces Présentes à tous " les autres Maîtres dudit Mestier, " à ce que aucun, soubs dissimula- " tion, n'en puisse ou doive préten- " dre just. cause d'ignorance. En " tesmoing de ce, &c. "Et ensuite est " écrit :

Lues & publiées en la Chambre " des Orfévres, en la présence des " Jurez & Gardes dudit Mestier, & " de la plus grant & saine partie des " Maîtres Orfévres de cette Ville de " Paris, par moy Guillaume Diguet " Notaire & Greffier Civil de la " Prevôté de Paris, le Jeudi 31 & " dernier jour de Décembre l'an " 1495. " *Cartulaire des Archiv. cotte A. fol.* 15. *v°. & suiv.*

Arrêt de la Cour des Monoyes, du 1 *Juin* 1657. „ La Cour .... fait " défenses à tous Orfévres, Joyail- " liers, Merciers, Miroitiers, & " tous autres, de faire, ni vendre ci- " après aucun ouvrage qui soit par- " tie d'argent, & [partie] de cui- " vre doré ou non doré, à peine de " confiscation desdits Ouvrages, & " d'amende. Ordonné que le présent " Arrêt sera signifié aux Gardes & " Jurez desdits Mestiers, & autres " que besoin sera, même publié dans "

„ les Communautez defdits Meftiers, „ pour être executé felon fa forme & „ teneur. " *Layette 23 , cotte* 40. Item, *Recueil, p.* 704.

Tous ces Reglemens ont été faits à la pourfuite & diligence des Gardes de l'Orfévrerie pour la perfection de notre Police. Mais fi dans cette vue les Ouvrages mixtes & compofez de Parties, foit d'qr & d'argent, foit d'argent & de cuivre doré ou argenté, font ainfi défendus aux Orfévres, afin que le Public ne foit pas expofé à prendre, ou l'argent pour l'or, ou le faux pour le fin, on comprend aifément que les Ouvrages de pur cuivre, qui feroient dorez ou argentez, ne leur doivent pas être plus permis ; puifqu'on y trouve la même imitation du Fin, furtout venant de leur main, & rendue d'autant plus féduifante, qu'elle feroit portée à un plus haut degré de perfection par la délicateffe de leur Art. Auffi les Gardes leur ont-ils fait défendre la fabrique & le commerce de ces fortes d'Ouvrages dorez ou argentez dès le milieu du xvie. fiécle par Arrêt contradictoire de la Cour des Monoyes du 27 Avril 1556. *Voyez Rec. p.* 522.

Toutefois cette défenfe ne s'eft jamais étendue jufques fur les Ouvrages purement de cuivre ou bronze reftans dans leur couleur naturelle ; parce qu'en ce cas l'imitation du Fin n'ayant pas lieu, le Public n'y peut être trompé. Il y a même dans nos Archives une Sentence du Prevôt de Paris, pofterieure à la défenfe dont on vient de parler, & qui eft du 20 Mars 1595, par laquelle ce Magiftrat permet à nos Orfévres de mouler & fondre toutes fortes d'Ouvrages en cuivre & laiton, contre les pourfuites des Jurez-Fondeurs qui prétendoient les en empêcher : & nous ne voyons pas que dans la fuite cette faculté leur ait été difputée, lorfque quelqu'un d'eux en a voulu ufer.

ARTICLE XII.

Moyens d'employer induement Soudûres , profcrits.

NE pourront pareillement faire Ourlets renverfez, pleins de Soudûre, en forme de bords frappez aux Baffins, Plats & Affiettes ; ni fous prétexte de les raccommoder, y fouder des Fonds rapportez : Comme auffi ne pourront appliquer aucune Piece neuve à un vieil Ouvrage, qu'elle ne foit préalablement marquée & contre-marquée, & que le vieil Ouvrage ne fe trouve l'avoir été bien & duement auffi ; le tout fur les mêmes peines de confifcation & d'amende.

AUTORITEZ.

Surcharger ainfi de Soudûres un vieil Ouvrage, ou y ajouter des Piéces neuves non marquees, & qui peuvent être hors des Remedes, c'eſt affoiblir ſon Titre, charger injuſtement la mémoire du Maître qui l'a fait, & tromper celui entre les mains de qui tombera enfin un tel Ouvrage pour la fonte : mais c'eſt auſſi contre ces divers abus qu'il a été ſtatué par les Reglemens qui ſuivent.

Arrêt de la Cour des Monoyes, du 13 *Octobre* 1687. „ La Cour.... fait „ défenſes .... à tous Maîtres Orfé- „ vres de faire des Ourlets renver- „ ſez, pleins de Soudûres, aux Plats, „ Baſſins & Aſſiettes, ſous quelque „ titre & prétexte que ce ſoit, en- „ core qu'ils en fuſſent requis par des „ Particuliers ou autres Perſonnes de „ telle qualité ou condition que ce „ ſoit ; à peine de cinquante livres „ d'amende, & de confiſcation des „ Ouvrages : Et [ordonne] que le „ préſent Arrêt ſera lû & publié en „ la Maiſon commune de l'Orfévre- „ rie, &c. " *Rec. p.* 1105.

Arrêt de la Cour des Monoyes, des mêmes jour & an. „ La Cour fait „ défenſes .... à tous Maîtres Orfé- „ vres de mettre, rapporter, & fou-

der des fonds aux Plats, Baſſins & " Aſſiettes, ſous quelque titre & " prétexte que ce ſoit, encore qu'ils " en fuſſent requis par des Particu- " liers ou autres Perſonnes de telle " qualité ou condition qu'elles ſoient, " à peine de cinquante livres d'amen- " de, & de confiſcation des Ouvra- " ges. Ordonne que le préſent Arrêt " ſera lû & publié en la Maiſon com- " mune de l'Orfévrerie de Paris, &c. " *Ibid.* p. 1106, 1107.

Arrêt de la Cour des Monoyes, du 23 *Décembre* 1692. „ La Cour... " fait inhibitions & défenſes à tous " Orfevres de.... vendre aucun vieil " Ouvrage, ni le raccommoder qu'il " ne ſoit contre-marqué ſuivant les " Ordonnances, ni d'y appliquer " aucunes Pieces neuves, qu'au " préalable leſdites Pieces neuves " n'ayent été portées au Bureau de " la Maiſon commune, pour en être " fait Eſſai par les Maîtres & Gar- " des, & contre-marquées, à peine " de confiſcation & d'amende : Or- " donne que le préſent Reglement " ſera lû & publié dans ladite Mai- " ſon, la Communauté aſſemblée, " &c. " *Layette* 5, *Liaſſe* n°. 1.

ARTICLE XIII.

N'employer les Emaux avec excès.

IL leur ſera loiſible d'uſer indifféremment de tous Emaux en leurs Ouvrages d'or & d'argent ; à la charge toutefois que leſdits Emaux feront bien & loyalement employez, & ſans aucun excès vicieux & ſuperflu.

AUTORITEZ.

La condition miſe à ce Statut vient de ce que l'Email portant Poids par ſoi-même, il augmente celui des Ouvrages d'or & d'argent où il eſt appliqué ; & que comme il tombe en pure perte lorsqu'ils viennent à être fondus, l'équité veut par conséquent qu'il y ſoit employé avec diſcretion & ſans ſuperfluité. Delà vient encore qu'entre les differens Emaux, les opaques étant les plus peſans, François I. crut en devoir défendre l'uſage à nos Orfévres par ſon Ordonnance du mois de Mars 1540, ne leur permettant d'uſer deſormais que d'Email clair. Mais cette défenſe fut un des Chefs ſur leſquels nous avons déja dit que les Gardes de l'Orfévrerie firent leurs Remontrances à ce Prince. Ils demanderent qu'il leur fût permis d'employer indiſtinctement toutes ſortes d'Emaux comme par le paſſé, avec moderation & ſans excès ; parce, diſent-ils, qu'on ne pouvoit uſer d'Email clair en pluſieurs Ouvrages, comme en Taille d'épargne, Viſages & Carnations de Figures, Filets appliquez en Bordures, Carcans, Chaînes, Boutons & autres, auſquels les Emaux opaques doivent être employez : ſans compter, ajouterentils, que pluſieurs Perſonnes ne vouloient point d'Email clair dans les ouvrages qu'elles commandoient. On entrevoit par ce détail que nos Orfévres formoient déja des Teintes & des Dégradations de Couleurs dans la compoſition de leurs Emaux : Talent, qui, après avoir été ignoré de toute l'Antiquité, commençoit à ſe développer, & qui a fait de ſi grands progrès chez eux, auſſi-bien que toutes les autres Parties de leur Art dans le ſiécle ſuivant. En conformité de ces Remontrances des Gardes, la Diſpoſition de l'Ordonnance de 1540 touchant les Emaux fut changée ; & il fut ſtatué de nouveau là-deſſus en ces termes :

Edit de François I. à Sainte-Menehould, le 21 Septembre 1543. Art. v. „ Et quant à l'Email requis par leſdits Orfévres, pour être mis & employé par eux indifféremment en tous Ouvrages, iceux Orfévres pourront uſer de tous Emaux, pourvu que leſdits Emaux ſoient bien & loyalement mis en beſongne & ſans aucun excès ſuperflu ſujet à Viſitation [c'eſt-à-dire, à reprehenſion.] " *Layette 1, cotte 10.* Item. *Recueil, p. 45.* Telle a toujours été depuis notre Loi en ce point.

ARTICLE XIV.

Ne mette en œuvre Pierres fauſſes avec Fines, &c.

ILs ne mettront en œuvre aucunes Pierres ou Perles fauſſes confuſément mêlées avec des fines, ou autrement ; & n'auront même, ni ne tiendront en leurs Maiſons & Boutiques aucunes Pierreries fauſſes & falſifiées ; à peine de confiſcation & d'amende.

AUTORITEZ.

Il en eſt du Mélange & du Faux en Pierrerie dans notre Joyaillerie, comme du Mélange & du Faux touchant les Métaux dans notre Orfévrerie. La Police dans l'une & l'autre de ces deux Parties qui conſtituent notre Etat, a le même objet en ce point, qui eſt de ne pas expoſer le Public à prendre le Faux pour le Fin, ou même le Fin de moindre eſpece pour celui d'eſpece plus précieuſe, comme on le verra plus particulierement à l'Article qui ſuit. C'eſt le but où tendent tous les anciens Reglemens ſur le Fait de notre Joyaillerie de Pierrerie à ces differens égards. Voici les Diſpoſitions qui concernent le Mélange & le Faux dont il s'agit au préſent Article.

Edit du Roi Jean, du mois d'Août 1355. ART. VII. „ Nul Orfévre ne „ puet mettre en euvre d'or ne d'ar„ gent Pelles [Perles] d'Ecoſſe avec „ Pelles d'Orient, ſe ce n'eſt en „ grands Joyaux d'Egliſes, où mul„ tiplication de Pierres étranges & „ Pelles ſe donnent. “

ART. VIII. *Item* » Que nuls „ Orfévres ne puiſſent mettre en „ nuls Joyaux d'argent de Menuierie, „ Voirrines, [Pierres de Verre] avec „ Garnats, [Grenats] ne avec Pier„ res fines. “

ART. X. *Item*, Nul ne puet “ faire, ne faire tailler Diamans de “ Vericle [le même que Voirrine] “ ne mettre en or, ou en argent. “

ART. XI. *Item* „ Nul ne puet “ faire, ne faire mettre en or Doubles “ de Voirrines pour vendre, ne pour “ ſon uſer; ſe ce n'eſt pour le Roy, “ pour la Roine, ou pour ſes En- “ fans. “ *Layette 1, cotte 1 bis. Item, Recueil, pag. 5.*

Les mêmes Diſpoſitions ſe trouvent dans l'Ordonnance de Charles V. du mois de Mars 1378. *Layett. Idem, cotte 2, & Rec. p. 12.*

Ordonnance de Henri IV. à Fontainebleau, en Mai 1599. ART. IV. „ Défendons à tous les Maîtres “ Orfévres de la Ville de Paris, de “ vendre, expoſer en vente, ni tenir “ en leurs Boutiques, ni en leurs Mai- “ ſons, aucune Pierre fauſſe & falſi- “ fiée, ſur peine de confiſcation, & “ de Vingt écus d'amende, applica- “ ble, moitié à Nous, & l'autre moi- “ tié aux pauvres Maîtres dudit Etat, “ qui ſera diſtribuée par les Maîtres “ & Gardes d'icelui. “ *Layette 2, cotte 31. Item, Rec. p. 154. 155.*

ARTICLE XV.

Ne teindre, ni autrement déguiſer les Pierres.

COMME auſſi ne pourront teindre, ou relever de Feuilles vermeilles, ni déguiſer aucunes Pierres fines en les mettant en œuvre ou autrement, pour les faire paroître d'eſpece plus précieuſe qu'elles ne ſont de leur nature, ou pour cacher les défectuoſitez qu'elles pourroient avoir dans leur eſpece.

AUTORITEZ.

Nos anciens Reglemens diſtinguent & défendent ſoigneuſement trois differentes manieres de deguiſer l'état naturel des Pierres : le rehauſſement de leur éclat par celui des Feuilles vermeilles miſes deſſous dans leurs chatons ; la Teinture des unes en la couleur des autres, comme l'Amethiſte en Rubis ; & enfin la maniere de les tailler. Car, la précaution étoit ſi grande pour empêcher qu'une eſpece moins précieuſe ne pût être expoſée pour une plus riche à laquelle elle auroit reſſemblé par la couleur, qu'il étoit même défendu de tailler les Pierres qui ont quelque rapport au Diamant, en la maniere que le Diamant ſe tailloit pour lors. Voici les Diſpoſitions de cette ancienne Police ſur ces trois ſortes de déguiſemens des Pierres.

Edit du Roi Jean, du mois d'Août 1355. Art. iv. „ Nul Orfévre ne „ puet mettre ſous Amatiſtre [Amethiſte] ne ſous Garnat, Feuille ver„ meille, ne d'autre couleur, fors „ ſeulement d'argent. "

Art. vi. „ Nul ne puet raſer, ne „ teindre Amatiſtre, ne quelconque „ Pierre fauſſe. [Le faux ſe prend ici, non abſolument, mais pour une Pierre d'eſpece beaucoup moins précieuſe] „ par quoi elle ſe doive „ montrer autre qu'elle n'eſt de na„ ture. " [Ces termes *Raſer* & *Teindre* ſont ſinonymes ; & celui de *Raſer* ou *Raſiner* qui eſt le même, vient de la qualité raiſineuſe des gommes qui entroient dans la compoſition des couleurs dont on ſe ſervoit pour teindre les Pierres.] *Lay.* I, *cotte* 1, bis. Item, *Rec. pag.* 4. Voyez les mêmes défenſes portées par l'Ordonnance de 1378. *Ib. p.* 12.

Sentence du Prevôt de Paris, du 18 *Novembre* 1387. „ Nous avons " défendu de par le Roi notre Sire, " & par ces Préſentes défendons aux " Perſonnes ci-après nommées ; c'eſt " à ſçavoir, François Daudenarde " [& quatorze ou quinze autres] tous Orfévres & Ouvriers de Pier- " reries ; [car il n'y avoit encore alors que des Orfévres qui taillaſſent les Pierres précieuſes à Paris] que eux, ne aucuns d'eux, ſur " tant comme ils ſe peuvent meſſaire " envers le Roi notre Sire, en corps " & en biens, ne équerriſſent, ne " ne mettent aucune Pierre à la ſem- " blance, ne autour & façon de Dia- " mans ; ſoit Saphirs ſtrains, Saphirs " du Puy, ne d'Orient, ne Vericles, " ou aucunes autres Pierres touchant " la couleur de Diamans, &c. Que " ſi aucune Perſonne leur apporte do- " reſnavant aucunes telles Pierres " pour les faire en la façon deſſuſdi- " te, que ils les apportent pardevers " les Maîtres & Gardes dudit Meſtier " de l'Orfaverie, pour en être or- " donné comme de raiſon. " *Lay,* 11, *cotte* 12. Item, *Rec. p.* 534.

Telle étoit donc l'ancienne Police de notre Joyaillerie de Pierrerie. Toutes les précautions que nous venons de déduire dans les deux Articles qui la renferment, étoient alors d'autant plus neceſſaires, que les

Particuliers ſe trouvoient moins en état de diſtinguer le Faux d'avec le Fin en Pierrerie, ni le Fin déguiſé ou ſophiſtiqué , d'avec le naturel. Mais des tems plus éclairez ont fait oublier quelques-unes de ces précautions, comme celle d'éviter la forme du Diamant dans la Taille des autres Pierres ; & ſi l'on excepte la Teinture des Pierres, & le Mélange des Fauſſes avec les Fines ſur un même Ouvrage, on ne peut pas dire que les autres Diſpoſitions ſoient demeurées dans leur premiere vigueur, ſans toutefois que le Public en ait ſouffert le moindre dommage.

ARTICLE XVI.

Ne fabriquer Ouvrages prohibez.

ILs ne pourront pareillement, ſans une Permiſſion expreſſe du Roi, entreprendre, ni faire aucun des Ouvrages d'Orfévrerie, dont la fabrication ſe trouvera prohibée par les Edits & Déclarations de Sa Majeſté, ſur les peines portées par ces mêmes Edits & Déclarations.

AUTORITEZ.

Juſqu'aux premieres années du xɪvᵉ. ſiécle nos Orfévres avoient toujours eu la liberté de faire indiſtinctement tous les Ouvrages dépendans de leur Art, & de telles formes & poids qui pouvoient leur être demandez. Mais alors, pour des raiſons d'Etat & de Bien public, cette ancienne faculté commença d'être reſtrainte ; & Philippe-le-Bel fut le premier qui leur défendit de fabriquer pendant un tems certaines groſſes Vaiſſelles en leur preſcrivant les eſpeces & le poids de celle qu'il leur étoit permis de faire. Cet exemple a été ſuivi de la plûpart de ſes Succeſſeurs : & ces défenſes qui n'étoient que pour un tems, ſont devenues perpetuelles par la ſuite à l'égard des grands Ouvrages. Mais il ſuffit de rapporter ici les derniers Reglemens ſur ce point , leſquels font la Loi que nous ſuivons actuellement.

Edit de Louis XIV. à Verſailles, au mois de Mars 1700. ,, Nous vou-" lons que les Déclarations des 6 " Mai 1672, 20 Février 1687, & " notre Edit du mois de Décembre " 1689, ſoient executez. En conſe-" quence, faiſons défenſes à tous " Orſévres & autres Ouvriers tra-" vaillans tant en or qu'en argent " dans notre bonne Ville de Paris & " autres Villes & lieux de notre " Royaume, de fabriquer, expoſer, " ou vendre, à compter du jour de " la publication qui ſera faite de no-" tre preſent Edit , aucun Ouvrage "

„ d'or excedant le poids d'une once,
„ à la réserve des Croix des Arche-
„ vêques & Evêques , Abbez &
„ Abbesses, & Religieuses ; des Che-
„ valiers de nos Ordres, & de ceux
„ de S. Jean de Jerusalem & de S. La-
„ zare ; & des Chaînes d'or & d'ar-
„ gent pour les Montres, que nous
„ leur permettons de faire & débi-
„ ter à l'ordinaire.

„ Leur défendons pareillement
„ de fabriquer, vendre, ou exposer
„ en vente aucuns Baluftres, Bois
„ de Chaifes [d'argent,] Cabinets,
„ Tables, Bureaux, Gueridons, Mi-
„ roirs, Braziers, Chenets, Grilles,
„ Garnitures de Feu & de Chemi-
„ née, Chandeliers à Branches, Tor-
„ cheres, Girandoles , Bras, Plac-
„ ques, Caffolettes, Corbeilles, Pa-
„ niers, Caiffes d'orangers, Pots à
„ Fleurs , Urnes, Vafes, Quarrez
„ de Toilettes, Pelottes, Buirres,
„ Seaux , Cuvettes, Caraffons, Mar-
„ mites, Tourtieres, Cafferolles, Fla-
„ cons ou Bouteilles, Surtouts pour
„ mettre dans le milieu des Tables ,
„ Pots à œillets, Corbeilles & Plats
„ par étages, inventez pour fervir le
„ Fruit, de quelque poids que ce
„ puiffe être, & tous autres Ouvrages
„ de pareille qualité d'argent, ou auf-
„ quels il y aura de l'argent appli-
„ qué : Sans préjudice néanmoins
„ des Calices , Ciboires, Vafes fa-
„ crez, Soleils, Croix, Chandeliers
„ & Ornemens d'Eglife, que l'on
„ pourra continuer de faire à l'ordi-
„ naire en vertu des Permiffions que
„ nous en donnerons.

„ Défendons pareillement aufdits
„ Orfévres & Ouvriers de fabriquer,
„ expofer & vendre aucuns Baffins
„ d'argent excedans le poids de
„ douze Marcs ; des Plats excedans

le poids de huit Marcs ; des Affiet- „
tes excedans trente Marcs la dou- „
zaine ; des Soûcoupes excedans le „
poids de cinq Marcs chacune ; des „
Aiguieres au-deffus de fept Marcs ; „
des Sucriers audeffus de trois Marcs; „
des Salieres , Poivriers & autres me- „
nues Vaiffelles pour l'ufage des Ta- „
bles excedans le poids de deux „
Marcs. „

Le tout , à peine de confifca- „
tion des Ouvrages énoncez ci- „
deffus, & de trois mille livres d'a- „
mende, applicable, moitié au Dé- „
nonciateur, l'autre à l'Hôpital Gé- „
neral de Paris, &c. payable foli- „
dairement par les Orfévres , & „
ceux qui acheteront la Vaiffelle ; & „
en outre , à l'égard des Maîtres „
Orfévres , d'être déclarés déchus „
de la Maîtrife, fans y pouvoir être „
rétablis, fous quelque prétexte & „
occafion que ce puiffe être. Et à l'é- „
gard des Compagnons & Appren- „
tifs qui auront travaillé à la fabri- „
que defdites Pieces, de ne pou- „
voir parvenir à ladite Maîtrife. „
Layette 3 bis, *coite 3.*

Plufieurs Pieces dont la fabrica-
cation reftoit permife, n'ayant pas
été ou exprimées dans l'Edit, ou
trouvées pouvoir être de bon fervice, étant faites du poids qui leur
y étoit affigné, les Gardes de l'Orfévrerie furent entendus, & il y fut
pourvu fous le bon plaifir de Sa Majefté par une Sentence de Police
du 19 Juillet 1701. Mais comme
les Ouvrages d'or étoient d'ailleurs
reftraints à un poids trop modique
par cet Edit, le Roi Louis XV. a
ftatué de nouveau fur les Ouvrages
d'Orfévrerie , dont la fabrication eft
permife en conformité du même Edit,
mais

mais avec les changemens qui ſe trouvoient néceſſaires, en la maniere qui s'enſuit :

Déclaration du Roi du 23 Novembre 1721. Art. I. » Vou- » lons & Nous plaît : Qu'il puiſſe » être fabriqué dans l'étendue de » notre Royaume, Pays, Terres » & Seigneuries de notre obéiſſan- » ce, des Bijoux d'or, comme Ta- » batieres, Etuis & autres, juſqu'au » poids de ſept onces au plus : Qu'il » puiſſe pareillement être fabriqué, » conformément à l'Edit du feu Roi » notre très-honoré Seigneur & Bi- » ſayeul, du mois de Mars 1700, » & à l'Ordonnance de Police du » 19 Juillet 1701, rendue en con- » ſéquence dudit Edit, des Baſſins » d'argent de douze marcs ; des Plats » de huit marcs ; des Aſſiettes d'ar- » gent de trente marcs à la dou- » zaine ; des Soûcoupes de cinq marcs ; des Aiguieres de ſept marcs; « des Flambeaux & Chandeliers « de quatre marcs piece ; des E- « cuelles de cinq marcs, des Su- « criers de trois marcs; des Salieres, « des Poivrieres & autres menues « Vaiſſelles pour l'uſage des Tables, « de deux marcs; des Réchauds de « ſix marcs; des Caffetieres & Cho- « colatieres de même poids ; des « Porte-Huilliers, Jattes, Boëtes à « ſucre & Taſſes couvertes, de trois « marcs ; des Baſſinoires de neuf « marcs ; des Pots à Thé, Baſſins à « barbe, Coquemarts, Pots à l'eau « & Poëlons, de cinq marcs, & des « Ecritoires garnies de leur Encrier, « Poudrier & Sonette, de ſix marcs. «

Les défenſes d'exceder ces poids, & de fabriquer aucun des autres Ouvrages prohibez par l'Edit du mois de Mars 1700, ſont réiterées ici ſur les mêmes peines portées par cet Edit. *Layette 3 , bis, cotte* 12.

ARTICLE XVII.

Poinçon de ceux qui n'ont Boutique ouverte, remis au Bureau.

CEux d'entre leſdits Orfévres de Paris, qui, pour quelque ſujet que ce puiſſe être, ceſſeront de te- nir Boutique ouverte en cette Ville, ne pourront gar- der leurs Poinçons pardevers eux ; & ſeront tenus de les rapporter aux Gardes, pour être par leſdits Gardes cachetez & dépoſez dans le Bureau de la Maiſon com- mune.

AUTORITEZ.

Tout Orfévre qui n'a point de Boutique, ne pouvant travailler, ne peut par conséquent faire aucun ufage de fon Poinçon; & dans ce cas, il ne lui eſt pas permis de le garder. Nous avons vu qu'anciennement au commencement du XV.ᵉ fiécle, les nouveaux Maîtres promettoient de dépofer leur Poinçon en la Chambre des Monoyes, au cas qu'ils vinffent à s'abfenter de Paris, & de l'y laiffer jufqu'à leur retour: *Supr. Tit. V. Art. vi.* Mais nous trouvons fur nos Regiſtres que dès le même fiécle, ce dépôt fe faifoit en la Maifon commune; foit pour abfence, foit pour n'avoir pas Boutique ouverte: & il y en a des Exemples dès l'an 1465, 2.ᵉ *Regiſt. des Recept. fur l'année* 1453. Toutefois cet ufage ainſi continué, n'a été autorifé qu'en 1679, par la Difpofition qui fuit:

Réglement général du 30 Décembre 1679. Art. xix. ɔɔ Ceux defdits « Orfévres [de Paris] qui ne tien- « dront Boutique ouverte, ne pour- « ront fe fervir de leurs Poinçons: « A eux enjoint de les rapporter aux « Gardes, pour être par eux cache- « tez, & dépofez en la Chambre « commune. « *Layette 3, cot.* 42. *Item. Rec. pag.* 186.

ARTICLE XVIII.

Lavûres des Orfévres.

ILs auront la faculté de faire eux-mêmes, ou de faire faire leurs Lavûres par leurs Compagnons & Apprentifs, ou par telles autres perfonnes que bon leur femblera; fans qu'ils en puiffent être empêchez par les Maîtres Affineurs & Départeurs d'or & d'argent.

AUTORITEZ.

Sous prétexte que l'or & l'argent qui proviennent de Lavûres d'Orfévrerie, font ordinairement de bas aloy, & ont befoin d'être affinez, les Maîtres Affineurs prétendirent en 1630, que les Orfévres ne pouvoient fe fervir d'autres que d'eux pour faire leurs Lavûres. Ils faifirent même chez deux Orfévres, les Uftenciles qui leur fervoient à cette opération, & porterent la faifie & leurs demandes à la Cour des Monoyes au nom de leur Communauté. Les Gardes de l'Orfévrerie intervinrent pour maintenir dans le Corps la faculté aux Orfévres de faire leurs Lavûres par eux-mêmes, ou d'y employer qui bon leur fembleroit; & le Procès fut ainſi jugé:

Arrêt de la Cour des Monoyes du 19 *Avril* 1630. ɔɔ Conclufions du Pro- « cureur Général, tout confideré: « la Cour faifant droit fur le tout, a «

» deboute & deboute lefdits Deman-
» deurs de leurdite demande ; & en
» ce faifant, fait main-levée .... des
» Uftenciles faifis, &c. Et a permis &
» permet aux Maîtres Orfévres de
» faire, ou faire faire leurs Lavûres
par leurs Compagnons, Appren- «
tifs, ou telles autres perfonnes que «
bon leur femblera ; & a condamné «
& condamne lefdits Demandeurs «
en tous les dépens. « *Layette* 21 *,*
cotte 5. Item, *Rec. page* 875.

TITRE VII.

Des Devoirs des Maîtres & Marchands Orfévres-Joyailliers dans l'exercice de leur Commerce.

ARTICLE PREMIER.

Ne s'affocier avec d'autres Marchands.

LEs Maîtres & Marchands Orfévres-Joyailliers de la Ville de Paris, ne feront aucune Affociation de Commerce avec autres Marchands que ceux de leur Corps pour fait de Marchandifes d'Orfévrerie, foit en Foire ou autrement, & en quelque maniere que ce puiffe être.

AUTORITEZ.

De même que nos Orfévres ne peuvent communiquer leur droit de travailler d'Orfévrerie à des Gens fans qualité par la voye de la *Protection*, de même auffi, ils ne peuvent, par celle de *l'Affociation*, admettre aucun Marchand qui n'eft point du Corps, en participation du droit qu'ils ont de faire le Commerce d'Orfévrerie. L'un & l'autre moyen leur eft également interdit, parce que tous deux font également oppofez à l'œconomie de tous nos Reglemens, en ce que ce feroit tranfmettre indirectement la faculté d'exercer l'Etat d'Orfévrerie à des Gens qui n'ont pas de Serment en Juftice pour cela.

Il paroît qu'anciennement ces fortes d'Affociations fe faifoient affez volontiers entre les Orfévres & les Changeurs, lefquels entroient réciproquement en participation des facultez les uns des autres; apparemment à caufe de celle qui leur étoit commune d'acheter les vieilles Vaiffelles & Matieres d'or & d'argent, quoique ce qui en étoit acheté par les Changeurs dût être livré à la Monoye. Ces pactions réciproques & illicites, pa-

roiſſent par les détentes qui ſont reſ-
pectivement faites aux uns & aux
autres.

*Ordonnance de François I. à Blois
au mois de Mars 1540.* » Ordon-
» nons que les Changeurs n'ayent
» aucune Aſſociation ne participa-
» tion de Change, Marchandiſe, ne
» autrement, avec les Orfévres &
» Joyailliers, &c. ſur peine d'amende
» arbitraire. « *Cod. Henry, Liv. 15,
Tit. 31, Art. 10.*

*Edit de Henry II. à Fontainebleau,
au mois de Mars 1554.* Aʀᴛ. xɪ.
» Leſdits Orfévres & Joyailliers
» n'auront aucune Aſſociation, ne
» participation de fait de Change,
» ne par Marchandiſes, ne autrement,
» avec les Changeurs, &c. « *Layette
1, cotte 13, Item, Rec. pag. 69.*

Depuis ces défenſes, les Changeurs, dont le grand Commerce
d'argent avec Rome, avoit été ruiné

par la Pragmatique-Sanction, & qui
avoient ceſſé eux-mêmes de former
l'un des ſix Corps des Marchands de
Paris, étant devenus ſimples Com-
miſſionnaires pour le fait de leur
Change, il ne fut plus gueres queſtion de Société avec eux. Toutefois
cet abus ne ceſſa pas entierement.
La ſuite fait voir que nos Orfévres
ont pris quelquefois Société avec des
Marchands Merciers ; particulierement pour la Foire S. Germain, où
l'on voyoit l'un & l'autre Marchand
d'intelligence débiter chacun ſa Marchandiſe dans une même Boutique.
Il y a des exemples de ces Aſſocia-
tions illicites dès l'année 1547, & il
y en a même de ces derniers tems.
Mais les unes & les autres ne nous
ſont connues, que parce qu'elles ont
toujours été réprimées à la pourſuite
des Gardes, comme contraires à nos
Reglemens, par des Sentences de
Police qui ſe voyent dans nos Archives. *Lay.* 17, *cot.* 27, *n°.* 1, 2 & 3.
Voyez auſſi le Compte rendu en 1547.

ARTICLE II.

N'avoir que des Marchandiſes duement Marquées.

Lᴇsᴅɪᴛs Orfévres ne pourront vendre ni expoſer
en vente aucunes Vaiſſelles ou autres Ouvrages
d'or & d'argent, que leſdits Ouvrages n'ayent été duement Eſſayez par les Maîtres & Gardes de l'Orfévrerie,
& par eux Contre-marquez du Poinçon de la Maiſon
commune au deſir des Ordonnances & Reglemens ; à
peine de confiſcation des Ouvrages non-Marquez, &
de Trois mille livres d'amende.

AUTORITEZ.

La rigueur des peines portées par cet Article est grande : Mais l'obligation indispensable où nous sommes de n'exposer en vente que des Marchandises bien conditionnées, ne l'est pas moins. C'est le but où tendent toutes les Regles prescrites par les Ordonnances touchant le Titre, l'Essai & la Marque de nos Ouvrages ; & ce n'est qu'après s'y être conformez en les fabriquant, que nous pouvons les débiter au Public. Relisez ces Regles sous les Articles IV. V. VI. VII. & VIII. du Titre précédent. Il suffira de rapporter ici une Disposition nouvelle qui en renferme toute la séverité.

Déclaration du Roi du 23 Novembre 1721. ART. IV. » Voulons que « tous ceux qui vendront & débite- « ront des Ouvrages d'or & d'argent « qui n'auront point été Essayez, ni « Marquez du Poinçon des Maîtres « & Gardes des Orfévres... soient, « outre la confiscation desdits Ouvra- « ges, condamnez en trois mille « livres d'amende, jusqu'au paye- « ment de laquelle ils tiendront Pri- « son. « *Lay.* 3 bis, *cotte* 12.

ARTICLE III.

User de Poids & Balances justes.

DAns leur Commerce lesdits Orfévres seront tenus d'user de Balances justes, & de Poids de Marc duement étalonnez en la Cour des Monoyes ; & ne pourront en avoir d'autres en leurs Maisons sous quelque prétexte que ce soit, à peine de confiscation & d'amende.

AUTORITEZ.

Une des attentions de nos Rois a toujours été de pourvoir à ce que les Marchands & autres, ne se servissent que de Poids & de Balances justes. Mais si cette justesse est requise pour garder l'équité dans le Commerce des Marchandises en général, c'est surtout à l'égard de celles d'Orfé- vrerie, à cause de leur importance ; comme il paroît par les Autoritez qui suivent, & qui forment notre Police sur ce Point.

Ordonnance de François I. à Blois, au mois de Mars 1540. ART. XXV. „ Ordonnons aux Orfévres, Chan- «

» geurs, Joyailliers, qu'ils ayent bon-
» nes & justes Balances [& Poids]
» sans aucun Remede sur le foible ;
» mais sur le Fort Remede, &c. Et
» si aucun . . . . . . est trouvé saisi d'au-
» tres Poids , il sera confisqué , &
» l'amendera envers Nous, sans quel-
» conque excusation de les avoir en
» garde , gage ou autrement. « *Rec.
des Ordonnances* , pag. 1120 , 1121.

Edit de Henry II. à Fontainebleau ,

en Mars 1554. Art. xi. » Enjoi- «
gnons aux Orfévres & Joyailliers «
d'avoir & tenir bonnes Balances & «
Poids de Marc justes & raisonna- «
bles , Etalonnez , sçavoir , ceux «
de Paris, en notre Cour des Mo- «
noyes; & ceux des autres Villes , «
aux plus prochaines Monoyes de «
leurs demeurances, aux Remedes «
sur le Fort & Foible contenus en «
notre Ordonnance. « *Layette* 1 , cot.
13. Item, *Rec.* pag. 69.

ARTICLE IV.

N'exceder le prix assigné aux Matieres.

ILs ne pourront acheter , ni vendre les Matieres d'or
& d'argent à plus haut prix , que celui qui en sera
payé aux Changes des Monoyes , sur peine d'amende
& de confiscation des Matieres sur-achetées , & autres
peines portées par les Ordonnances.

AUTORITEZ.

La principale destination des Matieres d'or & d'argent, étant d'être
converties en especes , & répandues
dans le Commerce pour le bien uni-
versel de la Societé, le soin de les
faire fluer à cet effet, dans les Monoyes , & de leur y assigner un Prix
fixe, a toujours été aussi un des objets de l'attention du Gouvernement.
Or, comme le sur-achat de ces Matieres qui pourroit être fait par les
Orfévres , les détourneroit de cette
principale destination , de-là viennent les défenses si anciennes, si séveres, & si souvent réiterées, qui
leur sont faites d'exceder le Prix don-

né au Marc d'or & d'argent, & auquel il doit être payé dans les Changes des Monoyes.

*Lettres Patentes de Philippe-le-Bel ,
du Mardy de Pasques* 1308. Art.
vi. » Défendons étroitement sur «
peine de Cors & d'Avoir perdre , «
que nuls Orfévres, Changeurs ou «
autres ne achatent, ne vendent ar- «
gent ou Billon à greigneur Prix «
[c'est-à-dire , à plus haut Prix] «
que [celui auquel] nous le ferons «
prendre en nos Monoyes. « [Cette
premiere défense que nous sçachions
avoir été faite , portoit néanmoins

cette exception :] » Si ce n'étoit » argent ouvré, où il eust aucune » Façon, lequel se pourra vendre » ou achater plus chier, selonc la » valeur de la Façon, sans fraude. « *Ordonnance de la troisiéme Race, Tom. I, page 450.*

L'exception portée d'abord en faveur des vieilles Vaisselles bonnes à servir, lesquelles pouvoient être payées plus cher, a disparu dans tous les Reglemens posterieurs, & la défense y est demeurée pure & simple. Nous ne ferons que les indiquer ici pour abreger, & parce qu'aux peines près, qui sont partout moins graves que dans ce premier, quoique toujours très-séveres, on n'y trouve rien d'essentiellement different.

Tels sont principalement l'Ordonnance de Louis XII. du 22 Novembre 1506, ART. XIX; l'Edit de François I. du mois de Septembre 1543, ART. XIX; des Lettres Patentes de Henry II. du 14 Janvier 1549; l'Edit de ce Prince du mois de Mars 1554, ART. VIII; la Déclaration de Louis XIII. du 20 Décembre 1636; l'Arrêt du Conseil d'Etat du 17 Janvier 1696, & l'Edit de Louis XIV. du mois de Mars 1700. *Recueil, p.* 26, 49, 59, 68, 165, *&c.*

ARTICLE V.

Tableau du Prix des Matieres.

ILs auront en lieu éminent dans leurs Boutiques, un Tableau contenant la valeur du Marc d'or & d'argent, des titres ausquels ils doivent travailler, avec les diminutions du Marc, afin de se conformer aux Prix donnez ausdites Matieres, tant en vendant, qu'en achetant.

AUTORITEZ.

Nous trouvons sur nos Registres de l'année 1566, que les Gardes de l'Orfévrerie firent imprimer en Placard 500 demi-Feuilles, contenant la valeur courante du Marc d'or & d'argent & de ses divisions; & qu'ils distribuerent ces Feuilles dans le Corps, afin de faciliter aux Particuliers par ce moyen, l'observation des défenses portées par les Ordonnances, d'exceder le prix assigné aux Matieres. Ils firent la même chose en 1576, sans doute à l'occasion d'une nouvelle Evaluation : *Voyez la Dépense des Comptes rendus en ces années.* Or, cet Usage ainsi introduit, passa bien-tôt après en Loi & devint un Article de notre Police, qui entra dans les Reglemens posterieurs, ainsi qu'il s'ensuit:

Ordonnance

Ordonnance de Henry III. en
1586. » Ordonnons à tous Orfé-
„ vres de tenir en lieu éminent de
„ leurs Boutiques, un Tableau au-
„ quel feront écrites les valeurs, tant
„ du marc d'or fin, que du marc d'or
„ à vingt-deux Karats, & du marc
„ d'argent à la Loi qui eſt le Titre au-
„ quel ils doivent faire leurs Ouvra-
„ ges : Avec leurs diminutions par
„ Onces, Gros, Deniers, &c. à ce
„ que le Prix des marcs d'or & d'ar-
„ gent ne foit excedé par lefdits Or-
„ févres tant en vendant, qu'en ache-
„ tant les Matieres d'or & d'argent,
„ foit en maſſe ou en Ouvrage. « *Code
Henry. Liv. xv. Tit. xl. Art. x.*

*Déclaration de Louis XIII. à Noiſy,
le 20 Décembre 1636.* » Que chacun
„ des Orfévres ait en lieu éminent
„ de ſa Boutique, un Tableau au-
„ quel feront écrites les valeurs des
„ marcs d'or & d'argent, & le Prix
„ de leurs Façons, à ce que dorefna-
„ vant tous nos Sujets foient rendus

certains de ce qu'ils auront à payer "
pour chaque Piece d'Ouvrage "
d'Orfévrerie &c. « Il eſt parlé ici
des Façons de nos Ouvrages, parce
que Louis XIII. ordonnoit par la
même Déclaration, que le Prix en
feroit taxé : Mais la chofe s'étant
trouvée impraticable, ce deſſein fut
abandonné, & il n'en a plus été
queſtion depuis. *Layette 3, cotte 34.*
Item, *Rec. pag.* 166, 167.

Arrêt du Confeil d'Etat du Roy, du
17 *Janvier* 1696. » Lefdits Orfé- "
vres feront tenus d'avoir en lieu "
éminent dans leurs Boutiques, un "
Tableau contenant la valeur du "
marc d'or & d'argent du Titre au- "
quel ils doivent travailler, avec les "
diminutions du marc : Lequel "
Prix fera marqué ſur le pied de la "
fixation du Prix du marc de Fin, "
de l'or à vingt-quatre Karats, & "
de l'argent à douze Deniers, ainſi "
qu'il eſt reglé pour le Change des "
Monoyes. « *Layet. 3, cot. 63.*

ARTICLE VI.

Diſtinguer le Prix des Matieres de celui des Façons.

Iᴌs vendront la Matiere de leurs Ouvrages féparément de la Façon defdits Ouvrages ; & donneront à ceux qui les acheteront des Bordereaux ſignez d'eux, où ils diſtingueront le Prix de la Matiere, & celui de la Façon ; le tout fur les peines portées par les Or-donnances en cas de contravention.

AUTORITEZ.

Ce font encore deux moyens établis pour faire garder les défenſes d'exceder le Prix donné aux Matieres d'or & d'argent. La diſtinction du Prix de la Matiere de celui des Façons, fut d'abord introduite par Louis XII. en ces termes :

Lettres Patentes de Louis XII. du 17 Août 1504. » Avons ordonné » & ordonnons par ces Preſentes » que doreſnavant les Orfévres en » vendant leurs Ouvrages, vendent, » c'eſt à ſçavoir, l'Ouvrage d'or à » part & en particulier, & la façon » auſſi à part : Et l'Ouvrage d'ar- » gent pareillement, vendront l'ar- » gent à part, & la façon à part, & » en feront divers Prix; & ce, ſur » peine de confiſcation deſdits Ou- » vrages, & d'amende arbitraire, » dont dès-à-préſent & pour lors, » nous donnons aux Dénonciateurs » la Quarte partie. « *Regiſt. de la Cour des Mon. cot. F. fol. 169. Item, Conſtans, aux Preuv. pag. 79.*

Deux ans après, le même Prince réitera la même choſe dans le vi.e Article de ſon Ordonnance du 22 Novembre 1506, ſans toutefois prononcer aucunes peines. *Layet. 1, cotte 5. Item, Rec. p. 23.* A l'égard des Bordereaux, ils n'ont commencé d'être exigez que par Henry II. ainſi qu'il s'enſuit :

Lettres Patentes de Henry II. du 14 Janvier 1549. » Leſdits Orfé- „ vres & Joyailliers feront tenus de „ bailler Bordereaux écrits & ſignez „ de leurs mains à ceux qui achete- „ ront aucunes Chaiſnes, Vaiſſelles, „ Taſſes & autres Ouvrages d'or ou „ d'argent, contenant les Poids & „ Loi de ce qu'ils vendront, & le „ Prix, tant de la Matiere que de la „ Façon; & vendront l'or & l'argent

à part, & les Façons à part : Afin " que ſi ceux qui auront acheté d'eux " leſdits Ouvrages, vouloient re- " vendre leſdits Ouvrages, ils ſoient " tenus de les faire bons de la Loi " pour laquelle ils auront fait la " vente. " *Layette 1, cot. 12. Item, Rec. p. 58.*

Les Bordereaux, comme l'on voit, ne furent pas ordonnez d'abord uniquement, comme un moyen propre à empêcher d'exceder le Prix des Matieres en les vendant : Ce fut auſſi pour la garentie de leur Loi en cas de revente. Ce ſecond motif paroît encore dans l'Art. viii. de l'Edit du mois de Mars 1554, où le même Henry ordonne de nouveau la diſtinction du Prix de la Matiere de celui des Façons, avec le fourniſſement des Bordereaux. *Layet. idem, cot. 13, & Rec. p. 68.* Mais les Reglemens poſterieurs ne font plus mention de ce ſecond motif : Et en effet, la bonté du Titre des Ouvrages, eſt ſuffiſamment garentie par les Poinçons qu'ils portent.

Déclaration de Louis XIII. à Noiſy, le 20 Décembre 1636. „ Ordonnons " ſuivant les anciennes Ordonnances " des Rois nos Prédeceſſeurs, & les " nôtres, ſur le fait de l'Orfévrerie, " que tous les Orféwres de notre " Royaume, feront tenus doreſna- " vant de vendre l'or & l'argent de " leurs Ouvrages ſéparément de leurs " Façons, & leurs Façons à part ; " & à cette fin qu'ils bailleront Bor- " dereaux ſignez d'eux, contenant " le Prix de l'or & de l'argent des " Ouvrages par eux vendus & livrez, " & de la Façon de chacune Piece. " *Layet. 3. cot. 34. Item, Rec. p. 166.*

Arrêt du Conseil d'Etat du Roy, du 17 *Janvier* 1696. „ Pour obvier aux „ abus qui pourroient être commis „ par lesdits Orfévres & Merciers „ trafiquans en Ouvrages d'or & „ d'argent, en confondant le Prix „ des Matieres avec les Façons des- „ dits Ouvrages, Sa Majesté ordon- „ ne qu'ils vendront lesdites Matieres

& les Façons séparément; & qu'ils " en donneront des Bordereaux " signez d'eux, aux Particuliers à " qui ils vendront lesdits Ouvra- " ges.... à peine de cinq cens livres " d'amende pour la premiere fois, & " d'être privez de la Maîtrise en " cas de récidive. « *Layette* 3, *cotte* 63.

ARTICLE VII.

Enregistrer les Achats & Ventes.

ILs tiendront chacun à leur égard, bon & fidel Regiſtre des Matieres & Ouvrages d'or & d'argent qu'ils acheteront & vendront; & ſur icelui écriront la qualité & la quantité deſd. Marchandiſes, avec les noms & demeures de ceux à qui ils les auront vendues, ou de qui ils les auront achetées : Pour être ledit Regiſtre repreſenté quand ils en feront requis; le tout ſur peine d'amende arbitraire.

AUTORITEZ.

La tenue d'un Regiſtre ſe trouve ordonnée pour la premiere fois aux Orfévres dans les Lettres de Louis XII. du 17 Août 1504, que nous avons déja citées. La maniere de le tenir y eſt aſſez ſuccintement preſ-crite. Il eſt dit ſeulement, *Qu'ils feront chacun Papier & Regiſtre ordi-naire de tout l'Ouvrage qu'ils feront,* & apparamment auſſi de leurs Achats & Ventes; pour être ce Regiſtre *vû & viſité quand beſoin ſera, &c.* Et nos Orfévres ſe ſoumirent volontiers à ce nouveau Devoir.

Mais dans la ſuite Henry II. leur ayant enjoint par ſes Lettres Paten-tes du 14 Janvier 1549. *Rec. p.* 59. Et par le ᴠɪɪɪᵉ. Article de ſon Edit du mois de Mars 1554. d'écrire auſſi ſur ce Regiſtre *les noms de ceux qui leur auront vendu & à qui ils reven-dront les Ouvrages ou Matieres d'or & d'argent,* cette addition à l'uſage établi ſouffrit de grandes difficultez, auſſi bien que la peine de *mil livres d'amende & de punition corporelle,* prononcée contre quiconque y man-queroit. Les Gardes de l'Orſévrerie crûrent donc en devoir faire leurs très-humbles remontrances à Henry II. & lui representerent en effet, que d'écrire ainfi les noms des Perfonnes qui vendoient leurs effets, fur des Regiftres qui devoient être reprefentez à toute occafion, c'étoit trahir le fecret des Familles, reveler, contre l'intention des Particuliers, l'état de leurs affaires, & ôter en même tems aux Orfévres la confiance du Public : Que d'ailleurs la rigueur des peines deshonorantes dont ils étoient menacez, ne leur paroiffoit avoir aucune proportion avec la faute qu'un Marchand peut commettre dans un fimple fait de Police, tel que la tenue d'un Regiftre de Commerce.

Leurs Remontrances ayant été favorablement reçues, l'Article en queftion fut modifié par le VII.ᵉ d'un autre Edit donné en interprétation le 22 May de l'année fuivante 1555, en ces termes : » Et parce » que le Regiftre ordonné être tenu » par lefdits Orfévres, pourroit apporter au Public quelqu'incommodité s'il fe faifoit autrement [qu'à » l'ordinaire] & à la rigueur de » notre Edit [de 1554] ne feront » iceux Orfévres aftraints écrire les » noms de ceux qui auront acheté » d'eux ou leur auront vendu aucunes Marchandifes de leur Métier; » mais feront tenus feulement bailler » Bordereaux des chofes par eux » vendues, s'ils en font requis, &c. « *Layette* 1, *cotte* 14. Item, *Recueil,* *pag.* 77.

Louis XIII. par fa Déclaration du 20 Décembre 1636, ayant, aux peines près, rappellé prefque mot à mot la Difpofition de l'Edit de 1554, corrigée par celui de 1555, les Gardes ne manquerent pas de faire auffi pareilles remontrances ; aufquelles il fut fait droit cinq ans après par un Arrêt notable rendu au Confeil d'Etat le 19 Janvier 1641, portant que » Les Edits & Déclarations fur le fait des Monoyes & « Orfévrerie feront executez felon « leur forme & teneur, fors & excepté en ce qui concerne .... la « forme du Regiftre que chacun defdits Orfévres doit tenir des Achats « & Ventes des Matieres d'or & d'argent & de leurs Ouvrages, auquel « n'entend Sa Majefté, qu'ils foient « obligez d'écrire & cotter les noms « de ceux qui traiteront avec eux defdites Ventes & Achats, conformement à la Déclaration du mois de « May 1555, que Sadite Majefté « veut avoir lieu, & être pareillement « executée. « *Layette* 3, *cotte* 34 & 35. Item, *Rec. p.* 165, & 1068. Néanmoins cinquante-cinq ans après il fut ftatué de nouveau fur la même matiere, en ces termes qui forment notre Article.

Arrêt du Confeil d'Etat du Roy du 17 *Janvier* 1696 : „ Seront tenus " lefdits Orfévres d'avoir des Regiftres en bonne forme, où ils écriront " eux-mêmes la qualité & la quantité " des Matieres d'or & d'argent, enfemble les noms & la demeure de " ceux à qui ils les auront vendus, & " de qui ils les auront achetez; lefquels Regiftres ils feront tenus de " reprefenter aux Commiffaires de " la Cour des Monoyes ... toutes " fois & quantes qu'ils feront chez " eux leurs Vifites : Le tout à peine " d'amende arbitraire : " *Layette* 3, *cotte* 63.

ARTICLE VIII.

N'acheter que de Perſonnes connues.

ILs n'acheteront aucunes pieces de Vaiſſelle d'argent armoiriées ou non armoiriées, quand même il n'y en auroit pas eu de Recommandation, ſinon de Perſonnes qui leur ſoient connues ou qui leur donneront Répondans à eux connus & domiciliez, à peine d'être procédé extraordinairement contr'eux ſi le cas y échet, de répondre des dommages & interêts des Parties, & de reſtitution des choſes volées.

AUTORITEZ.

Le xive. Article de l'Edit de Henry II. du mois de May 1555, qui regarde uniquement les Affineurs, leur ayant permis d'acheter ſans congé toutes ſortes de vieilles Vaiſſelles, ajoute : „ Et ſi aucun s'offre leur ven- „ dre vaiſſelle armoiriée ou non ar- „ moiriée, qui ne ſoit à eux connu ou „ certifié, ſeront tenus, ſur peine de „ confiſcation des Vaiſſelles, & d'a- „ mende arbitraire, avant qu'acheter „ icelles Vaiſſelles, le déclarer au „ Clerc des Orfévres. " *Rec. p.* 78. Or, il eſt probable que ce devoir étoit commun aux Orfévres. Cependant il ne s'en trouve aucune Diſpoſition préciſe, ni dans cet Edit, ni dans aucun autre de nos anciennes Ordonnances. Mais un Reglement moderne que voici, & qui forme notre Article, y a pourvû, en ces termes :

Arrêt du Parlement rendu en forme de Reglement le 26 *Janvier* 1685. „ La Cour … fait défenſes aux Orfévres de cette Ville de Paris, Officiers travaillans à la Monoye, & autres Marchands, d'acheter aucune piece de Vaiſſelle d'argent armoiriée ou non armoiriée, ſoit qu'elles ayent été recommandées ou non recommandées, ſinon de Perſonnes qui leur ſeront connues, ou qui leur donneront Répondans à eux auſſi connus & domiciliez, à peine d'être procédé contr'eux extraordinairement, comme Receleurs & complices, & de répondre en leurs propres & privez noms des dommages & interêts des Parties, & de reſtitution des choſes volées ſi elles ſont en nature, ſinon la juſte valeur. " *Liaſſe dans la Layette* 5.

ARTICLE IX.

Retenir & déclarer ce qui est suspect.

ILs retiendront les Vaisselles ou autres Pieces d'Or-févrerie à eux exposées en vente & suspectes d'avoir été volées ; & lorsqu'elles leur auront été re-commandées, ils en feront incessamment leur déclaration au Clerc de l'Orfévrerie, pour être sur ce par lui fait les diligences necessaires.

AUTORITEZ.

On voit par de vieux Enseigne-mens conservez dans nos Archives, qu'anciennement les Orfévres de Paris retenoient ainsi, non-seulement les choses suspectes qui leur étoient exposées en vente, mais encore les Personnes qui les leur présentoient ; & il y en a des exemples dès l'an 1333. *Layette* 13, *cotte* 1, bis, *fol.* 7 & *suiv.* Ce qui suppose visiblement que dès lors l'usage de *Recommander* à nos Orfévres les Vaisselles & autres Pieces d'Orfévrerie volées ou perdues, étoit déja établi.

Ce fut sur cet ancien Usage que Charles IX. par une Ordonnance du 17 Mars 1568, défendant à tous ceux qui ne sont pas de l'Etat où se font les Recommandations des choses perdues ou dérobées, d'acheter ou trocquer contre leurs Marchandises, aucune Piece d'Orfévrerie, leur ordonna de *renvoyer le tout ès Maisons des Maîtres Orfévres & Joyailliers de cette Ville de Paris, tenant Boutiques ouvertes ; esquelles Maisons*, dit-il, *se font lesdites Recommandations, afin d'averer & découvrir icelles besongnes perdues ou mal prises, & soi saisir des Personnes qui les apportent à vendre.* Comme les Affineurs, les Bateurs & Tireurs d'or, n'étoient pas du nombre de ceux ausquels il étoit ab-solument défendu de rien acheter qui dépendît de l'Etat d'Orfévrerie, l'Ordonnance ne leur enjoint pas aussi de renvoyer le tout chez les Orfévres ; mais elle veut que *si le cas advenoit que aucuns Voleurs, Larrons ou autres Personnes leur veulent exposer en vente quelques besongnes de ladite Orfévrerie, ils ayent à envoyer querir le Clerc de l'Orfévrerie, ou son Commis, & retenir les Personnes qui voudront faire lesdites ventes, avec les choses qu'ils prétendront vendre, jusqu'à ce que ledit Clerc en soit saisi & en ait eû la connois-sance. Layet.* 1, *cotte* 16. Item, *Rec.* p. 85, 86. De cet ancien Usage vient cette formule : *Retenez les Per-sonnes & le tout*, qui a passé jusqu'à présent dans les Billets de Recom-mandation que notre Clerc nous ap-porte journellement : quoique la feconde difpofition du Reglement moderne, dont on vient de rapporter la premiere, & que l'une & l'autre nous fervent également de Loi aujourd'hui, porte feulement là-deffus :

Arrêt du Parlement rendu en forme de Reglement le 26 Janvier 1685. » La Cour...., ordonne que lefdits » Orfévres & autres, feront tenus de » retenir les Pieces de Vaiffelle d'ar-» gent [fufpectes] qui leur feront » expofées en vente ; & lorfqu'elles » auront été Recommandées, d'en » faire inceffamment leur déclaration » au Clerc de leur Communauté, qui » en avertira fur le champ le Com-» miffaire du Quartier. « Et les chofes ainfi reglées, tant par rapport aux précautions qui doivent préceder l'achat des Vaiffelles & autres Pieces d'Orfévrerie, que pour les diligences qu'il faut faire à l'égard de celles qu'on foupçonneroit d'avoir été volées, le Parlement ordonne enfuite que » Le préfent « Arrêt fera lû & publié à la requête « du Procureur Général du Roy, « pourfuite & diligence de fon Subf-« titut au Châtelet, en la Chambre « de la Communauté defdits Orfé-« vres, &c. à ce qu'aucun n'en pré-« tende caufe d'ignorance. « C'eft ce qui fut fait, tout le Corps affemblé, & même les Veuves, par le Procureur du Roy au Châtelet, le 20 Mars fuivant. *Layette 5 de nos Archives, & 5ᵉ. Regiſtre des Délibérations, fol. 29. v°.*

ARTICLE X.

Diligences du Clerc de l'Orfévrerie à l'égard des chofes volées ou perdues.

LEᴅɪᴛ Clerc tiendra Regiftre des Marchandifes & Matieres d'Orfévrerie & de Joyaillerie perdues ou volées, à mefure qu'elles lui feront recommandées; diftribuera fes Billets de Recommandation dans le Corps ; & fera promptement fa déclaration au Commiffaire du Quartier, des Avis qui lui feront donnez à ce fujet.

AUTORITEZ.

De tems immémorial le Public a eu recours à notre Bureau pour Recommander les Pieces d'Orfévrerie ou Bijoux de Joyaillerie perdus ou volez, afin, comme on vient de le voir, de parvenir à les recouvrer par le moyen des Marchands du Corps, aufquels ces chofes peuvent être préfentées à vendre , & pour faire arrêter les coupables. Mais comme les Gardes n'ont jamais pû prendre ce foin par eux-mêmes , attendu leurs autres fonctions , ils l'ont toujours confié à leur Clerc ; & c'eft une des principales raifons pourquoi il a toujours fallu un Maître choifi, intelligent & capable pour exercer la fonction de Clerc de l'Orfévrerie ; lequel ne peut même être élû , ni deftitué , que par une affemblée des Gardes & Anciens.

Il recevoit donc dès-lors, les déclarations qui lui étoient faites des Pieces volées ou perdues , defquelles il tenoit Regiftre exact , marquant le nom , la forme & le poids des Pieces Recommandées ; les Lettres ou Armes qui y étoient gravées , & les noms , qualitez & demeures des Perfonnes à qui elles appartenoient. Il écrivoit auffi-tôt, ou faifoit imprimer autant de Billets ou *Recommandations* conformes au contenu en fon Regiftre, qu'il en falloit pour diftribuer dans tout le Corps; & il étoit tenu de les porter promptement lui - même , s'il n'en étoit légitimement empêché par le fervice qu'il devoit au Bureau, principalement les jours de Marque ; auquel cas les Gardes lui permettoient d'en confier le foin à fon Commis , ou , comme aujourd'hui , à l'un ou l'autre des deux Sous-Clercs du Bureau.

Les Recommandations ainfi diftribuées, fitôt qu'il étoit averti que les chofes Recommandées s'expofoient en vente, il fe tranfportoit fur le lieu pour s'en faifir ; & à cet effet, Henry II. par fon Edit du mois de May 1555. Art. v. en-

joint aux Commiffaires & Sergens du Châtelet , de lui prêter main-forte, *Rec. p.* 76. Si c'étoit un vol, il faifoit arrêter le Vendeur, le conftituoit Prifonnier, & infcrivoit l'Emprifonnement fur un Regiftre pardevers lui : Puis ayant rendu ou fait rendre aux Proprietaires les chofes recouvrées, il faifoit mention de la reftitution en marge de fon Regiftre des Recommandations.

Il étoit tenu de reprefenter l'un & l'autre de ces Regiftres aux Gardes ; celui des Recommandations tous les mois, & celui des Emprifonnemens, lorfqu'il leur plaifoit de le demander, pour voir s'il faifoit exactement le devoir de fa Charge. Car encore qu'il fût devenu Perfonne publique, & ayant dès-lors Serment en Juftice pour s'acquitter de ces fortes de fonctions, ils fe font toujours refervé l'infpection qu'ils avoient à cet égard originairement fur lui ; jufques-là qu'il ne pouvoit exiger des Particuliers d'autre falaire de fes Recommandations que celui qu'ils prenoient foin de regler.

Du refte , fes Fonctions continuerent d'être affermies de plus en plus par l'Autorité publique. Charles IX. dans l'Ordonnance que nous avons citée , du 17 Mars 1568, parle du *Clerc de l'Orfévrerie,* comme étant Prépofé, & *commis pour faire la recherche* des Vaiffelles, Pierreries & autres Effets dépendans de l'Orfévrerie & Joyaillerie perdus ou dérobez, On a vû fous l'Article précedent par le texte de la même Ordonnance , par l'Article xiv, de l'Edit de Henry II. du mois de May 1555 , & enfin par la teneur de l'Arrêt du Parlement du 26 Janvier 1685,

1685, l'obligation qu'il y a de l'avertir des Marchandises suspectes & Recommandées qui se présentent à acheter ; comme c'est son devoir à lui-même aux termes de ce dernier Reglement *d'en avertir sur le champ le Commissaire du Quartier :* Et c'est ainsi que ce Clerc a exercé de tems immémorial , & exerce encore la fonction publique de Commis à la recherche des Effets dépendans de l'Orfévrerie & Joyaillerie perdus ou volez. *Voyez sur le contenu en cet Article , outre ces Ordonnances anciennes & le Reglement moderne, un Etat des devoirs du Clerc de l'Orfévrerie dressé vers l'an 1464 , à la fin du* 1er. *Registre des Comptes : Un autre Etat dressé en 1570 ,* 1er. *Registre des Délibérations , fol. 67 & suivans. Item, même Registre , fol. 29 & 165 v°. &c. & les Registres même des Recommandations conservez dans nos Archives.*

TITRE VIII.

Du Privilege & des Devoirs des Veuves de Maîtres & Marchands Orfévres-Joyailliers.

ARTICLE PREMIER.

Privilege des Veuves.

LE s Veuves defdits Maîtres & Marchands Orfé-vres-Joyailliers de la Ville de Paris, pourront exer-cer l'Etat d'Orfévrerie-Joyaillerie, tant qu'elles demeu-reront en viduité ; & en conféquence, continuer le Commerce & même le Travail d'Orfévrerie & de Joyaillerie, en gardant par elles les Statuts & Reglemens dudit Etat.

AUTORITEZ.

Le Privilege de Viduité paroît auffi ancien que celui de la Maitrife dans l'Orfévrerie de Paris. Tous nos Titres & autres enfeignemens qui font quelque mention des Veuves d'Orfévres, en parlent toujours comme tenant Boutique ouverte, & exerçant l'Etat d'Orfévrerie dans cette Ville, comme auroient pû faire leurs Maris : Et c'eft dans la jouiffance non interrompue de cet ancien Privilege que le Réglement géné-ral du 30 Décembre 1679 les main-tient, quoiqu'en les privant défor-mais d'une de fes anciennes facultez comme on le dira dans un moment. » Pourront néanmoins les Veuves « de Maîtres Orfévres [de Paris, « dit l'Article V. de ce Réglement] continuer le Commerce des Mar-« chandifes d'Orfévrerie & Joyaille-« rie en Boutique ouverte, & faire « travailler, &c. « *Layette 3, cotte* 42. Item, *Rec. p.* 181.

Mais pour jouir de ce Privilege, les Veuves ont auffi toujours été te-nues de fe conformer aux Réglemens à proportion comme les Maîtres, en tout ce qui concerne le Travail & le Commerce. Elles étoient même affujetties autrefois à plufieurs devoirs aufquels celles d'aujourd'hui ne font plus tenues. Comme elles avoient, outre la faculté de faire travailler, celle de marquer leurs Ouvrages d'un Poinçon qui étoit propre à chacune d'elles en fa qualité de Veuve, on exigeoit de toutes celles qui vouloient continuer le Travail après la mort de leurs Maris, à peu près les mêmes formalitez qui s'obfervoient à l'égard des Maîtres, tant pour le bon ufage de ce Poinçon, que pour la fureté publique. Avant toutes chofes, ces Veuves étoient tenues de fe préfenter en la Maifon commune, & là de fubir une efpece d'Examen fur leurs devoirs devant les Gardes ; de prêter même le Serment entre leurs mains de garder les Reglemens ; de faire infculper leurs Poinçons fur la Table de cuivre dans le Bureau ; d'y préfenter des Cautions & Certificateurs, & de les faire agréer & enregiftrer par les Gardes : enfuite de quoi ces mêmes Veuves étoient préfentées à la Chambre des Monoyes, où elles étoient admifes par une efpece de Réception peu différente de celle des Maîtres. *Voyez le Regiftre des Receptions de Maîtres, cotté 2, aux années* 1462, 1499, 1503, 1544, &c.

ARTICLE II.

Veuves feront biffer le Poinçon de leurs Maris.

Aᴘʀᴇ's le décès de chaque Maître, & dans un mois au plûtard, fa Veuve ou fes Enfans, ou Heritiers, remettront le Poinçon du Défunt entre les mains des Gardes, pour être rompu & biffé ; dont fera dreffé Acte fur le Regiftre par lefdits Gardes.

AUTORITEZ.

Cette précaution qui prévient l'abus qu'on pourroit faire du Poinçon d'un Maître après fa mort, n'a pas été prife dès les commencemens. Il paroît qu'alors une Veuve ne faifoit point biffer le Poinçon de fon Mari, & qu'elle continuoit de s'en fervir tel qu'il lui avoit laiffé, fans y faire aucun changement qui pût fervir à diftinguer les Ouvrages qui auroient été faits durant fon Veuvage. On trouve même que lorfqu'il furvenoit quelqu'accident à ce Poinçon, enforte qu'il en fallût faire un autre, la Veuve faifoit graver le nouveau tout femblable à l'ancien ; comme il arriva encore en 1462, où l'on voit que le Poinçon d'un Maître ne s'étant plus trouvé après fa mort, *il en fut baillé un tout pareil à la*

Veuve, ayant le même Contreseing, qui étoit *une Véronique.* Mais cet usage qui pouvoit avoir des suites préjudiciables à la réputation des Maîtres après leur mort, changea bientôt après. Les Veuves furent obligées de prendre de nouveaux Poinçons ; d'y inserer quelque différence ; & par la suite cette différence fut d'y mettre la lettre V. en forme de Devise , pour désigner leur qualité de Veuve. Non-seulement celles qui vouloient continuer le Travail, mais toutes sans exception furent désormais tenues de faire biffer les Poinçons de leurs Maris dans le délai d'un mois après le décès. C'est ce qui se voit par nos Registres & par divers Arrêts de la Cour des Monoyes. 2°. *Reg. des Receptions , ann.* 1462. *& suiv.* Item , *Archiv. Sac. n°.* 12.

Il paroît qu'avant le Reglement général du 30 Décembre 1679, les Veuves devoient faire biffer les Poinçons de leurs Maris au Greffe de la Cour des Monoyes. C'est du moins ce qui leur fut ordonné dans les derniers tems par un Arrêt de cette Cour du 4 Octobre 1678. *Sac, suprà.* Mais le Reglement ayant ordonné la réforme générale des Poinçons, & enjoint , ART. xv. Que les anciens feroient *rapportez aux Gardes pour être rompus en leur présence ;* la rupture de ceux des Maîtres qui font venus à déceder depuis , s'est toujours faite en la Maison commune : & voici ce qui s'observe pour la constater.

La Veuve ou les Heritiers du Défunt ayant rapporté son Poinçon , les Gardes le rengrennent premierement dans l'Empreinte originale de son Insculpation sur la Table de cuivre , pour s'assurer d'abord , si le Poinçon représenté est véritablement celui qui a été donné au Maître lors de sa Réception. Puis ils le reinsculpent de nouveau sur la même Table à côté de la premiere Empreinte. Ils l'impriment ensuite sur le Registre au noir de la fumée d'une chandelle ; puis l'ayant fait difformer en leur présence de telle sorte qu'il n'en puisse jamais être fait aucun usage, ils dressent Acte du tout sur le même Registre en forme de Procès verbal , qu'ils font signer par la Veuve présente , ou par celui qui a rapporté le Poinçon , & assisté à la rupture. *Voyez nos Registres servans à cet usage.*

ARTICLE III.

Veuves n'auront Poinçon , & feront marquer leurs Ouvrages par des Maîtres.

NE pourront lesdites Veuves avoir de Poinçon qui leur soit propre ; & les Ouvrages qu'elles feront faire dans leurs Boutiques, feront marquez du Poinçon d'un Maître tenant aussi Boutique ouverte, lequel de-

meurera refponfable des abus qui pourront s'y trouver,
tant au Titre, qu'autrement.

A U T O R I T E Z.

L'ancienne faculté aux Veuves d'avoir un Poinçon pour marquer les Ouvrages qui fe faifoient dans leurs Boutiques, a été fupprimée par le Reglement général de 1679; & les motifs que le Reglement donne de cette fuppreffion en la faifant, nous montrent que les précautions anciennement prifes à l'égard des Veuves, pour le bon ufage de leurs Poinçons, fe trouvoient oubliées; & qu'il étoit néceffaire de pourvoir par d'autres moyens à la fureté publique, & même à celle des Veuves en ce qui concerne la marque de leurs Ouvrages. Or c'eft ce qui fut fait en leur confervant en même tems la faculté de faire continuer le Travail d'Orfévrerie chez elles, en la maniere qui s'enfuit:

Réglement général du 30 Décembre 1679. Aʀt. v. » Et d'autant que » les Veuves de Maîtres Orfévres » n'ont aucune connoiffance du Ti-» tre & de l'Aloy, & que ne pou-vant conduire le Travail, elles « dépendent des Compagnons qu'el- « les employent; en quoi le Public « peut recevoir un notable préjudi- « ce auffi-bien que lefdites Veuves, « qui fe trouvent par ce moyen ex- « pofées à des condamnations d'a- « mende, & autres peines confidéra- « bles: ne pourront lefdites Veuves « avoir de Poinçons à l'avenir. A elles « enjoint de les rapporter dans quin- « zaine au Bureau des Orfévres, « pour y être rompus. Pourront néan- « moins lefdites Veuves de Maîtres « Orfévres continuer le Commerce « des Marchandifes d'Orfévrerie & « Joyaillerie en Boutiques ouvertes, « & [y] faire travailler fous le Poin- « çon d'un Maître Orfévre tenant « actuellement Boutique, lequel Maî- « tre fera obligé de les marquer de « fon Poinçon, & de les faire contre- « marquer; & demeurera auffi ref- « ponfable des abus qui s'y pourront « trouver, tant au Titre, qu'autrement. « *Lay.* 3, *cotte* 42. Item, *Rec. p.* 181.

TITRE IX.

De l'Election des Maîtres & Gardes de l'Orfévrerie, & de leur Serment à la Police.

ARTICLE PREMIER.

Nombre & Qualitez des Sujets à élire tous les ans, & durée de leur Exercice.

IL sera procedé au premier de Juillet chaque année à l'Election de trois Maîtres & Gardes de l'Orfévre-rie-Joyaillerie de Paris, dont l'Exercice sera de deux ans : Et seront élus, sçavoir, un Ancien, qui aura déja passé la Charge, & deux Jeunes, pour remplacer ceux qui auront fini leur tems,& faire avec les Trois de l'Election précédente, le nombre de Six Gardes en Charge.

AUTORITEZ.

Selon nos anciennes Coutumes écrites sous S. Louis, il n'y avoit alors que trois Gardes ou Prudhommes pour administrer le Corps ; & nous avons vû que dès le tems de Philippe - le - Bel leur nombre fut porté à Six, comme il a toujours été depuis. Leur Election se faisoit immédiatement après la S. Eloi d'hyver, & pour l'ordinaire le 5 Décembre. Mais ils n'exerçoient qu'un an, après quoi ils étoient tous re-nouvellés par une seule & même Election. Or cet usage suivant lequel aucun Garde ne restoit en place d'un Exercice à l'autre pour instruire les nouveaux Elus, avoit de grands in-convéniens , & qui ne pouvoient manquer d'être préjudiciables à la bonne Administration. Les affaires commencées par les uns , n'étoient souvent pas poursuivies par les au-tres , & périssoient faute de con-noissance pour n'avoir pas été transmifes par un canal moins interrompu : Et d'ailleurs, un Exercice fi court ne fuffifoit pas pour terminer des entreprifes un peu confidérables pour le bien des Affaires communes.

Toutefois plufieurs fiécles fe font écoulez, fans qu'il paroiffe qu'on fe foit mis en devoir de remedier à ces inconvéniens ; & ce ne fut qu'en 1659, qu'on y penfa férieufement. Les Anciens s'étant affemblez pour cela le 14 Octobre, il fut réfolu que l'on changeroit à cet égard l'ancienne forme de l'Election des Gardes, & qu'il en refteroit déformais quelques-uns d'un Exercice à l'autre : Et ce préalable ainfi arrêté, la même Délibération nomma fix Anciens avec les Gardes pour avifer aux moyens de l'exécuter. *3ᵉ. Regift. Déliber. fol.* 124.

Ces Députez ayant travaillé, firent leur Rapport dans l'Affemblée qui fe tint le 17, & dirent : Qu'après avoir difcuté la Matiere, leur avis étoit que l'Exercice des Gardes devoit déformais être de deux années ; que trois feulement fortiroient de Charge tous les ans, à la place defquels il en feroit élu trois autres, dont l'un auroit déja été Garde, & les deux autres n'auroient point encore paffé la Charge. *Ibidem v°.*

Cet Avis ayant été fuivi de tous les Anciens, on convoqua l'Affemblée génerale du Corps les 5 & 19 du mois de Novembre fuivant, où il paffa à la totalité des voix, excepté trois feulement. On regla en même tems qu'à l'Election prochaine du 5 Décembre on mettroit encore pour cette fois fix Sujets en Place, deux Anciens & quatre Jeunes : que des fix de cette Election un Ancien & deux Jeunes exerceroient deux ans,

& que les trois autres fortiroient de Charge à la fin de la premiere année pour laiffer la Place à un pareil nombre à élire ; & ainfi établir le nouvel ordre. *Ib. fol.* 125. *It. Rec. p.* 251.

Pour donner force de Loi à ce Refultat, les Gardes préfenterent leur Requête au Roi en fon Confeil, & obtinrent l'Arrêt dont la teneur s'enfuit :

Arrêt du Confeil Privé du Roi du 29 Novembre 1659. » Le Roi en « fon Confeil, ayant égard à lad. Re- « quête en conféquence des Délibe- « rations des anciens Maîtres & Gar- « des de l'Orfévrerie de Paris & de « toute la Communauté, des 14 & 17 « Octobre, 5 & 19 Novembre der- « niers, a ordonné & ordonne qu'au « 5 Décembre prochain fera fait Ele- « ction de fix Gardes ; fçavoir, de trois « qui exerceront ladite Charge de « Garde deux années, dont un aura « été une fois Garde, & les deux au- « tres qui n'auront encore exercé lad. « Charge, & les trois autres pour un « an feulement. Et que dorefnavant, « à commencer au 5ᵉ. Décembre « 1660, il fera fait tous les ans aud. « jour Election de trois Gardes ; fça- « voir, d'un qui aura été une fois « Garde, & les deux autres qui n'au- » ront encore exercé ladite Charge : « lefquels exerceront deux ans... & « fans que l'ordre ci-deffus puiffe « être changé pour quelque caufe « que ce foit. Enjoint Sa Majefté au « Prevôt de Paris & à tous autres « Juges qu'il appartiendra de tenir la « main à l'exécution du prefent Arrêt, « &c. « *Archiv. Layette* 13, *cot.* 20. Item, *Rec. p.* 254, 255.

Cependant cet ordre fi fagement

établi pour le bien des Affaires communes, fut changé bien-tôt après; mais ce ne fut pas pour long-tems. Quoiqu'il eût été confenti prefque de tous nos Orfévres, la plûpart néanmoins demanderent le rétabliffement de l'ancien ufage, effrayez des deux années d'Exercice qu'ils regardoient comme un tems trop long, & pendant lequel un Garde en Charge eft obligé d'abandonner prefqu'entierement fes propres affaires. Les chofes en vinrent effectivement au point qu'en 1663, il y eut Arrêt du Confeil qui ordonna qu'à l'avenir il n'y auroit que l'ancien des fix Gardes en Charge qui exerceroit deux ans. *Layette* idem, *cotte 23. &* *Rec. pag.* 265.

Il arriva encore un autre changement à l'occafion de cet Arrêt. Comme il ne fut donné que le 5 Juin 1663, & que l'Inftance avoit empéché l'Election au 5 Décembre précedent, on y procéda auffi-tôt après: enforte que l'Election qui s'étoit toujours faite vers la S. Eloi d'hyver commença pour lors de fe faire aux environs de celle d'Eté. Mais c'eft tout ce qui eft refté du nouvel arrangement pris par cet Arrêt qui n'a fubfifté que 17 ans; celui de 1659 ayant été rétabli par le Reglement général dont la difpofition forme notre Article, & fixe le tems de l'Election des Gardes, en ces termes:

Réglement général du 30 Décembre 1679. Art. VII. » Ordonne Sa « Majefté, fans s'arrêter à l'Arrêt du « Confeil du 5 Juin 1663, que celui « du 29 Novembre 1659 fera exécu- « té: & conformément à icelui, fera « par chacun an, à commencer du 1 « Juillet 1680, procedé à l'Election « de trois Gardes feulement; fçavoir, « un Ancien & deux Jeunes, pour, « avec trois de ceux qui font à pré- « fent en Charge, faire le nombre de « fix Gardes; & ainfi continuer à l'a- « venir par chacun an. « *Layette 3,* *cotte* 42. Item, *Rec. p.* 182.

ARTICLE II.

Choix & Préfentation des Sujets à élire dans l'Affemblée.

POUR parvenir à ladite Election, les Six Gardes en Charge appelleront avec eux les Six derniers fortis de Charge, & aviferont enfemble de trois Sujets capables & de bonnes mœurs; lefquels feront enfuite par eux propofez à l'Affemblée, qui pour ce fujet fera convoquée en la Maifon commune.

AUTORITEZ.

Ce moyen, qui a toujours été reconnu propre à procurer l'Election
des

des meilleurs Sujets, & à leur concilier les suffrages de l'Assemblée,
fut jugérel dès le milieu du xve. siécle qu'il commença d'être mis en
usage dans notre Corps. Le Prevôt
de Paris qui en voyoit l'utilité, l'établit alors par un Reglement que le
Parlement confirma ensuite, & dont
l'Arrêt qui suit, rapporte les Dispositions.

*Arrêt du Parlement du 2 Avril
1406 avant Pâques.* » Les six Jurez
„ [& Gardes] qui devront se retirer
„ de la Garde, appellez avec eux
„ les Six de l'an immédiatement pré-
„ cedent, s'ils sont vivans & de-
„ meurans à Paris, ou au lieu des
„ décedez ou absens, d'autres qui
„ auront aussi été Jurez & Gardes
„ l'autre année précédente, ensorte
„ qu'ils soient au nombre de Douze ;
„ aviseront de six Prudhommes,
„ [c'est-à-dire, de six Maîtres suffisans
„ & capables] les noms desquels
„ ils seront tenus de présenter & pré-
„ senteront au Prevôt de Paris &
„ ses Successeurs, ou leurs Lieute-
„ nans, à certain jour auquel la
„ Communauté sera ajournée & as-
„ semblée en Chaftelet pour faire l'E-
„ lection des nouveaux Maîtres Ju-
„ rez & Gardes [de l'Orfévrerie]
„ pour par ledit Prevôt, instituer
„ comme il appartiendra par raison,
„ ceux qui auront été ainsi avisez &
„ présentez, ou autres qui seront
„ élus par ladite Communauté. « *Lay.*
13. *cotte* I. Item, *Rec. p.* 206.

Ces dernieres paroles du Reglement, *ou autres qui seront élus,* font
voir que la Présentation des Sujets
choisis par les Douze que nous appellons communément *Electeurs,*

n'influoit en rien sur la liberté des
Suffrages, & que la Communauté
ainsi assemblée en pouvoit toujours
élire d'autres. La pluralité des voix
faisoit seule l'Election, comme il
paroît plus clairement par la Disposition suivante, qui confirme cet ancien Reglement.

*Arrêt du Conseil d'Etat du Roy, du
3 Décembre 1609.* » Le Roi en son "
Conseil .... ordonne que suivant "
l'Arrêt de la Cour du Parlement du "
2 Avril 1456, Douze Jurez & Gar- "
des de l'Orfévrerie de cette Ville "
de Paris ; sçavoir, ceux qui sor- "
tent de la Jurande, & ceux de l'an- "
née derniere ; & s'ils sont décedez "
ou absens, les Six de l'année pré- "
cédente, seront tenus présenter six "
Maîtres Orfévres. .... suffisans & "
capables, à la Communauté des "
Maîtres Orfévres assemblée en Châ- "
telet pardevant les Lieutenant Ci- "
vil & Procureur du Roi audit Châ- "
telet, pour être lesdits six Orfé- "
vres ou autres..... esleus Jurez & "
Gardes à la pluralité des voix. « *Lay.*
13, *cotte* 14. Item, *Rec. p.* 214.

Le même Reglement a encore
été confirmé depuis par Arrêt du
Parlement du 25 Janvier 1648. *Rec.
p.* 249, car il est toujours demeuré
en vigueur, & nous le suivons encore, à deux légeres circonstances
près. L'une, qu'il ne se présente plus
six Sujets à élire, mais seulement
trois : l'autre, que l'Election ne se
fait plus au Châtelet où le Reglement l'indique, mais dans la Maison
commune où l'on est revenu depuis
le milieu du siécle passé. Je dis qu'on
y est revenu, car anciennement, &
jusqu'au Reglement de 1456, l'Elec-

tion des Gardes s'y étoit toujours faite. Un Titre de l'an 1453 prouve qu'on l'y faisoit encore, & que l'on proceda à celle de cette année-là *en l'Hôtel & Chapelle des Orfévres*, où la Communauté fut *ajournée* à l'ordinaire. On y voit de plus, que la Messe fut celebrée dans la Chapelle avant que l'on montât à la Salle pour tenir l'Assemblée & donner les Suffrages. *Layette 13, cotte 1, fol. 1, v°. 2 & suiv.* Il faut peut-être aussi faire remonter jusqu'à ces tems-là, l'ancien & pieux usage où nous sommes de faire célebrer une Messe solemnelle du S. Esprit tous les ans, immediatement avant que de proceder à l'Election des Gardes.

ARTICLE III.

Assemblée pour l'Election.

L'ASSEMBLÉE se tiendra en presence du Prevôt de Paris, ou son Lieutenant Général de Police, & du Procureur du Roi au Châtelet; & sera composée des Gardes en Charge, de tous les anciens Gardes, & de Trente autres Maîtres & Marchands du Corps, qui n'auront pas passé ladite Charge : sçavoir, Dix Anciens, Dix Modernes & Dix Jeunes.

AUTORITEZ.

Cette Assemblée n'étoit originairement presidée d'aucun Juge; & elle étoit beaucoup plus nombreuse : Ainsi les deux Dispositions de cet Article ne sont pas de l'ancien usage.

A l'égard de la premiere, on ne voit pas qu'il soit fait aucune mention du Prevôt de Paris à nos Elections, avant les dernieres années du XIVe. siécle. Il paroît qu'on se contentoit de mener les nouveaux Elus à ce Magistrat après leur Election pour prêter le serment devant lui, & prendre sa Commission : Et tel étoit apparemment aussi l'usage des autres Corps & Communautez.

Or nous croyons que la présence du Prevôt de Paris n'a commencé d'être nécessaire à nos Elections pour les valider, que depuis la sédition excitée dans Paris par des gens du menu peuple que l'Histoire appelle *Maillotins.* Car alors, c'est-à-dire en 1382, Charles VI. irrité des violences auxquelles ils s'étoient portez, donna un Edit fulminant contre les Privileges des Bourgeois de Paris; & cet Edit ordonne entr'autres choses, que l'Election des *Prudhommes* ou Gardes & Jurez en chaque *Mestier,* comme de *Change,* d'*Orfévre-*

rie, de *Draperie*, de *Mercerie*, &c.
fans en excepter aucun ,fera faite à
l'avenir *par le Prevôt de Paris*. Voyez
Livre rouge de l'Hôtel deVille, fol. 233.
En effet, nous trouvons fur notre
Regiftre que la premiere Election
qui fe fit dans notre Maifon commune après cet Edit, fut faite *de par
le Prevoft de Paris :* formule qui ne
s'employoit point auparavant en
écrivant les Elections fur le Regiftre,
& qui fait connoître que la préfence
& l'autorité de ce Magiftrat y étoient
devenues néceffaires, comme elles
l'ont toujours été depuis.

Le Reglement intervenu enfuite
fur la forme de l'Election le 2 Avril
1456, marque bien cette néceffité
en ordonnant que les noms des Sujets à élire feront préfentez dans
l'Affemblée *au Prevoft de Paris & à
fes Succeffeurs, ou leurs Lieutenans,
pour, par ledit Prevoft inftituer ceux
qui feront élus par laCommunauté*.Rec.
p. 206. L'Arrêt du Confeil du 3
Décembre 1609, qui prononce en
conformité, veut auffi que cette Pré-
fentation des Sujets foit faite à la
Communauté affemblée *pardevant le
Lieutenant Civil & le Procureur du
Roi au Châtelet.* Ibid. pag. 214. Et
c'eft ainfi que depuis l'Edit de 1382
l'Election des Gardes de l'Orfévrerie a toujours été préfidée par le
Prevoft de Paris en la perfonne de
fes Lieutenans ; d'abord, par leLieu-
tenant Civil jufqu'à ce qu'il ait ceffé
de connoître de la Police ; enfuite,
comme aujourd'hui, par le Lieutenant Général de Police, & fucceffivement l'un & l'autre, accompagné
du Procureur du Roi au Châtelet.

Quant à ceux qui doivent compofer l'Affemblée &donner leurs fuffra-
ges pour l'Election, il paroît que le
premier ufage a été d'y appeller toute
la Communauté : du moins en infcri-
vant les nouveaux Gardes fur le Regiftre on mettoit prefque toujours
qu'ils avoient été élus *par l'Affente-
ment de tout le Commun du Meftier.*
Voyez *Ancien Regift. des Elect. fol.*
1 &*fuivans*.

Toutefois la convocation n'étoit
jamais fi générale, qu'il ne reftât
toujours un nombre de Particuliers
qu'on n'appelloit point. On en ufoit
ainfi en conféquence du xɪvᵉ. Article des Statuts de l'an 1260, qui
porte que les Prudhommes ou Gardes de l'Orfévrerie font élus *par les
Prudhommes duMeftier ;* ce qu'on en-
tendoit feulement des anciens Gardes & des autres Notables du Corps,
dont la fuffifance étoit connue. D'où
il s'enfuit qu'on négligeoit tous ceux
en qui on ne trouvoit pas encore ce
dégré de fuffifance qu'emporte la fi-
gnification du mot de Prudhomme.

Cependant, ces Particuliers né-
gligez fouffroient pour la plûpart
affez impatiemment cette diftinction
qui leur paroiffoit odieufe, & dont
en effet il étoit facile d'abufer en l'é-
tendant arbitrairement au-delà de fes
juftes bornes. Plufieurs d'entr'eux
ne laiffoient donc pas fouvent de fe
trouver à l'Affemblée pour concourir à l'Election, encore qu'ils n'y
fuffent pas mandez. Il eft vrai qu'on
ne prenoit point leur voix ; mais ils
s'en plaignoient toujours, quelquefois même avec éclat ; & c'eft ce qui
a caufé à diverfes reprifes des diffen-
fions dans le Corps qui n'ont été parfaitement affoupies qu'en 1648,
en reftraignant le nombre, & marquant la claffe des Perfonnes qui
doivent former l'Affemblée, par un

Reglement notable que nous fui-vons encore, & dont voici la teneur.

Arrêt de la Cour de Parlement, du 25 Janvier 1648. » Conclufions de „ notre Procureur Général , tout „ confideré : Notredite Cour faifant „ droit . . . . . a ordonné & ordonne „ qu'à l'avenir les Six Gardes de „ l'Orfévrerie qui doivent être élus „ d'année en année , feront prefen-tez , tant par les Six Gardes " fortans de Charge , que par les " Six de l'année précedente, aux An- " ciens qui auront paffé par les Char- " ges de Gardes, & à Trente au- " tres Maîtres Orfévres de leur Corps " feulement : Sçavoir, Dix Anciens, " Dix Modernes & Dix Jeunes . . . . " qui n'auront pas paffé par lefdites " Charges. *« Layet. 13, cot. 18. Item, Recueil, p. 249.*

ARTICLE IV.

Ordre des Mandez pour l'Election.

ET afin que ceux qui n'auront pas paffé la Charge puiffent tous être fucceffivement appellez pour concourir aux Elections des Gardes , il fera fait un Cata-logue de leurs noms felon l'ordre de leur Réception , fuivant lequel , & dans l'ordre ci-deffus prefcrit , ils fe-ront mandez chacun à leur tour d'année en année auf-dites Elections.

AUTORITEZ.

La diftinction, fouvent litigieufe , qui fe faifoit autrefois de ceux qui devoient ou ne devoient pas être ap-pellez à l'Election des Gardes, ne fubfifte plus. Comme tous font éga-lement obligez de reconnoître les nouveaux Elus pour Gardes, & de leur obéïr en cette qualité, tous auffi ont droit de concourir, chacun à fon tour, à leur Election ; & ce tour en chacune des trois claffes, d'An-ciens, de Modernes & de Jeunes, ne fçauroit être mieux reglé qu'en fuivant l'ordre de la Reception de ceux qui les compofent. C'eft la fuite du Texte que nous venons de rapporter , & qui continue ainfi :

Arrêt de la Cour de Parlement du 25 Janvier 1648. » Notredite " Cour a ordonné & ordonne . . . . . " qu'à cette fin il fera dreffé un Ta- " bleau defdits Maîtres Orfévres, " fuivant l'ordre de leur Reception , " qui n'auront paffé par lefd. Char- " ges de Gardes, pour être appellez " chacun à leur tour d'année en an- " née, fuivant l'ordre ci-deffus ordon- " né , à l'Election defdits Gardes. " *Lay. 13 , cot. 18. Item, Rec. p. 249.*

ARTICLE V.

Gardes non continuez, ni replacez qu'après six ans.

LÉs Gardes en Charge, qui auront achevé le tems de leur Exercice, ne pourront être continuez, ni aucun d'eux, en ladite Charge : comme aussi, il ne pourra être élû aucun Sujet pour la Place d'Ancien, qu'il n'y ait au moins six ans qu'il soit sorti de Charge.

AUTORITEZ.

Nous avons la Liste suivie sans aucune interruption de tous ceux qui ont administré le Corps en qualité de Gardes depuis quatre cens ans ; & à peine s'y en trouve-t-il quelques-uns qui ayent été continuez dans la Charge après leur Exercice fini. Il n'y avoit cependant d'abord aucun Reglement qui le défendît : mais le besoin que chacun avoit de retourner le plûtôt qu'il étoit possible à ses propres affaires, après avoir vacqué à celles du Corps, tenoit naturellement lieu de Défense. C'est pour cette raison que nos plus anciens Statuts veulent que lorsque les Gardes *ont finé leur Service li commun du Mestier ne les puisse mès remettre à garder le Mestier*, comme Anciens, *devant trois ans, se ils n'y veulent entrer de leur bonne volenté :* de sorte que supposé qu'ils y consentissent, ils pouvoient non-seulement être re-

placez plûtôt, mais même continuez dans la Charge sans déplacer. Toutefois encore que les exemples en fussent très-rares, il a été jugé plus à propos dans la suite de défendre positivement la continuation, & de prescrire un plus long délai aux Anciens avant que de pouvoir rentrer en Charge : & c'est ce qui a été fait au commencement du siécle passé, en ces termes :

Arrêt du Conseil d'Etat du Roi, rendu en forme de Reglement, le 3 Décembre 1609. » Le Roi en son Conseil..... ordonne.... que ceux qui auront ci-devant été Jurez & Gardes [de l'Orfévrerie de Paris] ne pourront être continuez [dans la Charge] ou Elus de nouveau, qu'il n'y ait au moins intervalle de six ans. " *Layette* 13 *, cotte* 4. Item, *Recueil de nos Ordonn. pag.* 214.

ARTICLE VI.

Gardes Elus accepteront la Charge.

LEs Sujets qui auront eû la pluralité des Voix, demeureront élûs Gardes, & feront tenus d'accepter la Charge pour en faire les Fonctions ; fi mieux n'aiment renoncer à l'Etat d'Orfévrerie, & rapporter leurs Poinçons au Bureau pour être biffez : auquel cas il fera inceffamment procedé à l'Election d'autres Sujets à leur place en la forme ci-deffus prefcrite.

AUTORITEZ.

Le motif de cette contrainte eft fondé fur ce principe inconteftable du Droit de la Société civile, que tout membre d'une Communauté ne peut lui refufer fes feryices, lorfqu'il eft appellé à les lui rendre, & qu'il en eft jugé capable par une Election faite dans les formes.

C'eft ainfi qu'en 1581 Jacques Benoife ayant été élû Garde de l'Orfévrerie, fut contraint d'accepter la Charge, encore qu'il alléguât pour s'en difpenfer, qu'il lui étoit impoffible d'en faire les Fonctions ; attendu, difoit-il, qu'il fe trouvoit actuellement chargé de celles de Commiffaire des Pauvres du Quartier du Palais. La contrainte alla même jufqu'à l'emprifonnement de fa Perfonne : mais voyant que fes Collegues offroient volontiers de le décharger du travail les jours qu'il feroit occupé au grand Bureau des Pauvres, il fe foumit, & prêta le Serment. *Layette* 13, *cotte* 2.

Un autre exemple, non moins marqué, & plus dans les termes de notre Article, eft celui de Charles de la Haye, élû en 1653, lequel, refufant de prêter le Serment accoutumé au Châtelet, prit le parti de renoncer à l'Etat d'Orfévrerie, & de rendre fon Poinçon pour être difpenfé d'accepter la Charge ; comme il paroît par le Jugement qui s'enfuit.

Sentence du Prevôt de Paris, du 10 *Décembre* 1653. » Parties ouies en " leur Plaidoyer & Remontrances, & " oui Noble homme Me. Brigallier " Advocat du Roi. Nous avons don- " né Lettres audit de la Haye de la " Renonciation qu'il fait à la Maîtrife, " & de ce qu'il offre de rendre fon " Poinçon entre les mains des Gardes : " En conféquence de ce, avons .... " ledit de la Haye déchargé, & le " déchargeons de la Charge de Maî- " tre & Garde de l'Orfévrerie en la- " quelle il a été élû ; & ordonnons " que les cinq autres Gardes élûs prê- " teront le Serment, &c. *Lay.* id. *cot*.20.

Nous rapporterons encore un Exemple à ce sujet qui est de ces dernieres années. L'un des Gardes élûs en 1728, & qui avoit prêté le Serment, ayant jugé à propos, pour le bien de ses affaires, de se retirer de la Charge dès l'année suivante, & avant que la premiere de son exercice fût expirée, prit aussi l'unique parti qu'il y avoit à prendre en ce cas. Il renonça à la Charge de Garde & à l'Etat & Marchandise d'Orfévrerie, par Acte du 13 Avril 1729, déposé pour minute chez un Notaire, & signifié au Bureau le 14, en rendant son Poinçon pour être biffé : Et le 7 May suivant on proceda à l'Election d'un autre Garde avec les mê-mes formalitez que s'il y en avoit eu trois à élire. On avoit fait la même chose dans un cas à peu près semblable en 1709.

Il faut toutefois observer que l'obligation d'accepter la Charge, ou de renoncer à son Etat, ne doit regarder que les Jeunes qui sont élûs pour la premiere fois. Car nous estimons qu'un Ancien ayant déja rempli la Charge, & rendu ses services au Corps, peut légitimement s'ex-cuser de les lui rendre une seconde fois, sans pouvoir y être contraint ; puisqu'il a satisfait au devoir qu'exige le Principe que nous avons posé, & qui est l'unique fondement de la contrainte.

ARTICLE VII.

Serment & Institution des nouveaux Gardes à la Police.

LEs nouveaux Elûs prêteront le Serment requis & accoutumé devant le Prevôt de Paris, ou son Lieu-tenant Général de Police ; & seront établis & instituez Maîtres & Gardes de la Marchandise d'Orfévrerie-Joyail-lerie à Paris par ce Magistrat, pour exercer sous son au-torité & en vertu de sa Commission, celles des Fonctions de leur Charge dont la connoissance lui appartient.

AUTORITEZ.

Les Gardes de l'Orfévrerie nou-vellement élûs ont toujours prêté le Serment devant le Prevôt de Paris : *Li Prudhommes*, disent nos Coutu-mes écrites en 1260, & confirmées en 1355, *jurent que ils garderont le Mestier bien & loyaulment aux Us & aux Coustumes d'icelui, si comme bien & loyaulment tout tems est accou-tumé de faire.* Layette 1, cotte 1, Art. 15. *Item*, cotte 1, *bis*, Art. 27, & *Rec.* p. 7.

Ce qui se faisoit *de tout tems* pour lors, s'est toujours fait de même dans toute la suite. Et sans en déduire ici une longue suite de preuves qui certainement seroient surperflucs, il suffira de dire que le Prevôt de Paris, *comme seul Juge Réformateur général sur le Fait de la Police & gouvernement de tous les Arts & Métiers de la Ville de Paris,* a toujours continué par son Lieutenant Civil ou de Police, de prendre le Serment de nos nouveaux Elûs, à l'effet par eux *de s'acquitter bien & diligemment des devoirs de leur Charge, &c. De les créer, ordonner & établir Maîtres & Gardes de la Marchandise d'Orfévrerie* en cette Ville; & de les munir de sa Commission pour exercer sous son autorité toutes les Fonctions de leur Charge, qui regardent le Fait de Police, & dont la connoissance lui est réservée. *Voyez vos Commissions de Gardes.*

TITRE X.

Du Serment des Maîtres & Gardes à la Cour des Monoyes ; & de ce qui concerne les nouveaux Poinçons de Contre-marque , &c.

ARTICLE PREMIER.

Fabrication des Matrices & Poinçons de Contre-marque.

AUSSI-TÔT après leur Election, les nouveaux Gardes feront fabriquer les Matrices, & fur icelles fraper les Poinçons qui doivent fervir à Contre-marquer les Ouvrages d'or & d'argent pendant le cours de la premiere année de leur Exercice : Et feront lefdits Poinçons ainfi que leurs Matrices, fabriquez & trempez, dans la Maifon commune, en la préfence defdits Gardes, & en celle du Fermier des Droits de la Marque fur l'or & l'argent.

AUTORITEZ.

Code Henry, Liv. XV. *Tit.* XLI. *Art.* IX. » Lefdits Gardes auront un » Contre - poinçon pardevers eux » pour marquer les Ouvrages d'Or- » févrerie qui feront trouvez bons » par l'effay qu'ils en feront. « C'eft ainfi qu'ils en ont toujours eu depuis l'Etabliffement de ces Poinçons de Contre-marque.

Les motifs qu'on déduira ci-après du changement de ces mêmes Poinçons à chaque mutation de Gardes, font les mêmes qui obligent les nouveaux Elus à faire fabriquer ainfi fous leurs yeux dans la Maifon commune, ceux dont ils doivent ufer, & à ne les point perdre de vûe jufqu'à ce qu'ils foient infculpez & re-

Y

mis en leur pouvoir : de crainte qu'il n'en soit clandestinement fait quelqu'usage à leur préjudice. *Voyez l'Article* III. *ci-dessous.*

Les mêmes raisons de précaution, mais pour une fin différente, donnent droit au Fermier du Contrôle sur l'or & l'argent, d'être présent à la fabrication des nouveaux Poinçons de Contre-marque. C'est ce qui lui fut accordé en 1685 pour la sureté des Droits de sa Ferme, par l'une des Dispositions d'un Arrêt contradic-toirement rendu avec les Gardes, ainsi qu'il ensuit :

Arrêt du Conseil d'Etat du Roy du 7 *Août* 1685. » Ordonne Sa Ma- « jesté, qu'à l'avenir lesdits Jurez « Maîtres & Gardes de l'Orfévrerie « feront tenus d'appeller le Fermier « du Droit de Marque sur l'or & l'ar- « gent lors de la fabrication de la « Matrice & frapement du nouveau « Poinçon de la Maison commune « &c. « *Archives de l'Orfévrerie, Lay.* 26, *cotte* 21.

ARTICLE II.

Nombre & grandeur des Poinçons de Contre-marque.

LESDITS Poinçons seront au nombre de quatre, & fabriquez des grandeurs convenables à leur destination ; sçavoir : un pour contre-marquer les gros Ouvrages d'or & d'argent, dont l'Empreinte aura deux lignes en hauteur sur une ligne un quart de largeur : Deux autres de moitié moins d'étendue d'Empreinte ; l'un pour les menus Ouvrages d'or, l'autre pour les menus Ouvrages d'argent ; & le quatriéme aussi petit d'Empreinte qu'il sera possible, pour contre-marquer les plus menus Ouvrages d'or, qui par leur petitesse ne peuvent être essayez qu'aux Touchaux.

AUTORITEZ.

Jusqu'à ces derniers tems il n'y avoit toujours eu qu'un seul Poinçon de contre-marque dans notre Maison commune pour tous les Ouvrages d'or & d'argent. Ce Poin-çon autrefois trop grand, & par cette raison, peu propre à être appliqué sur quantité de Pieces qui le devoient porter, fut réduit à une étendue plus convenable en 1679,

& fixé aux dimentions aufquelles nous nous conformons encore ; & prefcrites par cette Difpofition :

Reglement général du 30 Décembre 1679. Aʀᴛ. xɪv. » Sera fait pour le » Bureau [de l'Orfévrerie de Paris] » un Poinçon commun...... l'Em- » preinte duquel Poinçon, compris » le champ, ne pourra en tout être » que de deux lignes en hauteur, & » d'une ligne un quart de largeur. « *Archiv. Layet. 3. cotte* 42. *Item, Recueil, pag.* 184.

La Déclaration du 23 Novembre 1721, ayant ordonné que tous les petits Ouvrages d'or qui ne fe contre-marquoient pas auparavant , le feroient à l'avenir, n'ordonna cependant point qu'il feroit fabriqué des Poinçons convenables à ces fortes d'Ouvrages. Mais comme nous ne pouvions y employer l'unique Poinçon qu'il y avoit encore pour lors en la Maifon commune & deftiné aux gros Ouvrages, nous fûmes contraints d'en introduire deux nouveaux : l'un qu'on peut appeller moyen , pour contre-marquer les Tabatieres, Boucles, Etuis & autres Bijoux d'or qui peuvent être effayez par voye de cimontion à l'Eau-forte, & l'autre extrêmement petit , pour les plus menus Ouvrages d'or qui ne peuvent être effayez qu'aux Touchaux.

A l'égard du Poinçon qui nous fert à contre-marquer les petits Ouvrages d'argent, & qu'on peut auffi appeller moyen , il a été introduit l'année derniere par le Titre même qui ordonne que ces fortes d'Ouvrages feront déformais effayez & contre-marquez au Bureau.

Lettres Patentes du 12 Novembre 1733 , *fur Arrêt du 8 Septembre précédent.* » Nous avons par ces Pré- « fentes fignées de notre main.... « ordonné & ordonnons , que tous « Maîtres & Marchands Orfévres « &c. feront tenus de porter à la « Maifon commune de l'Orfévrerie « pour y être effayez & marquez « d'un Poinçon à ce deftiné, les « Manches de Couteaux, Cuillieres « à Caffé, Boucles, &c. Ce faifant, « permettons aux Maîtres , Gardes « & Communauté de l'Orfévrerie « & Joyaillerie de faire faire un Poin- « çon particulier pour marquer lefd. « Ouvrages. « *Lay.* 3, bis, *cot.* 29, *n°. 3.*

ARTICLE III.

Forme & mutation des Poinçons de Contre-marque.

LEs trois premiers de ces Poinçons repréfenteront une même Lettre de l'Alphabet couronnée , laquelle changera annuellement , felon la fuite ordinale des Lettres à chaque mutation de Gardes , afin que chacun réponde de l'Ouvrage contre-marqué de fon tems :

Et attendu l'extrême petitelle du quatriéme defditsPoinçons, il repréfentera feulement un petit caractere, arbitrairement choifi, lequel changera auffi tous les ans.

AUTORITEZ.

L'on a choifi les Lettres de l'Alphabet pour fujet de nos Poinçons de Contre-marque, tant pour garder une forte d'égalité dans leur forme fucceffive, que pour y établir en même tems une différence fenfible en paffant d'une Lettre à l'autre tous les ans : & la raifon de ce changement de Poinçons qui fe fait régulierement à chaque mutation de Gardes, eft afin que chaque Exercice ayant fes propres Poinçons, ceux qui fe trouvent fucceffivement chargez de cet important Dépôt répondent, chacun en fon année, de l'ufage qui en aura été fait. C'eft ce qui paroît par cette difpofition de Louis XII.

Ordonnance de Louis XII. à Blois le 22 *Novembre* 1506. Ce Prince ayant ordonné par l'ART. X. que tous les Orfévres du Royaume auroient de nouveaux Poinçons, ajoute, ART. XI. & XII. » Qu'il y ait [auffi] un » autre Contre-poinçon ès mains » des Maîtres [& Gardes] dudit » Meftier .... dont ils marqueront » les Ouvrages defdits Orfévres.... » & quand lefdits Maîtres [& Gardes] changeront, qu'on change » ledit Contre-poinçon, afin que » chacun réponde de l'Ouvrage de » fon tems. « *Layet.* 1. *cot.* 5. *& Recueil. pag.* 24.

Ce changement du Poinçon de Contre-marque fe pratiquoit depuis long-tems, & pour la même raifon, dans l'Orfévrerie de Paris, lorfque LouisXII. en fit ainfi une Loi à toutes les Villes du Royaume, *où le Meftier d'Orfévrerie étoit Juré*. D'anciennes Editions imprimées du Catalogue de nos Gardes, marquent chaque année la Lettre qui formoit le Poinçon dont fe fervoient ceux qui étoient en Charge. Ces Lettres ne remontent toutefois que jufqu'à l'an 1472. On voit qu'alors c'étoit l'M. l'année fuivante l'N. celle d'après l'O. & ainfi fucceffivement de toutes les Lettres felon leur fuite ordinale; en recommençant un nouvel Alphabet lorfque le précédent étoit fini, comme il s'eft toujours pratiqué jufqu'à préfent.

Or, il eft vifible que la Lettre M. étant employée en 1472, ce n'étoit alors que la continuation d'une Coutume plus ancienne; puifqu'il n'y a pas d'apparence qu'elle ait commencé par une Lettre prife du milieu de l'Alphabet. D'ailleurs le motif du changement annuel du Poinçon de Contre-marque, a dû avoir lieu dans tous les tems. Mais nous ne pouvons dire que ce changement ait été pratiqué dès l'Etabliffement de ce Poinçon en 1275, parce que les Monumens qui pourroient mieux nous en inftruire, je veux dire, les Planches de Cuivre qui avoient pû fervir à l'Infculper en la Maifon commune avant l'année 1472, nous manquent, comme elles ont manqué aux premiers Éditeurs de notre Catalogue.

Au reste, les Lettres qui formoient nos anciens Poinçons de Contre-marque, étoient non-seulement Gothiques selon les tems, mais Minuscules de ce caractere : Et elles font toujours demeurées telles jusqu'en 1621, encore que le Gothique ne fût plus d'usage depuis long-tems. Mais alors un Alphabet se trouvant achevé, il fut arrêté dans une Assemblée d'Anciens tenue le 12 Août, que le nouveau seroit recommencé en Lettres Romaines & Majuscules, comme elles ont toujours été depuis. 2ᵉ. *Registre des Déliberations, fol. 6.*

ARTICLE IV.

Serment des Gardes, & Insculpation des nouveaux Poinçons à la Cour des Monoyes.

LESDITS nouveaux Gardes prêteront le Serment en la Cour des Monoyes, de bien & dûement exercer les Fonctions de leur Charge ; & feront Insculper les nouveaux Poinçons de Contre-marque sur la Table de Cuivre étant au Greffe de ladite Cour : A laquelle Insculpation sera le Fermier du Droit de Marque sur l'or & l'argent, dûement appellé.

AUTORITEZ.

Nos Titres ne nous fournissent aucune mention de cette Insculpation en la Chambre des Monoyes avant le commencement du XVIᵉ. siécle ; ni du Serment des nouveaux Gardes en cette Chambre, que près de cinquante ans après. Cependant nos Aspirans prêtoient le Serment de Maître en cette même Chambre dès l'Ordonnance de Charles V. de l'an 1378, qui lui attribue d'ailleurs la connoissance du Fait de nos Poinçons. Quoiqu'il en soit, voici ce que nous trouvons de plus ancien à l'égard de l'Insculpation dont il s'agit.

Ordonnance de Louis XII. à Blois, le 22 *Novembre* 1506. Aʀt. xii. » Que lesdits Contre-poinçons « [des Maîtres & Gardes] soient « enregistrez en la Chambre des Mo- « noyes, & Empreints à la Table « de Cuivre, quant à ceux de Paris ; « & des autres, en la Jurisdiction « ordinaire des Lieux. « *Layette* 1, *cotte* 5. Item, *Recueil des Ordonnances, pag.* 24.

C'est ce qui s'est toujours régulierement exécuté dans toute la suite. Nous citerons seulement encore une Autorité là-dessus , suivant laquelle l'Insculpation doit être faite lorsque les Gardes prêtent le Serment.

Code Henry , Liv. xv. *Tit.* xli. *Art.* ix. » Lesdits Gardes auront un » Contre-poinçon pardevers eux , » pour marquer les Ouvrages d'Or- » févrerie qui seront trouvez bons » par l'Essai qu'ils en feront : Lequel » [Contre-poinçon] ils feront fra- » per en la Table de Cuivre, lors- » qu'ils prêteront le Serment : A » sçavoir , ceux de Paris , en la » Chambre des Monoyes , &c. «

Pour ce qui est du Serment des nouveaux Gardes, la Chambre des Monoyes ayant été érigée en Cour Souveraine en 1551 , nous trouvons qu'à l'Election d'ensuite le Serment fut retardé de huit jours, parce que la nouvelle Cour se croyoit en droit de le recevoir seule. Mais l'Arrêt qui jugea la Contestation le 12 Décembre 1552 , maintint le Prevôt de Paris dans son ancien droit à cet égard. *Voyez ancien Registre, fol.* 55. *& Recueil, pag.* 212. Toutefois deux ans après Henry II. ne laissa pas d'ordonner par l'Art. vi. de son Edit du mois de Mars 1554, que nos Gardes feroient le Serment en la Cour des Monoyes nonobstant leur Coutume jusques-là observée de faire ce Serment au Châtelet, *Rec.* p. 66 , au moyen de quoi il n'auroit plus été question du Serment des Gardes à la Police. Mais sans en venir-là , l'Edit qui fut donné au mois de May de l'année suivante, corrigea cette Disposition & conci-

lia la difficulté , en laissant les choses dans l'état où elles avoient toujours été au Châtelet à cet égard , & ordonnant seulement que les Gardes de l'Orfévrerie prêteroient aussi le Serment en la Cour des Monoyes. *Rec. pag.* 76. Art. v. En effet, leurs fonctions étant mixtes, il convenoit d'établir ce double Serment : Aussi l'ont-ils toujours prêté par la suite à la Cour des Monoyes, comme à la Police : Et c'est ainsi que sur quelques difficultez survenues depuis à ce sujet, le droit établi a été maintenu par les Réglemens postérieurs : comme il s'ensuit :

Arrêt du Conseil d'Etat du Roy, rendu en forme de Reglement, le 3 *Décembre* 1609. » Le Roy en son « Conseil .... a ordonné & ordon- « ne .... que les nouveaux Elûs Ju- « rez & Gardes [de l'Orfévrerie de « Paris,] feront tenus faire le Ser- « ment en la Cour des Monoyes & « au Châtelet. « *Layette* 13 , *cotte* 4 , Item, *Rec. p.* 214. Un autre Réglement fait au Conseil le 19 Janvier 1641 , après avoir maintenu à cet égard , le droit des Officiers du Châtelet , ordonne pareillement, que ceux qui feront élûs Maîtres & Gardes de l'Orfévrerie, *prêteront le Serment en la Cour des Monoyes.* Recueil des Ordonn. *pag.* 1069.

Quant à la présence du Fermier de la Marque sur l'or & l'argent requise à l'Insculpation des nouveaux Poinçons de Contre-marque au Greffe de la Cour des Monoyes, elle a été ordonnée pour la même raison, & par le même Arrêt, qui ordonne que ce Fermier sera présent à la fabrication des mêmes Poinçons.

ARTICLE V.

Biffement des vieux Poinçons à la Cour des Monoyes.

LE s Poinçons qui auront fervi à contre-marquer les Ouvrages pendant le cours de l'année finif-fante, feront en même tems repréfentez à la Cour des Monoyes par les trois Gardes fortans de Charge ; lef-quels Poinçons ayant été préalablement Rengrenez & reconnus dans leurs Empreintes d'Infculpation, feront, ainfi que leurs Matrices, rompus & difformez en pré-fence de ladite Cour.

AUTORITEZ.

La rupture des vieux Poinçons fe fait, non-feulement parce qu'ils ne doivent plus fubfifter après l'Inf-culpation des nouveaux, attendu le changement de Gardes, mais principalement pour la décharge des Gardes fortans, lefquels ont inté-rêt que les Poinçons, dont la garde & l'ufage leur avoient été confiez fous leur Serment, foient difformez à l'inftant qu'eux-mêmes ceffent d'en faire ufage, & que dégagez de leur Serment, ils fe retirent de la Charge.

C'eft auffi principalement pour opérer cette Décharge que le Biffe-ment qui fe fait toujours à leur réqui-fition & en leur préfence, ne man-que jamais d'être folemnellement conftaté dans les Arrêts mêmes de la Cour des Monoyes qui ordonnent l'Infculpation des nouveaux Poin-çons. Voici la Formule des Arrêts qui fe rendent à cet effet.

» La Cour a ordonné & ordonne « que les anciens Poinçons de la Let- « tre [telle] qui ont été rengrenez « fur les Empreintes étant fur la Ta- « ble de Cuivre au Greffe de la « Cour, & qui fe font trouvez les « mêmes avec lefquels lefdites Em- « preintes ont été faites, feront dif- « formez, & les Matrices d'iceux ; « & les nouveaux Poinçons où eft «

» la Lettre [telle] couronnée, In-   ont été difformez , enfemble les «
» culpez fur ladite Table . . . . . & à   Matrices d'iceux, & les nouveaux «
» l'inftant , lefdits anciens Poinçons   Infculpez. «

ARTICLE VI.

*Infculpation & Dépôt des nouveaux Poinçons en la Maifon
commune.*

SERONT enfuite les nouveaux Poinçons de Contre-
marque pareillement Infculpez au Bureau de la
Maifon commune , & à l'inftant mis, avec leurs Matrices,
dans une Caffette dont les Gardes en Charge auront
feuls les Clefs : Et fera ladite Caffette enfermée dans
un Coffre fermant à plufieurs Serrûres dans ledit Bureau,
de l'une defquelles le fufdit Fermier aura la Clef.

AUTORITEZ.

On a de tous tems Infculpé les Poinçons de Contre - marque en notre Bureau , comme les Poinçons particuliers des Maîtres , & pour les mêmes raifons de Vérification qu'on peut revoir ci-deffus fous le XVIIe. Article du Titre V. On a toujours auffi gravé les noms des nouveaux Gardes , comme ceux des nouveaux Maîtres , fur les Tables de Cuivre du Bureau à côté des Empreintes d'Infculpation. Celle qui fe fait des Poinçons de Contremarque , a de plus pour motif de mettre journellement les Gardes en état de juger du dépériffement qui pourroit furvenir à ces Poinçons dans le cours de leur année de Service par la mauvaife qualité de l'acier ou de la trempe, en les confrontant avec leurs Empreintes : Afin

qu'au cas que ce dépériffement devînt fenfible , ils les fiffent biffer , & en fiffent Infculper inceffamment d'autres en la Cour des Monoyes , frapez fur les mêmes Matrices : Et c'eft la raifon pourquoi ces Matrices font enfermées avec les Poinçons, & confervées autant de tems qu'ils doivent fubfifter.

Depuis l'origine de ces Poinçons , le Dépôt en a été perpétuellement confié aux feuls Gardes de l'Orfévrerie en Charge, *ut cuftodietur per probos Homines ad hoc eligendos ,* dit Philippe - le - Bel dans fon Ordonnance du mois de Juin 1313. Dans celle du 22 Novembre 1506, Louis XII. veut en conformité que cet important Dépôt foit *entre les mains defdits Maîtres* & Gardes *du Métier d'Orfévrerie :* Et quoique l'une des
Clefs

Clefs du Coffre où ces Poinçons ont toujours été enfermez dans la Maison commune , doive maintenant être entre les mains du Fermier de la Marque d'or & d'argent, comme il est ordonné par les Autoritez que nous allons rapporter ; les Gardes n'en sont pas moins demeurez les seuls & uniques Dépositaires, comme il résulte des termes mêmes de ces Autoritez.

Ordonnance de Louis XIV. du 22 Juillet 1681. Titre des Droits de Marque sur l'or & l'argent. Aʀᴛ. ɪx. » Sera » le Poinçon des Jurez-Gardes [de » l'Orfévrerie] déposé dans le Bu-» reau commun en un Coffre fer-» mant à plusieurs Serrures , de » l'une desquelles le Fermier de nos » Droits aura la Clef. «

Arrêt du Conseil d'Etat du Roy contradictoirement rendu entre les Gardes de l'Orfévrerie & le Fermier , du 7 Août 1685, » Le Roi en son Con-» seil a ordonné & ordonne que la » Matrice & le Poinçon [de Con-» tre-marque] seront déposez dans » la Cassette où ils ont accoutumé » d'être gardez, de laquelle lesdits » Maîtres Jurez & Gardes auront » les Clefs; & ensuite elle sera re-» mise & enfermée dans le Coffre » ordinaire , dont le Fermier aura » pareillement une des Clefs. « *Lay.* 26, *cotte* 21.

Nous avons déja cité deux fois cet Arrêt de 1685 , & nous le citerons encore: Mais nous devons observer ici , qu'en établissant avec tant de précaution & à tous égards la sureté des droits du Fermier , par rapport à la Fabrication , à l'Insculpation , au Dépôt, & comme on le verra , à l'usage des Poinçons de la Maison commune ; ce même Arrêt prescrivit aussi à l'égard des Poinçons & Cachets de la Ferme , certaines précautions pour la sureté réciproque de nos Orfévres. Voici ce qu'il porte là-dessus :

» Ordonne , Sa Majesté , en « outre, qu'aux frais desdits Jurez « Maîtres & Gardes, les Poinçons « & Cachets insculpez & imprimez « au Greffe de l'Election de Paris , « dont ledit . . . . [Fermier] se sert à « la Marque des Ouvrages d'or & « d'argent pour la sureté & conser-« vation des Droits de ladite Ferme , « seront rengrenez & reconnus , & « de nouveau insculpez & imprimez , « tant sur une Table de Cuivre, que « sur du Papier qui sera fourni par « lesdits Jurez Maîtres & Gardes ; « & ladite Table & Papier contenant « lesdites Insculpations & Emprein-« tes, déposez dans la Cassette avec « le Poinçon de la Maison com-« mune , & sous les mêmes Clefs, « pour servir ausdits Orfévres ce que « de raison. « *Ibid.*

ARTICLE VII.

Doyen annuel élû par les Gardes en Charge.

L'Iɴsᴄᴜʟᴘᴀᴛɪᴏɴ des Poinçons étant faite , les trois nouveaux Gardes se joindront aux trois restans qui

Z

auront encore un an de leur Exercice à faire , & éliront enfemble pour Doyen , l'un des Anciens qui aura paffé deux fois par la Charge de Garde ; à l'effet, par l'Elû , de jouir durant l'année de fon Décanat, des Prérogatives du rang,& d'autres femblables déférences attachées à ce Titre honoraire ; & d'aider les Gardes en Charge de fes confeils , lorfqu'il en fera requis.

AUTORITEZ.

L'ufage d'élire un Doyen parmi nous, s'eft introduit au milieu du XIVe. fiécle : Et l'utilité de cet Etabliffement étoit évidente pour la conduite des Affaires du Corps , eû égard à la maniere dont il étoit adminiftré. Nous avons déja obfervé que les Gardes ne fervoient qu'un an ; & qu'étant tous renouvellez à chaque Election , il ne reftoit perfonne en place de qui les Entrans puffent apprendre l'état des affaires commencées fous l'Exercice précédent. Or, le meilleur moyen de remédier à cet inconvénient, qui étoit capable de faire périr les Affaires, faute d'une connoiffance fuffifante , auroît été fans doute d'en venir dèslors à ce qui ne s'eft vû que plus de trois cens ans après, en faifant refter trois des Six Gardes tous les ans, pour fervir une feconde année avec les trois nouveaux qui remplacent les Sortans. Mais c'eft à quoi il ne paroît pas même qu'on ait penfé. On fe contenta de réfoudre feulement qu'à l'avenir l'un des Anciens des Six Gardes fortans de Charge, ou comme l'on difoit , l'un des *Viez* ou *Vieux* , feroit choifi chaque année pour refter en quelque façon en Place avec ceux qui y entroient ; afin

qu'il leur communiquât fes lumieres fur les Affaires commencées de fon tems , & qu'il les aidât de fes confeils dans l'exercice de leurs Fonctions.

Cette Déliberation prife en 1351 , on commença à l'exécuter immédiatement après l'Election des nouveaux Gardes qui fe fit le 9 Décemb. de la même année : *Ancien Regift. des Elect. fol. 3 v°.* Et le premier que l'on choifit ainfi, fut *Pierre le Blond* , le plus ancien de ceux qui fortoient de Charge , ou comme nous difons aujourd'hui , le Grand-Garde. Ce choix a toujours été fait depuis , comme cette premiere fois, c'eft-à-dire , par les feuls Gardes à leur entrée en Charge, fans que le Corps, ni même les Anciens Gardes y ayent jamais concouru. Auffi appelle-t-on communément le Sujet qu'ils ont élû *le Doyen des Gardes* , ou *le Doyen de l'année* , parce que fon Décanat ne dure qu'un an. Le Blond, que nous regardons comme le premier , ne porta cependant pas encore le Titre de Doyen, non plus que ceux qui fuccéderent à fa Place pendant plus de 80 ans : Et *Phelizot Garnier* eft celui auquel il fut donné pour la premiere fois en 1438. *Ibidem. fol. 36 v°.*

Cet Etabliſſement a ſubſiſté juſ-qu'en 1659 par l'unique motif qui l'avoit attiré. Mais ce motif ceſſant alors au moyen du Reglement qui fut fait, ſuivant lequel il reſta des Gardes en Place d'une année à l'au-tre, il auroit ſemblé que dès-là le Doyen devenoit inutile. Toute-fois ſon Etabliſſement, affermi par un uſage ſi ancien, fut continué & au-toriſé par le Reglement même, en ces termes :

Arrêt du Conſeil Privé du Roy, du 29 Novembre 1659. » Le Roy en ſon » Conſeil... a ordonné & ordonne... » que les Six Gardes [de l'Orfèvre-» rie de Paris] éliront pour Doyen » en la maniere accoutumée, l'un de » ceux qui auront paſſé deux fois par » les Charges de Garde, &c. » *Lay.* 13, *cot.* 2, *Item*, *Rec. p.* 252.

C'eſt ainſi que la Place de Doyen s'eſt perpétuée juſqu'à nous. Mais aucun de ceux qui l'ont ſucceſſive-ment remplie depuis le commence-ment, ne s'eſt attribué l'autorité de Garde ; parce qu'aucun d'eux n'a jamais eû Serment à Juſtice pour l'exercice d'aucune fonction de Po-lice dans le Corps. Le Titre de Doyen y eſt purement honoraire. Il donne ſeulement à celui qui le porte, la faculté d'entrer plus intimement que les autres Anciens dans l'intérieur de l'Adminiſtration par ſes conſeils, dont il doit aider les Gardes toutes les fois qu'il en eſt requis : de porter la Robbe comme eux, & de les pré-ceder tant au Chœur, que dans les Viſites générales & en certaines Cé-rémonies ; de tenir auſſi la premiere Place aux Aſſemblées ; de les ouvrir par l'expoſition ſommaire du ſujet de la convocation ; & ainſi de quelques autres marques d'honneur qui lui ſont déférées par l'uſage, & dont il jouit durant l'année de ſon Décanat.

On peut ajouter ici, qu'outre ce Doyen *annuel* & électif d'ancienne inſtitution, nous reconnoiſſons en-core un Doyen *perpétuel* dans le Corps : Mais ce n'eſt que par un ſimple uſage, même aſſez récent, & qui n'eſt autoriſé d'aucun Reglement public. On ne pourvoit point à cette Place par voye d'Election : Elle eſt dévolue de droit à celui qui ſe trouve à la tête du College des anciens Gar-des par le rang d'ancienneté dans l'ordre de leurs Elections ; & ainſi, ſa primauté ſeule lui donne cette Place pour l'occuper juſqu'à ce que par ſon décès il la laiſſe à celui qui le ſuit immédiatement dans le même ordre.

Ce Doyen perpétuel, auquel on donne auſſi le nom de *Grand-Doyen*, influe encore moins dans l'Adminiſ-tration que le Doyen annuel. Ses Prérogatives ſont de même nature, c'eſt-à-dire, purement honoraires, mais plus bornées. Elles conſiſtent ſeulement en ce qu'il a droit de pren-dre ſéance au-deſſus des Anciens au Chœur, & dans les Aſſemblées ; d'opiner le premier dans toutes les Déliberations ; de ſigner le premier celles qui ſont priſes, même de les ſigner ſeul lorſqu'il ne s'y agit que d'affaires courantes & de Diſcipline ordinaire, comme faiſoit avant lui le Doyen annuel ; enfin d'être ap-pellé & préſent à la Clôture du Compte, rendu par les Gardes ſor-tans de Charge, & d'en ſigner l'Ar-rêté avant les autres Anciens.

TITRE XI.

Des Essais & de la Contre-marque des Ouvrages d'or & d'argent, par les Gardes, dans la Maison commune.

ARTICLE PREMIER.

Assiduité des Gardes au Bureau.

LEs Six Gardes en Charge se rendront assidûment chaque Semaine au Bureau de la Maison commune & autant de fois qu'il en sera besoin, pour Essayer & Contre-marquer les Ouvrages d'or & d'argent qui se fabriquent à Paris : comme aussi, pour vacquer aux autres Fonctions de leur Charge & Affaires communes du Corps.

AUTORITEZ.

Cette assiduité qui n'est littéralement prescrite par aucun de nos Reglemens, est nécessairement supposée par tous ; puisque c'est un devoir que les Gardes ne sçauroient négliger, sans négliger en même tems les plus importantes Fonctions dont ils sont chargez par les mêmes Reglemens, & qui ne peuvent, ni ne doivent, pour la plûpart, être exercées ailleurs que dans la Maison commune. Telles sont celles qui intéressent davantage le Public, & qui peuvent moins souffrir de délai, comme l'Essai & la Contre-marque des Ouvrages, & tant d'autres qui se succedent si continuellement dans l'Administration d'un Corps comme le nôtre, qu'on peut bien dire, que la premiere disposition de quiconque est appellé à la Charge, & y veut faire son devoir, doit être de sacrifier le soin de ses propres affaires, pour se livrer tout entier à celles de la Maison commune.

ARTICLE II.

Ouvrages d'or & d'argent essayez en la Maison commune.

ILs feront les Essais des Ouvrages d'or & d'argent en la Maison commune ; sçavoir : de ceux d'or, à l'Eau forte ; & de ceux d'argent, à la Coupelle, & non autrement : Pourront néanmoins lesdits Gardes, essayer les plus menus Ouvrages d'or aux Touchaux seulement ; attendu que par la délicatesse desdits Ouvrages, & la légereté de leur Poids, ils ne pourroient être essayez autrement.

AUTORITEZ.

Dans les premiers tems on n'avoit pas d'autres moyens pour juger du Titre de l'or & de l'argent, que la *Touche* pour l'un, & la *Rature* pour l'autre. C'étoit de quoi toute l'Antiquité, même la plus éclairée, s'étoit servie. Mais à ces moyens imparfaits il est succedé d'autres Epreuves, dont la certitude & la précision font infiniment supérieures : Sçavoir ; la *Coupelle*, pour essayer l'argent par voye d'Affinage avec le Plomb au feu de réverbere ; & l'*Eau-forte*, pour essayer l'or par voye de Dissolution ou de Départ. L'une & l'autre Epreuve ayant pour principe de son opération la Fixité de l'or & de l'argent, a pour effet d'emporter tout l'Alliage qui se trouve dans ces Métaux ; & en laissant ainsi leur substance parfaitement épurée, de mettre en état de juger par ce qui résulte de la portion de Matiere mise à ces violentes Epreuves, combien au juste elle tenoit d'Alliage par le Déchet qui y est survenu. Or, c'est en effet ce que nous distinguons jusqu'à un quart de Grain de Fin pour l'argent, & un Trente-deuxiéme de Karat de Fin pour l'or : Précision dont la Rature & la Touche n'ont jamais approché.

L'Essai à la Coupelle fut inventé sous Philippe-le-Bel, vers l'an 1300. peu après que le Titre de nos Ouvrages d'argent eut été amélioré, & porté où il est toujours demeuré depuis dans l'Orfévrerie de Paris. Cette excellente maniere d'essayer l'argent, paroît avoir été portée d'abord à sa perfection. Car on voit par nos Regiftres du même siécle, que dans les Rapports des Essais que les Gardes faifoient en notre Maison commune, ils diftinguoient comme nous, non-feulement les Deniers, les Grains & Demi-Grains de Fin, mais qu'ils portoient en effet la précilion , jufqu'à diftinguer auffi le Quart de Grain de Fin , qui eft le dernier dégré où nous ayions moralement pû jufqu'ici defcendre. *Anc. Regift. fol. 3 , 12 , vo. 23 , &c.*

Il y avoit donc long-tems que la pratique d'eflayer ainfi les Ouvrages d'argent, étoit introduite dans l'Orfévrerie de Paris, lorfque Louis XII. en fit une Loi pour tous les Orfévres du Royaume par le viii°. ART. de fon Ordonnance du 22 Novembre 1506. *Feront*, dit-il, *les Effais defdits Ouvrages à la Coupelle , & non autrement. Layet. 1 , cot. 5 , & Rec. pag. 24.* Mais ce n'eft pas le feul point de Police , qui étant d'abord pratiqué par les Orfévres de Paris, ait paffé enfuite chez ceux des autres Villes.

Si l'or ne tenoit jamais que de cuivre, on auroit fait auffi-tôt ufage de la Coupelle pour l'or, comme pour l'argent , puifqu'elle exhâle infailliblement cet Alliage volatil par fon opération d'affinage au plomb. Mais comme l'or eft prefque toujours allayé d'argent, qui de fa nature eft fixe comme lui , cette opération n'a jamais fuffi pour effayer l'or. Il a fallu découvrir le moyen d'en féparer l'argent par voye de Départ ou de Diffolution fans le diffoudre lui-même, en forte que la portion d'or mife au Départ demeurât en fon entier , tandis que fon alliage d'argent fe précipiteroit. Or , c'eft ce que l'Eau-forte fait excellemment; mais c'eft ce qui ne fut découvert, ou du moins mis en ufage que plus de deux cens ans après la Coupelle : Car les premieres expériences que nous trouvions en avoir été faites à Paris , ne font que de l'an

1518 , fous François I. & nous obferverons encore , que ce fut précifément en ce tems-là , que le Titre de nos Ouvrages d'or fut porté à vingt-deux Karats de Fin , au lieu de dix-neuf Karats un Quint qu'il étoit auparavant. De forte qu'il femble que les deux excellentes manieres d'eflayer l'or & l'argent fucceffivement découvertes, ayent été en leur tems , ou la caufe, ou l'effet de l'amélioration des Titres de nos Ouvrages.

On continua toutefois encore affez long-tems à fe fervir de l'Effai à la Touche , même dans nôtre Maifon commune, où il y avoit toujours eû bon nombre de Touchaux, de tous Titres allayez , tant fur le Blanc, que fur le Rouge , de huitiéme en huitiéme de Karat, pour juger , par comparaifon au Titre connu de ces Touchaux , de celui des Ouvrages Touchez : *Voyez le Compte rendu en 1502 , & autres*, & nous trouvons que cette opération fe faifoit dans une Chambre particuliere, qui s'appelloit le *Touchouer* , différente de celle *des Effais* à la Coupelle.

On n'ufoit donc encore qu'affez rarement de l'Effai à l'Eau-forte , fans doute à caufe des frais qu'il attire : Car ce fut la raifon pourquoi François I. dans fon Edit du mois de Septembre 1543 , voulut qu'on ne s'en fervît que lorfqu'il furviendroit du différend fur le Titre des Ouvrages d'or effayez à la Touche. Le xii°. ART. de cet Edit , porte : *Et pour connoître l'Alloy defdits Ouvrages , ordonnons que l'Effai s'en fera à la Touche : & s'il fe trouve aucun differend , ledit Effai fe pourra faire à l'Eau-forte. Lay. 1, cot. 10, & Rec. p. 47.*

Mais ce qui fut peu en ufage pour lors, & même pendant affez long-tems après, eſt devenu fort fréquent par la fuite ; en forte qu'il ne nous eſt plus permis aujourd'hui de nous fervir du Touchau, finon pour les menus Ouvrages qui ne peuvent être effayez à l'Eau-forte. C'eſt la Difpofition du VIIᵉ. Aʀᴛ. de la Déclaration du Roy du 23 Novembre 1721, où après avoir ordonné que tous les Ouvrages d'or, fans exception, feront effayez au Bureau, comme il fe pratique pour ceux d'argent, il eſt dit : *Et quant aux menus Ouvrages d'or qui ne pourront fouffrir les Effais à la Coupelle [& à l'Eau-forte] ils feront feulement effayez aux Touchaux. Layette 3 , bis , cotte 12.*

Tels font les différens Effais que les Gardes de l'Orfévrerie font chargez de faire par les Ordonnances. Ils ont de tout tems vacqué à cette opération en certains jours de la Semaine dans la Maifon commune : Et depuis plus de deux cens ans, c'eſt le Mardy & le Vendredy, à moins que cet ordre ne foit empêché par l'échéance des Fêtes ; auquel cas ils indiquent d'autres jours, dont la Communauté eſt avertie par le Clerc..

Dans les dernieres Guerres du Regne de Louis XIV. la fonction d'effayer ainfi les Ouvrages d'or & d'argent en notre Bureau, fut érigée en Titre d'Office : Mais ces Offices furent auffi-tôt réunis au Corps ; & dans l'Edit qui les fupprime, ce Prince en marque les motifs, & confirme nos Gardes dans leur ancienne poffeffion, en ces termes :

Edit de Louis XIV. à Verfailles , au mois de Janvier 1708. » Etant in- fermez que les Maîtres & Gardes « [de l'Orfévrerie de Paris] font « en poffeffion depuis plus de trois « cens ans [on auroit bien pû dire « davantage] de faire les Effais de « tous les Ouvrages d'Orfévrerie qui « fe fabriquent par les Maîtres de « leur Communauté ; qu'ainfi s'en « étant toujours acquittez avec beau-« coup d'exactitude & de fidélité, « l'on ne pourroit pas confier en des« mains plus fûres des fonctions auffi « importantes : Nous avons crû qu'il « étoit de notre intérêt, & de celui « du Public, de fupprimer lefdits Of- « fices d'Effayeurs ... & de mainte- « nir les Maîtres & Gardes de la « Communauté des Orfévres de « Paris , dans les Fonctions d'Ef- « fayeurs telles qu'ils les ont [tou-« jours] exercées .... A ces caufes, « & autres , à ce Nous mouvans ... « Nous avons par le préfent Edit, « perpétuel & irrévocable , éteint & « fupprimé ..... en tant que befoin « feroit, les deux Offices de nos Con- « feillers Effayeurs, créez par notre « Edit du mois de Janvier 1705 , « pour la Maifon commune des Or- « févres de notre bonne Ville de Pa- « ris , & réunis par l'Edit du mois de « Juin de ladite année à leur Corps & « Communauté .... Maintenons les « Maîtres & Gardes de ladite Com- « munauté des Orfévres de notre « bonne Ville de Paris , dans les « Fonctions de faire l'Effai des Ou- « vrages d'or & d'argent qui feront « fabriquez par les Maîtres de leur « Communauté, ainfi qu'ils avoient « coutume de faire avant l'Edit du « mois de Janvier 1705 , &c. « Ils furent de nouveau confirmez dans les mêmes Fonctions par Déclaration du 26 May 1714. *Archiv. de l'Orf.*

ARTICLE III.

Ouvrages jugez hors des Remedes, rompus.

DA N S l'opération des Essais, & le jugement des Titres, lesdits Gardes apporteront toute l'exactitude & la rigueur que l'importance de cette Fonction demande d'eux : En conséquence, tous les Ouvrages qu'ils trouveront hors des Remedes portez par les Ordonnances, seront cizaillez & rompus.

AUTORITEZ.

C'est cette exactitude & cette rigueur qui ont établi d'abord,& maintenu ensuite dans tous les tems , la réputation des Ouvrages d'Orfévrerie du Poinçon de Paris. *De tout tems & ancienneté* , disoit Charles IX. dans des Lettres Patentes du 16 Avril 1564, *les Ouvrages d'Orfévrerie qui se font en cette Ville de Paris , ont toujours eu le bruit & réputation , comme ils ont encore de présent , d'être loyaux & marchands, au moyen de la bonne Police observée & gardée par les Maîtres & Gardes de ladite Orfévrerie : De façon , ajoute-t-il , que beaucoup d'Etrangers sont fort curieux de venir recouvrer desdits Ouvrages,* Lay. 1 , cot. 15. *Item ,* Rec. p. 81.

On doit , sans doute , à la religion du Serment & aux sentimens d'honneur des Gardes , cette exactitude qui ne s'est jamais démentie , & cette *bonne Police* qu'ils ont toujours gardée dans l'opération de l'Essai & le jugement du Titre des Ouvrages d'Orfévrerie. Mais leur

intérêt personnel & leur propre sureté , y ont aussi toujours concouru.

Louis XII. dans son Ordonnance du 22 Novembre 1506 , Art. XII. veut, comme nous l'avons vû, que chacun d'eux *réponde de l'Ouvrage de son tems , c'est-à-dire , de la bonté du Titre des Ouvrages qu'ils contremarquent dans le cours de leur Exercice* ; & c'est la raison pourquoi il ordonne en même tems , que leur Contre-poinçon sera changé à mesure qu'ils seront changez eux-mêmes pour laisser la Place à d'autres. *Recueil , pag.* 24.

De plus, par l'Art. VII. de l'Edit du mois de Mars 1554, Henry II. *enjoint très-expressément à tous Gardes & Jurez de l'Orfévrerie , en faisant leurs Essais , de ne laisser passer aucun Ouvrage d'or ou d'argent , s'il n'est à la Loi prescrite ;* les menaçant même en ce cas, *de punition corporelle & d'amende arbitraire.* Ibid. p. 67.

Il ne leur reste donc d'autre parti à prendre lorsqu'ils trouvent des Ouvrages

vrages hors des Remedes, sinon de les rompre. *En cas qu'il s'y en trouve qui ne soient point au Titre,* dit un Édit de Louis XIV. du mois de Janvier 1708, *ils seront tenus de cizailler & rompre lesdites Vaisselles, & autres Ouvrages d'or & d'argent.* La même chose leur est ordonnée par la Déclaration du 23 Novembre 1721, à l'égard même des plus menus Ouvrages d'or qui ne peuvent être essayez qu'aux Touchaux, lorsqu'ils ne seront pas jugez être au Titre. *Layette 3, bis, cotte 12.*

Telles ont toujours été & les obligations & la pratique des Gardes de l'Orfévrerie dans l'opération de l'Essai & le jugement du Titre des Ouvrages d'or & d'argent pour la conservation de la pureté de ce Titre dans tous les tems. C'est ce que le Roy a résumé dans le Préambule de sa Déclaration du 4 Janvier 1724, en ces termes : » Les Rois „ nos Prédécesseurs.... ont toujours „ porté une attention particuliere à „ régler par leurs Ordonnances, une „ bonne Police sur le fait des Ou„ vrages d'or & d'argent qui se fa„ briquent dans notre Royaume. Ils „ ont établi des Maîtres & Gardes „ des Marchands Orfévres dans „ toutes les Villes où il y a Jurande, „ pour veiller à ce que ces Ouvra„ ges fussent au degré de bonté [ne„ cessaire] par les Epreuves à la „ Coupelle [& à l'Eau-forte] de „ chacune Piece [d'Ouvrage] d'or „ & d'argent qui se fabrique, parti„ culierement en notre bonne Ville „ de Paris; le Poinçon appellé de la „ Maison commune, ne s'appliquant „ que sur les Matieres qui se trouvent „ au Titre & dans les Remedes pres-

crits par les Ordonnances: Et lors- " que les Ouvrages ne se trouvent " pas avoir le dégré de perfection " [du Titre requis,] les Maîtres & " Gardes, après en avoir fait l'Essai " en leur Maison commune, les rom- " pent & les difforment, &c. " *Archiv. de l'Orf. Layette 3,* bis*, cotte 19.*

Nous n'en venons toutefois à cette Rupture des Ouvrages, toujours dommageable aux Maîtres à qui ils appartiennent, qu'après avoir préalablement pris les mesures nécessaires pour se convaincre du foiblage réel de leur Titre. Or, nous employons pour cela deux moyens; l'un général & propre à s'assurer si l'opération des Essais de toute la Fournée, a été bien faite ; l'autre est particulier, & regarde seulement ceux des Essais, dont le Rapport se trouve hors des Remedes.

Comme l'activité du feu peut devenir plus ou moins grande à raison des diverses dispositions de l'air, & que cette variété seroit douter de l'exactitude des Essais à la Coupelle ; nous avons toujours dans le Bureau, une lame d'argent, dont le Titre est parfaitement connu pour avoir été essayée à plusieurs reprises ; de laquelle on coupe & trebuche un nombre d'Essais qu'on dispose de distance en distance parmi les autres dans le Fourneau. Et c'est par le Rapport, différent ou unanime, du Titre connu de ces Essais ausquels nous donnons le nom de Guides, que nous jugeons après l'opération, si le feu a, ou n'a point varié, & si l'on peut compter sur l'exactitude de la Fournée.

Ce premier moyen employé, il sembleroit que ceux des Essais d'ar-

A a

gent qui font trouvés hors des Remedes pourroient être jugés en cet état. Mais nous en avons toujours employé un fecond que nous appellons REPRISE, tant pour les Ouvrages d'or, que pour ceux d'argent; c'eft-à-dire, que nous réitérons une feconde opération, foit à l'Eau-forte, foit à la Coupelle à l'égard de ces Effais douteux; après quoi, s'ils ne reviennent point, leur Foiblage eft conftaté, & les Ouvrages font rompus.

ARTICLE IV.

Ouvrages jugés au Titre, Contre-marqués.

LE s Ouvrages jugés au Titre par lefdits Gardes, feront par eux Contre-marqués en lieu vifible, & le plus près que faire fe pourra, de l'Empreinte du Poinçon du Maître étant fur lefdits Ouvrages: Et ce, en la préfence du Fermier des droits de Marque fur l'or & l'argent; lequel repréfentera à cet effet, toutes & quantes fois, fa Clef du Coffre qui renferme la Caffette où les Poinçons de Contre-marque font dépofés.

AUTORITEZ.

Les Gardes de l'Orfévrerie qui ont toujours été les feuls Dépofitaires du Poinçon de Contre-marque depuis l'origine de ce Poinçon, ont auffi toujours été feuls en droit d'en Contre-marquer les ouvrages d'Orfévrerie dans toute la fuite des tems, comme il paroît par les Autoritez fuivantes qui reglent la maniere dont ils doivent s'acquitter de cette Fonction.

Ordonnance de Louis XII. à Blois, le 22 Novembre 1506. ART. XI. „ Les Maîtres [& Gardes] du Mê-„ tier d'Orfévrerie, marqueront de „ leur Contre-poinçon, les ouvra-„ ges des Orfévres devant qu'ils foient délivrés, après qu'ils en au- " ront fait Effai, & qu'ils auront été " Poinçonnés de l'Orfévre particu- " lier. " *Layette 1, cotte 5.* Item, *Recueil des Ord. pag. 24.*

Déclaration de Louis XII. à Lyon, le 14 Juin 1510. » Toute maniere " de Vaiffelle d'argent .... avant que " d'en faire la délivrance, fera mar- " quée par les Maîtres Jurez [& " Gardes de l'Orfévrerie] des deux " Poinçons, puis aucun tems cor- " rigez, [c'eft-à-dire, le Poinçon " du Maître & le Poinçon de Contre-marque, l'un & l'autre renouvellez depuis peu en 1506] en en- " fuivant l'Ordonnance fur ce der- "

» nierement faite. « *Layette*, idem, *cotte* 6 *, & Rec. pag. 29.*

Réglement général du 30 *Décembre* 1679. Art. xii. » Les Maîtres Orfé-
» vres [de la Ville de Paris] seront te-
» nus de marquer de leurs Poinçons
» & de faire Contre-marquer [par
» les Gardes] du Poinçon commun
» en lieu visible, le plus près l'un
» de l'autre que faire se pourra, tous
» les Ouvrages d'or & d'argent ; &
» ce tant au corps, qu'aux princi-
» pales Piéces d'applique, &c. « *Layette* idem, *cotte* 42 *, & Recueil des Ordonn. pag.* 183 *,* 184.

Ordonnance de Louis XIV. du 22 *Juillet* 1681 *, Titre des droits de Marque sur l'or & l'argent.* Art. iv. » Défendons aux Jurez & Gardes
» [de l'Orfévrerie] . . . . d'ap-
» pliquer leur Poinçon sur aucun
» Ouvrage, qu'en présence du Fer-
» mier de nos Droits, à peine de
» tous dépens, dommages & inté-
» rêts, &c.

Arrêt du Conseil d'Etat du Roy du

7 *Août* 1685. » Le Roy étant en «
son Conseil a ordonné & ordonne «
que les Clefs [du Coffre qui ren- «
ferme la Cassette où sont les Poin- «
çons de Contre-marque dans la «
Maison commune] seront repré- «
sentées par ledit Fermier, tous les «
jours de Marque, ainsi que par le «
passé. « *Layette* 26 *, cotte* 21.

Déclaration du Roy, du 23 *Novembre* 1721. Art. vii. » Tous les «
Ouvrages d'or seront marquez du «
Poinçon du Maître qui les aura fa- «
briquez, & essayez & marquez «
par les Jurez Gardes aux Bureaux «
des Maisons communes des Orfé- «
vres, ainsi qu'il se pratique pour «
les Ouvrages d'argent. « *Layette* 3 *,* bis, *cotte* 12.

Même Déclaration. ● Art. ix.
» Défendons aux Jurez-Gardes . . . «
d'appliquer aucuns Poinçons sur «
lesdits Ouvrages d'or . . . qu'en pré- «
sence du Fermier de nos droits . . . . «
à peine de tous dépens, domma- «
ges & intérêts, &c. « *Layette* 3 *,* bis, *cotte* 12.

ARTICLE V.

Ouvrages prohibés ne seront Contre-marqués.

N E pourront lesdits Maîtres & Gardes de l'Orfévrerie apposer leur Poinçon de Contre-marque
sur aucuns des Ouvrages d'or & d'argent, dont la Fabrication est défendue : Et ce, sur les peines portées par les
Edits & Déclaration du Roy qui défendent la Fabrication desdits Ouvrages.

AUTORITEZ.

Edit de Louis XIV. à Verfailles, au mois de Mars 1700. » Défendons » aux Maîtres & Gardes des Orfé- » vres, Effayeurs, & à notre Fer- » mier de la Marque de l'or & de » l'argent, d'appofer aufdits Ou- » vrages [dont la Fabrication eft » prohibée par le préfent Edit] au- » cuns de leurs Poinçons, à peine » d'être condamnez folidairement » en l'amende de trois mille livres ; » & en outre à l'égard defdits Or- » févres, d'être déchus de la Maî- » trife. « *Archiv. de l'Orfév. Layet.* 3, bis, *cotte* 3.

Déclaration du Roy, du 23 *Novembre* 1721. ART. III. » Défen- » dons aux Maîtres & Gardes des » Orfévres, & à notre Fermier de » la Marque d'or & d'argent, d'ap- pofer aux Ouvrages excédans lef- « dits poids [fixez par la préfente « Déclaration] aucuns de leurs Poin- « çons, à peine d'être condamnez « folidairement en l'amende de trois « mille livres, & de déchéance de « la Maîtrife à l'égard defdits Maîtres « & Gardes des Orfévres. « Ibidem, *cotte* 12.

Lors donc qu'il fe fabrique quelques-uns de ces Ouvrages prohibez, ce ne peut jamais être qu'en vertu d'une Permiffion expreffe du Roy : Alors ils font effayez & Contre-marquez fans difficulté. Mais pour cela, il faut préalablement repréfenter aux Gardes la permiffion, & leur en laiffer Copie collationnée en bonne forme, laquelle eft gardée dans le Bureau pour leur décharge.

ARTICLE VI.

Fermier ne déchargera Ouvrages non Contre-marquez.

INHIBITIONS & défenfes font faites au Fermier de la Marque fur l'or & l'argent, fes Commis & Prépofez, d'appliquer fon Poinçon, appellé de Décharge, fur aucuns Ouvrages, que préalablement le Poinçon de Contre-marque de la Maifon commune n'y ait été appofé par les Gardes, à peine de trois mille livres d'amende pour chacune contravention.

AUTORITEZ.

La bonté du Titre des Ouvrages d'or & d'argent, n'eft ni annoncée, ni garantie par l'Empreinte du Poinçon de la Ferme. Il n'y a que celle du Poinçon de la Maison commune qui faſſe cet effet ; & telle eſt la différence entre ce Poinçon de Contrôle & le Poinçon de Paris. Or, le Public, qui n'eſt pas toujours à portée de diſtinguer ces Poinçons, pourroit prendre l'un pour l'autre, s'il étoit permis au Fermier d'appliquer le ſien ſur un Ouvrage, indépendemment de celui qui en doit conſtater la bonté. Mais cet inconvénient ne peut avoir lieu en gardant les défenſes que le Roy a faites là-deſſus, en ces termes :

Lettres Patentes du 3 Juin 1723, ſur Arrêt du 3 May précedent. » Par » ces Préſentes ſignées de notre » main, faiſons très-expreſſes inhi- » bitions & défenſes à notre Fermier du droit de la Marque ſur l'or & « l'argent, ſes Commis & Prépoſez, « d'appoſer aux Ouvrages qui leur ſe- « ront préſentez, le Poinçon appellé « le Poinçon de Décharge, que celui « de la Maiſon commune des Orfé- « vres n'ait été préalablement appo- « ſé, à peine de trois mille livres « d'amende pour chaque contraven- « tion, applicable, moitié à notre « profit, & l'autre moitié au profit « de l'Hôpital général. « *Layette 3,* bis, *cotte* 17.

Il n'eſt parlé ici que du Poinçon de *Décharge* du Fermier, & non de celui de *Charge,* parce que c'eſt ce Poinçon qui ſe met le dernier ſur les Ouvrages lorſqu'on en paye les Droits, & que ſans lui ils ne peuvent être expoſez en vente.

ARTICLE VII.

Poinçon de Contre-marque conſtate le Titre des Ouvrages.

LEs vieux Ouvrages marquez dudit Poinçon de la Maiſon commune qui pour défaut de payement du droit de revente d'iceux, viendroient à être ſaiſis par ledit Fermier, ne pourront être portez en la Cour des Monoyes, ni leur Titre y être jugé, attendu que le Titre deſdits Ouvrages eſt connu & conſtaté par l'Empreinte dudit Poinçon.

AUTORITEZ.

L'Article XI. de la Déclaration du Roy du 23 Novembre 1721, avoit ordonné que tous les Ouvrages ſaiſis en contravention des droits de la Ferme, ſeroient portez à la Cour des Monoyes pour y être eſſayés, & le Titre jugé ſuivant l'Ordonnance. Mais comme cette Diſpoſition n'exceptoit point les vieux Ouvrages ſaiſis qui ſe trouveroient marquez du Poinçon de la Maison commune, il fut repréfenté que le Titre de ces Ouvrages étant certain par l'effai que les Gardes en avoient fait, & garenti par l'Empreinte de ce Poinçon, il étoit *abfolument inutile* que leur Titre fût de nouveau jugé en la Cour des Monoyes. Surquoi le Confeil donna Arrêt pour l'exécution duquel des Lettres Patentes de cette teneur furent expédiées, & enfuite regiftrées en la Cour des Monoyes.

Lettres Patentes du 28 Juin 1722, fur Arrêt du 15 May précédent.

» Nous avons déclaré, & par ces «
Préfentes fignées de notre main, «
déclarons n'avoir entendu com- «
prendre dans l'Art. xi. de notre «
Déclaration du mois de Novembre «
dernier, les Ouvrages marquez du «
Poinçon de la Maifon commune «
des Orfévres.... ce faifant, or- «
donnons, en interprétant en tant «
que befoin ledit Article, que les «
feuls Ouvrages faifis, qui ne fe «
trouveront pas marquez du Poin- «
çon de la Maifon commune..... «
feront fujets à être portez au Greffe «
de la Cour des Monoyes.« *Layette 3,* bis, *cotte* 14.

ARTICLE VIII.

Poinçon de Contre-marque inviolable.

ET d'autant que ce Poinçon de Contre-marque établit la foi publique, & qu'il eft le garant de la bonté du Titre des Ouvrages qui portent fon Empreinte, ceux & celles qui calqueront, contretireront, ou autrement contreferont ledit Poinçon, ou qui s'en ferviront pour une fauffe marque, feront condamnez à faire amende honorable, & à être pendus & étranglez.

AUTORITEZ.

Les motifs de cette formidable Loi, font difertement exprimez par le Titre même qui la fulmine, en ces termes, dont partie a déja été rapportée en parlant de la néceffité de rompre les Ouvrages trouvez hors des Remedes.

Déclaration du Roy, du 4 Janvier

1724, *regiftrée en la Cour des Monoyes & en celle des Aydes:* PRE'AMBULE. » Les Rois nos Prédecef- «
feurs ont voulu que le crime de «
Faux fût puni de mort; & ils ont «
toujours porté une attention parti- «
culiere à régler par leurs Ordon- «
nances une bonne Police fur le fait «
des Ouvrages d'or & d'argent qui «

» se fabriquent dans notre Royaume.
» Ils ont établi des Maîtres & Gar-
» des des Marchands Orfévres dans
» toutes les Villes où il y a Jurande ,
» pour veiller à ce que ces Ouvrages
» fussent au degré de bonté par les
» épreuves à la Coupelle de chacune
» des Piéces [d'ouvrages] d'or ou
» d'argent qui se fabriquent, particu-
» lierement dans notre bonne Ville
» de Paris ; le POINÇON , appellé
» DE LA MAISON COMMUNE , ne
» s'appliquant que sur les Matieres
» qui se trouvent au Titre & dans les
» Remedes prescrits par les Ordon-
» nances ; & lorsque les Ouvrages
» ne se trouvent pas avoir le degré
» de perfection [requis] , les Maî-
» tres & Gardes , après en avoir fait
» l'essai en leur Maison commune ,
» les rompent & les difforment : En
» sorte que , C'EST CE POINÇON QUI
» ETABLIT LA FOI PUBLIQUE , ET
» QUI EST LE GARANT DE LA BON-
» TE' INTERIEURE DES MATIERES.

» Une Police si sagement etablie ,
» *continue Sa Majesté*, Nous oblige
» pour l'interêt de nos Sujets , &
» de ceux des Princes & Etats qui
» commercent dans notre Royau-
» me , non-seulement de la main-
» tenir , mais encore d'ajouter de
» nouvelles précautions pour préve-
» nir les abus qui pourroient s'in-
» troduire sur cette matiere , en im-
» posant contre ceux & celles qui se-
» ront convaincus d'avoir contrefait
» en quelque maniere que ce soit ,
» tant le Poinçon de Paris , que celui
» des autres Villes de notre Royaume
» . . . ou de s'être servis desdits Poin-
» çons.... contrefaits , & en avoir
» marqué les Ouvrages , des mêmes
» peines prononcées par nos Ordon-
» nances contre les Faux-Monoyeurs..

A ces causes &c. Nous avons dit & "
déclaré , & par ces Présentes signées "
de notre main , disons , déclarons, "
voulons & Nous plait :

ARTICLE I. „ Que tous ceux "
& celles qui calqueront , contre- "
tireront , ou autrement contrefe- "
ront le Poinçon de Paris , celui de "
Lyon , &c. ou qui s'en serviront "
pour une fausse Marque , soient "
condamnez à faire amende hono- "
rable aux Portes de la principale "
Eglise & de la Jurisdiction du lieu "
où la fausseté aura été découverte, "
& [à] être pendus & étranglez. "
Layette 3 , bis , *cotte* 19.

Depuis cette Loi , il s'étoit introduit un nouvel abus. Des Particuliers abusoient des Poinçons vérita-
bles , en coupant de la Piéce le morceau d'argent sur lequel ils avoient
été mis , pour les enter & souder sur
d'autres Ouvrages qu'ils fabriquoient
à bas Titre : c'est cet abus si préju-
diciable au Public , qui a été réprimé par la Déclaration du Roy du 19
Avril 1739 , registrée en la Cour
des Monoyes le 17 Juin audit an.

ART. 1. „ Que tous ceux & "
celles qui abuseront en quelque "
maniere que ce soit des Poinçons "
de Contre-marque de Paris & des "
autres Villes de notre Royaume , "
dans les autres Villes où il y a Ju- "
rande , & qui les enteront , soude- "
ront , ajouteront , ou appliqueront "
sur des Ouvrages d'or ou d'argent "
qui n'auront point été porrez , es- "
sayez & marquez dans les Bureaux "
des Maisons communes , soient "
condamnez à faire amende honora- "
ble aux portes de la principale Eglise, "
& de la Jurisdiction du lieu où la "
fausseté aura été découverte , & à "
être punis de mort. "

TITRE XII.

De la Visite & Inspection des Maîtres & Gardes de l'Orfévrerie-Joyaillerie de Paris.

ARTICLE PREMIER.

Visite des Gardes dans le Corps.

LEs Maîtres & Gardes feront leurs Visites ès Maisons & Boutiques de tous les Maîtres & Marchands du Corps, & leurs Veuves, sans exception, pour le maintien de la Police & l'observation des Réglemens : Et pourront lesdits Gardes, prendre & emporter en leur Bureau, toutes les Pieces ou Garnisons d'Ouvrages qu'ils jugeront à propos, pour en être fait Essai, à l'effet d'être rendues ou saisies selon la bonté ou défectuosité de leur Titre : lequel Essai sera fait dans trois jours après la prise, s'il n'y a empêchement légitime.

AUTORITEZ.

Ordonnance de Charles V. à Paris, au mois de Mars 1378. » Les Pru-,, dhommes [ou Gardes de l'Orfé-,, vrerie de Paris] visiteront les Œu-,, vres dudit Meftier , & en feront ,, comme ils ont accoutumé duement ,, en tems passé. « *Layette* 1 , *cotte* 2. Item, *Recueil* , *pag.* 13.

houd , *au mois de Septembre* 1543. ART. V. ,, Laquelle Visitation sera " faite , quant aux Orfévres [de Pa- " ris] ... par les Maîtres Jurez [& " Gardes] du fait d'Orfévrerie en " icelle notredite Ville en la maniere " accoutumée. « Ibid. *cotte* 10 , *& Re-cueil des Ord. pag.* 45.

Edit de François I. à Sainte Mene-

Lettres en forme de Déclaration de Henry

Henry II. à Fontainebleau, le 14 *Janvier* 1549. » Lefdits Maîtres Ju- „ rez & Gardes dudit Meftier de „ l'Orfévrerie de la Ville de Paris, „ feront leurs Vifitations en la ma- „ niere accoutumée. « *Ibidem, cotte* 12, *& Recueil, pag.* 59.

Cette *maniere accoutumée* de proceder par les Gardes à la Vifite chez les Orfévres, & à laquelle la fuite des Ordonnances rappelle toujours, fe voit clairement dans nos Regiftres du tems. Elle confiftoit alors, comme aujourd'hui, principalement en ce que, fans affiftance d'Officiers de Juftice, les Gardes fe tranfportoient chez leurs Confreres auffi fouvent qu'ils le jugeoient à propos, pour vifiter leurs Marchandifes & Ouvrages ; & que là, fans dreffer aucun Procès verbal de leurs Prifes, ils emportoient celles des Pieces ou Garnifons d'Ouvrages qu'ils pouvoient foupçonner de malverfation au Titre : ou même fans aucun foupçon, & fimplement pour s'affurer fi la fidélité étoit gardée dans l'emploi des Matieres. C'eft dequoi ils jugeoient à leur retour au Bureau par l'Effai qu'ils faifoient de ces Prifes ou *Gages,* comme nous les appellons encore ; & felon le Rapport, bon ou mauvais qui en réfultoit, elles étoient ou rendues, ou faifies : En quoi l'on voit la raifon pourquoi il ne fe dreffe point de Procès verbal lors de la Prife de ces fortes de Gages, mais feulement après que le foiblage de leur Titre a été reconnu par l'Effai ; puifque ce foiblage ne peut fe découvrir à l'œil, & que d'ailleurs, de vingt Prifes qui fe feront en une Vifite, il ne s'en trouve fouvent pas une feule qui foit repréhen-

fible & dans le cas d'être faifie.

Comme les Gardes ont toujours été dans l'ufage de ne prendre gueres qu'une, ou peu de Pieces de Garnifons d'une même efpece en chaque Boutique, & feulement pour éprouver fi chacun eft exact à fon devoir ; leur coutume étoit auffi de le faire repréfenter tout ce qu'ils en avoient laiffé lorfque le Gage ou échantillon, enlevé d'abord, étoit jugé défectueux & dans le cas d'être déferé en Juftice : Mais fouvent il ne fe trouvoit plus rien, lorfqu'ils retournoient : Tout étoit détourné ; ou on leur difoit que l'Ouvrage étoit fini & livré. C'eft de quoi ils commencerent à s'appercevoir plus frequemment en 1570. Ils s'en plaignirent à la Cour des Monoyes, laquelle, fur les Conclufions du Procureur Général du Roy, leur accorda l'Arrêt, dont la teneur s'enfuit :

Arrêt de la Cour des Monoyes rendu en forme de Reglement, le 17 *Avril* 1570. » La Cour a permis & per- " met aufdits Maîtres, Jurez & Gardes " de l'Orfévrerie de cette Ville de " Paris, en faifant leurs Vifitations, " tant ordinaires qu'extraordinaires, " de faifir & arrêter entre les mains " des Orfévres qu'ils trouveront be- " fongnant, tout l'Ouvrage qu'ils " trouveront commencé ou fait, juf- " qu'à ce qu'ils ayent fait Effai de la " Prife qu'ils en font ; & feront dé- " fenfes aufdits Orfévres qui feront " trouvez faifis, de rendre lefdits " Ouvrages, & eux s'en défaifir juf- " qu'après ledit Effai fait, & que lef- " dits Jurez feront retournez parde- " vers eux, où qu'ils les auront man- " dez venir en l'Hôtel du Meftier " pour entendre d'eux s'ils font bons "

B b

„ ou mauvais ; fur peine de confifca-
„ tion &c. Et néanmoins ladite Cour
„ enjoint aufdits Jurez & Gardes de
„ faire leurs Eflais le plutôt qu'il leur
„ fera poffible , & dedans trois jours
„ pour le plûtard, s'il n'y avoit em-
„ pêchement légitime. Et ordonne
„ la Cour que lefdits Jurez feront
„ affembler en leurdit Hôtel du Mef-
„ tier par leur Clerc, tous les Maî-
„ tres Orfévres de cette Ville de Pa-
„ ris, aufquels ils feront entendre
„ le préfent Arrêt, à ce qu'ils n'en
„ prétendent caufe d'ignorance; dont
„ ils certifieront ladite Cour dans un
„ mois , &c. « *Layette* 2 3 *, cotte* 1 0 *,
& Recueil , pag.* 1037.

Nous ne trouvons pas qu'on ait
fait grand ufage de cette permiffion
de faifir & arrêter ainfi entre les mains
du Maître , les Pieces qui lui ref-
toient jufqu'à ce que l'Eflai de celles
qu'on lui avoit prifes fût fait. Mais cet
Arrêt fait voir d'ailleurs, ce que nous
avons dit d'après nos Regiftres, que
dans les Vifites des Gardes chez les
Orfévres, ils faifoient toujours leurs
Prifes fans aucune formalité ; &
qu'ils ne commençoient d'en obferver qu'après avoir préalablement
conftaté par l'Eflai la défectuofité du
Titre. Car ce n'étoit qu'alors qu'ils
dreffoient leur Procès verbal de la
contravention pour en être fait rapport en Juftice : Et tel eft encore aujourd'hui notre Ufage.

Les mêmes Regiftres font voir que
cette Vifite des Gardes dans le Corps
a toujours dû être faite chez tous
les Maîtres & les Veuves fans exception. Quelques plaintes ayant été
portées dans une Affemblée tenue le
29 Août 1598, que les anciens Gar-

des n'étoient pas vifitez comme les
autres, on pourvut auffi-tôt à cet
abus , & il fut unanimement arrêté
que les Gardes les vifiteroient fans
diftinction. 1ᵉʳ. *Regift. des Délib. fol.*
110. Ce réfulrat fut fi bien obfervé
par la fuite, que nous trouvons des
anciens Gardes, non-feulement Vifitez , mais faifis , & dont les faifies ont
été portées à la Cour des Monoyes.
Recueil MS. to. 2 , *fol.* 7 1 3 *v°.* Cette
Vifite fans exception , toujours fouf-
entendue , fans doute , dans toutes
les Ordonnances, mais non expri-
mée dans aucune , le fut en 1679 ,
comme il s'enfuit.

Reglement général du 30 *Décembre*
1679. ART. XXI. » Continueront «
lefdits Gardes de l'Orfévrerie leurs «
Vifites ès Maifons & Boutiques de «
tous les Maîtres Orfévres , & leurs «
Veuves , fans exception, en la ma- «
niere, & ainfi qu'il leur eft enjoint «
par les Reglemens. « *Layette* 1 *,
cotte* 42. Item, *Rec. impr. p.* 186.

C'eft dans cette fonction , fi effentiellement néceffaire au maintien
de la Police dans le Corps, que nos
Gardes ont été confirmez depuis en
ces termes :

Lettres Patentes de Louis XIV. du
26 *May* 1714. » Par ces Préfentes «
fignées de notre main .... confir- «
mons les Gardes de l'Orfévrerie «
[de Paris] dans les Fonctions de «
Vifites générales & particulieres «
fur leur Corps & Communauté, «
pour y faire obferver par chaque «
Maître les Ordonnances & Regle- «
mens de l'Orfévrerie dans lefquels «
Nous les maintenons. « *Archiv.*

Nous ne devons pas omettre ici

que Louis XIII. ayant créé un Prevôt Général des Monoyes en 1636,
cet Officier se crut en droit de faire
des Visites chez les Orfévres de Paris. Mais ses prétentions ayant d'a-
bord été surfites par un Arrêt du
Conseil en 1037, il en a été totalement déchu depuis, comme il paroit par les Autoritez suivantes.

Arrêt du Conseil d'Etat du Roy, du
19 *Janvier* 1641. » Veut & entend
„ Sa Majesté que le Prevôt des Mo-
„ noyes créé & établi par son Edit
„ du mois de Juin 1635 ne puisse en-
„ treprendre de faire Visite, ni re-
„ cherches ès Maisons des Particuliers
„ Orfévres, à peine d'en répondre
„ en son propre & privé nom, & de
„ tous dommages & interêts des Par-
„ ties, & de plus grande s'il y échet. "
Layet. 3. *cot.* 41. Item, *Rec. p.*1069.

Arrêt de la Cour des Monoyes, du
19 *Novembre* 1696. » La Cour fait "
défenses aux Officiers de la Pre- "
vôté générale des Monoyes de "
faire aucunes Visites chez les Mar- "
chands & Ouvriers travaillans en "
or & en argent dans la Ville & "
Fauxbourgs de Paris ; à peine d'in- "
terdiction, de nullité, de mille li- "
vres d'amende, & de tous dépens, "
dommages & interêts. « *Layette* 24,
cotte 63.

La raison de ces défenses est que
le Prevôt, ni aucun autre Officier
de la Prevôté générale des Monoyes, n'a nulle Jurisdiction dans
Paris, à cause de la présence de la
Cour ; laquelle a l'Inspection & Jurisdiction immédiate sur les Orfévres
de cette Ville en tout ce qui est de sa
compétence.

ARTICLE II.

Visite des Gardes hors du Corps.

VEILLERONT en outre lesdits Gardes à ce que
nul n'entreprenne sur les Droits du Corps : Et à
cet effet, ils visiteront diligemment les Marchands Merciers-Joyailliers ; les Maîtres Lapidaires, Fourbisseurs,
Fondeurs, Boutonniers & autres, qui de droit, ou sans
qualité, trafiquent ou fabriquent quelques Ouvrages
d'Orfévrerie & de Joyaillerie dans la Ville de Paris.

AUTORITEZ.

Le droit de visiter ainsi tous ceux
qui, sans être du Corps, font néanmoins, soit légitimement, ou par

entreprise, quelque portion de son
Art ou de son Commerce dans Paris,
est une des plus anciennes facultez

des Gardes de l'Orfévrerie ; & c'eſt le principal objet de la Commiſſion qui leur eſt délivrée par le Magiſtrat de Police , afin de contenir dans les bornes de leurs attributions ceux qui ont quelque droit à cet égard , & d'empêcher les entrepriſes des Gens ſans qualité. Nous allons d'abord déduire les Autoritez qui attribuent cette Viſite généralement ſur tous ſans diſtinction : puis nous viendrons à celles qui l'établiſſent ſur chaque Profeſſion qui ſe trouve avoir quelque droit en particulier.

Arrêt du Parlement du 8 Février 1328. Cet Arrêt fut rendu entre le Prevôt de Paris joint aux Gardes de l'Orfévrerie d'une part , & les Gardes de la Mercerie d'autre , leſquels refuſoient de ſouffrir dans leur Corps la Viſite des Gardes du nôtre , quoique ceux-ci ne la fiſſent qu'étant munis à cet effet de la Commiſſion de ce Magiſtrat. L'Arrêt juge par proviſion , & en attendant la fin du Procès , qu'avec la Commiſſion du Prevôt de Paris les Gardes ou *Maîtres* des Orfévres de cette Ville pourront viſiter & examiner les Ouvrages d'Orfévrerie dans Paris , non-ſeulement chez les Marchands Merciers , mais généralement PARTOUT AILLEURS en cette Ville , avec pouvoir de ſaiſir & enlever tous ceux de ces Ouvrages qu'ils trouveront défectueux ou ſuſpects de contravention , dont ils feront leur Rapport au Prevôt de Paris. Voici le Texte même de cet ancien Arrêt :

„ Philippus , Dei gratiâ Franco-
„ rum Rex , Præpoſito Pariſ. aut
„ ejus Locumtenent. Salutem. Cùm
„ debato moto in Curia noſtra inter
„ te , & Magiſtros Aurifabrorum
„ Pariſ. ex una parte ; & Magiſ-
„ tros Merceriorum Villæ Pariſius ex
„ altera : Et Partibus ſuper hoc au-
„ ditis , ipſa Curia noſtra ordinaverit, quod dicti Magiſtri Aurifabro- «
rum Pariſ. perCommiſſionem tuam , «
eis per te ſuper hoc concedendam «
per manum noſtram , tanquam ſu- «
periorem , poſſint videre & viſitare «
UBICUMQUE in Villa Pariſius , in «
Merceriis ET ALIBI quemcumque «
Opera Aurifabrorum ; & capere «
Opera hujuſmodi ſuſpecta reperta, «
& tibi quid inde fecerint & inve- «
nerint , reportare, debato durante «
predicto. Mandamus & conſtitui- «
mus tibi quatinus premiſſa fieri & «
compleri facias , & firmiter obſer- «
vari juxta præſent. Ordinat. teno- «
rem. Datum Pariſius in Parlamento «
noſtro , &c. « *Livre vert neuf, Regiſtre du Châtelet , fol.* 47.

Nous ne trouvons point l'Arrêt qui a dû terminer cette Affaire : mais elle fut ſans doute jugée définitivement au profit de notre Corps ; puiſqu'on voit par nos Regiſtres que preſqu'auſſi-tôt après les Gardes de l'Orfévrerie viſitoient des Particuliers de differentes Communautez ſans qu'il paroiſſe aucune réſiſtance de leur part à ſouffrir cette Viſite. *Voyez ancien Regiſtre de l'Orf. fol.* 2 , r°. 3 r°. & v°. *ann.* 1345 , 1348, 1349. Auſſi ne s'eſt-il jamais agi depuis d'obtenir ce Droit contr'eux , mais ſeulement de le maintenir & de le faire confirmer, comme nos Gardes firent à la fin du regne de Philippe de Valois en 1350, par des Lettres du 12 Août, dont il ne nous reste que la mention qui en fut portée sur le Registre en ces termes : *Par lesquelles Lettres appert que les Maîtres & Gardes dudit Meftier d'Orfaverie ont puissance de visiter PAR-TOUTEn laVille deParis sur TOUS ceux qui vendent Orfaverie ; même sans appeller nul Sergent, ne autres Gens de Justice,* ibidem, *fol. 35.* Mais cette derniere circonstance n'a pas subfifté.

Constans, dans son *Traité de la Cour des Monoyes,* rapporte des Lettres en forme d'Arrêt rendu en la Chambre des Comptes le 23 Avril 1384, après un mûr examen tant *de l'ancien usage,* que par rapport *au bien de la chose publique* touchant ce pouvoir de nos Gardes de visiter indistinctement tous ceux qui se mêlent d'Orfévrerie dans Paris. Cet Arrêt porte expressément : *Que lesdits Orfevres visiteront & pourront visiter* dans Paris *toute Vaisselle d'or & d'argent, & Pierrerie touchant ledit Meftier d'Orfévrerie,* &c. Constans, Traité, *page 35.*

C'est ainsi en effet, que nos Gardes ont toujours visité les Ouvrages & Marchandises d'Orfévrerie & de Joyaillerie chez tous ceux qui n'appartenant point au Corps, ne laissent pas de faire quelque portion de son Art ou de son Commerce, soit qu'ils ayent qualité pour le faire, ou non ; & c'est ce qui est justifié d'ailleurs par toute la suite de nos Regiftres. Mais après les Autoritez qui attribuent ce Droit sur tous indéfiniment, venons à celles qui l'établissent spécialement sur ceux des Marchands ou Artisans qui de Droit trafiquent quelques Marchandises ou fabriquent quelques Ouvrages d'Orfévrerie.

Visite sur les Marchands Merciers - Joyailliers.

L'Arrêt du Parlement du 8 Février 1328 qu'on vient de rapporter, & qui a été contradictoirement rendu entre le Corps de l'Orfévrerie & celui de la Mercerie, soumet provisoirement, comme on l'a vû, & nommément les Marchands Merciers à la Visite de nos Gardes pour les Ouvrages d'Orfévrerie dont il leur étoit permis de faire Commerce : *Ipfa Curia noftra ordinaverit, quod dicti Magiftri Aurifabrorum..... possint videre & visitare..... in Merceriis..... opera Aurifabrorum, &c.* Et l'on a vû aussi que cet Arrêt provisoire a été suivi de confirmations absolues de ce Droit à l'égard des Marchands Merciers comme à l'égard de tous autres.

Dans le siécle suivant les Gardes de l'Orfévrerie tâcherent de se dispenser de l'affiftance du Bailli du Palais à laquelle ils étoient affujettis pour les Visites qu'ils faisoient chez les Marchands Merciers qui avoient leurs Boutiques dans les Salles, & leurs Maisons dans l'Enclos du Palais ; & il semble que le motif qui les fit agir fut qu'il dépendoit en quelque façon de cet Officier que ces Visites fussent, ou ne fussent pas faites, selon qu'il agréoit ou refusoit d'affifter dans l'occasion. Quoiqu'il en soit, par une Requête présentée au Parlement le 22 Avril 1488, ils demanderent qu'ils pussent déformais faire ces Visites, ayant seulement un

Huiffier de la Cour avec eux : Mais l'Arrêt qui intervint, en nous montrant que les Marchands Merciers du Palais étoient vifitez comme les autres par nos Gardes, n'accorda point la difpenfe demandée, & fe contenta d'ordonner feulement que le Bailli feroit tenu d'octroyer fon affiftance, comme elle nous eft encore néceffaire aujourd'hui en pareil cas. Voici l'Arrêt :

Arrêt du Parlement du dernier d'Avril 1488. » Vû par la Cour ladite „ Requête ; & oui fur ce le Procu- „ reur [Général] du Roy ; & tout „ confideré : LaCour a permis & per- „ met aufdits Demandeurs de vifiter, „ appellé avec eux l'un des Huiffiers „ de ladite Cour, la Vaiffelle & au- „ tre œuvre d'Orfévrerie étant ès „ mains defdits Merciers ès Galle- „ ries d'icelui Palais & ailleurs, & „ en leurs Maifons, en demandant „ affiftance audit Bailli du Palais, la- „ quelle il fera tenu d'octroyer : Et „ des fautes qu'ils trouveront efdites „ Orfévreries, en faire leur Rapport, „ &c. « *Layette* 16, *cotte* 1. Item, *Recueil, p.* 681.

Edit de François I. à Sainte-Menehoud en Septembre 1543. ART. V. & VI. » La Vifitation fera faite quant „ aux.... Merciers de notre Ville de „ Paris, pour le regard de l'Orfé- „ vrerie qu'ils auront, par lefd. Maî- „ tres Jurez [& Gardes] du Fait „ d'Orfévrerie en icelle notredite „ Ville, en la maniere accoutumée : „ c'eft à fçavoir, en la Compagnie „ de l'un des Commiffaires, & aucuns „ des Sergens de notre Châtelet à „ Paris, quand il en fera befoin. " Ainfi, comme il falloit l'affiftance du

Bailli du Palais pour ceux du Palais, il falloit celle d'un Commiffaire au Châtelet pour ceux de la Ville : & telle étoit dès-lors *la maniere accoutumée*, comme nous l'avons toujours obfervée depuis. *Layette* 1, *cotte* 10. Item, *Rec. p.* 45.

Lettres Patentes en forme de Déclaration de Henry II. *du* 14 *Janvier* 1549. » Lefdits Maîtres Jurez & " Gardes dudit Meftier de l'Orfèvre- " rie de ladite Ville de Paris feront " leurs Vifitations en la maniere ac- " coutumée, & d'icelles feront leurs " Rapports ..... fur ce qu'ils auront " trouvé tant contre les ..... Mer- " ciers ..... que autres. « *Layette* 1, *cotte* 12. Item, *Rec. p.* 59.

Edit de Henry II. *à Fontainebleau en Mars* 1554. ART. XII. » Et afin que " ladite [préfente] Ordonnance " foit mieux gardée, Nous enjoi- " gnons aufdits Maîtres & Gardes " Jurez dudit Meftier d'Orfévrerie, " iceux [Merciers] vifiter comme " les autres [c'eft-à-dire comme les] " Orfévres ; car cet Article eft re- " latif au précédent où il s'agit de " *Merciers qui s'entremettent de ven-* " *dre Vaiffelles, Ceintures, Bagues &* " *autres Joyaux d'or & d'argent.* " Layette, *idem,* cotte 13, & Rec. p. 68 & 67.

Arrêt du Parlement contradictoirement rendu en forme de Reglement entre les Gardes de la Mercerie joints à un de leurs Marchands du Palais faifi, & les Gardes de l'Orfévrerie, le 3 Septembre 1583. » La Cour ... faifant " droit fur les demandes, fins & con- " clufions prifes refpectivement par " lefdites Parties à fin de Reglement, ".

„ a permis & permet ausdits Maî-
„ tres & Gardes de l'Orfévrerie,
„ faire Visitation toutefois & quan-
„ tes que besoin sera, sur lesdits
„ Merciers-Joyailliers & Grossiers,
„ même sur ceux qui sont demeurans
„ dans l'enclos & pourpris du Palais,
„ de ce qui sera trouvé en leurs Bou-
„ tiques & Maisons, de Vaisselle
„ d'argent & ceintures, bagues,
„ joyaux & autres manufactures d'or
„ & d'argent ; appellé avec eux
„ l'un des Commissaires ou Sergens
„ du Châtelet de Paris ; [&] après
„ avoir demandé par lesdits Maîtres
„ & Gardes de l'Orfévrerie, assistan-
„ ce du Bailly du Palais pour le re-
„ gard desdits Merciers-Joyailliers
„ & Grossiers, demeurans dans l'en-
„ clos d'icelui : pour de ladite Visita-
„ tion être fait leur Rapport, &c.
„ sans que lesdits Merciers-Joyail-
„ liers, Grossiers les puissent contre-
„ dire ni faire aucun refus & empê-
„ cher ladite Visitation : A la char-
„ ge de se comporter modestement
„ par lesdits Maîtres & Gardes de
„ l'Orfévrerie, sur peine d'amende
„ arbitraire & de tous dépens, dom-
„ mages & interêts en leurs propres
„ & privez noms. « *Layette* 16,

cotte 17, & *Recueil des Ord.* p. 687.

Reglement général du 30 *Décembre*
1679. Art. x. » Fait Sa Majesté dé- "
fenses ausdits Marchands Merciers "
d'exposer en vente lesdites Pieces "
d'Orfévrerie [de fabrique étran- "
gere] avant qu'elles ayent été mar- "
quées [d'un Poinçon particulier "
au Bureau de l'Orfévrerie.] Et "
en cas de contravention, permis "
aux Gardes des Marchands Orfé- "
vres de les faire saisir ; & à cet "
effet de faire transporter un Com- "
missaire du Châtelet. « *Layette* 3,
cotte 42. Item, *Rec.* p. 183.

Au surplus, quant à l'usage réel
que les Gardes de l'Orfévrerie ont
toujours fait de leur droit de Visiter
ainsi les Marchands Merciers pour
le fait d'Orfévrerie, voyez d'abord
nos Registres du XIVe. siécle depuis
l'Arrêt du Parlement de 1328, mais
principalement les Layettes 16 &
17 de nos Archives. Ces deux Boëtes sont pleines d'Arrêts & de Sentences qui ont jugé les Saisies faites
sur ces Marchands depuis environ
deux cens ans, tant au Palais que
dans la Ville, & à la Foire Saint
Germain.

V i s i t e s u r l e s M a i s t r e s L a p i d a i r e s.

Les Lapidaires reconnoissent la
Visite des Gardes de l'Orfévrerie
dès ces tems où, avant que d'étre
connus sous ce nom, & n'étant point
encore érigez en Communauté jurée,
quelques-uns d'eux commençoient à
tailler la Pierrerie en leur particulier
& pour leur propre compte, tandis
que les autres continuoient encore à
exercer ce talent chez nos Orfévres
Pierriers en qualité de Compagnons.

En 1382 un de ces Ouvriers,
nommé Jean Boulle, Allemand de
nation, taillant ainsi des Diamans
en son particulier, refusa d'ouvrir
son laboratoire aux Gardes qui vouloient le visiter, & leur dit que la
Taille des Diamans n'étoit pas su-
jette à leur Visitation. Ils dénonce-
rent sa résistance au Prevôt de Paris, qui le fit venir aussi-tôt : *Et alors*,
dit notre Registre, *le Prevôt lui fit*

commandement & enjoignit par quan-
ques il se pouvoit mesfaire envers le Roy,
que quand lesdits Gardes y vouldroient
aller, que il leur ouvrist l'huis & tous
les lieux de son Hôtel : ou se ainsi estoit
qu'il en oyst plus de plainte, que il le
pugniroit en telle maniere, que tous les
autres y prendroient exemple. Ancien
Registre de l'Orf. *folio* 16.

Leur nombre croissant par la suite
avec la liberté d'exercer leur Talent
concurremment avec nos Orfévres,
on s'accoutuma insensiblement à
les distinguer par le nom de *Lapi-*
daires, & à les regarder comme
formans un Etat particulier, quoique non encore autorisé. Il est même parlé d'eux dans un Titre du 27
Novembre 1529, comme faisant
dès-lors un assez grand commerce de
la Pierrerie nue & hors d'œuvre,
encore que *leur Métier ne fût pas juré,*
Layette 16, *cotte* 2. Et ils étoient
dans cette situation vingt ans après
lorsque Henry II. les soumit de nouveau, ou plutôt les regarda comme

fournis de droit, ainsi que les Marchands Merciers & les Orfévres
même, à la visite des Maîtres & Gardes de l'Orfévrerie, par cette Disposition :

Déclaration de Henry II. à Fon-
tainebleau, le 14 Janvier 1549.
Lesdits Maîtres Jurez & Gardes «
dudit Mestier de l'Orfévrerie de «
ladite Ville de Paris, feront leurs «
Visitations en la maniere accou «
tumée ; & d'icelles feront leurs «
Rapports .... sur ce qu'ils auront «
trouvé, tant contre les Orfévres, «
Joyailliers, Merciers, LAPIDAI- «
RES, que autres, pour en être fait «
Jugement, &c. « *Layette* 1, *cotte*
12, *& Recueil, p. 59.*

Ces Visites ont été continuées sur
les Maîtres Lapidaires après leur
érection en Communauté jurée,
comme auparavant. Vous en trouverez les preuves en bon nombre,
& de tous les tems dans les Layettes
14 & 15 de nos Archives.

V I S I T E   S U R   L E S   M A I S T R E S   F O U R B I S S E U R S.

Avant l'année 1627 les Maîtres
Fourbisseurs ne fabriquant point encore de gardes & poignées d'or ni
d'argent, notre Corps n'avoit rien
à démêler avec eux. Mais pour lors,
ayant fait joindre à leurs anciens
Statuts quelques nouveaux Articles,
où la faculté d'employer ces Metaux
à leurs ouvrages leur est attribuée,
& même celle de ne pouvoir être
visitez que par leurs quatre Maîtres Jurez, les Gardes de l'Orfévrerie formerent leur opposition à
la vérification des Lettres au Parlement : mais ils furent déboutez par

Arrêts des 14 Août & 20 Décembre 1632. Et toutefois nous voyons,
Layette 18, que de même qu'ils
avoient visité les Fourbisseurs depuis l'obtention, & avant l'enregistrement de leurs nouveaux Articles,
ils continuerent à les visiter assez
frequemment par la suite jusqu'en
1679 que leur Droit fut ainsi rétabli.

Reglement général du 30 Décembre
1679. A R T. X V I I. » Enjoint à "
tous Artisans employez à travail- "
ler la Vaisselle & autres Ouvrages "
d'or & d'argent, de travailler en "
Boutique ;

» Boutique ; & en cas de contraven-
» tion , feront les Gardes [de l'Or-
» févrerie] en Charge , tenus d'en
» faire leurs Rapports en la maniere
» accoutumée ; leur permettant à cet
» effet Sadite Majefté de faire les
» Vifites chez lefdits Fourbisseurs,

affiftez d'un des Officiers du Châ- «
telet , tout de même , & ainfi qu'ils «
faifoient auparavant les Arrêts du «
Parlement des 14 Août & 20 «
Décembre 1632. " *Layette 3 , cotte*
42. Item , *Recueil des Ordonnances*,
pag. 185.

Vɪsɪᴛᴇ sᴜʀ ʟᴇs Mᴀɪsᴛʀᴇs Fᴏɴᴅᴇᴜʀs.

Les Maîtres Fondeurs , aufquels nous confions des Matieres d'or ou d'argent pour fondre les parties de nos Ouvrages qui peuvent fe mou-ler , ont toujours été , par cette rai-fon , obligez de fouffrir la Vifite des Gardes de l'Orfévrerie. Ce droit fut mis en fait par les Gardes, & fans contradiction de la part des Fon-deurs , devant le Prevôt de Paris en 1636, c'eft-à-dire , dès le tems où nos Orfévres , commençoient à fe mettre dans l'ufage de leur confier des Matieres : & en effet , ils ont toujours été vifitez , comme il fe juftifie par les Pieces qui fe confer-vent dans la 20e. Layette de nos Archives. Ils fe trouvent d'ailleurs compris dans le nombre de ceux qui employent les Matieres d'or & d'ar-gent dans la difpofition du xvɪɪ. Ar-ticle du Reglement général qu'on vient de citer : lefquels font tous

affujettis à la Vifite des Gardes, puif-que les Gardes font tenus de faire le rapport de leurs Contraventions.

Il faut néanmoins obferver qu'en-tre ceux qui ont droit d'employer ainfi les Matieres d'or & d'argent , les Maîtres Horlogers pour leurs Boëtes de Montres & ornemens d'Horlogerie , & les Maîtres Gra-veurs , pour leurs Sceaux & Ca-chets , ne font point affujettis à la Vifite des Gardes de l'Orfévrerie, & ne connoiffent que celle de leurs propres Jurez. Ils en font difpen-fez : fçavoir , les Horlogers , par Arrêts du Confeil des 8 May 1643 , & 5 May 1722. Et les Graveurs, en vertu d'un Arrêt du Parlement du 22 May 1665. *Layette* 19 , *cotte* 8, *& Rec. p.* 828. Item , *Layet.* 3 , *bis*, *cotte* 13. Item , *Layette* 22 , *cot.* 8 , *& Rec. p.* 905 , 906.

Vɪsɪᴛᴇ sᴜʀ ʟᴇs Mᴀɪsᴛʀᴇs Bᴏᴜᴛᴏɴɴɪᴇʀs.

Arrêt du Parlement portant Regle-
ment entre le Corps de l'Orfévrerie &
la Communauté des Maîtres Bouton-
niers , du 29 *Juillet* 1711. » La
» Cour . . . . permet aux Parties de
» Secouffe [les Gardes de l'Orfévre-
» rie] d'aller en Vifite chez les Par-
» ties de Condouin & Macé [les
» Maîtres Boutonniers] pour raifon
» defdites calottes d'or & d'argent,

accompagnés d'un Commiffaire «
au Châtelet. " *Layette 3 , bis , cot.* 6.

C'eft que fous cette condition & autres qu'on verra dans le Titre fui-vant , l'Arrêt permet aux Maîtres Boutonniers de faire & vendre des boutons formez d'une coquille ou calotte d'or ou d'argent , eftampée & appliquée fur un moule de bois.

ARTICLE III.

Infpection des Gardes fur les Orfévres des environs de Paris.

LEs Orfévres établis dans les Villes de la Prévôté & Vicomté de Paris où il n'y a point de forme établie pour la bonne adminiftration de leur Etat, feront foumis à l'Infpection & Vifite defdits Gardes, & à la difcipline de la Maifon commune de l'Orfévrerie de Paris ; ainfi & de la même maniere que s'ils étoient membres de la Communauté des Orfévres de cette Ville.

AUTORITEZ.

Nous trouvons fur nos Regiftres divers Exemples de ces Vifites de nos Gardes chez les Orfévres des environs de Paris , même dès l'an 1410. *Ancien Regift. fol.* 28. *v°.* Et la raifon de cette Infpection fe tire de l'Ordre public qui ne fouffre pas que des Particuliers reftent jamais en fituation de fe fouftraire aux Regles que ce même Ordre prefcrit ; furtout à l'égard d'un Etat comme celui d'Orfévrerie. Or de tels Orfévres n'ayant ni Maifon commune, ni Adminiftration établie dans les Lieux de leur Domicile pour les gouverner, à caufe de leur petit nombre, il a toujours été néceffaire d'y pourvoir par ce moyen, fans lequel ils feroient demeurez fans Surveillans, & en quelque façon fans aucune Difcipline, du moins par rapport à la Contre-marque qu'ils ne font pas en état d'appofer fur leurs Ouvrages.

La Cour des Monoyes, toujours attentive au maintien de ce point important de notre Police pour la confervation de la pureté des Matieres , juge elle-même l'affujettiffement de ces Orfévres à l'Infpection des Gardes de l'Orfévrerie de Paris, néceffaire, & elle l'autorife volontiers en ordonnant fur la requifition des Gardes que ceux qui pourfuivent leur Reception à la Cour pour les Villes fituées dans l'étendue de la Prevôté de Paris, feront reçûs Maîtres Orfévres , à la charge par eux, s'il n'y a pas d'autre empêchement, de faire infculper leur Poinçon en la Maifon commune ; d'y apporter leurs Ouvrages pour être effayez & contre-marquez, & de fouffrir la Vifite des Gardes.

De-là vient encore , que par la Commiffion du Magiftrat de Police , les Gardes , même leurs Aydes, defquels nous parlerons ci-après, font toujours établis Vifiteurs des

Marchandises d'Orfévrerie, non-
seulement *dans la Ville & les Fauxbourgs, mais encore dans la Banlieue
& dans toute l'étendue de la Prevôté
& Vicomté de Paris.* Voyez sur ce,

Recueil, pp. 295. 296. Ainsi, les
deux Tribunaux qui connoissent de
notre Etat, concourent à autoriser
l'Inspection de nos Gardes sur les
Orfévres dont il s'agit.

ARTICLE IV.

Officiers de Justice assisteront les Gardes dans leurs Visites.

TOus Commissaires & Huissiers ou Sergens du
Châtelet de Paris, assisteront les Gardes de l'Orfévrerie dans leurs Visites & recherches, tant de jour que
de nuit, lorsqu'ils en seront requis ; & leur donneront
tout le confort & ayde que besoin sera pour le bien
de la Justice.

AUTORITEZ.

*Edit de Henry II. à Fontainebleau,
en May* 1555, Aʀᴛ. ᴠ. » Enjoi-
» gnons aux Commissaires de notre
» Châtelet, & Sergens, assister quand
» requis en seront par lesdits Gardes
» [de l'Orfévrerie] ou Clerc de
» leurdit Etat, soit en faisant leurs
» Visitations & Recherches, ou au-
» trement, pour le bien de la Justice,
» & leur donner tout le confort &
» ayde que besoin sera. « *Layette* 1,
cott. 14. Item, *Recueil des Ordonnances, page* 76.

*Extrait de la Commission que le Ma-
gistrat de Police donne aux nouveaux
Gardes tous les ans.* » Si donnons en
» Mandement au premier Commissai-
» re Examinateur & à tous Sergens
» du Châtelet, qu'ausdits Gardes élûs,
» faisant leurs Charges & Commissions, ils donnent tous conseils, «
conforts & aydes, si requis en sont, «
même de faire faire ouverture, sai- «
sies, contraintes & tout ce qui «
sera nécessaire. « *Voyez votre Commission de Garde.*

Nous avons déja observé que
lorsque les Gardes vont visiter les
Marchands Merciers ou autres dans
le territoire du Bailliage du Palais,
ils doivent être assistez du Bailly du
Palais ou de son Lieutenant Général
au Bailliage. Nous ajouterons qu'ils
ne sçauroient même exercer leurs
Visites chez leurs propres Confreres
dans le même territoire, que préalablement & aux termes de l'Edit du
mois d'Octobre 1712, leurs Commissions ne soient enregistrées au
Greffe de ce Bailliage.

ARTICLE V.

Gardes ne seront contraints par corps à la representation des choses par eux saisies dans leurs Visites.

NE seront prononcées en Justice aucunes condamnations par corps contre lesdits Gardes, pour la representation & restitution des Marchandises qu'ils auront saisies dans leurs Visites ; & ne pourront aucuns Huissiers ou autres, les y contraindre : sauf à prononcer & faire executer lesdites contraintes contre le Concierge de leur Bureau, Dépositaire des Marchandises saisies.

A U T O R I T E Z.

Ce Privilege est commun aux Gardes des Six-Corps des Marchands de Paris, si ce n'est pas plutôt une justice qui leur est dûe. Car n'agissant dans leurs Visites que pour le maintien de l'ordre public, & non pour le bien de leurs affaires particulieres, il est bien juste en effet qu'ils ne soient pas exposez à des Contraintes, toujours regardées comme deshonorantes, pour avoir fait le devoir de leur Charge ; c'est de quoi ils furent mis à couvert par un Arrêt notable rendu au Conseil en 1694, où le Corps de la Mercerie étoit Partie principale, & les cinq autres Intervenans, à l'occasion d'une pareille insulte qui avoit été faite à l'un des Gardes de ce Corps pour la representation des Marchandises par lui saisies en 1691 sur un Mercier sans qualité dans la rue de l'Oursine. Voici les termes de l'Arrêt.

Arrêt du Conseil Privé du Roy, du 24 Décembre 1694. " Déclare Sa " Majesté l'Arrêt du Conseil du 5 " Octobre 1691, commun avec les " Intervenans ; & conformément à " icelui, fait défenses à tous Juges " de prononcer aucunes condamna- " tions par Corps contre les Maîtres " & Gardes des Six-Corps des Mar- " chands de Paris pour la representa- " tion & restitution des Marchandises " qu'ils auront saisies dans leurs Visi- " tes, & à tous Huissiers & autres " personnes, de les y contraindre : " sauf à prononcer & à faire execu- " ter lesdites contraintes par corps, " contre les Concierges de leurs Bu- " reaux, Dépositaires des Marchan- " dises saisies. "

TITRE XIII.

Des Reglemens de l'Orfévrerie à l'égard de ceux qui ne font point Orfévres.

ARTICLE PREMIER.

Commerce des Marchandifes d'Orfévrerie du Poinçon de Paris, réfervé aux Orfévres.

IL eft défendu à tous Marchands & Artifans de quelque qualité ou condition qu'ils foient, autres que les Marchands Orfévres & leurs Veuves , de faire aucun Commerce de Marchandifes d'Orfévrerie du Poinçon de Paris ; à peine de confifcation, & de mille livres d'amende pour chacune contravention.

AUTORITEZ.

Reglement général du 30 Décembre 1679. ART. IX. » Fait Sa Majefté „ défenfes à tous Marchands & Ar-„ tifans de quelque qualité ou con-„ dition qu'ils foient, autres que les „ Maîtres Orfévres & leurs Veuves , „ de faire aucun Commerce de Mar-„ chandifes d'Orfévrerie du Poinçon „ de Paris, à peine de confifcation, „ & d'amende de mille livres pour „ chacune contravention ; le tout „ applicable, un tiers au profit de „ Sadite Majefté , un autre tiers à la Communauté defdits Maîtres Or-" févres, & l'autre tiers au Dénon-" ciateur. « *Layette 3 , cotte 42.* Item, *Recueil , pag.* 182, 183.

Le Reglement d'où cette Difpofition eft tirée, a été fait du propre mouvement du feu Roy Louis XIV. Les motifs preffans qui déterminerent ce Prince à le faire , & les mefures qu'il prit pour cela, font ainfi exprimez dans le Préambule : *Le Roy s'étant fait reprefenter dans fon Con-*

soit les Statuts, Ordonnances, Edits, Arrêts & Reglemens concernant le Corps des Maîtres Marchands Orfévres-Joyailliers de la Ville & Faux-bourgs de Paris, & le Fait de l'Orfévrerie ; ensemble les Reglemens faits pour les autres Corps de Marchands & Artisans de la même Ville, qui emploient les Matieres, ou qui font Commerce des Ouvrages d'or & d'argent : Et Sa Majesté voulant remedier aux abus qui s'y sont introduits par le nombre excessif des personnes qui s'y emploient ; même ajouter de nouvelles précautions à celles qui ont été déja prises, afin que l'Etat ne reçoive aucun préjudice dans la fabrique & débit des Ouvrages d'Orfévrerie, & Commerce des Matieres d'or & d'argent : Et Sa Majesté s'étant pareillement fait représenter les Procés-Verbaux de Visites faits depuis le 1ᵉʳ. Juillet 1678 par les Gardes de présent en Charge ; oui le Rapport, &c.

Par des motifs si déterminans, & après des mesures prises avec tant de précautions pour connoître le veritable état des choses, & le droit d'un chacun, le Reglement statue d'abord sur plusieurs Points de la Police propre du Corps, en ramenant le tout à la sevérité des anciennes Ordonnances, même jusqu'à casser tous les Maîtres excedans le nombre prescrit de Trois cens, ou dont la Reception n'avoit pas été faite dans toutes les Regles ; & de plus, jusqu'à priver les Veuves de leur ancienne faculté d'user d'un Poinçon en leur qualité de Veuves, sans compter plusieurs autres Dispositions, non moins séveres, que nous avons déja employées en divers Articles des Titres précédens.

La rigueur de cette Réforme étant ainsi ordonnée à l'égard des Orfé-vres mêmes, le Reglement l'étend ensuite sur ceux qui sans être de leur Corps, ne laissent pas de faire néanmoins une portion du Commerce & de l'Art d'Orfévrerie : tant pour réprimer leurs entreprises, que pour les contenir desormais dans une exacte Discipline à l'égard de ce qu'il leur est permis de fabriquer ou de vendre : Et le tout *pour remedier aux abus qui s'y sont introduits, & afin que l'Etat ne reçoive aucun préjudice dans la fabrique & débit des Ouvrages d'Or-févrerie & Commerce des Matieres d'or & d'argent.* Tel est le fameux Reglement du 30 Décembre 1679, lequel étant émané d'enhaut, & regiftré purement & simplement partout où besoin a été, est une Loi souveraine & irréfragable pour nous, & pour les autres Marchands & Artisans qu'elle regarde.

Entre les Dispositions qui les concernent, & que l'on verra dans plusieurs des Articles de ce XIIIᵉ. Titre, celle qui forme le présent Article, est une des plus importantes. Elle leur defend à tous le Commerce des Marchandises d'Orfévrerie du Poinçon de Paris, & le réserve aux seuls Orfévres & à leurs Veuves. Toutefois cette Défense, quoique générale, ne peut regarder quelques-uns d'eux en certaines choses, comme les Fourbisseurs, par exemple, pour les Gardes & Poignées d'or & d'argent qu'ils peuvent fabriquer & vendre, puisque le Reglement même leur enjoint de les faire Contre-marquer du Poinçon de la Maison commune, ainsi qu'il sera dit en son lieu. Mais cette même Défense a été principalement faite pour les Marchands Merciers-Joyailliers, lesquels sans se contenter des Joyaux & Bijoux d'or & d'argent qu'ils avoient coutume de vendre en seconde main, s'étoient comme emparez du gros du Commerce des Marchandises d'Orfévrerie.

Or, cette usurpation méritoit d'autant mieux d'être réprimée que les autres Marchandises qu'ils peuvent vendre, doivent bien leur suffire, & dont en effet les especes sont en si grand nombre, qu'on ne peut quasi les compter : outre la faculté qu'ils ont encore de partager avec nous le Commerce de la Pierrerie nue, & mise en œuvre. C'étoit donc assurément la moindre chose que le Reglement pût faire pour nos Orfévres, que de leur réserver le Commerce de leurs propres Ouvrages en le défendant à tous autres. Mais les Titres & Enseignemens de nos Archives, ne font que trop voir par la maniere dont les choses s'étoient passées, que le motif du bien public a eu du moins autant de part dans la Défense dont il s'agit, que la Justice qui étoit dûe à nos Orfévres.

Quelqu'équitable que fût cette Défense, plusieurs Particuliers néanmoins, ne s'y étoient point encore conformez six ans après la publication du Reglement, ou avoient recommencé le Commerce qu'il leur avoit interdit. Le feu Roy en étant informé, réitera ses Défenses en préscrivant de nouveaux moyens pour les faire observer, par un nouvel Arrêt de propre mouvement, dont voici ce qui regarde ce Point :

Arrêt du Conseil d'Etat du Roy, du 29 *Juin* 1686. » Le Roy étant en " son Conseil, a ordonné & ordon-" ne que le Reglement du 30 Dé-" cembre 1679, sera executé selon " sa forme & teneur : Ce faisant, & " conformément à l'Article ɪx. dudit " Reglement, fait Sa Majesté défense " à tous Marchands & Artisans de " quelque qualité & condition qu'ils " soient, autres que les Maîtres Or-" févres & leurs Veuves, de faire " aucun Commerce de Marchandises " d'Orfévrerie du Poinçon de Pa-" ris... à peine de confiscation & de " mille livres d'amende ; le tout sui-" vant & ainsi qu'il est porté par ledit " Reglement. Enjoint Sa Majesté, " au Sieur de la Reynie, Conseiller " d'Etat ordinaire, & Lieutenant Gé-" néral de Police, de tenir la main à " l'execution du présent Arrêt, & de " faire fermer les Boutiques des Mar-" chands & Artisans qui seront trou-" vez en contravention au préjudice " des Défenses portées par ledit Re-" glement & le présent Arrêt ; les-" quels, & ce qui sera ordonné par " ledit Sieur Lieutenant Général de " Police, seront executez nonobstant " oppositions & autres empêchemens " & sans préjudice d'iceux. " *Layette* 3, *cotte* 58. *Item, Recueil, p.* 199. *Vous trouverez au reste, l'execution de ce Reglement ordonnée en differens tems par plusieurs Sentences & Arrêts rendus contre divers Marchands Merciers-Joyailliers saisis en contravention par nos Gardes. Layet.* 17. cot. 50, 53, 54, 55. *Item, Layet.* 3, *bis, cot.* 35, &c.

ARTICLE II.

Marchands Merciers peuvent vendre Orfévrerie de fabrique étrangere.

POURRONT feulement les Marchands Merciers de ladite Ville de Paris, vendre la Vaiffelle & autres Pieces d'Orfévrerie venant d'Allemagne, & autres Pays étrangers; à la charge qu'après l'arrivée & reception defdites Pieces d'Orfévrerie, ils feront tenus d'en faire leur Déclaration au Bureau des Marchands Orfévres qui les marqueront au Corps, ou en l'une des Pieces principales, d'un Poinçon particulier qui ne fervira à autre ufage; en forte néanmoins qu'elles n'en puiffent être difformées.

AUTORITEZ.

Reglement géneral du 30 Décembre 1679. ART. X. „ Permet néanmoins „ Sadite Majefté, aux Marchands „ Merciers de ladite Ville de Paris, „ de vendre la Vaiffelle & autres „ Pieces d'Orfévrerie venant d'Al- „ lemagne & autres Pays étrangers „ feulement; à la charge qu'après „ l'arrivée & reception defdites Pie- „ ces d'Orfévrerie, lefdits Mar- „ chands Merciers feront tenus d'en „ faire leur Déclaration au Bureau „ des Maîtres Orfévres qui les mar- „ queront au Corps, ou en l'une des „ Pieces principales, d'un Poinçon „ particulier qui ne fervira à autre „ ufage; en forte néanmoins, qu'- „ elles n'en puiffent être difformées. " *Layet. 3, cot. 42.* Item, *Recueil des Ord. pag. 183.*

Arrêt du Confeil d'Etat du Roy, du 29 Juin 1686. „ Sa Majefté étant " en fon Confeil a ordonné & ordon- " ne que le Reglement du 30 Dé- " cembre 1679, fera executé felon " fa forme & teneur; ce faifant, & " conformément à l'Article....x. du- " dit Reglement, fait Sa Majefté " défenfes.... aux Marchands Mer- " ciers de la Ville de Paris, de ven- " dre autres Vaiffelles & Pieces d'Or- " févrerie que celles venant d'Alle- " magne, & autres Pays étrangers.... " fuivant & ainfi qu'il eft porté par " ledit Reglement. " *Layette idem, cotte 58, & Recueil, pag. 199.*

Lettres Patentes du 28 Juin 1722, fur Arrêt du 15 May précédent. „ Par ces Prefentes fignées de notre " „ main...

,, main... Enjoignons aux Marchands ,, Merciers & Joyailliers qui font ,, commerce de Marchandifes d'or & ,, d'argent de fabriques étrangeres, ,, de les déclarer & porter aux Bu- ,, reaux, tant de la Maifon com- ,, mune [des Marchands Orfévres] ,, que de notre Fermier, dans les 24 ,, heures de leur arrivée, pour y ,, être ... lefdits Ouvrages marquez ,, des Poinçons de la Maifon com- ,, mune & de notre Fermier à ce def- ,, tinez &c." *Layette* 3 *bis, cot.* 14.

Nous appellons le Poinçon qui

eit deftiné à cet ufage dans notre Maifon commune, *Poinçon de Reconnoiffance.* Il eft formé de ces deux Lettres ET. fignifiant *Etranger,* & marquant fa deftination. Comme il ne garantit point le Titre des Ouvrages qui en font marquez, il ne change point aufli avec les Gardes : Et celui qui fert actuellement, n'eft point différent du premier qui fut infculpé au Greffe de la Cour des Monoyes, après la publication du Réglement général, le 24 May 1680. *Archives de l'Orfévrerie, Layette* idem, *cotte* 50.

ARTICLE III.

Orfévrerie étrangere ne fera expofée en vente fans la Marque des Gardes.

IL eft défendu aufdits Marchands Merciers d'expofer en vente lefdites Vaiffelles & Pieces d'Orfévrerie de fabrique étrangere, avant qu'elles ayent été marquées dudit Poinçon particulier : Et en cas de contravention, permis aux Gardes des Marchands Orfévres de les faire faifir ; & à cet effet, de faire tranfporter un Commiffaire au Châtelet.

AUTORITEZ.

Réglement général du 30 *Décembre* 1679. Aʀᴛ. x. ,, Fait Sa Majefté ,, defenfes auxdits Marchands Mer- ,, ciers d'expofer en vente lefdites ,, Pieces d'Orfévrerie [de fabrique ,, étrangere] avant qu'elles ayent été ,, marquées : Et en cas de contraven- ,, tion, permis aux Gardes des Mar- ,, chands Orfévres de les faire faifir ;

& à cet effet, de faire tranfporter " un Commiffaire du Châtelet. " *Lay.* 3 *cotte* 42, & *Rec. p.* 183.

L'exactitude prefcrite ici & aux Marchands Merciers, & aux Gardes de l'Orfévrerie touchant la Marque des Ouvrages de fabrique étrangere, fait connoître la raifon pourquoi

D d

cette Marque eſt ordonnée. C'eſt pour empêcher qu'en imitant le goût & la forme de ces ſortes d'Ouvrages, il n'en ſoit illicitement fabriqué de ſemblables & à bas Titre dans Paris; leſquels pourroient être enſuite débitez , comme étant de fabrique étrangere, ſi le Réglement n'avoit pas pourvû à cet inconvénient, en or-donnant qu'ils ſeroient marquez d'un Poinçon particulier. De - là vient qu'avant que de les marquer, il faut que les Gardes y voyent l'Empreinte du Poinçon étranger , ou qu'on leur repréſente la Facture ou Lettre d'en-voy du Pays d'où ils viennent ; à moins qu'ils ne les jugent d'ailleurs hors de tout ſoupçon à cet égard.

ARTICLE IV.

Etrangers ne feront entrer ni colporter Orfévrerie dans Paris.

IL eſt pareillement défendu à tous Etrangers de fabriquer ou faire fabriquer , ni apporter aucunes Marchandiſes d'Orfévrerie & de Joyaillerie à Paris, pour les y vendre & colporter ; ſi ce ne ſont Pierres fines , nues & hors d'œuvre : Et à tous Revendeurs & Revendereſſes, de s'entremettre pour la revente deſd. Marchandiſes ; à peine de confiſcation & d'amende arbitraire.

AUTORITEZ.

Sentence du Prevôt de Paris , du 26 Juin 1630. ,, Nous diſons, oui ſur ,, ce le Procureur du Roy, que les ,, Ordonnances & Reglemens con-,, cernant l'Orfévrerie ſeront gardez ,, & entretenus ; & ce faiſant, fai-,, ſons défenſes à tous Etrangers ,, d'apporter aucune Marchandiſe ,, d'Orfévrerie, de la fabriquer, ou ,, faire fabriquer, pour la revendre , ,, ou colporter en cette Ville de Paris: ,, même à tous Revendeurs & Re-,, vendereſſes , & autres Perſonnes ,, de s'entremettre pour la revente de ,, ladite Marchandiſe d'Orfévrerie, ,, en quelque ſorte & maniere que ce ſoit, excepté pour les Pierres " fines , nues & hors d'œuvre ; à " peine de confiſcation & d'amende " arbitraire. " *Lay. intitulée* des Aydes à Gardes , *cotte* 1. Item , *Recueil, pag.* 277.

Arrêt de la Cour de Parlement , du 7 *Septembre* 1630. ,, Notredite " Cour ... ordonne que les Regle- " mens concernant le fait de l'Orfé- " vrerie ſeront gardez & obſervez ſe- " lon leur forme & teneur. Fait dé- " fenſes à tous Etrangers & autres " Perſonnes de quelque qualité & " condition qu'elles ſoient , d'ap- "

„ porter en notre Royaume aucune
„ Marchandife d'Orféorerie , fi ce
„ ne font des Pierres fines, nues &
„ hors d'œuvre ; de faire fabriquer
„ pour revendre ou Colporter au-
„ cunes Marchandifes d'Orféorerie ;
„ même à tous Revendeurs & Re-
„ venderefles , & autres Perfonnes
„ de s'entremettre de ladite revente,
„ en quelque forte & maniere que
„ ce foit .... à peine de confifcation
„ & d'amende arbitraire. “ *Layette*
idem, *cotte* 2. Item, *Recueil des Ord.*
pages 280 , 281.

Arrêt de la Cour des Monoyes, du
29 Novembre 1630. „ La Cour ....
„ a fait & fait défenfes à toutes Per-
„ fonnes de quelque qualité & con-
„ dition qu'elles foient , d'apporter

ou faire apporter en ce Royaume „
aucune Marchandife d'Orféorerie , „
fors de Pierres fines nues & hors „
d'œuvre ; de faire vendre & Col- „
porter aucunes defdites Marchan- „
difes d'Orféorerie : Et à tous Re- „
vendeurs & Revenderefles, & au- „
tres Perfonnes de s'entremettre de „
ladite revente en quelque forte & „
maniere que ce foit .... à peine de „
confifcation & d'amende arbitraire. „
Ibid. *cot.* 4 , *& Rec. p.* 285.

Ces défenfes, non d'apporter des
Matieres d'or & d'argent brutes ,
mais ouvrées dans Paris & dans le
refte du Royaume, ont pour but d'y
entretenir la Manufacture des Ouvrages d'Orféorerie floriflante , &
d'y maintenir la pureté de leur Titre.

ARTICLE V.

Gens fans qualité ne feront le Courtage d'Orféorerie.

COmme auffi il eft défendu à toutes Perfonnes fans
qualité de l'un & de l'autre fexe, communément
appellez COURTIERS, d'expofer en vente, colporter &
débiter dans Paris aucuns Ouvrages ou Matieres d'or &
d'argent, Pierreries, Bagues & Joyaux ; à peine d'être
procédé extraordinairement contr'eux ; même de punition exemplaire.

AUTORITEZ.

La défenfe contenue dans l'Article précédent contre les Revendeurs, regarde le *Colportage* des Marchandifes d'Orféorerie de fabrique
étrangere ou prohibée. Celle du pre-

fent Article, a pour objet le *Courtage*
de celles qui font d'ailleurs en regle ;
mais qui feroit fait par des Gens fans
qualité : Et la premiere des Autoritez fuivantes , dont il eft formé ;

nous apprend d'abord le motif de la Défense qu'il contient.

Edit de Henry II. à Fontainebleau, le 22 May 1555. ART. XI. » Et à ce » que l'or & l'argent ne puisse passer » par tant de mains, & obvier aux » abus qui sur ce souventefois se com- » mettent, défendons très-expressé- » ment à toutes personnes de quelque » état, qualité ou condition qu'ils » soient, de faire fait de Courtier » audit État d'Orfévrerie, ni vendre » aucune Orfévrerie, sinon à ceux » ausquels il est permis [de faire le- dit Courtage, c'est-à-dire, aux Orfévres mêmes & à leurs Veu- » ves ;] sur peine d'amende arbi- » traire, &c. Enjoignant à cette fin » aux Gardes d'Orfévrerie de faire » garder & entretenir lesdites défen- » ses ; & à cette fin, dénoncer .... » les Contrevenans & Infracteurs de » notre Ordonnance, pour être pro- » cedé contr'eux ainsi qu'il appar- » tiendra. « *Layet. 1, cotte* 14. Item, *Recueil, pag.* 77.

Arrêt de la Cour de Parlement, du 7 *Septembre* 1630. » Notredite » Cour ... fait défenses ... aux Or- » févres & Joyailliers de bailler les- » dites Marchandises ausdits Reven- » deurs & Revenderesses pour les re- » vendre ; à peine de confiscation & » d'amende arbitraire. " *Layet. des Aydes à Gard. cot.* 2. Item, *Rec. p.* 280, 281. Même défense dans l'Ar- rêt de la Cour des Monoyes du 29 Novembre 1630, cité sous l'Ar- ticle précédent.

Sentence de Police, du 13 *Octobre* 1722. „ Nous ordonnons que l'Edit „ du Roy Henry II. du 22 May

1555, &c. seront exécutez selon " leur forme & teneur ; & en consé- " quence, que défenses seront faites " à toutes Personnes sans qualité de " l'un & de l'autre sexe, communé- " ment appellez COURTIERS, d'ex- " poser en vente, débiter, ni colpor- " ter en cette Ville & Fauxbourgs " de Paris, même dans les Maisons, " aucuns Ouvrages & Matieres d'or " & d'argent, Pierreries, Bagues & " Joyaux ; à peine d'être procedé " contr'eux extraordinairement, mê- " me de punition exemplaire. Et en " cas de contravention, permettons " aux Maîtres & Gardes actuelle- " ment en Charge, & à leurs Suc- " cesseurs en ladite Charge de Gar- " des du Corps des Marchands Or- " févres-Joyailliers, de faire saisir & " arrêter lesdites Marchandises & " Matieres, & de faire conduire les " Contrevenans chez les Commis- " saires du Châtelet ; à l'effet de quoi " tous Officiers de Justice seront te- " nus de prêter main-forte, lorsqu'ils " en seront requis ; & sera notre pré- " sente Sentence exécutée, &c. & à " la diligence desdits Maîtres & Gar- " des, imprimée, lûe, publiée & " affichée partout où besoin sera. " Ce qui fut fait le 24 du même mois. *Layet.* 3. bis. *cotte* 16.

C'est ainsi que depuis Henry II. le Courtage des Marchandises d'Or- févrerie & de Joyaillerie, n'a pû être légitimément fait dans le Corps par des Personnes *sans qualité.* Mais nous n'avons jamais regardé comme tels à cet égard, les Enfans des Maîtres, même après la mort de leurs Peres & Meres ; & l'on a toujours crû qu'ils appartenoient d'assez près au Corps pour mériter sa confiance, & n'être pas indistinctement compris dans des Défenses, qui naturellement ne doi-vent regarder que des Personnes plus étrangeres à notre Etat.

ARTICLE VI.

Contre les Crieurs de vieux Passemens d'argent.

PAREILLES défenses sont faites à tous Particuliers de quelque état ou condition qu'ils soient, d'ache-ter, vendre, ni crier par les rues de Paris, des vieux Passemens d'or & d'argent; à peine d'amende, de con-fiscation & de prison.

AUTORITEZ.

Jusqu'en 1616, nos Titres ne nous fournissent rien sur ces Crieurs de vieux Passemens d'or & d'argent dans les rues de Paris. Mais alors les Gardes de l'Orfévrerie donnant la chasse à ces sortes de Gens, leur firent défendre à tous ce petit trafic, par des Sentences du Prevôt de Pa-ris, qu'ils obtinrent au mois d'Avril de la même année, contre plusieurs d'entr'eux; & prirent soin de faire publier ces Défenses à son de Trom-pe dans Paris, le 7 May suivant, en ces termes :

„ DE PAR LE ROY, & Monsieur le „ Prevôt de Paris , &c. On fait à „ sçavoir qu'à la Requête des Maîtres „ & Gardes de la Marchandise d'Or-„ févrerie de cette Ville de Paris , „ par les Sentences données par mon-„ dit Sieur Prevôt de Paris, sur les „ Conclusions du Procureur du Roy, „ les 24 & 29 Avril dernier , à l'en-„ contre des nommez Martin Ferré , „ &c. Crieurs de vieux Passemens „ d'or & d'argent à vendre & ache-ter; défenses leur sont faites & à „ tous autres, de quelque qualité ou „ condition qu'ils soient, d'aller par „ ladite Ville de Paris, crier à vendre „ & acheter à l'avenir aucun vieil „ Passement d'or & d'argent ; sur „ peine d'amende, de confiscation & „ de punition corporelle. „ *Archiv. de l'Orf. Sac, N°. 13. Item, Recueil im-primé, pag. 562.*

Arrêt du Parlement, du dernier jour d'Août 1630. „ La Cour a fait & „ fait défenses ausdits de Chérance „ &c. & à tous autres d'acheter, ven-„ dre, ni crier par les rues de cette „ Ville de Paris, des vieux Passemens „ d'or & d'argent, à peine de soixan-„ te livres d'amende & de prison. „ Nos Gardes qui avoient obtenu cet Arrêt, en obtinrent un autre le 7 Septembre suivant, qui leur permit de le faire publier à son de Trompe, & afficher dans Paris : Ce qui fut fait le 18 du même mois. *Sac* idem, & *Rec. pag. 565, 566.*

Ils ont fait garder ces Défenses

dans la fuite, même par emprifonnement des Contrevenans, & avec confifcations & amendes, par plufieurs Sentences & Arrêts que vous trouverez dans le même Sac, n°. 13, & au *Recueil*, *pag.* 568, 571, 573, & 574. En effet, il feroit de dangereufe conféquence de laiffer ce trafic, quoique peu important, entre les mains de tels Particuliers, lefquels n'étant aftraints à aucune Regle de Police, & n'ayant pas même de domicile connu, pourroient, fous prétexte de ce petit Commerce, & fans précaution, s'émanciper à faire des achats plus confidérables, au préjudice du recours & de la fureté publique à l'égard des chofes volées.

Nous obferverons de plus, que dans ce cas, & pour procurer au Public ce recours & cette fureté, Charles IX. porte même la précaution beaucoup plus loin par des Lettres Patentes du 24 Avril 1568, qu'il fit publier à fon de Trompe dans Paris. Il y défend féverement à tous Particuliers, quoique duement domiciliez & appartenans à divers Etats, comme Paffementiers, Drappiers, Frippiers, Marchands de Soye & tous autres, *fors excepté*, dit-il, *à ceux aufquels on fait les Recommandations des chofes perdues, qui font les Maîtres Orfévres & Joyailliers tenant Boutique ouverte en cette Ville de Paris, d'acheter, ne trocquer contre leurs Marchandifes, Or, Argent, Bagues, Joyaux, Pierreries, Drap d'or, Drap d'argent fondu ou à fondre, & toutes autres chofes qui dépendent de l'Orfévrerie, fur peine de confifcation &c.* voulant que *le tout foit renvoyé ez Maifons defdits Maîtres Orfévres & Joyailliers de cette Ville de Paris tenans Boutiques ouvertes, efquelles Maifons fe font lefdites Recommandations, afin d'averer & découvrir icelles befongnes perdues & mal-prifes, & foi faifir des Perfonnes qui les apportent à vendre.* Layette 1, cotte 16, & *Rec.* pag. 85.

ARTICLE VII.

Affineurs & Changeurs n'entreprendront fur l'Etat d'Orfévrerie.

LEs Affineurs & Départeurs d'or & d'argent, & les Changeurs, n'entreprendront directement, ni indirectement fur l'Etat & Commerce des Marchands Orfévres; & en conféquence, ils ne pourront vendre, ni expofer en vente aucuns Ouvrages d'Orfévrerie, à peine de confifcation defdits Ouvrages, & d'amende.

AUTORITEZ.

Arrêt de la Cour des Monoyes, du 8 Août 1553. portant Réglement entre les Orfévres de Paris, & les Changeurs & Affineurs de cette Ville. ,, La Cour ''

» faisant droit, tant sur le Réglement
» requis par chacune des Parties,
» que sur les Conclusions du Procu-
» reur Général du Roy ... a fait in-
» hibitions & défenses ausdits Chan-
» geurs & Affineurs de faire, ou faire
» faire Vaisselle d'or ou d'argent ; en
» racheter & tenir en Boutique pour
» icelle publiquement exposer en
» vente. Pourront néanmoins lesdits
» Affineurs acheter Vaisselle d'or ou
» d'argent ; à la charge qu'ils seront
» tenus la difformer & fondre, sans
» la tenir en sa forme & espece, pour
» icelle affiner, la vendre ou la porter
» en la plus prochaine Monoye. Pa-
» reillement lesdits Changeurs, pour-
» ront acheter toute sorte de Vaisselle
» d'or ou d'argent, à la charge aussi
» qu'ils ne la pourront exposer en
» vente ; mais seront tenus la porter
» en la plus prochaine Monoye. Pour-
» ront toutefois lesdits Changeurs &
» Affineurs faire faire Vaisselle d'ar-
» gent pour eux seulement à leur usa-
» ge, & raisonnablement selon la
» capacité de leur Etat, sans qu'ils
» les puissent autrement exposer en
» vente ... ni tenir Montre d'Orfé-
» vrerie. « *Layette 21, cotte 1.* Item,
Rec. pag. 871, 872.

Le même Réglement fait voir que
nos Orfévres entreprenoient réci-

proquement aussi sur l'Etat des
Changeurs & sur celui des Affineurs :
Ensorte que renfermant ceux-ci dans
leurs justes bornes, comme on vient
de le voir, il défend pareillement
aux Orfévres de faire le Change,
& d'affiner les Matieres. Mais depuis
ce Réglement qui avoit été respecti-
vement demandé par les Parties, il
n'a plus gueres été question de ces
entreprises réciproques. Nous rapporterons encore une Disposition là-
dessus, quoique pour d'autres Articles beaucoup plus importans, l'E-
dit d'où elle est tirée, n'ait point été
regiftré.

*Edit de Henry III. à Paris, au
mois de Septembre* 1579. » Défen- «
dons à tous les Changeurs, ensem- «
ble aux Affineurs & Départeurs «
d'or & d'argent, qu'ils n'entre- «
prennent sur l'Etat desdits Orfé- «
vres & Joyailliers, & ne s'ingerent «
de vendre, ni tenir en leurs Mon- «
tres & Boutiques, aucuns Ouvra- «
ges d'Orfévrerie ; même sur peine «
de confiscation desdits Ouvrages, «
à quelque valeur & estimation «
qu'ils se puissent monter ; & de cent «
écus d'amende pour chacune fois «
qu'ils seront trouvez faisant le con- «
traire. " *Layette* 2, *cotte* 24. Item,
Recueil, pag. 133.

ARTICLE VIII.

*Commerce de la Pierrerie hors d'œuvre, libre aux Orfévres
& Lapidaires.*

LE Commerce des Diamans & autres Pierres précieuses, brutes ou taillées, qui seront apportez par
les Marchands Forains à Paris, sera & demeurera libre

aux Marchands Orfévres-Joyailliers, & Maîtres Lapidaires ; fans que lefdits Forains foient tenus de les faire vifiter par lefdits Lapidaires, ni qu'iceux Lapidaires les puiffent lottir entr'eux.

AUTORITEZ.

Les Lapidaires érigez en Communauté Jurée dès l'an 1584, ne jouirent néanmoins paifiblement de leur Jurande qu'affez long-tems après, à caufe de l'oppofition que les Gardes de l'Orfévrerie avoient formée à ce nouvel Etabliffement. Ils exerçoient cependant leur Profeffion en toute liberté, concurremment avec nos Orfévres ; & ils étoient encore en cette fituation, lorfqu'en 1613, ils obtinrent un Arrêt fur Requête au Confeil, le 4 May, qui défendoit à tous Marchands étrangers d'apporter, ni vendre dans le Royaume aucune Pierrerie taillée, finon en Foire, à peine de mille livres d'amende & de confifcation. L'Arrêt ordonnoit de plus, qu'avant que la Pierrerie apportée en Foire pût être expofée en vente, elle feroit vifitée par *les Jurez du Métier de Lapidaire fuivant leurs Statuts.* Or, les Lapidaires prétendoient en vertu de ces mêmes Statuts, non-feulement vifiter ces Marchandifes, mais encore les lottir entr'eux ; çe qui étoit proprement vouloir s'emparer de tout le Commerce de la Pierrerie.

Mais, pour maintenir la liberté de ce Commerce, nos Gardes s'oppoferent à l'exécution de l'Arrêt ; & comme les Défenfes qui y étoient portées, leur paroiffoient d'ailleurs nuifibles à cette même liberté, ils demanderent auffi, qu'elles fuffent levées. Surquoi intervint cet Arrêt qui forme notre Article :

Arrêt du Confeil d'Etat du Roy, rendu en forme de Reglement, entre le Corps de l'Orfévrerie & la Communauté des Lapidaires, le 16 Décembre 1614. „ Le Roy en fon Confeil, faifant " droit fur ladite Inftance, a ordon- " né que les Défenfes portées par le- " dit Arrêt du 4 May 1613, tien- " dront fur les peines contenues en " icelui ; à la charge que le Commer- " ce fera libre, tant aufdits Orfévres, " que Lapidaires, defdits Diamans " & autres Pierres fines, brutes & " taillées, qui feront apportées en " ladite Ville de Paris, par lefdits " Marchands Forains, fuivant ledit " Arrêt ; fans qu'ils foient tenus les " faire vifiter par lefdits Lapidaires, " ni que lefdits Lapidaires les puiffent " lottir entr'eux. " *Layette 14, cot. 14, Item, Recueil, pag. 604.*

ARTICLE

ARTICLE IX.

Lapidaires , ni Orfévres , ne feront Facteurs de Marchands étrangers.

NE pourront, tant lefdits Lapidaires, qu'Orfévres-Joyailliers de la Ville de Paris, fe rendre directement, ni indirectement Commiffionnaires, ni Facteurs defdits Marchands étrangers ; à peine de cinq cens livres d'amende.

AUTORITEZ.

Cette difpofition leve encore un autre moyen de gêner la liberté du Commerce de la Pierrerie apportée dans Paris par les Marchands étrangers. C'eft la fuite du Texte de l'Arrêt même qui déclare ce Commerce libre , & empêche la Vifite & le Lottiffement.

Arrêt du Confeil d'Etat du Roy , du 16 *Décembre* 1614. » Le Roy en fon » Confeil.... fait défenfes refpecti-» vement, tant aufdits Orfévres, que » Lapidaires, de fe rendre Commif-fionnaires defdits Marchands étran-« gers. « *Layette* 14 *, cotte* 14. Item, *Recueil, pag.* 604. L'Amende n'a été jointe à cette Défenfe que 17 ans après , par cet autre Arrêt :

Arrêt du Parlement du 6 *Septembre* 1631. » Défenfes , tant aufdits Or-« févres , que Lapidaires , de fe ren-« dre Facteurs, ni Commiffionnaires « des Etrangers , directement ou in-« directement ; à peine de cinq cens « livres d'amende. « *Ibid. cotte* 20 *, & Recueil , pag.* 628.

ARTICLE X.

Lapidaires ne vendront Pierrerie montée en œuvre.

IL eft défendu aufdits Lapidaires de vendre, ou expofer en vente, aucunes Pierreries montées & mifes en œuvre ; à peine d'amende & de confifcation : Et pourront feulement iceux Lapidaires , vendre les Pierres brutes ou taillées, & non garnies.

E e

A U T O R I T E Z.

Voilà ce qui fut jugé en 1631, & à quoi se réduisit l'ancien Droit des Orfévres par l'évenement du Procès que le Corps soutenoit depuis environ cinquante ans, contre la nouvelle Communauté des Lapidaires.

Il est vrai que par la suite de cette longue Procédure, on voit que nos Orfévres se proposoient moins d'empêcher l'établissement de cette Communauté, que de se conserver leur ancienne faculté de tailler la Pierrerie, au moins concurremment avec les Lapidaires : Et c'est ce qui avoit été jugé par provision au Châtelet dès l'année 1605, en attendant le Jugement définitif de l'Instance au Parlement. Mais les Lapidaires se faisant un Principe du droit incontestable qu'ont les Orfévres de mettre seuls les Pierres en œuvre, argumentoient de cette faculté contre celle de les Tailler, & faisoient sonner bien haut dans leurs Ecritures l'intérêt public, qui, selon eux, ne souffroit pas qu'une Pierre pût être taillée & mise en œuvre d'une même main, à cause, disoient-ils, des abus que ces deux Opérations réunies pouvoient couvrir; & concluoient qu'en les divisant, il n'y auroit plus désormais rien de semblable à craindre.

D'ailleurs les Lapidaires prétendoient encore vendre la Pierrerie ainsi mise en œuvre par les Orfévres : Et le Prevôt de Paris le leur avoit même déja permis dès l'année 1614, par une Sentence du 18 Juin, à l'occasion de saisies faites sur quelques Lapidaires par les Gardes de la Mercerie. Ceux-ci aussi intéressez que nous à se pourvoir contre de telles

prétentions, interjetterent appel de la Sentence, dans lequel les Gardes de l'Orfévrerie ne manquerent pas de se rendre Parties intervenantes : Et le Procès se trouvant enfin instruit après plusieurs années, le Parlement prononça définitivement sur le tout en 1631. La Taille des Pierres précieuses fut ôtée aux Orfévres & donnée aux seuls Lapidaires, dont l'Etablissement fut maintenu conformément à son·érection : Et à l'égard de la faculté de vendre la Pierrerie en œuvre, & autrement, la Cour statua ce qui s'ensuit, & qui forme notre Article.

Arrêt de la Cour de Parlement, contradictoirement rendu en la Chambre de l'Edit, le 6 Septembre 1631. » Notredite Cour … faisant droit, « tant sur leProcès par écrit,qu'Inter- « vention, a mis & met l'appella- « tion & Sentence de laquelle a été « appellé au néant, en ce que l'on « [y] auroit permis aux Lapidaires » d'exposer en vente toutes sortes de « Pierreries garnies & mises en œu- « vre : En émendant, quant à ce, a « fait inhibitions & défenses ausdits « Lapidaires d'exposer en vente au- « cunes Pierres garnies & mises en « œuvre ; ains seulement pourront « vendre des Pierres brutes, taillées » & non garnies; à peine d'amende « & de confiscation d'icelles. « *Layette* 14, *cotte* 20. Item, *Recueil, page* 628. *Du reste, voyez les Titres & Procedures de cette longue Affaire dans les Layettes* 14 & 15, & *dans le Sac n°.* 19 *de nos Archives.*

Les Lapidaires s'étoient pourvus dès l'année 1666 par Lettres de Requête civile contre cet Arrêt ; mais après la conteftation la plus vive, & la difcution la plus ample, il eft intervenu Arrêt du Parlement fur productions au rapport de M. Bochart, le 9 Février 1740, qui » deboute la Communauté & Jurez des Maîtres Lapidaires des Lettres en forme de Requête civile par eux obtenues contre l'Arrêt du 6 Septembre 1631, de leur demande en enthérinement & en ampliation d'icelle ; ordonne que ledit Arrêt fera exécuté, & en conféquence leur fait défenfes d'expofer & vendre aucunes Pierreries garnies & mifes en œuvre ; pourront feulement vendre des Pierreries brutes, taillées & non garnies, à peine d'amende & de confifcation d'icelles : leur fait défenfes d'avoir aucuns Etalages peints de Pierreries montées ; de prendre la qualité de Marchands Joyailliers, & de donner à leurs Jurez celle de Gardes, mais feulement fe dire Maîtres Lapidaires, Tailleurs, Graveurs & Ouvriers en toutes fortes de Pierres précieufes, fines & naturelles : ordonne que ledit Arrêt fera infcrit fur leur Regiftre, & fur celui du Bureau des Maîtres Lapidaires. «

En conféquence cet Arrêt a été enregiftré au Bureau des Orfévres, le 27 Février 1740, & au Bureau des Lapidaires, le 4 Mars audit an 1740.

Les Lapidaires fe font pourvus au Confeil en caffation contre cet Arrêt.

Arrêt contradiétoire du Confeil d'Etat du Roy, du 10 Juillet 1742. Le Roy en fon Confeil a déclaré & « déclare les Maîtres Lapidaires nonrecevables & mal-fondez en leur demande portée en leur Requête inferée en l'Arrêt du Confeil, du 15 Août 1741, & en tant que de befoin eft, ou feroit, les en a déboutés & déboute : en conféquence a ordonné & ordonne, que l'Arrêt du Parlement du 9 Février 1740, fera exécuté felon fa forme & teneur : Fait Sa Majefté défenfes aufdits Lapidaires, de former à l'avenir aucune conteftation pour raifon de la monture & de la vente des Pierreries garnies & mifes en œuvre, à peine de dix mille livres d'amende. Enjoint au Sieur Lieutenant Général de Police de tenir la main à l'exécution du préfent Arrêt, qui fera infcrit tant fur le Regiftre des Bureaux des Marchands Orfévres, & des Marchands Merciers, que fur celui defdits Maîtres Lapidaires. «

Cet Arrêt a été infcrit au Bureau des Orfévres, le 19 Juillet 1742.

Au Bureau des Merciers, le 20 Juillet 1742.

Et au Bureau des Lapidaires, le même jour 20 Juillet 1742.

ARTICLE XI.

Lapidaires ne mettront Pierrerie en œuvre.

PAREILLES défenfes font faites aufdits Lapidaires de garnir, ou monter & mettre en œuvre, aucunes

Pierreries en or & en argent ; & enſemble à tous autres qu'auſdits Orſévres-Joyailliers de le faire : à peine de trois mille livres d'amende , & de tous dépens, dommages & intérêts.

A U T O R I T E Z.

Les Lapidaires ne ſe ſouvenant plus qu'ils avoient fait ôter aux Orſévres la faculté de tailler les Pierres précieuſes , principalement à cauſe que les Orſévres ont privativement à tous autres, celle de les monter, ne laiſſerent pas de vouloir réunir en eux-mêmes ces deux Opérations qu'ils avoient jugé ſi incompatibles dans les Orſévres : Et le motif du Bien public , dont ils s'étoient couverts pour argumenter ainſi lors de l'Arrêt de 1631 , diſparut bien-tôt pour faire place à leur intérêt particulier. La faculté de mettre les Pierres en œuvre d'or & d'argent, ne leur ſembla donc plus appartenir ſi abſolument aux ſeuls Orſévres , qu'ils ne cruſſent pouvoir en jouir auſſi : Et quelques-uns d'entr'eux ayant été trouvez par nos Gardes , mettant effectivement de la Pierrerie en œuvre, non-ſeulement leurs Jurez ſoutinrent qu'ils avoient ce droit , mais prétendirent même s'y faire maintenir au Conſeil où la conteſtation fut portée, & où elle fut ainſi contradictoirement jugée :

Arrêt du Conſeil d'Etat du Roy, rendu entre les Orſévres & les Lapidaires, le 28 Janvier 1673. » Le « Roy en ſon Conſeil , faiſant droit « ſur l'Inſtance , ſans s'arrêter . . . . . « aux Requêtes deſdits Lapidaires , « afin d'être maintenus en la faculté « de mettre en œuvre les Pierreries.... « a fait inhibitions & défenſes auſdits « Lapidaires de garnir & mettre en « œuvre aucunes Pierreries en or & « en argent, & à tous autres qu'aux « Orſévres ; à peine de trois mille « livres d'amende , & de tous dépens, « dommages & intérêts : Et en cas « de contravention , les Parties ſe « pourvoiront pardevant le Prevôt « de Paris, & par appel au Parlement, « &c. « *Layette* 15, *cotte* 32. *Item. Recueil, pag.* 650. *Voyez ſur cette affaire les cottes depuis* 24, *juſqu'à* 32 *de cette Layette ; & les Mémoires & Procedures dans le Sac, n°.* 19.

A R T I C L E X I I.

Facultez des Fourbiſſeurs dans l'emploi des Matieres d'or & d'argent.

LE s Maîtres Fourbiſſeurs de la Ville de Paris,pourront faire & façonner en or & en argent des Gardes d'Epées & de Poignards; à la charge par eux d'acheter des Marchands Orfévres l'or & l'argent maffif qu'ils voudront employer à leurs Ouvrages ; & fans qu'ils fe puiffent fervir de Compagnons Orfévres.

AUTORITEZ.

Nous avons déja obfervé que la Communauté des Maîtres Fourbiffeurs ayant obtenu des Lettres Patentes en 1627, qui leur donnoient le droit d'employer l'or & l'argent à leurs Ouvrages, nos Gardes furent déboutez de leur oppofition à la vérification de ces Lettres au Parlement en 1632. Or , l'Arrêt qui intervint , permit donc aux Fourbiffeurs de jouir de la faculté portée en leurs nouveaux Statuts ; mais fous certaines conditions , ainfi qu'il enfuit :

Arrêt de la Cour du Parlement , rendu entre les Orfévres & les Fourbiffeurs, le 14 Août 1632. » La Cour . . . faifant droit fur l'Inftance d'oppofition defdits Maîtres & Gardes de « l'Orfévrerie à la vérification des « Lettres Patentes du mois d'Avril « 1627. . . a débouté & déboute lefdits Maîtres & Gardes de l'Orfévrerie de leur fufdite oppofition . . . « A permis & permet aufdits Fourbiffeurs de faire & façonner les Gardes d'Epées & Poignards, en la forme portée par leurs nouveaux Statuts : A la charge toutefois que « lefdits Fourbiffeurs feront tenus « d'acheter des Orfévres l'or & l'argent maffif qu'ils voudront employer à leurs Ouvrages ; & fans « que lefdits Fourbiffeurs fe puiffent « fervir de Compagnons Orfévres. « *Layette* 18, *cotte* 7. Item , *Recueil imprimé , page* 796.

ARTICLE XIII.

Devoirs des Fourbiffeurs dans l'ufage de leurs facultez.

LEsᴅɪᴛs Fourbiffeurs feront tenus d'employer l'or & l'argent aux Titres & dans les Remedes portez par les Ordonnances : d'avoir un Poinçon pour marquer leurs Ouvrages ; & d'envoyer leurfdits Ouvrages au Bureau des Marchands Orfévres pour y être effayez & Contremarquez par les Gardes de l'Orfévrerie.

AUTORITEZ.

Les nouveaux Statuts des Fourbiffeurs , ni l'Arrêt du 14 Août 1632, ne marquent pas précifément à quels Titres les Fourbiffeurs devoient employer l'or & l'argent à leurs Ouvrages. Il eft vrai que l'Arrét les obligeant de prendre ces Matieres chez les Orfévres , sembloit assez en dénoter la qualité : Mais comme ils ne marquoient point encore leurs Ouvrages , le Titre pouvoit facilement en être altéré : Et en effet , le Foiblage que nos Gardes y trouvoient assez fréquemment dans leurs Visites , demandoit qu'il fût statué plus précisément sur ce point. C'est ce que la Cour des Monoyes fit en 1670 , par cette Disposition :

Arrêt de la Cour des Monoyes , du 13 Décembre 1670. » La Cour.... „ faisant droit sur les conclusions du „ Procureur Général , fait défenses à „ tous Fourbisseurs de tenir en leurs „ Boutiques , ni vendre aucuns Ou- „ vrages d'or ou d'argent qu'ils ne „ soient au Titre porté par l'Or- „ donnance : sçavoir ; l'or , à vingt-un „ Karats trois Quarts au moins ; & „ l'argent , à onze Deniers dix Grains „ au moins , dont ils demeureront „ responsables. « *Layette* 18 , *cot.* 12. Item , *Recueil , p.* 806.

Le meilleur moyen de faire garder ces Défenses auroit été d'ordonner en même tems que les Ouvrages des Fourbisseurs seroient désormais marquez ; & c'est toutefois ce que l'Arrêt ne fit point, Mais huit ans après , les Fourbisseurs se porterent d'eux-mêmes à l'établissement de ce moyen. En 1678 , ils demanderent à la Cour des Monoyes, qu'il leur fût permis d'avoir un Poinçon commun dont leurs Ouvrages en particulier pussent être Contremarquez. Mais la Cour , qui étoit bien éloignée d'introduire un second Poinçon de Contre-marque pour quelques especes d'ouvrages d'or &

d'argent que ce pût être dans Paris , jugea qu'il falloit que ceux des Fourbisseurs fussent portez au Bureau de l'Orfévrerie : & en ayant fait faire aussi-tôt la proposition à nos Gardes , il fut arrêté dans une Assembée des Anciens , tenue à ce sujet le 10 Septembre , que les Ouvrages des Fourbisseurs seroient essayez & Contremarquez dans la Maison commune ; à condition que pour cet effet chaque Fourbisseur auroit son Poinçon particulier , ou Poinçon de Maître , différent de celui des Orfévres. 5. *Regist. des Déliber. fol.* 5. Et c'est ce qui fut statué par le Reglement général , l'année suivante , en ces termes :

Reglement général du 30 Décembre 1679. A R T. XVII. » Seront les « Arrêts & Reglemens concernant « l'Orfévrerie exécutez de point en « point , selon leur forme & teneur ; « & en ce faisant , seront .... lesdits « Fourbisseurs...... qui employent « les Matieres d'or & d'argent , te- « nus de faire leurs Ouvrages au Ti- « tre & dans les Remedes portez par « les Ordonnances.... lesquels Four- « bisseurs seront aussi tenus d'en- « voyer leurs Ouvrages à la Mar- « que [au Bureau des Orfévres.] Et « seront les Délinquans , tant au Titre « que pour le défaut de Marque & « de la Contre-marque , condamnez « en cinquante livres d'amende pour « la premiere fois , outre la confis- « cation des Ouvrages : en cent livres « pour la seconde fois ; & seront in- « terdits de la Maîtrise à la troisième « fois : sans que lesdites peines puis- « sent être remises ni moderées sous « quelque prétexte que ce soit. « *Layet.* 3 , *cot.* 42. Item , *Rec. p.* 185.

Au refte les Poinçons particuliers que les Fourbiffeurs prirent pour marquer leurs Ouvrages furent diftinguez de ceux desOrfévres en ce qu'ils n'ont point de Grains de Remede. Cette différence, ou quelqu'autre, fe doit trouver auffi dans les Poinçons qui ont été pareillement ordonnez aux Graveurs & aux Horlogers, defquels nous allons parler : & cette différence doit être mife, afin que l'on puiffe connoître par l'empreinte de ces divers Poinçons de Maîtres, fi ceux qui ont droit de s'en fervir, fe contiennent dans les bornes qui leur font prefcrites, & s'ils ne s'émancipent point à faire d'autres Ouvrages que ceux qu'il leur eft permis de fabriquer. Il faut d'ailleurs que tous ces Poinçons foient Infculpez en notre Bureau, comme ceux des Orfévres mêmes; puifqu'ils doivent être également connus des Gardes, & qu'autrement, les Ouvrages de ceux à qui ils appartiennent, pourroient être légitimement refufez à la Marque.

ARTICLE XIV.

Facultez & Devoirs des Graveurs dans l'employ des Matieres d'or & d'argent.

IL fera permis aux Maîtres Graveurs de la Ville de Paris de fabriquer en or & en argent des Sceaux & Cachets feulement : à la charge par eux d'en acheter la Matiere chez les Marchands Orfévres; de l'employer aux Titres portez par les Ordonnances, & d'avoir un Poinçon particulier pour marquer leurs Ouvrages.

AUTORITEZ.

Jufque dans les commencemens du fiécle dernier, il n'avoit point encore été queftion de Particuliers établis & autorifez fous le Titre de *Graveurs* dans Paris; & l'on n'en connoiffoit de tels que ceux qui étoient employez dans l'Hôtel des Monoyes à graver les Matrices & Quarrez d'acier pour la fabrique des Efpeces, Médailles & Jettons. Du refte, le Talent de la Gravûre fur l'or & l'argent étoit effentiellement dépendant de l'Art d'Orfévrerie; comme celui de tailler les Pierres précieufes avoit toujours été uni à cette autre partie du même Art qui concerne la Joyaillerie : Et de même que nos Orfévres avoient occupé des Compagnons à la Taille de la Pierrerie, ils en occupoient auffi à la Gravûre de leurs Ouvrages.

Mais ceux-ci encouragez peut-être par le fuccès des autres, fongerent à fe faire ériger auffi-bien qu'eux, en Communauté, avec Maîtrife & Jurande à Paris. Ayant formé ce deffein en 1629, ils fe raffemblerent au nombre de vingt, & commencerent par le Greffier des Statuts où ils prirent le Titre de *Tailleurs-Graveurs en or, argent & tous autres Métaux;* & n'oublierent pas d'y mettre, qu'il ne feroit permis qu'à eux de Graver *Sceaux, Cachets, Chiffres,* & généralement tous autres Ouvrages concernant leur Art : comme auffi de s'attribuer la faculté de fondre & fabriquer des *Sceaux & Cachets en or & en argent;* avec défenfes à tous autres qu'eux de mettre *étalage de Graveur, ni Tableaux où il y eût Empreintes de Sceaux & Cachets :* Ce qui étoit en effet, l'Etalage de ceux de nos Orfévres qui s'adonnoient uniquement à la Gravûre des Sceaux & Cachets. *Layette 22, cotte 1. Item, Recueil, p. 888 & fuivantes.*

Leurs Statuts ainfi dreffez, furent autorifez par des Lettres Patentes d'Erection expediées au mois de May 1631, & adreffées à la Cour des Monoyes. Les Gardes de l'Orfévrerie en ayant eu communication, formerent leur oppofition à la Vérification des Lettres; & en appointant les Parties fur l'Oppofition, la Cour des Monoyes ne laiffa pas de donner la Provifion aux nouveaux Graveurs. Mais comme l'Erection de leur Communauté ne pouvoit être régulierement faite fans l'autorité du Parlement, ils furent obligez d'obtenir de nouvelles Lettres au mois de Juin 1660, adreffées à ce Tribunal, où nos Gardes les fuivirent. Mais il en arriva à l'égard des Graveurs, comme à l'égard des Lapidaires. Leur Etablilfement fut définitivement maintenu en 1665, en y appofant feulement quelques con-

ditions, ainfi qu'il enfuit :

Arrêt du Parlement, du 22 May 1665, entre les Orfévres & les Graveurs. » Dit a été que la Cour, faifant droit fur le tout; fur les oppofitions à l'Enregiftrement defdites ●Lettres & Statuts defdits Graveurs, a mis & met les Parties hors de Cour & de Procès : Pourront néanmoins lefdits Orfévres graver, &c. [comme on le va dire dans l'Article fuivant.] Fait défenfes aufdits Graveurs de fabriquer autres Ouvrages [d'or & d'argent] que Sceaux & Cachets; & de fondre ailleurs qu'en Boutique ouverte, conformément aux Ordonnances & Reglemens : & enjoint à eux de prendre la Matiere pour la fabrique de leurs Ouvrages chez les Orfévres, & de l'employer au Titre de Paris, &c. « *Layette 22, cotte 8. Item, Recueil, pag. 905.*

A l'égard des Poinçons de Maîtres, ce n'a été qu'en 1722 que la Cour des Monoyes a permis ou ordonné aux Graveurs d'en avoir pour marquer leurs Ouvrages, par cet Arrêt,

Arrêt de la Cour des Monoyes, du 6 Juin 1722. » La Cour a permis & permet aux Maîtres de la Communauté des Graveurs de cette Ville de Paris, d'avoir un Poinçon pour marquer les Ouvrages d'or & d'argent qu'ils fabriqueront; à la charge par eux de les faire infculper fur une Table de cuivre qui fera à cet effet dépofée au Greffe de la Cour. «

ARTICLE XV.

ARTICLE XV.

Facultez conservées aux Orfévres en fait de Gravûre.

POURRONT les Maîtres & Marchands Orfévres continuer de Graver les Sceaux & Cachets, & toutes sortes d'Ouvrages d'Orfévrerie qu'ils auront faits; comme aussi de faire & Graver en creux & de relief, toutes sortes de Poinçons & Lames d'acier, à droit ou autrement, qui leur seront nécessaires pour la Fabrique & Ornemens de leurs Ouvrages.

AUTORITEZ.

Le Talent de Graver est si essentiel à l'Art d'Orfévrerie, qu'avec tous leurs efforts les nouveaux Graveurs ne purent l'enlever aux Orfévres, comme les Lapidaires avoient fait de celui de la Taille des Pierres; mais seulement le partager avec eux. Ce partage, quoique moins favorable d'abord à nos Orfévres, fut fait par l'Arrêt même qui mit les Graveurs en jouissance de leurs Statuts.

Arrêt du Parlement, du 22 May 1665. „ La Cour faisant droit sur „ les oppositions à l'enregistrement „ desdites Lettres & Statuts desdits „ Graveurs, a mis & met les Parties „ hors de Cour & de Procès; pour„ ront néanmoins lesdits Orfévres, „ Graver toutes sortes d'Ouvrages „ d'Orfévrerie qu'ils auront faits; „ même des Sceaux & Cachets, sans „ qu'ils puissent toutefois employer à „ leur Gravûre des Compagnons „ Graveurs, & avoir Etalages &

Tableaux d'Empreintes concer-" nans la Gravûre, ni graver Poin-" çons d'acier autres que ceux qui " portent leur Marque ou le Titre de " Paris. " *Layette 22, cotte* 8. Item, *Recueil, pag.* 905.

Cet Arrêt qui en matiere de Gravûre sur l'acier, réduisoit les Orfévres à graver seulement leurs Poinçons de Maîtres & celui de la Contre-marque, leur ôtoit la faculté qu'ils avoient toujours eue de Graver eux-mêmes les autres Poinçons & Quarrez nécessaires pour frapper & estamper les Ornemens convenables à la perfection de leurs Ouvrages. Cette faculté étoit si naturelle aux Orfévres, que l'un d'eux nommé de Laon, croyant pouvoir continuer d'en jouir depuis l'Arrêt, se mit à graver l'année suivante une Feuille sur un Quarré d'acier, dont il avoit besoin. Les Jurez Graveurs ne manquerent pas de saisir cet Ou-

Ff

til : & quoiqu'ensuite la saisie eût été déclaré injurieuse & tortionnaire par Sentence du Prevôt de Paris, du 4 Novembre 1670, laquelle maintint les Orfévres en la possession où ils avoient toujours été de graver ces sortes d'Ouvrages, elle fut néanmoins cassée par Arrêt du Parlement, du 4 Août 1676. *Layette 22, cottes* 17 & 19. Mais trois ans après, le Réglement général rétablit difértement cette faculté aux Orfévres, en statuant de nouveau sur celle qui leur est conservée en fait de Gravûre.

Réglement général du 30 Décembre „1679. ART. XVI. „ Pourront lesdits Orfévres, continuer de graver „ toutes sortes d'Ouvrages d'Orfé- „ vrerie, Sceaux & Cachets ; faire „ & graver en creux & de relief, tou- „ tes sortes de Poinçons & Lames „ d'acier, à droit ou autrement, „ qui leur seront nécessaires pour la „ fabrique & ornemens de leurs Ou- „ vrages ; le tout sans s'arrêter aux Arrêts du Parlement, des 22 May " 1665, & 4 Août 1676. " *Layette* 3, *cotte* 42. Item, *Rec. p.* 185.

En vertu de la premiere partie de cet Article, nos Orfévres crurent n'être plus restraints à la Gravûre seulement des Ouvrages d'Orfévrerie qu'ils auroient faits eux-mêmes, & qu'ils pouvoient réciproquement graver & armoirier les Ouvrages les uns des autres : Cependant les Jurez Graveurs se prévalant de la disposition de l'Arrêt de 1665 là-dessus, à laquelle ils prétendoient que celle du Réglement ne donnoit aucune atteinte, ils obtinrent en effet une Sentence de Police, le 25 Octobre 1686, laquelle défendit à tous Orfévres de graver *autres Ouvrages que ceux qu'ils auroient faits, & qui se-roient marquez à leurs Poinçons.* Et la Sentence fut contradictoirement confirmée par Arrêt du Parlement, le 6 Août de l'année suivante. *Lay.* 22, *cot.* 17 & 21. Item, *Rec. p.* 920 & 929.

ARTICLE XVI.

Facultez des Horlogers dans l'emploi des Matieres d'or & d'argent.

IL sera permis aux Maîtres Horlogers de ladite Ville de Paris, de fabriquer des Boëtes, ainsi que toutes sortes d'Ornemens d'or & d'argent, pour leurs Montres & Horloges : & ne pourront néanmoins employer des Compagnons Orfévres, ni enrichir de Pierreries aucune de leursd. Boëtes ; à peine de confiscation & d'amende.

A U T O R I T E Z.

Les Statuts donnez aux Maîtres Horlogers de Paris en 1544, ne marquoient pas clairement qu'ils puissent employer l'or & l'argent à leurs Boëtes de Montres & autres Ornemens de leurs Ouvrages d'Horlogerie : Cependant ils le firent tout communément par la suite ; & nous ne trouvons pas que les Gardes de l'Orfevrerie ayent voulu les en empécher avant l'an 1624. L'ayant donc tenté pour lors, en saisissant un nombre de Boëtes de Montres d'or & d'argent chez des Horlogers, le Prevôt de Paris jugea en faveur de ceux-ci : Et sur l'appel de la Sentence, le Parlement donna cet Arrêt en forme de Réglement.

Arrêt de la Cour de Parlement, du 15 *May* 1627. „ Notredite Cour... „ faisant droit... a maintenu & gar- „ dé, maintient & garde lesdits Maî- „ tres Horlogers au droit de pou- „ voir faire toutes fortes de Boëtes „ d'or & d'argent pour les Montres „ fonnantes & autres de leurs Ouvra- „ ges... Fait défenses ausdits Hor- „ logers d'user de la Fonte & du „ Fourneau, & d'employer des „ Compagnons Orfévres pour faire „ lesdites Boëtes, ni d'en faire d'or „ émaillé, & d'expoier en vente „ Montres fonnantes ou autres à „ Boëtes enrichies de Pierreries, à „ peine de confiscation, & de qua- „ rante livres Parisis d'amende. " *Lay.* 19, *cotte* 4.

Comme il étoit difficile de concilier la faculté de travailler en or & en argent, dans laquelle ce premier Réglement maintenoit les Horlogers, avec la défenfe qui leur y étoit

faite de fe fervir de Fourneaux fi nécessaires pour cela, ils firent lever cette défenfe, & même celle de faire des Boëtes émaillées & gravées, par un nouveau Réglement qu'ils obtinrent contradictoirement au Confeil, en 1643.

Arrêt du Confeil Privé du Roy, du 8 *May* 1643. „ Le Roy en fon Confeil faifant droit fur l'Inftance, a " maintenu & gardé, maintient & " garde lefdits Horlogers, au pou- " voir & faculté de faire, vendre & " débiter toutes fortes de Boëtes " d'or & d'argent émaillées & gra- " vées, avec toutes fortes d'Orne- " mens pour leurs Montres & Hor- " loges.... Pourront lefdits Horlo- " gers avoir Fourneaux en leurs " Boutiques feulement, & en lieu " public pour leurs Ouvrages. " *Lay.* 19, *cotte* 4. Item, *Recueil, pages* 827, 828.

A l'égard des défenfes faites aux Horlogers par le Réglement de 1627, d'employer des Compagnons Orfévres, elles ont été réitérées en 1671, en ces termes :

Arrêt du Confeil Privé du Roy, du 11 *Septembre* 1671, *entre les Horlogers & les Orfévres.* „ Le Roy en " fon Confeil... fait défenfe ausdits " Maîtres Horlogers de fe fervir " d'autres que de Compagnons Hor- " logers pour la fabrique de leurs " Boëtes, fous les peines portées " par l'Arrêt du 15 May 1627. " *Layette, idem, cotte* 11, *& Recueil, pag.* 840.

ARTICLE XVII.

Devoirs des Horlogers dans l'usage de leurs Facultez.

SERONT lesdits Horlogers de Paris, tenus d'acheter des Orfévres de ladite Ville, & non d'autres, les Matieres d'or & d'argent pour la fabrique de leurs Ouvrages; d'employer lesdites Matieres aux Titres prescrits par les Ordonnances; d'avoir chacun leur Poinçon particulier, dont ils marqueront leursdits Ouvrages, & d'envoyer iceux Ouvrages au Bureau de l'Orfévrerie, pour y être Essayez & Contre-marquez.

AUTORITEZ.

Ces différens devoirs des Horlogers ne leur ont été prescrits que successivement par les Réglemens qui suivent, & dont les Dispositions de quelques-uns viennent d'être citées à d'autres égards.

Arrêt de la Cour de Parlement, du 15 *May* 1627. „ Seront lesdits Maî- „ tres Horlogers [de Paris] tenus „ acheter des Orfévres de notre- „ dite Ville, & non d'autres, l'or & „ l'argent en plaques pour faire les- „ dites Boëtes. " *Layet.* 19. *cotte* 4.

Arrêt du Conseil Privé du Roy, du 8 *May* 1643. „ Le Roy en son Con- „ seil... maintient & garde lesdits „ Horlogers au pouvoir & faculté „ &c. à la charge qu'ils ne pourront „ acheter l'or & l'argent pour tra- „ vailler que desdits Orfévres, & non „ d'autres; & qu'ils travailleront au „ même Titre que sont obligez les „ Maîtres Orfévres, sur les peines

portées par les Ordonnances : Et " à cette fin seront tenus de mettre " leur nom sur leurs Boëtes & Ou- " vrages pour en répondre en leur " propre & privé nom. " *Layette* idem, *cotte* 8. *& Rec. p.* 827.

Arrêt de la Cour des Monoyes, du 8 *Juillet* 1643. „ La Cour a ordonné " & ordonne que... jusqu'à ce qu'il " soit plus amplement pourvû à la su- " reté publique, si faire se doit, les- " dits Horlogers auront chacun un " Poinçon portant telle marque qu'ils " voudront choisir, dont ils seront " tenus marquer les Boëtes de leurs " Ouvrages ; lesquels Poinçons ils " insculperont à une Table de cuivre " qui sera mise au Greffe de ladite " Cour. " *Layette & cotte* idem, *& Rec. pag.* 830.

Réglement général du 30 *Décembre* 1679. ART. XVII. „ Seront les Ar- " rêts & Réglemens, concernant l'Or- "

„ févrerie, exécutez de point en point „ selon leur forme & teneur ; & en ce „ faisant, feront lefdits . . . . Horlo-„ gers . . . qui employent les Matie-„ res d'or & d'argent, tenus de faire „ leurs Ouvrages au Titre & dans les „ Remedes portez par les Ordonnan-„ ces . . . Et feront les Délinquans, „ tant au Titre, que pour le défaut „ de Marque &c. " [mêmes peines que ci-deffus à l'égard des Fourbif-feurs, *Article* 13 de ce Titre.] *Lay.* 3, *cotte* 42. Item, *Rec. pag.* 185.

Arrêt du Confeil d'Etat du Roi, du 5 *May* 1722. „ Le Roy en fon Con-„ feil, faifant droit . . . . a ordonné „ & ordonne que les Maîtres Hor-„ logers feront tenus de porter leurs „ Ouvrages d'or & d'argent au Bu-„ reau de la Maifon commune des „ Orfévres, pour y être les Effais „ faits par lefdits Orfévres . . . pour „ après lefdits Effais faits, & recon-„ nus au Titre, être les Ouvrages „ marquez du Poinçon de la Maifon „ commune &c. " *Layette* 3, bis, *cotte* 13.

Jufqu'en 1739, les Horlogers n'a-voient point eu de Poinçon parti-culier ; mais s'étant pourvus en la Cour des Monoyes pour en avoir :
Arrêt du 24 Janvier 1739, fur leur Requête & les conclufions de M. le Procureur Général. „ Ordonne qu'il n'y aura à l'avenir fur le Poin-„ çon de chaque Maître Horloger „ que les lettres initiales du nom & „ furnom du Maître, avec un petit „ pignon de fix. "

Mais dès la même année plufieurs Maîtres Horlogers prétendirent faire inferer les deux points qui (indé-pendamment des lettres initiales & de la devife) font dans ceux des Or-févres de Paris, & forment la marque diftinctive des Orfévres ; & à cet effet plufieurs defdits Maîtres, au nombre de treize, demanderent le rapport de leurs anciens Poinçons, & à faire inículper les nouveaux qu'ils avoient fait fabriquer, & où ils avoient fait graver ces deux points. Les Ju-rez Horlogers intervinrent, prirent le fait & caufe de leurs Maîtres. Les Gardes Orfévres intervinrent auffi & foutinrent que les Poinçons des Hor-logers ne devoient point contenir ces deux points.

Arrêt contradictoire de la Cour des Monoyes du 26 Juin 1739, qui déboute les Horlogers de leur de-mande ; ordonne l'exécution de l'Ar-rêt du 24 Janvier 1739, & que ceux qui auroient des Poinçons qui ne fe-roient pas conformes à ce qui eft porté par ledit Arrêt, feroient tenus de les rapporter & de fe pourvoir de nou-veaux Poinçons conformes aud. Arrêt.

ARTICLE XVIII.

Devoirs des Fondeurs à l'égard des Matieres d'or & d'argent qui leur font données à Fondre.

LEs Maîtres Fondeurs ne fondront aucuns Ouvrages d'or & d'argent qui ne foient au Titre, & feulement pour les Ortévres & autres qui ont droit d'employer ces Matieres ; à l'effet de quoi ne pourront lefdits Fondeurs recevoir lefdites Matieres, finon en maffe ou Lingot, duement marquées du Poinçon de celui qui les aura données : Et feront en outre iceux Fondeurs, tenus de conferver l'Empreinte dudit Poinçon pendant dix jours, pour être repréfentée en cas de faifie des Ouvrages fondus, à peine de confifcation & d'amende.

AUTORITEZ.

Quoique les Maîtres Fondeurs en cuivre n'ayent jamais eu aucun droit de fondre en or & en argent, il paroît néanmoins que les Gardes de l'Orfévrerie ont toujours fouffert qu'ils le fiffent ; mais feulement pour les Orfévres, & pour les autres qui ont la faculté d'employer ces Matieres : Et de-là vient le Droit que les Gardes ont auffi toujours eu de Vifiter leurs Fonderies & Ouvrages : Droit d'autant plus naturel, qu'en l'exerçant ainfi chez les Fondeurs, ils ne font que fuivre les Matieres & Ouvrages de leurs propres Confreres, & d'autres, également fujets à leur infpection, quelque part que ces Ouvrages fe trouvent.

Toutefois en 1645, ils parurent vouloir priver les Fondeurs d'une faculté qu'ils n'exerçoient que par tolérance, comme ils font encore aujourd'hui. Car ayant faifi alors chez un Fondeur trois à quatre marcs d'argent qu'un de nos Orfévres lui avoit confiez pour fondre quelques Pieces de Garnifons, ce fut à quoi ils conclurent en faifant leur Rapport de la faifie au Châtelet. En effet, la Sentence qui intervint, fit défenfe au Fondeur de plus fondre en or & en argent ; & à l'Orfévre, de lui confier des Matieres, ni à aucun autre Fondeur à l'avenir, à peine d'amende arbitraire. *Layette* 20, *cotte* 2. Item, *Rec. p.* 845.

Mais ces Défenfes qui n'étoient pas prononcées en forme de Réglement, ni d'une maniere affez générale avec toutes les Parties intéreffées, pour pouvoir être gardées, ne le furent point en effet. D'ailleurs, comme il n'y avoit apparemment aucun Orfévre dans le Corps qui voulût fe mettre à mouler pour fes Confreres, & qu'il a toujours été utile à tous que quelqu'un le fit pour accélérer le travail des Ouvrages d'Orfévrerie, on crut qu'il n'y auroit pas d'inconvénient à continuer d'employer les Fondeurs, en prenant toutefois là-deffus les mefures qui feroient jugées convenables au bien de notre Police.

L'occafion s'en préfenta dès l'année fuivante 1646. Un Fondeur qui demeuroit dans l'enclos du Palais, ayant été dénoncé aux Gardes, comme fondant des Ouvrages à bas Titre, & pour toutes fortes de perfonnes indiftinctement, ils le faifirent, & conclurent devant le Bailly du Palais à ce qu'il fût défendu à ce Fondeur de fe mêler de fondre en or & en argent, finon feulement pour ceux qui ont droit d'employer ces Matieres ; que pour connoître s'il ne le feroit point pour d'autres à l'avenir, il lui fût ordonné de tenir Regiftre exact de toutes fes Fontes & livraifons, pour être repréfenté de mois en mois aux Gardes de l'Orfévrerie ; & qu'il fût tenu de ne fondre déformais que des Matieres au Titre de l'Ordonnance. Or, c'eft furquoi le Bailly du Palais prononça par fa Sentence du 9 Juin : Et tels furent les premiers veftiges des devoirs impofez aux Fondeurs en les tolérant dans l'ufage de fondre les Matieres d'or & d'argent. *Lay.* 20, *cot.* 3 ; & *Rec. p.* 846.

On n'obtint rien de plus général, ni de mieux autorifé jufqu'en 1670, que la Cour des Monoyes ftatua fur cette matiere en forme de Réglement à l'occafion de certaines Gardes d'Epées à bas Titre, faifies par les Gardes de l'Orfévrerie chez un Fondeur; & par lequel Réglement la Cour prefcrivit un moyen efficace de garder la pureté du Titre des Matieres dans les Ouvrages jettez en fonte.

Arrêt de la Cour des Monoyes, du 13 *Décembre* 1670. » La Cour faifant droit fur les Conclufions du » Procureur Général, fait défenfes… » aux Fondeurs de fondre aucunes » Matieres d'or ou d'argent pour les » Ouvrages defdits Fourbiffeurs, » Orfévres & autres, qu'elles ne » foient en maffe ou lingot, marquées » du Poinçon de l'Orfévre, Affineur ou autres qui les auront vendues; laquelle Marque fera confervée par lefdits Fondeurs pendant fix mois, pour être par eux

repréfentée, en cas de faifie des « Ouvrages provenus defdites Fontes : Autrement & à faute de ce, « que lefdits Fondeurs demeureront « refponfables du Titre defdits Ouvrages. Ordonne que. . . . le préfent « Arrêt fera lû & publié dans les « Chambres communes defdits Maîtres Orfévres & Fondeurs, en prefence du Confeiller Rapporteur. « *Lay.* 20, *cot.* 4. Item, *Rec. p.* 850.

Le Réglement général furvenu depuis, affujettit nommément les Fondeurs, comme tous ceux qui ont droit d'employer les Matieres d'or & d'argent, à faire leurs Ouvrages au Titre & dans les Remedes portez par les Ordonnances. Art. xvii.

Mais un nouvel Arrêt de la Cour des Monoyes prononçant en conformité de celui du 13 Décembre 1670, a réduit à dix jours le délai trop long de fix mois, pendant lequel les Fondeurs devoient garder le Poinçon des Matieres qui leur font confiées ; & a également défendu aux Orfévres & autres, de les leur donner, comme à eux de les recevoir, qu'elles ne foient ainfi en lingot & duement poinçonnées, & fous de nouvelles peines, en ces termes :

Arrêt de la Cour des Monoyes, du 21 *May* 1704. » La Cour, faifant droit fur le Réquifitoire du « Procureur Général, ordonne que « les Arrêts de la Cour, des 13 « Décembre 1670, 18 Décembre 1679, & 22 Décembre « 1698, [qui tous avoient ftatué « fur cette Matiere] feront exécutez ; & en conféquence, fait « défenfes aux Maîtres Orfévres & « autres de donner aucunes Matieres «

„ d'or & d'argent aux Maitres Fon-
„ deurs, & aufdits Fondeurs de les
„ recevoir, qu'en maffe & en lingot,
„ qui fera marqué du Poinçon def-
„ dits Orfévres ou autres : laquelle
„ Marque lefdits Fondeurs feront
„ tenus de conferver pendant dix
„ jours, pour être repréfentée en cas

de faifie ; à peine de confification "
defdites Matieres d'or & d'argent, "
& de cinquante livres d'amende. "
Ordonne que le préfent Arrêt fera "
lû & publié en la Chambre com- "
mune des Orfévres, & [en celle] "
des Fondeurs. " *Archives , Layette*
3 . bis, cotte 5.

ARTICLE XIX.

Lieux & Heures du travail de tous ceux qui employent les Matieres d'or & d'argent.

SERONT lefdits Fondeurs, Fourbiffeurs, Horlogers & Graveurs, tenus d'avoir, comme les Orfévres, leurs Forges & Fourneaux fcellez en plâtre dans leurs Boutiques & fur rue publique : Et défenfes à eux, à peine de punition exemplaire, de fondre, ni travailler ailleurs qu'en leurfdites Boutiques, fous quelque prétexte que ce foit, & hors les heures portées par les Ordonnances.

AUTORITEZ.

Ces devoirs leur font prefcrits à tous également, comme aux Orfévres, & par les mêmes motifs de précaution & d'intérêt du bien public que vous pouvez relire, fous les Articles II. & III. du Titre VI. ci-deffus. Nous avons déja vû que l'Arrêt du Confeil du 8 May 1643, en permettant aux Horlogers d'avoir des Fourneaux pour leurs Ouvrages, veut qu'ils foient *en leurs Boutiques feulement , & en lieu public :* Et que l'Arrêt du Parlement du 22 May 1665, fait défenfes aux Graveurs de *fondre* leurs Sceaux & Cachets *ailleurs qu'en Boutique ouverte , conformément aux Ordonnances.* Mais le

Réglement général a ftatué de nouveau là-deffus , à l'égard de tous ceux qui employent les Matieres d'or & d'argent, en les affujettiffant aux mêmes devoirs que les Orfévres, par cette Difpofition qui forme notre Article.

Réglement général du 30 *Décembre* 1679. ART. XVIII. „ Seront lef- "
dits Orfévres, Horlogers, Fon- "
deurs, Fourbiffeurs & autres, qui "
employent lefdites Matieres , te- "
nus fuivant l'Article VIII. de l'Or- "
donnance de 1506, & l'Article X. "
du Réglement du mois de Mars "
1554 , d'avoir leurs Forges & "
Fourneaux

„ Fourneaux fcellez en plâtre dans „ leur Boutique , & fur ruc. Défen- „ fes à eux, à peine de punition exem- „ plaire, de fondre & de travailler „ ailleurs qu'en leurfdites Boutiques,

fous quelque pretexte que ce foit, " & aux heures portées par les Or- " donnances. " *Layette 3 , cotte* 42. Iᴛem, *Recueil des Ordonnances , pag.* 186.

ARTICLE XX.

Facultez & Devoirs des Boutonniers en ce qui concerne les Boutons d'Orfévrerie fur moule de bois.

LE s Maîtres Paffementiers-Boutonniers auront la faculté de vendre , concurremment avec les Marchands Orfévres , des Boutons formez d'une calotte d'or ou d'argent, eftampée & foutenue d'un moule de bois, & même d'appliquer ces calottes fur lefd. moules; à la charge par eux d'acheter des Orfévres lefd. calottes toutes eftampées , perfectionnées & marquées , s'il eft poffible , du Poinçon de l'Orfévre qui les aura vendues : Comme réciproquement les Orfévres acheteront des Boutonniers ou autres , les moules de bois , dont ils auront befoin pour la fabrique defdits Boutons ; & fera tenu Regiftre de part & d'autre defdites ventes & achats.

AUTORITEZ.

Les Paffementiers - Boutonniers de Paris , font les derniers qui ayent obtenu la faculté de faire auffi quelque portion , finon de l'Art d'Orfévrerie , comme ils le prétendoient , du moins, de fon Commerce. Les Boutons dont il s'agit , étant devenus fort en vogue dans les premieres années de ce fiécle , ils fe crurent feuls en droit d'en faire, encore que ce ne foit point Ouvrage de Paffementerie , & qu'ils puiffent être cen-

fez Boutons d'Orfévrerie , à caufe de la calotte folide d'or ou d'argent , dont ils font formez. Par cette raifon, nos Orfévres fe mirent auffi à en faire , quoique le moule de bois fur lequel la calotte s'applique , dépende du fait des Boutonniers. Or , ces prétentions & ces entreprifes refpectives, attirerent bien-tôt des Vifites & faifies réciproques des uns fur les autres : Mais fur l'appel des Sentences rendues entre les Parties, le Parlement termina leurs contestations par Arrêt rendu en forme de Reglement, dont la teneur s'enfuit :

Arrêt de la Cour de Parlement, du 29 Juillet 1711, entre les Gardes de l'Orfévrerie, les Jurez Boutonniers, & divers Particuliers faifis, Orfévres & Boutonniers. „ Notredite Cour, „ ayant aucunement égard aux Re- „ quêtes des Parties, a mis & met les „ appellations, & ce dont a été ap- „ pellé, au néant ; émendant, permet „ aux Parties de Secouffe [les Gardes „ de l'Orfévrerie] & de Gin [les „ Orfévres faifis par les Jurez Bou- „ tonniers] de fabriquer, appliquer „ & vendre les Boutons à calotte d'or „ & d'argent, foutenus d'un moule „ de bois ; à la charge d'acheter lef- „ dits moules de bois chez les Parties „ de Gondouin & de Macé [la Com- „ munauté des Boutonniers, & Par-

ticuliers de cette Communauté faifis " par nos Gardes] ou autres ayant " droit de vendre lefdits moules : " Permet pareillement aux Parties de " Gondouin & de Macé d'appliquer " & vendre lefdits Boutons ; à la " charge auffi d'acheter des Parties de " Secouffe & de Gin, les calottes " d'or & d'argent toutes eftampées, " perfectionnées & marquées des " Marques des Orfévres, fi lefdites " Marques y peuvent être mifes fans " endommager l'Ouvrage : Permet " aux Parties de Secouffe d'aller en " Vifite chez les Parties de Gon- " douin, &c. [comme nous l'avons dit " ci-deffus, Titre XII. Article II.] Or- " donne que les Parties de Secouffe, " Gin, Gondouin & Macé, feront " tenus d'avoir chacune un Regiftre " des achats & ventes qu'elles feront " refpectivement defdites calottes & " moules. " *Layette 3, bis, cotte 6.*

TITRE XIV.

Des Aydes à Gardes , & de leurs Fonctions & Devoirs.

ARTICLE PREMIER.

Election des Aydes à Gardes.

IL fera procedé tous les ans à l'Election de quatre Maîtres & Marchands du Corps de l'Orſévrerie-Joyaillerie , ſous le titre D'AYDES A GARDES ; leſquels, ſans qu'il ſoit beſoin de ſuivre l'ordre de leur Réception , feront élus à la pluralité des voix par les Gardes en Charge & les anciens Gardes , aſſemblez à cet effet dans la Maiſon commune.

AUTORITEZ.

On ne connoiſſoit point encore d'Aydes à Gardes dans le Corps avant l'année 1630. Juſques-là les Gardes s'étoient toujours paſſez de ce ſecours , & avoient ſuffi ſeuls au maintien de la Police , même à l'égard de cette partie pour laquelle il leur eſt donné ; ſçavoir , la recherche des contraventions de la part des Faux-ouvriers & Gens ſans qualité. Mais alors les frequens abus qui ſe commirent plus que jamais par ces ſortes de Gens , rendirent cet établiſſement néceſſaire. C'étoient des Compagnons qui travailloient clandeſtinement ; des Etrangers qui leur faiſoient faire , ou apportoient du dehors , des Ouvrages défectueux de Titre , dont ils trompoient journellement le Public ; & des Revendeurs & Revendereſſes qui ſe mêloient de colporter toutes ſortes de Marchandiſes d'Orſévrerie & de Joyaillerie dans Paris.

Des Particuliers du Corps bien intentionnez pour le maintien de ſa

Police démontrerent d'abord par un Mémoire qu'ils dresserent en 1629 l'utilité & la nécessité de l'établissement des Aydes : & le demanderent ensuite par une Requête au Prevôt de Paris, à l'effet de réprimer ces sortes d'abus ; reconnoissant que les Gardes continuellement occupez aux fonctions ordinaires & plus importantes de leur Charge, ne pouvoient ni ne devoient les négliger, pour y vaquer par eux-mêmes. La Requête fut signée de la plupart des anciens Gardes ; & trois de ceux qui étoient en Charge y adhererent. A l'égard des trois autres, ils ne furent pas de cet avis. Regardant ce Projet comme une nouveauté, qui, selon eux, tendoit à affoiblir l'autorité des Gardes en la partageant ainsi avec des Aydes, ils s'y opposerent. Mais leur exercice étant fini, ceux qui furent mis en place se déclarerent pour la Requête ; & le nouvel établissement fut fait par les Autoritez que nous allons rapporter, & dont les différentes Dispositions forment la suite des Articles du présent Titre ; en commençant par ce qui concerne l'Election de nos Aydes.

Sentence du Prevôt de Paris en forme de Reglement, du 26 Juin 1630. „Nous..... faisant droit sur l'aug-„mentation des Personnes requises „pour assister lesdits Maîtres & Gar-„des [de l'Orfévrerie de Paris :] „Disons que quatre Maîtres Orfé-„vres du Corps de ladite Commu-„nauté, seront élus par chacun an à la „pluralité des voix, &c. « *Layette intitulée des Aydes à Gardes, cotte* 1. Item, *Recueil.* p. 277. 278.

Arrêt de la Cour de Parlement, du 7 *Septembre* 1630, *confirmatif du précédent Reglement.* » Notredite Cour « par Jugement & Arrêt ..... a or-« donné que dans huitaine après la « prononciation du présent Arrêt les « Gardes de l'Orfévrerie assemble-« ront en la Maison commune de « leur Corps les Anciens qui ont « passé par lesdites Charges de Gar-« des, pour être procedé à la plura-« lité des voix à l'Election de qua-« tre Maîtres Orfévres du Corps de « ladite Communauté, qui seront « nommez AYDES desdits Gardes, « & renouvellez d'année en année « comme iceux Gardes ; sans qu'il « soit besoin de les prendre selon l'or-« dre du Tableau, ni du jour de « leur Reception..... Ordonne que « le présent Arrêt sera lû en la Cham-« bre de la Communauté desdits Or-« févres, eux à cette fin assemblez. « Cette lecture fut faite en l'Assemblée générale du Corps le 16 du même mois. *Layette, idem, cotte* 2, *& Recueil, pag.* 281.

Arrêt de la Cour des Monoyes, du 29 *Novembre* 1630. » La Cour a « ordonné & ordonne qu'Assemblée « sera faite des Gardes & Anciens « dudit Art [d'Orfévrerie] par cha-« cun an, pour être par eux procedé « à l'érection de quatre Maîtres Or-« févres de cette Ville de Paris, qui « seront nommez AYDES desditsGar-« des. « *Ibid. cotte* 4, *& Rec. p.* 285.

La Publication du nouvel Etablissement ayant donc été faite dans l'Assemblée générale du Corps, les Anciens procederent incessamment à l'Election des quatre premiers Aydes en la forme prescrite ici, & qui a toujours été la même jusqu'à présent.

Mais comme le tems auquel cette Election devoit se faire tous les ans ne se trouvoit pas précisément marqué, il fut fixé en 1635 à la veille de la S. Eloy d'hyver : & l'année d'après le Parlement ordonna que des quatre Aydes , deux seroient élus de six mois en six mois, afin qu'il y en eût toujours deux anciens & deux nouveaux en Charge. *Ibid. cot.* 6&7.

Toutefois nous les plaçons maintenant tous par une seule Election ; laquelle se fait dans le mois de Février , avec celle de quatre autres de nos Marchands que nous élisons aussi tous les ans sous le nom de *Conseillers des Consuls* ; & que le Corps fournit au Consulat pour aider de leurs conseils les Juge & Consuls au Siége.

ARTICLE II.

Serment des Aydes.

LE s Aydes élus prêteront le Serment de bien & fidelement exercer la Charge pendant un an ; & sera ledit Serment par eux fait tant pardevant le Prevôt de Paris, ou son Lieutenant Général de Police, qu'en la Cour des Monoyes.

AUTORITEZ.

Sentence du Prevôt de Paris , du 26 Juin 1630. [Les Aydes élus] » prê- » teront le Serment lors de l'élection » des Maîtres & Gardes , pardevant » Nous en la présence du Procureur » du Roy [au Châtelet.] « *Ibid. cot.* 1 , & *Rec. p.* 277 , 278.

Arrêt du Parlement du 7 Septembre 1630. » Lesdits quatre Aydes prê- » teront le Serment , tant pardevant » notredit Prevôt [de Paris] qu'en » la Cour des Monoyes , de bien » & fidelement exercer lesd. Char- » ges pendant le tems & espace d'un » an. « *Ibidem. cotte* 2 , & *Recueil, pag.* 281.

Arrêt de la Cour des Monoyes , du 29 *Novembre* 1630. » . . . . Seront « nommez Aydes desdits Gardes , « pour servir en ladite Charge pen- « dant un an . . . & être iceux Aydes « présentez à ladite Cour par lesdits « Gardes pour prêter le Serment de « bien & fidelement exhiber lesdites « Charges durant une année. « *Ibid. cotte* 4, & *Rec. p.* 285 , 286.

Les Aydes ont ainsi double Serment en Justice, comme les Gardes même , pour l'exercice de leurs Fonctions , quoiqu'ils ne partagent avec eux, que celles qui regardent la Police du dehors , & qu'ils ne puissent s'immiscer en rien autre chose, comme on va le dire.

ARTICLE III.

Fonctions des Aydes.

LESDITS Aydes, affiftez des Officiers de Juftice accoutumez, vifiteront diligemment tant de jour que de nuit les Marchandifes d'Orfévrerie & deJoyaillerie dans la Ville, Fauxbourgs, Banlieue, Prevôté & Vicomté de Paris, & partout où befoin fera ; excepté dans les Maifons & Boutiques des Maîtres & Marchands du Corps & de leurs Veuves.

AUTORITEZ.

Les mêmes Reglemens qui créent & inftituent nos Aydes, renouvellent premierement toutes les défenfes portées par les Ordonnances contre les Faux Ouvriers & Gens fans qualité qui entreprennent fur les droits du Corps ; comme pour préparer & défigner d'abord l'objet de leurs Fonctions. Enfuite ils font établis en effet, *pour faire la recherche des Contraventions aufdites Ordonnances,* comme porte l'Arrêt du Parlement qui les établit : & tel eft le diftrict qui leur eft donné. La Police du dehors, eft leur unique objet, fans aucune Infpection au-dedans du Corps. Ces bornes prefcrites à leurs Fonctions font toujours marquées dans le Titre même qui leur donne le pouvoir de vifiter par-tout ailleurs, & qui eft la Loi & la Regle de leur conduite : Je veux dire, la Commiffion qu'ils reçoivent du Magiftrat de Police pour l'exercice de leurs Fonctions. Voici ce qu'elle porte à cet égard :

Formule de la Commiffion du Magiftrat de Police, qui fe délivre aux Aydes à Gardes, élûs chaque année. » A tous « ceux qui ces Préfentes Lettres verront, &c. Sçavoir faifons que, &c. « Avons lefdits [tels & tels] ordonné, créé & établi, ordonnons, « créons & établiffons par ces Préfentes, Aydes des Gardes de la « Marchandife d'Orfévrerie en cette « Ville, Fauxbourgs, Banlieue, Prevôté & Vicomté de Paris..... lef- « quels, pour ce préfens en Perfonnes, « ont pris & accepté lefdites Charges ; fait le Serment & promis que « bien & diligemment, & de tout leur « pouvoir, tant de jour que de nuit, « ils verront, regarderont & vifite- « ront les Marchandifes d'Orfévrerie partout où befoin fera, FORS ET « EXCEPTE' CHEZ LES MAISTRES « ORFE'VRES ET LES VEUVES DE « MAISTRES, & aux malverfations « qui fe pourroient commettre, en- « femble aux entreprifes qu'ils fçau- « ront être commifes audit Etat, &c. «

» Si donnons en Mandement au premier Commiſſaire Examinateur & Sergent au Châtelet, qu'auſ- dits ..... faiſans & exerçans leurs Charges d'Aydes, ils donnent tout « confort & ayde, ſi requis en ſont « &c. « *Recueil des Ordonnances, pages* 295, 296.

ARTICLE IV.

Aydes remettront leurs Saiſies aux Gardes.

ILs ſeront tenus de remettre les choſes par eux ſaiſies, & les Procès verbaux d'icelles Saiſies, entre les mains des Gardes en Charge, ou de l'un d'eux, dans vingt-quatre heures après la Saiſie; pour en être par leſdits Gardes fait leur Rapport, ainſi qu'iceux Gardes ont accoutumé de faire, & qu'il ſera dit ci-après.

A U T O R I T E Z.

Sentence du Prevôt de Paris, du 26 Juin 1630. „ Leſquels [Aydes] ſe- „ ront tenus faire leſdites recherches, „ & mettre les Procès-verbaux des „ Saiſies qu'ils feront, entre les mains „ deſdits Maîtres & Gardes pour en „ faire Rapport. « *Layette des Aydes, cotte* 1. *Item, Rec. pag.* 278.

Arrêt du Parlement, du 7 *Septembre* 1630. » Leſquels quatre Aydes „ [ſeront tenus] ... de faire les re- „ cherches des contraventions à noſ- „ dites Ordonnances & Reglemens, „ & de mettre les choſes par eux ſai- „ ſies, & Procès-verbaux d'icelles, „ ſi aucune y a, entre les mains deſ- „ dits Maîtres & Gardes, ou de l'un „ d'eux, dans vingt-quatre heures „ après ladite Saiſie; pour ce fait en „ être par leſdits Gardes fait leur „ Rapport, ainſi qu'ils ont accoutu-

mé faire. « Ibid. *cotte* 2, *& Recueil, pag.* 281.

Arrêt de la Cour des Monoyes, du 29 *Novembre* 1630. » Ils feront la « recherche des contraventions qui « feront faites audit Art d'Orfévre- « rie contre les Ordonnances, Arrêts « & Reglemens de ladite Cour, & « mettront les Ouvrages qu'ils ſaiſi- « ront, & les Procès-verbaux, ſi au- « cuns ils font, ès mains deſdits Gar- « des en Charge, ou de l'un d'eux, « dans vingt-quatre heures après « icelles Saiſies faites, pour être par « iceux Gardes incontinent apportées « au Greffe de ladite Cour, pour être « jugées par icelle ſuivant leſdites « Ordonnances. « *Ibidem, cotte* 4. *& Recueil, pag.* 286.

Formule de la Commiſſion donnée à

nos *Aydes.* » Et feront tenus mettre „ les chofes par eux faifies & les Pro- „ cès verbaux , fi aucun y a , entre les „ mains des Maîtres & Gardes de la- „ dite Marchandife[d'Orfévrerie] ou „ de l'un d'iceux, vingt-quatre heures „ après ; pour en faire par eux Rap- „ port en la maniere accoutumée , &

y être pourvû ainfi que de raifon. " *Recueil des Ord. pag.* 296.

Nous verrons dans le Titre fui- vant ce qui concerne le Rapport des Gardes en Juftice , tant de leurs propres Saifies que de celles de leurs *Aydes.*

ARTICLE V.

Décharge délivrée par les Gardes à leurs Aydes.

LE s Gardes recevront les Procès verbaux & Saifies de leurs Aydes à la premiere dénonciation ; & fe- ront iceux Gardes tenus de les enregiftrer fur un Re- giftre à ce deftiné , dont Extrait figné d'eux , ou de l'un d'eux , fera délivré aufdits Aydes , pour leur fervir de Décharge.

AUTORITEZ.

La remife des Procès verbaux & Saifies des Aydes entre les mains des Gardes, prefcrite par l'Article pré- cedent, ne fit d'abord aucune diffi- culté , mais il en furvint par la fuite. Les Aydes ne refufoient pas de les remettre , comme il leur étoit ordon- né ; mais en s'acquittant de ce de- voir , ils demanderent des Décharges pour leur fûreté , que les Gardes ne fe croyoient pas obligez de leur don- ner ; attendu qu'il n'en étoit fait au- cune mention dans les premiers Re- glemens : Et cette conteftation don- na lieu à l'Arrêt du Parlement qui regla les chofes en cette maniere :

Arrêt de la Cour de Parlement, du

28 *Février* 1659. » La Cour ... fai- " fant droit ... a ordonné & ordonne " que les Arrêts feront exécutez. En- " joint aufdits Aydes des Gardes de " les obferver , & de mettre entre les " mains des Parties de Clement [les " Gardes] toutes les faifies qu'ils au- " ront fait faire , vingt-quatre heures " après qu'elles auront été faites : " Qu'iceux Gardes feront tenus de " les recevoir à la premiere dénon- " ciation; les regiftrer fur Regiftres , " dont ils feront tenus de donner Ex- " trait figné d'eux , ou de l'un d'eux , " [aufdits Aydes,] à la charge qu'il " vaudra, comme s'il étoit figné de " tous. « *Layette des Aydes , cotte* 10. *Item, Rec. p.* 293 , 294.

ARTICLE

ARTICLE VI.

Aydes ne prétendront Salaire de leur Service.

NE pourront lesdits Aydes prétendre aucun Droit ni Salaire, à cause des Services qu'ils rendront au Corps dans l'exercice de leur Charge : Mais seront rembourfez par les Gardes de tous les frais par eux faits ou foufferts pour raifon dudit exercice ; lesquels frais feront accordez entr'eux & lefdits Gardes, à l'amiable : Et en cas de conteftation, ils feront reglez fans frais, par le Procureur du Roy au Châtelet.

AUTORITEZ.

Arrêt du Parlement du 7 Septembre 1630. » . . . . Et fans que lefdits „ quatre Aydes puiffent prétendre „ aucun Salaire. « *Layette des Aydes, cotte 2.* Item, *Rec. p.* 281.

Arrêt de la Cour des Monoyes, du 29 *Novembre* 1630. » . . . . . Et fans „ que pour ce faire lefdits Aydes „ puiffent prétendre ni prendre aucun „ Salaire. « Ibid. *cot.* 4. & *Rec. p.* 286.

Tel eft le défintereffement avec lequel notre Corps doit être fervi de la part des Aydes, auffi-bien que de celle des Gardes. Cependant par un efprit d'économie fans doute, mais peu équitable, les Gardes en vinrent par la fuite jufqu'à ne pas rendre affez de juftice à leurs Aydes

fur les déboursez qu'ils faifoient pour leurs Vifites & Recherches. Mais ce fut à quoi le Parlement pourvut en même tems qu'il regla ce qui regardoit les Décharges dont on vient de parler. Et voici ce qui fut prononcé là-deffus :

Arrêt du Parlement, du 28 *Février* 1659. » La Cour . . . . . a ordonné " & ordonne . . . qu'iceux Gardes fe-" ront tenus . . . payer & rembourfer " [aufdits Aydes] tous les frais qu'ils " auront faits ou foufferts, lefquels " [frais] feront accordez entr'eux à " l'amiable ; & en cas de contefta-" tion, par le Subftitut du Procureur " Général du Roy au Châtelet, fans " frais. « Ibidem, *cotte* 10, & *Recueil,* pag. 293, 294.

ARTICLE VII.

Aydes ne s'immisceront des Affaires du Corps.

LESDITS Aydes se renfermeront uniquement dans le fait des Visites & Devoirs dont ils sont chargez, sans pouvoir s'immiscer en aucune autre chose des Affaires de la Communauté; & sans que sous prétexte de l'Etablissement d'iceux Aydes, les Maîtres & Gardes puissent se dispenser de faire toutes les Visites ausquelles ils sont tenus suivant le dû de leur Charge.

AUTORITEZ.

Sentence du Prevôt de Paris, du 26 Juin 1630. » ..... Sans que [lesdits „ Aydes] puissent s'immiscer en au„ tres choses des Affaires de ladite „ Communauté, ni que pour ce lesdits „ Maîtres & Gardes puissent être „ exempts des Visitations ordinaires „ ausquelles ils sont obligez par le „ deub de leurs Charges. « *Lay. des Aydes, cotte 1.* Item, *Rec. pag. 278.*

Arrêt du Parlement, du 7 Septembre 1630. » .... Et sans que lesdits „ quatre Aydes puissent ..... s'im„ miscer en autres choses des Affaires „ de ladite Communauté, & que „ pour ce lesdits Maîtres & Gardes „ puissent être exempts des Visita„ tions ordinaires ausquelles ils sont „ obligez suivant le deub de leur „ Charge. « *Lay. idem, cot. 2, & Rec. p. 281.*

Ces *Visitations ordinaires,* dont les Gardes ne peuvent se dispenser, sous prétexte qu'ils ont des Aydes pour les soulager, ne sont point celles qu'ils sont tenus de faire dans le Corps; puisque ces Visites du dedans étant interdites aux Aydes, ne peuvent être suppléées par eux. Ce sont de celles du dehors dont il s'agit ici; c'est-à-dire, des Visites sur les Faux Ouvriers & Gens sans qualité: Lesquelles, quoique spécialement attribuées aux Aydes, ne doivent néanmoins pas leur être tellement abandonnées, que les Gardes ne les fassent aussi *suivant le deub de leur Charge;* non-seulement au cas que leurs Aydes vinssent à les négliger, mais aussi concurremment avec eux toutes les fois qu'ils le jugent à propos pour le bien de la Police.

Quant à ce qu'il est défendu aux Aydes de *s'immiscer* en rien autre chose que de leurs Fonctions dans l'Administration du Corps ou Affaires de la Communauté, cette défense leur est encore faite par l'Arrêt de la Cour des Monoyes, du 29 Novembre 1630, *Recueil, pag. 286* : & réiterée par un second Arrêt du Parlement, du 23 Août 1646. *Ibid. pag. 289*. Et la raison en est que l'Administration principale ne peut être partagée qu'il n'en résulte de la confusion. Toutefois la Charge d'Ayde ne laisse pas d'être regardée parmi nous, comme une espece de Noviciat qui conduit à celle de Garde : Et en effet , les Sujets qui se comportent avec discrétion , & qui montrent du zèlé pour les intérêts du Corps dans l'une , parviennent ordinairement à l'autre. On en peut dire à proportion autant de nos Conseillers aux Consuls : lesquels, aussi-bien que nos Aydes, sont toujours pris , moitié d'entre les Fils de Marchands , & moitié d'entre ceux qui sont parvenus à l'Etat d'Orfévrerie par la voye de l'Apprentissage.

TITRE XV.

Des Rapports faits en Justice par les Maîtres & Gardes de l'Orfévrerie.

ARTICLE PREMIER.

Procès-verbaux des Contraventions.

LESDITS Maîtres & Gardes faisant, comme dit est, leurs Visites & Recherches, tant au-dedans qu'au dehors du Corps, pour la manutention des Ordonnances & Reglemens de l'Etat d'Orfévrerie-Joyaillerie, dresseront bons & loyaux Procès-verbaux des Contraventions par eux trouvées ausdits Reglemens; pour être desdites Contraventions & des Procès-verbaux d'icelles, incessamment par eux fait leur dénonciation & Rapport en Justice.

AUTORITEZ.

Les Gardes de l'Orfévrerie ont toujours été tenus de dresser des Procès-verbaux, & de faire ainsi leur Rapport des Contraventions en Justice. Mais c'est ce qui arrivoit très-rarement autrefois, lorsque le Prevôt de Paris connoissoit encore seul de toute notre Police. Car on ne voit pas qu'ils fussent obligez de dénoncer à ce Magistrat toutes les fautes qui pouvoient se commettre contre nos Reglemens, mais seulement celles qui par leur gravité méritoient d'être réprimées par des peines telles que le bannissement, comme il paroît par l'Article XVII. de nos anciens Statuts écrits sous S. Louis, & par le XXVIe. Article de l'Edit de 1355, qui confirme ces mêmes Statuts. Toutes les fautes plus légeres étoient laissées à la correction des Gardes: Et voici en peu de mots ce que nos

Regiftres nous apprennent de la maniere dont ils fe comportoient dans
l'exercice de cette Correction fom-
maire.

Lorfqu'ils avoient pris quelques
Ouvrages défectueux chez un Particulier, ils l'appelloient au Bureau ;
& là ils le fommoient de leur déclarer
s'il ne lui en reftoit plus aucun autre
de la même qualité. Au cas qu'il n'en
eût point , c'étoit de quoi il étoit
obligé de fe purger par ferment fur
les SS. Evangiles qui lui étoient préfentez à cet effet : Autrement ils
l'obligeoient d'apporter ce qu'il en
pouvoit avoir, ou fe tranfportoient
une feconde fois chez lui pour s'en
faifir.

Si après avoir effayé l'Ouvrage ,
la faute fe trouvoit legere, les Gardes feuls pourvoyoient au remede ,
& faifoient juftice en la maniere qu'ils
eftimoient la plus convenable. Mais
fi elle méritoit plus d'attention , leur
coutume étoit d'affembler les Anciens pour juger avec eux de quelle
peine elle devoit être réprimée. Car
il ne fe faifoit rien de tant foit peu
important fans confulter les Anciens ,
qui dans tous les tems ont toujours
été regardez, comme le Confeil né
du Corps.

Nous ne voyons pour l'ordinaire ,
que ces trois fortes de peines, proportionnées aux dégrez qu'ils diftinguoient communément dans les
fautes. Premierement, la fimple Rupture de l'Ouvrage, lorfque la contravention n'étoit pas confidérable,
ou que c'étoit une premiere faute :
Mais nous trouvons qu'en ce cas ils
portoient l'exactitude jufqu'à rompre pour deux Grains d'empirance,
même les menus Ouvrages non fujets
à la Marque. En fecond lieu, lorf-

que la contravention étoit plus notable , ou que c'étoit une rechute , ils
ajoutoient à la Rupture de l'Ouvrage , de quelque prix d'ailleurs qu'en
pût être la façon , une forte répri-
mende au Délinquant mandé , & même une efpece de blâme en pleine
Affemblée, outre qu'il étoit toujours
condamné à réparer le dommage au
Propriétaire de l'Ouvrage, fuppofé
qu'il ne fût plus à lui. La derniere
peine plus rare, & dont il fe trouve
beaucoup moins d'exemples , confiftoit enfin à traduire le Contreve-
nant devant le Prevôt de Paris,
chargé de fon fait ; c'eft-à-dire, avec
la dénonciation de fa faute portée
dans le Procès-verbal qui pour lors
étoit dreffé & rapporté par les Gardes au Magiftrat : Et c'eft ce qui
étoit préalablement arrêté par l'Affemblée, lorfque le Délit fe trouvoit
dans le cas d'être puni des peines
portées par les Statuts , & que la
confifcation des chofes faifies devoit
s'en enfuivre. *Parcourez les 30 ou
40 premieres feuilles de l'anc. Regift. de
l'Orfévrerie , où vous trouverez les
Preuves de tout ceci , avec plufieurs
Exemples particuliers de cette Correction
exercée par les Gardes fous les yeux du
Prevôt de Paris , & même reconnue de
ce Magiftrat en diverfes occafions.*

Cette ancienne Difcipline a fubfifté à peu près fur le même pied jufques vers le milieu du XVIᵉ. fiécle,
principalement en ce qui concerne
les Procès-verbaux de faifies dont il
s'agit uniquement ici. Mais alors les
chofes commençant à fe traiter d'une
maniere plus juridique à cet égard,
nos anciens Ufages là-deffus, commencerent auffi à prendre une forme
plus réguliere , furtout depuis ces
Difpofitions de Henry II.

H h iij

Edit de Henry II. à Fontainebleau, au mois de Mars 1554. ART. VI. „ Les Gardes Jurez dudit Meſtier „ [d'Orfévrerie] à Paris.... feront „ leurs Viſitations à la mode accou- „ tumée, deſquelles feront, ſuivant „ nos Ordonnances, bons & loyaux „ Procès-verbaux, &c. pour en être „ ordonné ce que de raiſon. « *Layette* I, *cotte* 13. Item, *Rec. p.* 66, 67.

Toutefois cet Article ne put paſ- ſer de la maniere dont il eſt conçû. En effet, il ſemble ordonner aux Gardes de faire des Procès-verbaux de toutes leurs Viſites indiſtincte- ment. Mais ç'auroit été peine ſuper- flue à l'égard de celles où ils n'auroient rien trouvé d'aſſez répréhenſible pour mériter qu'ils en fiſſent leur Rapport. Auſſi cette obligation impoſée à nos Gardes, de dreſſer déſormais des Pro- cès-verbaux de leurs Viſites, fut-elle interprêtée dans un Edit de l'année ſuivante, en ces termes:

Edit de Henry II. à Fontainebleau, en May 1555. ART. V. » Leſquels „ Gardes, pour ne demeurer chargez „ de peine inutile & ſuperflue, fe- „ ront Procès-verbaux des fautes no- „ tables qu'ils auront trouvées, ſi au- „ cunes en trouvent ſeulement : Et „ où ne s'en trouvera, feront men- „ tion en leur Procès-verbal vers eux „ [c'eſt-à-dire, ſur leur Regiſtre,] „ que faiſant ladite Viſitation, ne s'eſt „ trouvé faute aucune, ſans plus am- „ plement déclarer leurſdites Viſita- „ tions, « [c'eſt-à-dire, ſans être obligés d'en faire aucun Rapport en Juſtice.] Ibid. *cotte* 14, *& Re- cueil, pag.* 76.

La ſuite nous montre quelles étoient les Contraventions qui pou-

voient être ou n'être pas cenſées *no- tables*, aux termes de l'Edit. Pluſieurs ſaiſies d'Ouvrages plus ou moins dé- fectueux, ayant été faites au mois de Janvier 1568, particulierement chez des Marchands Merciers, les Gar- des aſſemblerent les Anciens, le 19, pour ſçavoir d'eux, comment ils de- voient ſe comporter à ce ſujet. Il fut arrêté que dorénavant tous Ouvra- ges ſaiſis hors des Remedes, & néan- moins au-deſſus de vingt-un Karats pour l'or, & de onze Deniers pour l'argent, ſeroient ſeulement rom- pus & rendus à ceux à qui ils appar- tiennent : Mais que Procès-verbal ſeroit dreſſé, & Rapport fait de tout ce qui ſeroit trouvé au-deſſous de ces Titres. 1ᵉʳ. *Regiſt. Délib. fol.* 25 *v°.* La même Concluſion fut encore priſe depuis dans l'Aſſemblée du 12 Sep- tembre 1582. Ibid. *fol.* 78 *v°.* Et il paroît que tel étoit l'uſage, & que c'étoit ainſi que la Diſpoſition de l'E- dit de 1555 étoit entendue.

Mais il y a long-tems que nous ne croyons plus devoir ſuivre cet Uſa- ge : Car il ne nous paroît pas qu'une contravention auſſi marquée que celle qui s'écarteroit des Remedes juſqu'à trois quarts de Karat, ou dix Grains de fin, fût toujours aſſez ſé- verement réprimée par la ſimple rup- ture de l'Ouvrage. Le plus ſûr eſt pour nous d'en rapporter la déciſion aux Juges qui en doivent connoître : Et telle eſt notre Regle, ſurtout de- puis le Reglement général de 1679, lequel ſtatuant de nouveau ſur la for- me de nos Rapports en Juſtice en la maniere que nous le dirons incon- tinent, ne fait déſormais nulle diſ- tinction de *fautes notables* ou non, par rapport aux Procès-verbaux qu'il nous preſcrit de faire,

ARTICLE II.

Saisies cachetées du Sceau de la Maison commune.

LE s Saisies d'Ouvrages qui pour défaut de Titre ou autrement doivent être rapportées en la Cour des Monoyes, feront par lefdits Gardes cachetées du Sceau de la Maifon commune, avant que de les remettre au Greffe de ladite Cour : Et feront iceux Gardes tenus de mettre fous ledit Sceau, un billet contenant la qualité & le poids de l'Ouvrage, avec le nom du Particulier faifi, pour en être fait mention par le Greffier, en enregiftrant la réception defdites Saifies & Procès-verbaux d'icelles.

AUTORITEZ.

Nous avons déja obfervé qu'au moins dès le tems de S. Louis, notre Corps a toujours eu le droit d'ufer d'un Sceau commun pour conftater les Actes de fon Adminiftration ; & qu'entre ces divers Actes, les Rapports faits en Juflice, en étoient toujours fcellez, furtout dans ces tems où la faculté d'écrire, même de figner, étoit rare chez les Particuliers. Mais en fcellant ainfi les Procès-verbaux ou Rapports des faifies, nous ne voyons pas que le Sceau fût mis auffi fur les chofes mêmes qui étoient faifies & rapportées. Un incident furvenu en 1627, donna lieu à cette formalité.

Les Gardes ayant alors faifi un certain Ouvrage d'or qu'ils ne trouverent qu'à dix-neuf Karats de Fin, en firent leur Rapport à la Cour des Monoyes, & remirent l'Ouvrage défectueux au Greffe, comme à l'ordinaire. Mais pendant le féjour qu'il y fit, il arriva que par l'inadvertence du Dépofitaire, il en fut fubftitué furtivement un autre à la place, dont le Particulier faifi ne manqua pas de demander à la Cour, que nouvel Effai fût fait par l'Effayeur de la Monoye. Et en effet, les mefures étoient fi bien prifes, qu'il fe trouva à xxi Karats $\frac{1}{11}$. En forte que la religion des Juges ayant été ainfi trompée, la Contravention demeura impunie.

Pour éviter donc un pareil inconvénient à l'avenir, l'Affemblée des Anciens, tenue le 2 Décembre de la même année, arrêta que dorénavant les Gardes ne porteroient aucune faifie d'or ou d'argent au Greffe de la Cour des Monoyes, fans être préalablement munie du Sceau de la Communauté. 2ᵉ. *Regift. des Délib. fol. 29.*

Mais cette précaution leur fut bientôt après ordonnée , comme un Devoir duquel ils ne peuvent fe difpenfer : Et ce fut par un Arrêt de la même Cour rendu fur le Réquifitoire du Procureur Général , & enfuite publié dans la Maifon commune à la premiere Affemblée, en ces termes :

Arrêt de la Cour des Monoyes en forme de Reglement , du 23 Janvier 1634. » La Cour faifant droit fur „ le Réquifitoire du Procureur Gé- „ néral du Roy , enjoint aux Maî- „ tres & Gardes de l'Orféyrerie de „ Paris , de préfent en Charge, „ & à leurs Succeffeurs à l'ave- „ nir, d'appofer & marquer deux „ [Empreintes] de leur Sceau „ & Cachet fur tous les Ouvrages „ d'Orfévrerie d'or & d'argent qu'ils „ auront faifis faifant leurs Vifites „ chez les Maîtres Orfévres & autres ; „ & d'attacher fous lefdits Sceaux un „ Billet contenant le nom du Saifi, „ qualité & poids de l'Ouvrage,avant „ que les porter au Greffe de la „ Cour ; Afin d'en être fait mention „ par l'enregiftrement d'iceux & de „ leurs Procès-verbaux, &c. Et fera „ le préfent Arrêt lû & publié en la „ Chambre commune defdits Orfé- „ vres à la premiere Affemblée ; à ce „ qu'aucun n'en prétende caufe d'i- „ gnorance. « *Conftans , Traité de la Cour des Monoyes , pag. 392.*

C'eft ainfi que la Cour des Monoyes fit un Devoir à notre Corps d'ufer de fon ancien Droit. Mais il y avoit long-tems pour lors que fon Sceau n'étoit plus celui dont nous avons parlé : c'eft-à-dire , l'Image de S. Eloy & l'ancienne Légende. Il n'en paroît plus rien depuis le milieu du xvie. fiécle : Et la derniere Empreinte , je penfe, qui s'en trouve dans nos Archives, eft à la clôture du Compte rendu en 1549. On fubftitua depuis à ce premier Sceau , celui qui repréfente les Armoiries du Corps, lefquelles lui avoient long-tems fervi feulement d'Emblême & d'Ornement avant que de paffer dans fon Sceau. Elles font de Gueules, à la Croix dentelée d'or : Au premier & quatriéme Quart , une Couronne d'or ; & au fécond & troifié-me , une Coupe de même Métal ; ayant un Chef d'azur femé de Fleurs-de-lys d'or fans nombre : Et pour Devife ou Légende , ces mots : In Sacra inque Coronas. La Conceffion en eft ancienne & honorable ; & femble mériter que nous en difions ici un mot en paffant.

Une Tradition confervée d'ancienneté parmi nous , regarde le Roy Philippe de Valois , comme ayant concedé ces Armoiries à notre Corps ; & en fixe l'époque à l'an 1330. Elle porte que ce Prince l'honora de ce Don par une bienveillance finguliere , & pour témoigner publiquement par-là combien il étoit fatisfait du zèle & de la fidelité des Orfévres de fa Capitale, aufquels il confioit la Garde des Vafes précieux & Joyaux de la Couronne. Les *Couronnes* & les *Coupes*, qui font les principales Pieces du Blazon de ces Armoiries, font peut-être allufion à l'objet de ce Dépôt , en marquant d'ailleurs que notre Art eft fpécialement deftiné à fournir aux Rois les marques de leur Dignité ; & aux Autels les Vafes du Sacrifice. C'eft ce qu'exprime la Légende que nous y voyons , mais qui n'a pas la même antiquité. Il eft vrai que pour
l'ordinaire

l'ordinaire il y a fort peu à compter sur de telles Traditions ; mais celle-ci n'est pas sans fondement en ce qu'elle rapporte la Concession , & comme Royale , & comme Ancienne.

Le Chef de Fleurs-de-lys sans nombre , qui certainement étoit alors les Armes de France en plein , semble montrer, premierement, que les Orfévres de Paris ne peuvent tenir les leurs , honorées comme elles sont de ce Chef, qu'à titre de Don de Roy. Sans une telle Concession , il n'y a nulle apparence que de simples Particuliers comme eux , eussent osé arborer publiquement , ainsi qu'ils ont toujours fait , ce Symbole de l'autorité Royale. On sçait quelle a été la séverité des Ordonnances générales d'Orléans en 1560 , *Art.* 100 , & de Moulins en 1566 , *Art.* 257 , à l'égard de ceux qui auroient pris sans droit, non pas des Fleurs-de-lys , mais seulement des Armes simplement timbrées. Et toutefois nous ne voyons pas que nos Orfévres ayent jamais été inquietez à ce sujet. Au contraire , ce fut précisément dans le tems de la publication de ces mêmes Ordonnances , & sous les yeux de Charles IX. qu'ils firent sculpter ces mêmes Armoiries alternativement avec celles de France dans la Mosaïque de la Voute & sur le Portail de leur nouvelle Chapelle qu'ils bâtissoient alors , & où nous les voyons encore. Rien ne prouve mieux , ce semble , que la Concession Royale dont nous parlons , étoit publiquement reconnue & incontestable.

Pour ce qui est du tems auquel elle a été faite , si nous ne voyons pas clairement qu'il remonte jusqu'à celui où notre Tradition la place, il y a cependant quelque lieu de le présu-

mer. Car dès le siécle suivant , & plus de cent ans avant que les Armoiries concedées eussent été sculptées, comme on le vient de dire , on en usoit déja tout communément dans le Corps. Nos Comptes rendus en ces tems-là , nous apprennent qu'on les arboroit publiquement sur la *Banniere* qui servoit aux *Montres* ou Revûes *du Mestier* qui se faisoient alors ; & que même elles étoient gravées jusques sur la Vaisselle d'Etain de la Maison commune. Nous voyons encore à l'encoignûre d'un ancien Bâtiment dépendant de notre Bureau , attenant la Chapelle , un vieux morceau de Sculpture Gothique du même tems qui les représente , même avec les Supports des Armes de France : Ce qui mérite encore d'être remarqué par rapport à la Concession Royale. Or , une possession si bien établie & un usage si public dans le Corps durant le xve. siécle , pouvoit bien venir du xive. où notre Tradition en fait remonter l'origine.

Quoiqu'il en soit , ces anciennes Armoiries étant passées ensuite dans le Sceau de la Maison commune au lieu de l'Image de S. Eloy , comme nous l'avons dit , elles y sont toujours restées depuis ; & c'étoit de ce nouveau Sceau dont on usoit , lorsque l'Arrêt de la Cour des Monoyes , du 23 Janvier 1634, ordonna qu'il seroit apposé sur toutes les saisies d'Ouvrages défectueux avant que de les porter au Greffe de la Cour : Ce qui s'est toujours régulierement observé jusqu'à présent.

Notre usage pour cela est, de percer celles des Pieces saisies qui ne peuvent être liées ensemble autrement : de les enfiler toutes d'un ruban de foye rouge, dont les deux bouts rejoints & nouez portent l'Empreinte du Sceau fur une carte, au dos de laquelle eft écrit le nom du Saifi, avec la qualité, le nombre, le Poids & le Titre des Pieces : Et en remettant ainfi la Saifie avec le Procès verbal au Greffe de la Cour des Monoyes, le Greffier donne fon Recepiffé du tout au pied d'une Copie du même Procès verbal, qui eft tranfcrite enfuite avec le Recepiffé fur un Regiftre particulier, deftiné à cet ufage dans la Maifon commune.

ARTICLE III.

Rapports des Contraventions.

LEs Rapports des Contraventions aux Ordonnances & Reglemens de l'Etat d'Orfévrerie-Joyaillerie, trouvées, tant par les Gardes, que par leurs Aydes, feront faits, & les Procès verbaux d'icelles reprefentez par lefdits Gardes : fçavoir, pour tout ce qui concerne le Titre des Matieres, bonté & alliage d'icelles, la Marque & le Poinçon, en la Cour des Monoyes : Et pour le furplus, pardevant le Prevôt de Paris, ou fon Lieutenant Géneral de Police.

AUTORITEZ.

La Jurifdiction & connoiffance du Fait d'Orfévrerie & Police de notre Corps, eft partagée entre la Cour des Monoyes & le Châtelet, c'eft ce qu'on a vû jufqu'ici par toute la fuite de nos Reglemens. Or, c'eft ainfi que dans ce partage la Compétence de chacun des deux Tribunaux, eft marquée au fujet des Rapports. Nos Gardes doivent les faire en l'une ou en l'autre, felon la nature des Contraventions par eux trouvées, ou par leurs Aydes ; & c'eft ce qui a été reglé à diverfes reprifes par les Autoritez fuivantes :

Arrêt du Confeil d'Etat du Roy, du 19 Janvier 1641. ,, Ordonne Sa " Majefté, que... les Maîtres & Gar-" des [de l'Orfévrerie de Paris] fe-" ront leurs Rapports des fautes, " abus, crimes & malverfations " qu'ils découvriront au Titre, bon-" té, Alliage, Poids, Marques, Poin-" çons & façons de tous les Ouvra-" ges dudit Etat d'Orfévrerie, & " pour tous autres délits & contra-" ventions aux Ordonnances concer-" nant le fait des Monoyes, leurs " Matieres & ce qui en dépend, dont " à ladite Cour appartient la connoif- "

„ fance privativement à tous autres
„ Juges. Et au furplus, fe pourvoi-
„ ront lefdits Maîtres & Gardes, &
„ Particuliers de ladite Communauté
„ pour le fait de Police, actions &
„ délits ordinaires , pardevant les
„ Officiers du Châtelet, & y répon-
„ dre en premiere Inftance, ainfi que
„ les autres Corps & Bourgeois de
„ la Ville de Paris , fuivant l'ordre
„ ancien & accoutumé, porté par les
„ Ordonnances, & Arrêts du Con-
„ feil. " *Layette 3 , cotte 41. Item,
Recueil , pag.* 1069.

Reglement général du 30 Décembre
1679. A R T. xxi. „ Continueront
„ lefdits Gardes de l'Orfévrerie, leurs
„ Vifites ès Maifons & Boutiques de
„ tous les Maîtres Orfévres & leurs
„ Veuves, fans exception, en la ma-
„ niere & ainfi qu'il leur eft enjoint
„ par les Reglemens; dont ils dref-
„ feront leurs Procès verbaux, dans
„ lefquels ils déclareront fi les Maî-
„ tres font en Boutique ou non, &
„ donneront leurs Rapports , fça-
„ voir pour tout ce qui concerne
„ le Titre des Matieres, bonté &
„ alliage d'icelles, la Marque & le
„ Poinçon , en la Cour des Mo-
„ noyes : Et pour le furplus , par-
„ devant le Prevôt de Paris, ou fon
„ Lieutenant Général de Police. "
Layette idem , cotte 42, *& Recueil ,
pages* 186, 187.

Arrêt du Confeil Privé du Roy, du
15 *Juin* 1701. „ Sa Majefté . . . "
ordonne que l'Article xxi. du Re- "
glement de mil fix cent foixante- "
dix-neuf, fera executé : Et en con- "
fequence, que lefdits Gardes de "
l'Orfévrerie porteront à la Cour "
des Monoyes leurs Procès verbaux "
de Vifite, en cas de Contravention "
concernant le Titre & alliage des "
Matieres, Marque & Poinçon feu- "
lement , pour y être ftatué ainfi "
qu'il appartiendra ; & que le Lieu- "
tenant Général de Police connoî- "
tra des autres Contraventions, & "
généralement de toute la Police en- "
tre lefdits Orfévres. " *Layette* 24.
cotte 57.

Arrêt du Confeil d'Etat du Roy , du
23 *Avril* 1730. „ Veut & entend "
Sa Majefté , que conformément à "
l'Article xxi. du Reglement géné- "
ral fur le fait de l'Orfévrerie, rendu "
le trente Décembre mil fix cent foi- "
xante-dix-neuf , ladite Cour des "
Monoyes ne connoiffe que de ce "
qui concerne le Titre, bonté & al- "
liage des Matieres, la Marque & "
le Poinçon ; & ce, fur les Rapports "
qui lui feront donnez par lefdits "
Gardes de l'Orfévrerie : Et que la "
connoiffance du furplus appar- "
tienne au Sieur Lieutenant Géné- "
ral de Police. " *Layette* 3 . bis,
cotte 25.

TITRE XVI.

ET DERNIER.

Du Compte annuel des Gardes sortans de Charge.

ARTICLE UNIQUE.

Tems, Lieu, & forme de la Reddition de ce Compte.

LEs Gardes de l'Orfévrerie ayant achevé le tems de leur Exercice, rendront incessamment après leur sortie de Charge, aux Entrans, bon & fidel Compte & Reliqua, des Recette & Dépense par eux faites, comme ayant eu l'Administration, régie & gouvernement des Biens & Affaires du Corps ; de la Chapelle de S. Eloy, & du Logement & Subsistance des Pauvres de la Communauté : Et sera ledit Compte rendu tous les ans dans la Maison commune en la forme & maniere usitée de tems immémorial.

AUTORITEZ.

Voilà le dernier Devoir que notre Police exige des Gardes, en achevant leur Exercice ; & c'est celui par lequel nous finissons aussi cette Collection d'Articles en forme de Statuts.

Les Gardes sortant de Charge, doivent rendre le Compte de leur Administration en la forme & maniere usitée de tems immémorial dans le Corps. Or, cette forme est constatée, au moins depuis près de trois cens ans, par toute la suite de ceux qui ont été rendus, & qui tous sont conservez dans nos Archives. On y voit que régulierement chaque année les Gardes en sortant de Charge, ou très-peu de tems après, ont rendu leur Compte à ceux qui leur fuccedoient en la Charge ; que l'audition & la clôture de ce Compte ont toujours été faites dans la Maifon commune ; & que l'on n'en a jamais examiné & arrêté aucun, qu'en la préfence des anciens Gardes, ou du moins, de plufieurs d'entr'eux :

Or, c'eft de cette même forme invariablement obfervée depuis fi longtems, & que nous obfervons encore, dont le feu Roy Louis XIV. a ordonné la continuation par fes Lettres Patentes du vingt-feptieme jour de Mars mil fix cent quatre-vingt-feize, lefquelles font communes aux cinq autres Corps des Marchands. *Ordonnons*, dit ce Prince, *que les Comptes des Six Corps des Marchands de Paris, feront rendus à l'avenir, en la forme & maniere qu'ils fe rendoient avant notre Edit du mois de Mars mil fix cent quatre-vingt-quatorze.* C'eft qu'il avoit été créé par cet Edit des Auditeurs & Examinateurs de ces Comptes ; mais dont les Offices avoient été réunis à notre Corps, comme à chacun des cinq autres. *Archives de l'Orfévrerie-Joyaillerie de Paris, Layette 33. cotte 7.*

F I N.

Refpicite, quoniam non mihi foli laboravi, fed omnibus exquirentibus Difciplinam. Eccli. Cap. 33. ℣. 18.

TABLE
DES MATIERES.

A

D

Décharges

V , U

Fin de la Table des Matieres.

CATALOGUE

CATALOGUE

DES MARCHANDS

ORFÉVRES-JOYAILLIERS

DE LA VILLE DE PARIS;

QUI ont rempli les Charges Municipales & Confulaires de cette Ville, depuis le Regne d'Henry II. jufqu'à préfent.

Extrait des Archives de la Maifon commune ; des Regiftres de l'Hôtel de Ville, & de ceux du Confulat.

I.

CLAUDE MARCEL, Garde de l'Orfévrerie pour la premiere fois en 1553, eft élu *Echevin* de la Ville de Paris en 1557.

II.

NICOLAS LANGLOIS, Grand-Garde en 1558, eft reçu Quartinier de Ville en 1560.

III.

CLAUDE MARCEL, Grand-Garde en 1559, eft élu une feconde fois *Echevin* en 1562.

IV.

CLAUDE MARCEL, en Charge de Grand-Garde pour la feconde fois, & ancien Echevin, eft reçu *Confeiller* de Ville en 1564.

*

V.

CLAUDE MARCEL, Doyen de l'Orfévrerie, Conseiller de Ville, & ancien Echevin, est élu JUGE *du Consulat* de Paris en 1566.

VI.

PIERRE HAUTEMENT, Grand-Garde en 1560, est élu JUGE *du Consulat* en 1568.

[*Il se fit décharger par Arrêt du Parlement & Lettres Patentes.*]

VII.

CLAUDE MARCEL, ancien Doyen de l'Orfévrerie, Conseiller de Ville, ancien Echevin & ancien Juge-Consul, est élu PREVÔT DES MARCHANDS de la Ville de Paris en 1570.

VIII.

JEAN BEAUCOUSIN, en Charge de Grand-Garde, est élu *Consul* en 1577.

IX.

RICHARD TOUTIN, Grand-Garde en 1574, est élu *Consul* en l'année 1578.

X.

PIERRE NICOLAS, Garde pour la premiere fois en 1581, est reçu *Quartinier* de Ville en l'année 1591.

XI.

JEAN DE LA HAYE, Garde pour la premiere fois en 1587, est élu *Consul* en 1599.

XII.

PIERRE NICOLAS, Grand-Garde de l'Orfévrerie en 1597, & Quartinier de Ville, est élu *Consul* en 1600.

XIII.

SIMON MARCÉS, Garde pour la premiere fois en 1598, est reçu *Quartinier* de Ville en 1601.

XIV.

JEAN DE LA HAYE, Grand-Garde en 1601, & ancien Consul, est élu *Echevin* en 1604.

XV.

JEAN BEAUCOUSIN, Second Garde en 1605, est élu *Consul* en 1607.

XVI.

SIMON MARCÉS, Garde pour la seconde fois en 1603, & Quartinier de Ville, est élu *Consul* en 1608.

XVII.

JACQUES BENOISE, Garde pour la premiere fois en 1596, est élu *Consul* en 1609.

XVIII.

PIERRE PELLETIER, Second Garde en 1608, est élu *Consul* en 1613.

XIX.

CHARLES AVELINE, Second Garde en 1613, est élu *Consul* en 1615.

XX

GUILLAUME LE CAMUS, Grand-Garde en 1611, est élu *Consul* en 1618.

XXI.

JEAN BEAUCOUSIN, Grand-Garde en 1612, & ancien Consul, est élu JUGE en 1622.

XXII.

PIERRE TOUZET, Grand-Garde en 1618, est élu *Consul* en 1623.

XXIII.
SIMON MARCÉS, Garde pour la troifiéme fois en 1607, Quartinier de Ville & ancien Conful, eſt élu *Echevin* en 1624.

XXIV.
JACQUES BENOISE, Grand-Garde en 1614, & ancien Conful, eſt élu J U G E en 1625.

XXV.
PIERRE PINCEBOURDE, Grand-Garde en 1623, eſt élu *Conful* en 1626.

XXVI.
SIMON MARCÉS, Grand-Garde en 1619, Quartinier, ancien Echevin & ancien Conful, eſt élu J U G E en 1627.

XXVII.
PIERRE FILASSIER, Grand-Garde en 1625, eſt élu *Conful* en 1628.

XXVIII.
CLAUDE DE LANOUE, Second Garde en 1624, eſt élu *Conful* en 1629.

XXIX.
RENÉ DE LA HAYE, Troiſiéme Garde en 1629, eſt élu *Conful* en 1634.

XXX.
NICOLAS CHARPENTIER, Grand-Garde en 1627, eſt élu *Conful* en 1639.

XXXI.
RAIMOND LESCOT, Garde en 1631, eſt reçu *Confeiller* de Ville en 1639.

XXXII.
RAIMOND LESCOT, ancien Garde, & Confeiller de Ville, eſt élu *Conful* en 1641.

XXXIII.
RENÉ DE LA HAYE, Grand-Garde en 1638, & ancien Conful, eſt élu *Echevin* en 1645.

XXXIV.
CHARLES MARCADÉ, Grand-Garde en 1643, eſt élu *Conful* en 1646.

XXXV.
PIERRE DE HEMANT, en Charge de Grand-Garde, eſt élu *Conful* en 1648.

XXXVI.
RAIMOND LESCOT, ancien Garde, Confeiller de Ville & ancien Conful, eſt élu *Echevin* en 1648.

XXXVII.
RENÉ DE LA HAYE, Doyen de l'Orfévrerie en 1639, ancien Echevin & ancien Conful, eſt élu J U G E en 1649.

XXXVIII.
CLAUDE MARCADÉ, Grand-Garde en 1649, eſt élu *Conful* en 1651.

XXXIX.
PAUL LE FÉVRE, Garde pour la premiere fois en 1639, eſt élu *Conful* en 1655.

XL.
RAIMOND LESCOT, ancien Garde, Confeiller de Ville, ancien Echevin & ancien Conful, eſt élu J U G E en 1656.

XLI.
JACQUES COTTART, Garde pour la premiere fois en 1641, eſt élu *Conful* en 1660.

XLII.

PHILIPPES LE FÉVRE, Grand-Garde en 1661, eſt élu *Conſul* en 1664.

XLIII.

JEAN DE ROSNEL, Second Garde en 1656, eſt élu *Conſul* en 1667.

XLIV.

PAUL LE FÉVRE, Grand-Garde en 1659, & ancien Conſul, eſt élu JUGE en 1672.

XLV.

CLAUDE BALLIN, Grand-Garde en 1667, eſt élu *Conſul* en l'année 1672.

XLVI.

JACQUES COTTART, Doyen de l'Orfévrerie & ancien Conſul, eſt élu JUGE en 1675.

XLVII.

PHILIPPES PIJART, Grand-Garde en 1669, eſt élu *Conſul* en 1675.

XLVIII.

CHARLES PIJART, Grand-Garde en 1668, eſt élu *Conſul* en 1678.

XLIX.

JEAN CROCHET, Grand-Garde en 1670, eſt élu *Conſul* en l'année 1681.

L.

ESTIENNE BOUQUIN, Grand-Garde en 1677, eſt élu *Conſul* en 1684.

LI.

JEAN MOREAU, Grand-Garde en 1683, eſt élu *Conſul* en l'année 1688.

LII.

JEAN COUVERT, Grand-Garde en 1686, eſt élu *Conſul* en l'année 1691.

LIII.

JEAN HALLÉ, Garde pour la premiere fois en 1683, eſt élu *Conſul* en 1696.

LIV.

ALEXIS LOIR, Grand-Garde en 1698, eſt élu *Conſul* en l'année 1699.

LV.

JEAN HALLÉ, Grand-Garde en 1695, & ancien Conſul, eſt élu *Echevin* en 1699.

LVI.

JEAN HALLÉ, ancien Conſul & Echevin en Charge, eſt reçu *Conſeiller* de Ville en l'année 1699.

LVII.

GUILLAUME LUCAS, Grand-Garde en 1701, eſt élu *Conſul* en 1702.

LVIII.

CLAUDE DE LOUAN, Grand-Garde en 1697, eſt élu *Conſul* en 1705.

LIX.

JACQUES PIJART, Garde pour la premiere fois en 1702, eſt élu *Echevin* en 1707.

LX.

GUILLAUME JACOB, Grand-Garde en 1700, eſt élu *Conſul* en 1709.

LXI.

FRANÇOIS DE LENS, Grand-Garde en 1708, eſt élu *Conſul* en 1712.

LXII.

MATHURIN-LAMBERT PAYEN, Grand-Garde en 1710, est élu *Consul* en 1717.

LXIII.

PHILIPPES VANDIVES, Grand-Garde en 1717, est élu *Consul* en 1721.

LXIV.

JEAN-BAPTISTE TRIPART, Marchand Orfévre-Joyaillier, est reçu *Conseiller* de Ville en 1721.

LXV.

JACQUES PIJART, Grand-Garde en 1718, ancien Echevin, est élu *Consul* en 1726.

LXVI.

NICOLAS BESNIER, en Charge de Garde pour la premiere fois, est reçu *Conseiller* de Ville en 1726.

LXVII.

THOMAS-LEONOR LAGNEAU, Marchand Orfévre-Joyaillier, est reçu *Quartinier* de Ville en 1726.

LXVIII.

NICOLAS BESNIER, ancien Garde & Conseiller de Ville, est élu *Echevin* en 1729.

LXIX.

JACQUES PREVOST, Grand-Garde en 1723, est élu *Consul* en 1730.

LXX.

LEONOR LAGNEAU, Garde pour la premiere fois en 1720, est élu *Echevin* en 1730.

LXXI.

JACQUES GARNIER, en Charge de Grand-Garde, est élu *Consul* en 1732.

LXXII.

CHARLES LEVESQUE, en Charge de Grand-Garde, est reçu Consul en 1734, & élu *Echevin* en 1736.

LXXIII.

JEAN-DENIS LEMPEREUR, Garde en 1716, est reçu Quartinier de Ville en 1735, & élu *Echevin* en 1756.

LXXIV.

JEAN-BAPTISTE DE LENS, Grand-Garde en 1736, est élu Consul en 1743, & JUGE en l'année 1750.

LXXV.

PIERRE LE ROY, Grand-Garde en 1737, est élu *Consul* en 1745.

LXXVI.

ARNAULD DE SAINT-JULIEN, Grand-Garde en 1743, est élu *Consul* en 1747.

LXXVII.

JEAN-PIERRE LE ROY, Grand-Garde en 1747, est élu *Consul* en 1749.

LXXVIII.

RICHARD JARRY, Grand-Garde en 1748, est élu *Consul* en 1752.

LXXIX.

LOUIS LOUVET DE VILLIERS, Grand-Garde en 1752, est élu *Consul* en 1756.

LXXX.

PHILIPPE-ANTOINE
MAGIMEL, Grand-Garde
en 1751, eſt élu *Conſul* en 1759.

LXXXI.